新编21世纪
高等职业教育精品教材
旅游大类

餐饮服务与数字化运营

主　编　谢红霞
副主编　闫　金　张　莉　贺　静

中国人民大学出版社
·北京·

图书在版编目（CIP）数据

餐饮服务与数字化运营/谢红霞主编. -- 北京：中国人民大学出版社，2024. 10. --（新编21世纪高等职业教育精品教材）. -- ISBN 978-7-300-33162-1

Ⅰ. F719. 3-39

中国国家版本馆 CIP 数据核字第 2024YR5087 号

新编21世纪高等职业教育精品教材·旅游大类

餐饮服务与数字化运营

主　编　谢红霞

副主编　闫　金　张　莉　贺　静

Canyin Fuwu yu Shuzihua Yunying

出版发行	中国人民大学出版社		
社　　址	北京中关村大街31号	**邮政编码**	100080
电　　话	010－62511242（总编室）		010－62511770（质管部）
	010－82501766（邮购部）		010－62514148（门市部）
	010－62515195（发行公司）		010－62515275（盗版举报）
网　　址	http://www.crup.com.cn		
经　　销	新华书店		
印　　刷	北京密兴印刷有限公司		
开　　本	787 mm×1092 mm　1/16	**版　　次**	2024年10月第1版
印　　张	18.5	**印　　次**	2024年10月第1次印刷
字　　数	444 000	**定　　价**	49.00元

前　言

党的二十大报告提出，要“加快发展数字经济，促进数字经济和实体经济深度融合”。餐饮业作为数字经济与实体经济融合发展的重要领域，数字供应链、扫码点餐、移动支付、在线外卖、在线点评、中央厨房等数字应用场景已经融入餐饮业的各个方面。餐饮业数字化成为数字经济与实体经济融合的先行者和示范者。国家高度重视餐饮业数字化发展，强调以数字化推动餐饮业高质量发展，《“十四五”数字经济发展规划》明确要求引导住宿、餐饮等传统业态积极开展线上线下、全渠道、定制化、精准化营销创新。

数字化技术在酒店行业的广泛应用，为酒店这一古老的行业带来了新的发展机遇。酒店业与信息化、数字化、智能化融合已是大势所趋。酒店管理专业更名为酒店管理与数字化运营专业是旅游职业教育呼应酒店业数字化时代的标志。国家职业教育专业简介中，“餐饮服务与管理”课程更名为“餐饮服务与数字化运营”，在课程内容设置上，注重新旧内容衔接，将原课程内容与数字化运营场景进行融合，让学生掌握线上和线下的服务、运营和管理知识及技能。因此，教学内容也需要根据新培养目标定位和专业能力要求进行较大幅度的更新，在课程中融入培养学生数字化技能、数字化思维、信息技术应用的新知识和新方法。

教材是课程建设与教学内容改革的载体。本教材编写遵循教材建设和职业教育教学规律、技术技能人才成长规律，紧扣数字化改造，满足技术技能人才需求变化，依据职业教育国家教学标准体系，对接职业标准和岗位（群）能力要求。教材从酒店餐饮部（餐饮企业）各岗位的任务和职业能力分析入手，以各岗位实际工作任务为引领，以岗位职业能力为依据组织编写，旨在提高学生餐饮服务与管理相关知识和技能，同时，遵循“岗课赛证”融通理念，培养学生的综合职业能力，满足学生职业生涯发展的需要。

本教材呈现以下特点：

一是课程内容前瞻。与传统的教材相比较，本教材增加了餐饮数字化运营的相关内容，包括餐饮服务数字化、电子菜单、智慧采购和仓储、数字化营销等内容，在餐饮服务与运营管理中融入了数字化场景与解决方案。

二是体现理实一体。本教材理论教学与技能实训融为一体，以项目为导向，以任务为驱动，让学生学习必备的理论知识与技能，边学边练，理实一体，实现教学做一体化。

三是全面落实立德树人的根本任务。一方面，增加课程素养目标，旨在让学生在学习餐饮知识与技能的同时，树立正确的世界观、人生观、价值观；另一方面，设置“素养园地”栏目，融入党的二十大精神和习近平新时代中国特色社会主义思想，教育引导学生深刻理解并自觉实践职业精神和职业规范，增强职业责任感，培养遵纪守法、爱岗敬业、无私奉献、诚实守信、公道办事、开拓创新的职业品格和行为习惯。

四是教学资源丰富。作为新形态教材，本教材在智慧职教平台上提供了配套的在线课程资源，可以成为辅助教师教学的资源。作为省级精品在线课程和省级线上线下混合“金课”，本教材提供了丰富的教学资源，便于教师开展线上线下混合式教学，实施教学改革。

五是注重书证融通。本教材在编写中融入了餐饮服务管理“1＋X”证书的相关内容，不仅丰富了教学内容，而且有利于学生对考证内容的掌握，有效地实现了书证融通。

本教材由山西省财政税务专科学校谢红霞教授进行框架设计，负责全书的统稿工作，并承担了项目一、五、六、七、八、九的编写，闫金负责项目二的编写，张莉负责项目三的编写，贺静负责项目四的编写。本教材既可以作为高职院校酒店管理与数字化运营专业及旅游大类相关专业的教材，也可以作为酒店企业在职员工的自学和培训参考书。

由于作者水平有限，在编写过程中难免出现错误和遗漏，恳请广大读者批评指正。

本教材教学
资源总码

目　录

项目一 餐饮认知

问题导入

1. 大数据对餐饮企业运营会带来哪些变化?
2. 作为一名高素质的餐饮服务人员，如何提升自己的数字化素养?
3. 作为餐厅经理，你能够根据餐厅的实际情况配备合适的员工吗?
4. 你认为餐厅领班的工作职责有哪些?

学习目标

知识目标:

1. 了解餐饮业的发展历史及发展趋势。
2. 熟悉餐饮生产、销售、服务的特点。
3. 掌握餐厅服务人员的素质要求。
4. 掌握餐厅服务的特性与原则。

能力目标:

1. 能够针对不同类型餐饮企业合理配备餐饮部工作人员。
2. 能够制定餐饮部各岗位工作职责。

素养目标:

1. 通过了解中西方餐饮发展历史，提高思维包容性，培养家国情怀和民族自信心。
2. 通过餐饮部员工定员方法的确定，培养严谨的工作态度。

任务一　了解餐饮业

案例情境

餐饮 O2O：餐饮人必须知道的思维

O2O（Online to Offline），即将线下的商业机会与互联网结合在一起，让互联网成为线下交易的前台，线下服务可以在线上揽客，消费者可以在线上挑选商品或服务，还可以线上结算，而在线下获取商品或服务。

就现状而言，互联网的确颠覆了很多行业，包括媒体、影视、图书、音乐等，并且深刻地影响着许多其他行业，如零售、手机、电视、穿戴设备、本地生活服务等。那么，对宏观的餐饮业或者微观的餐厅而言，互联网、互联网思维、O2O 到底能起到什么样的影响和作用？尤其是 O2O 对于连接线上与线下来说是否真的名副其实呢？

重要的不是互联网而是互联网思维

餐饮的本质是什么？狭义的理解，餐饮也许就是吃饭、喝茶，餐厅就是要招徕顾客创造利润。但实际上，真正的餐饮人做的餐厅是有文化与传承的，重视的是口碑与品牌，载体就是菜品和服务。

作为餐饮 O2O 线上的一环，我们应该思考如何采用差异化的服务去满足不同餐厅老板的需求，而不仅仅是团购满天飞，这不是用互联网思维或者想要用互联网思维去做餐饮的管理者们的需求。如果我们希望的是用互联网的思维去改造餐饮业，那么我们对市场的分析框架也应该在这一基本前提之下，尤其是互联网思维在餐饮业中得到普及之后，我们的服务定位该如何摆正已是一个动态的、面向未来的思考。

互联网思维让餐饮业异彩纷呈

雕爷牛腩和黄太吉的成功固然都是互联网思维改造餐饮业的典型案例，也为传统餐饮行业的升级与转型注入了新的理念，但回归到餐饮的本质，依旧是以线下餐厅为主要载体，以餐厅的口味、环境和服务为核心，去带动餐厅口碑的传播。以上这些，都是基于互联网思维的指导而实现的。雕爷牛腩和黄太吉的口碑引爆，一方面是由于其产品和服务策略的成功，这是核心基础；另一方面才是得益于互联网这一强有力的工具，让各自的产品口碑以核裂变的方式快速传播，让其迅速获得收益。这是互联网对传统品牌传播方式的颠覆，它以极低的成本让菜品和服务好的餐厅大放异彩、声名远播。

用互联网思维去做餐饮，餐厅应专注在菜品口味和顾客服务上，甚至需要提供超出顾客预期的惊喜，不断地优化和提升用户体验，这是互联网思维的价值所在。

餐饮 O2O 模式的演化值得期待

各行各业都有自己的产品经理，只是能力水平会参差不齐。在当前的餐饮市场上，海底捞绝对是由顶级的产品经理打造，完全具有并且深刻领悟互联网思维的一家餐厅，其具有足够的市场影响力和知名度，是绝对的行业标杆。

餐饮 O2O 的业务模式与服务方式将会向更加垂直、细分、专业、个性化的方向演化。如果说团购是餐饮 O2O 的 1.0 版，那么外卖和预订就是 2.0 版，而对餐厅更有价值的餐饮 O2O 的 3.0 版将更具魅力，是顾客与餐厅之间自连接与自管理的形态。

【案例思考】

1. 餐饮 O2O 对餐饮业会产生什么样的影响？

2. 餐饮企业应该如何应对？

【案例评析】

餐饮 O2O 的迅速崛起出人意料，O2O 带来的好处和影响让所有餐饮人都乐见其成。新兴的餐饮 O2O 到底对餐饮业有着怎样的意义？它给餐饮人带来一种怎样的思维方式呢？无论是餐饮业还是其他行业，从线下走到线上实际上就是互联网化的过程，包括在传播层面的互联网化，即互联网营销；渠道层面的互联网化，即狭义的电子商务，通过互联网实现产品销售；供应链层面的互联网化，通过 C2B 模式，消费者参与到产品设计和研发环节；用互联网思维重新架构企业，打造企业经营的价值链。

但大多数传统企业目前仍在第一和第二阶段徘徊，仍然纠结于是开通微信还是微博，是入驻天猫还是京东，并没有形成一整套的互联网转型思路，也就导致一些传统企业对互联网化浅尝辄止，而最高阶段、最彻底的互联网转型，是通过互联网思维去重塑企业的整个价值链。

作为一名餐饮从业人员，要做好餐饮服务与管理工作，必须了解餐饮业的发展历史、经营特点、分类以及发展趋势。

一、餐饮业的发展历史

中国餐饮发展历程

中国的餐饮业源远流长，历经商、周、春秋、战国、秦、汉，乃至唐、宋、元、明、清，孕育出了极具中国风采的鲁菜、苏菜、粤菜、川菜、浙菜、闽菜、湘菜、徽菜“八大菜系”，各地的面点、米食、汤饮、酒水、小吃、茶饮更是名目繁多、异彩纷呈，诞生了许多享誉世界的名宴、名菜、名酒、名茶，“吃在中国”已成为世人的共识。

（一）中国餐饮业的起源与发展

中国从史前时代的生食到发现食物可以煮熟后食用，餐食烹调一直在不断变化。在史前时代，中国古人类过着茹毛饮血的生食生活。经过漫长的岁月，原始人渐渐发现被火烧熟的野兽和坚果焦香扑鼻，而且容易咀嚼，用火烹饪便标志着人类进入了文明时代。距今 40 万年前的北京人开始使用火，1 万年以前的新石器时代开始有了我们现在常用的烹饪方法，江西万年仙人洞的新石器遗址里发现的陶釜、鼎等烹饪器具是世界上最早的炊具。春秋战国时期，青铜器的出现使炊具、餐具进入了金属器具时代。

秦汉时期，烹饪方法更加多样，各种新的食品原料的开发极大地丰富了食物品种。例如，汉代淮南王刘安便是在炼丹的过程中摸索出了做豆腐的方法。

唐、宋两代，封建社会进入鼎盛时期，由于交通发展迅速，各处通商大邑都设有“客舍”与“亭驿”，方便来往的官宦与客商有个落脚解决食宿的地方，大街小巷到处都可看到肉店、酒店、熟食店，这时的烹调技艺较秦汉时期更为讲究。元代由于战乱、生态环境改变以及多民族的融合，国内各民族饮食文化进行了大交流，蒙古族、回族、女真族等各族菜肴出现在同一食谱上，丰富了中国的传统饮食，并深刻影响了民间烹调方式。进入明、清时期，厨房分工更细，烹饪技术迅速提高，出现了许多名厨、食谱，还有美食家，如撰写《随园食单》的袁枚。而清朝时期的“满汉全席”则代表着近代中国餐饮的最高水平。

小资料

满汉全席

满汉全席是我国一种具有浓郁民族特色的巨型宴席。它既有宫廷菜肴的特色，又有地方风味之精华，突出了满族菜点的特殊风味，有烧烤、火锅、涮锅等几乎不可缺少的菜点，同时又展示了汉族烹调的特色，扒、炸、炒、熘、烧等兼备，实乃中华菜系文化的瑰宝。满汉全席原是官场举办宴会时，满族人和汉族人合坐在一起的一种宴席。满汉全席一般上菜108种（南菜、北菜各54道），分三天吃完。满汉全席的菜式有咸有甜，有荤有素，取材广泛，用料精细，山珍海味无所不包。

中华人民共和国成立后，我国餐饮业进入了新的发展时期，餐饮业继承和发扬了我国民族饮食文化的传统，形成了以鲁菜、川菜、粤菜和淮扬菜等菜系为代表的中国菜。改革开放以来，我国国民经济持续稳定发展，人民生活水平显著提高，餐饮业出现了前所未有的兴旺景象。根据《中华人民共和国2023年国民经济和社会发展统计公报》：2023年全年，全国餐饮收入52 890亿元，同比上升20.4%；限额以上单位餐饮收入13 356亿元，同比上升20.9%。2023年，中国餐饮行业迎来历史性突破，进入5万亿元的发展新阶段。2018年，全国餐饮收入突破4万亿元，到2023年突破5万亿元，历时6年。同时，以人工智能和大数据为基础，AI数据化运营、餐厅精准营销为代表的供给侧数字化，成为餐饮行业未来发展的新动能。新一代年轻消费者生长于互联网繁盛年代，他们拥有明确的互联网使用习惯，这也将反推餐厅经营者们主动拥抱数字化变革。从采购到运输、库存管理、产品设置，再到餐厅售卖，餐饮行业的数字化正在不断发生。通过大数据和人工智能来指导餐厅运营，已经成为当前餐厅运营的主要趋势之一，大数据更懂消费者的餐饮偏好和喜好，从数据来看，目前全国大约有23%的餐厅品牌都已纳入或正在进行数字化营销和运营。

我国餐饮业的蒸蒸日上，也带动了许多与餐饮相关的行业步入兴盛，农业、牧业、酒水业、调料业、餐具业、厨具业、装饰业、餐饮食品设备加工业等，都是其受益者，特别是餐饮业的持续发展，吸纳了大量的劳动力，为许多人提供了就业岗位。可以说，餐饮业为我国社会的稳定和发展立下了汗马功劳。

（二）国外餐饮业的起源与发展

西方餐饮业的发展受整个西方文明进程的影响。公元前3000年，埃及成为统一的国家，宫廷饮食十分丰富。随后，希腊文明替代了埃及文明，这时多种烹调方法出现，技艺高超的厨师深受人们的尊重。古罗马受到希腊文明的影响，也逐渐开始重视烹饪文化，并出现了现在餐饮服务中的报菜名。西方餐饮业起源于小客栈的出现，这种小客栈最早在赫冈兰城的废墟中被发现，足见当时古罗马帝国人民的外食习惯因商旅活动频繁而非常普及，16世纪以后，客栈经营者开始讲究精致烹调，开始使用较好的餐具招徕顾客。16世纪中叶，意大利成为文艺复兴运动的中心，意大利人把吃视为一件大事，其烹调技艺在国际上也享有盛名，意大利也被认为是西餐的起源地。18世纪前后，法国成为欧洲政治、经济、文化中心，其烹饪技术和菜肴居欧洲首位。法国菜以美味可口闻名，且其菜肴种类繁多、烹调方法独特。欧洲的佳肴几乎都是法国人烹制的，这是因为欧洲第一流的大饭店或餐馆所雇用的大厨师多半是法国人。

18世纪末期，受英国工业革命的影响，整个欧洲的交通运输事业发达，火车、轮船等公共运输工具发展快速，带动了旅游风潮，餐饮业与旅馆业因而快速发展。随着商业贸易与观光业的盛行，餐饮从业者为满足顾客需求以提高竞争力，在质量上开始讲究，在服务上开始出现桌边服务，大大提升了西方饮食文化的艺术层次。同时，美国在传承了欧洲饮食文化的基础上，开发出了西部拓荒史的荒野简餐和牛仔酒吧，逐渐发展出美国本土化的饮食模式，形成了美国的餐食特色。美式烹饪不太讲究造型，但却重视营养价值，以求新、求快的特色迅速在世界各地流行。麦当劳快餐就是在这种理念下应运而生并风靡全球。

二、餐饮业的经营特点

餐饮业的特点包括餐饮产品的生产、销售和餐饮服务三个方面。

（一）餐饮产品生产的特点

1. 餐饮生产属个别定制生产，产品规格多、批量小

当客人进入餐厅点菜后，厨房才进行产品制作，这种个别定制生产使产品规格难以统一。产品规格的多样化要求凡是菜单上有的菜品，厨房就要有出品，甚至客人点了菜单上没有的菜，厨师也应该能够制作，因此加大了厨房采购、管理、服务的难度。

2. 餐饮生产过程时间短

餐饮消费属于即时消费，就餐者从点菜到消费的间隔时间相当短暂，客人往往不愿花费太多的时间等待；一道菜品的制作通常只需几分钟或十几分钟，一次宴会也不过持续几个小时，因此要求厨师必须做好准备工作，烹调阶段更应该迅速，以保证菜品的色、香、味、形、温度等符合质量要求。

3. 餐饮生产量难以预测

生产量根据每天餐厅客人的上座率和点菜情况而定，很难提前了解，虽然不同类型的酒店，其客源市场的消费特点不同，但还是有规律可循的。另外，想避免由此而带来的原材料浪费，就需要前后台互相配合。服务员需要积极推销厨房备量较多的菜品，这些菜品一般是厨房每天急推的和特别介绍的菜品。

4. 餐饮原料、产品容易变质

餐饮生产所用的原料大多数都是鲜活原料，有很强的时间和季节限制，处理不当极易腐烂变质。在原材料的保管、加工过程中也容易造成营养成分的流失，影响菜品的质量。

5. 餐饮生产过程的管理难度较大

餐饮产品从生产到出售环环相扣，涉及的岗位和人员众多，任何一个环节出现问题都会影响到产品的质量。因此要制定详尽的岗位职责和操作流程，在实际工作中还要求所有人员能够相互配合、分工协作。

（二）餐饮产品销售的特点

1. 餐饮销售量受餐饮经营空间大小的限制

餐厅的面积及餐位数都是相对固定的，因此接待人数也相应受到限制。但是餐饮部可以通过提高服务效率来增加销售量；另外，还可以通过增加外卖和外出举办宴会等方式，以打破经营空间的限制。

2. 餐饮销售量受就餐时间的限制

人们一日三餐的就餐时间大致相同。一到就餐时间，餐厅生意兴隆，而在非就餐时间，则门可罗雀。餐饮部可以通过延长营业时间或增加营业项目等方法引导消费。

3. 餐饮经营毛利率高，资金周转较快

餐饮部的综合毛利率一般都较高，在我国，一般三星级饭店的毛利率可达45%～50%，四、五星级饭店可达60%以上。另外，餐饮的销售收入中相当一部分为现金，而餐饮原料中的半数以上是当天采购、当天生产并销售的，因此，资金周转也较快。

4. 餐饮经营中固定成本占有一定比重，变动费用的比例也较高

各种餐厨设备、储存设备的投资，使得餐饮经营活动中的固定成本占有一定比重。另外，员工的报酬、水电燃气等燃料消耗、餐饮原料的支出等均占有相当的比例。餐饮工作人员必须尽量减少原材料消耗，降低各项费用，以节支的方法达到增收的目的。

（三）餐饮服务的特点

1. 服务的无形性

餐饮服务是餐饮产品构成要素中的重要组成部分，而服务本身具有无形性，难以用具体的标准进行度量。消费者对服务的满意度主要靠感受，这就给服务带来了很大难度，要求饭店不断提高服务质量，提供针对性服务，以满足宾客要求。

2. 服务的一次性

餐饮服务在消费者的消费过程中只能当次享受，不像物质产品一样可以储存，或者重复消费。如果服务出现质量问题，将难以弥补消费者的损失。这就要求我们在接待过程中争取100%的合格率，才能使头回客成为回头客，最终成为常客。

3. 服务的同步性

餐饮产品的生产、销售、消费是同步进行的，即现生产、现销售。这就决定了餐饮产品不能储存、不能外运。服务时要充分利用当次推销机会，将厨师的特别介绍和需要急推的菜品推销出去。

4. 服务的差异性

每位员工由于年龄、性格、受教育程度及职业培训程度的不同，所提供的服务也不相同；即使是相同的人，在不同的场合、不同的时间，服务水平也会有差异。消费者衡量饭店的服务水平永远是以服务水平最低的服务员为准。就像木桶效应一样，水总是从最短的一块板那里流出。要解决这一问题，就必须要制定服务质量标准，并通过培训提高员工素质。

5. 服务质量评价标准的主观性

餐饮服务质量的评价主要依赖消费者的主观判断，由于消费者的价值观、审美观、性格特点、生活禁忌、饮食需求存在较大差异，因此每个人的评价标准也各不相同，同样的服务可能会得到不同的评价，因此，要求餐饮服务人员能够提供针对性的服务。

三、餐饮企业的分类

餐饮企业可满足不同类型消费者的社会餐饮需求。消费者的需求众多，没有任何一家餐饮企业能同时满足所有消费者的需求。不同餐饮企业的经营方式、食品类型、服务方式等不尽相同，为了更好地了解餐饮企业的特色和形式，有必要对餐饮企业进行分类。对餐

饮企业进行分类有利于消费者的选择和对不同餐饮企业进行市场细分和目标市场定位。

（一）按照餐饮企业的等级划分

《餐饮企业的等级划分和评定》（GB/T 13391－2009）从餐饮企业建筑特点、设备设施条件、菜品质量、服务能力、管理水平、技术力量以及食品安全和环境卫生状况等，将餐饮企业共分为五个等级，即一钻级、二钻级、三钻级、四钻级、五钻级（含白金五钻级）。以钻石为餐饮企业的等级标识：一颗钻石表示一钻级、两颗钻石表示二钻级、三颗钻石表示三钻级、四颗钻石表示四钻级、五颗钻石表示五钻级（白金五钻以颜色的不同来区分）。钻石的颗数越多，表示餐饮企业的级别越高。

（二）按照餐饮企业的经营形式划分

1. 独立经营餐饮企业

这类餐饮企业独立存在，不依附于其他企业的经营场所，自负盈亏，有经营自主权，有自己的注册资金，具有法人资格。绝大多数餐饮店属于独立经营的餐饮企业，企业规模小，经营灵活，能对自己的经营环境、顾客需求做出快速反应，及时调整经营内容、经营方式和经营品种，保证自己的市场客源与盈利空间。当然，独立经营也存在许多不足之处，表现为竞争实力比较小，经营风险比较大，贷款经营的机会比较少，受小范围内环境的变化影响大等。

2. 依附经营餐饮企业

这类餐饮店从属于其他企业，没有自己的注册资本，不具有法人资格。最常见的依附经营是酒店的餐厅，通常以餐饮部的形式存在。餐厅的经营范围、规模、产品类型等必须以酒店的顾客需求为标准，主要为酒店的客人提供早餐、正餐及送餐服务。当然，酒店的餐厅也可以为当地的居民提供社会餐饮服务，因此酒店的餐饮还可以包括宴会厅、其他类型的餐厅。

3. 连锁经营餐饮企业

这类餐饮企业由多家餐厅组成，多家餐厅以共同的品牌、产品和管理模式进行经营。在经营形式上，连锁经营可以分为拥有形式连锁、租赁形式连锁和特许经营连锁。

（1）拥有形式连锁是指餐饮企业集团或总部拥有餐厅的设施设备的所用权和餐厅的经营管理权。企业集团拥有多家餐厅，多家餐厅拥有共同的企业品牌，经营同样类型的产品，使用同样的管理模式和经营方式，集团内的多家餐厅共享资源和市场，集中统一营销，是一个利益共同体。

（2）租赁形式连锁是指连锁集团租赁经营场地，甚至租赁设施设备进行企业的扩张。连锁企业或集团在资金有限的条件下，可以选择租赁形式进行企业的扩张。

（3）特许经营连锁是指特许权餐饮企业与被特许企业之间达成一种合同关系，特许权企业拥有较为成熟、已成系统的企业品牌、产品体系、管理模式和经营理念，具有较强的实力和良好的知名度，通过与被特许企业签订合同约定关系，允许被特许企业使用自己的品牌，经营同样的产品，进行统一营销。

四、餐饮业的发展趋势

随着中国经济及旅游业的发展，餐饮行业的前景也一片大好。在未来几年内，中国餐饮业经营模式将向多元化发展，国际化进程将加快，绿色餐饮将成为时尚。

（一）消费大众化

随着家庭厨房社会化和外出就餐经常化的消费观念的普及，以家庭消费为代表的大众化餐饮市场和节假日市场不断扩大，快餐、小吃、家常菜和风味酒楼市场被继续看好，餐饮食品加工领域不断拓宽。据调查，家庭私人消费在很多餐馆的消费比重已占到80%，企业节假日市场的经营额较平日普遍增长20%以上。在家庭消费中，食品消费的比重继续攀升，节假日市场和旅游市场对餐饮业的拉动作用更加明显。

（二）消费个性化

伴随着餐饮市场的蓬勃发展，消费者的选择范围更加广泛，人们开始注重对卫生、环境、服务、特色等方面的需求，消费者消费时更加理性，追求品牌店、特色店和名牌餐饮企业的势头更加明显。为满足消费者的需求，餐饮经营者的经营策略向打造经营环境、提高服务质量和树立品牌形象等方面转变。餐饮市场上个性突出的特色餐饮备受青睐。例如，杭州的麒麟阁餐厅每天供应二三十种时令野菜，鲜花也是其主要菜品原料，如“凉拌栀子花”等。

（三）餐饮经营多样化

随着国外资本、管理和品牌的大举进入，中国餐饮市场的饱和度将越来越高，餐饮的多元化、细分化和个性化趋势增强。法国菜、俄罗斯菜、意大利菜、土耳其菜、越南菜、日本料理、韩国料理等逐渐被人们所接受。随着社会生活日益多元化，餐饮形式也逐渐多元化，休闲餐饮、浪漫餐饮、沙龙餐饮、旅游餐饮、娱乐餐饮、会展餐饮、网络餐饮、快递餐饮等将会更多地进入人们的生活。餐饮企业在品牌特色化、运营产业化、业态多样化、店面小型化等方面的特点将更加明显。

小资料

餐饮消费进入4.0时代

互联网大数据从各方面渗入人们的日常生活，如电商、娱乐、医疗等，有关软件也正用大数据技术助力餐饮企业加速进入4.0时代。

1.0时代，消费者最注重餐饮的价格成本，餐饮企业只能满足消费者的基础需求，即有什么卖什么。

2.0时代，基于农业技术的进步，餐饮企业的食材获取成本极大降低，消费者开始变得更加重视个人口味。

3.0时代，消费者开始更多地注重特色、口碑、社交等个人特殊需求，而领先的餐饮企业为了满足这些需求，也开始更加注重经营中的服务质量、环境、口碑、用户体验这些食物本身以外的价值元素。

4.0时代，消费者的需求更加多样化、复杂化、碎片化，以大数据与智能化为特征，餐饮企业用大数据分析的方式知道消费者吃什么并智能定制个性服务。

当一位食客走进餐馆，他用手机扫描菜谱时可查到该菜的营养成分、烹制方法，甚至可以看到食物与自身健康的匹配度或者友好度，当确定点菜时，食客的所有需求将进入餐馆运营的数据库。随着数据库的不断扩大，就可以精准满足每一位食客的需求，甚至比食客更了解他自己，以便做到精准推荐。餐饮店可以根据后台数据在很多环节做到利益最大化，如菜品搭配、菜品推荐、采购物流等环节。这一切都是通过数据智能的方式，实现了消费者与餐饮企业双方各自利益的最大化。

（四）餐饮经营连锁化

麦当劳、肯德基的成功经验，使国内餐饮业看到了连锁经营的种种好处，纷纷将连锁作为主攻方向。经过几十年的发展，连锁经营已成为餐饮业普遍应用的经营方式和组织形式，显示出强大的生命力和发展潜力。近年来，在中国涌现了一大批多业态的餐馆、快餐连锁企业。根据《2022年中国连锁餐饮行业报告》显示，中国餐饮连锁化率持续提升，饮品、烧烤及快餐增速位居前三。一方面，一些地方的中小餐饮经营者在数字化管理工具的赋能和加持下，开始探索连锁模式和扩张门店；另一方面，大量自主小本创业的人选择通过加盟连锁餐饮品牌的方式进入餐饮行业。连锁经营对餐饮业的发展起着决定作用。国家有关部门已将特色餐馆连锁经营、快餐送餐连锁经营、配送中心和中心厨房建设、厨房工程建设等，列入国债贴息项目给予重点支持。

（五）餐饮消费绿色化

自2015年10月1日起，《中华人民共和国食品安全法》正式实施。为确保餐桌上的安全，餐饮企业除了要严把食材采购关外，在烹饪方法上也将更加重视绿色烹饪，重视烹饪的口味原生性，即在烹调菜品时不用过多的复合型调味料，选用传统调味料（如盐、糖、酱油、料酒、醋、葱、姜、蒜、香辛料）烹制天然菜肴，使得成菜本味突出、绿色健康。餐饮业需要更加关注餐饮企业的整体素质，净化整个行业的市场环境，使餐饮符合人们绿色消费的需求。目前，中国饭店协会根据国外的情况，在国内推行了“绿色饭店”，绿色餐饮将成为未来餐饮业发展的趋势。

（六）餐饮服务数字化

随着大数据时代的到来，餐饮服务呈现数字化趋势。通过大数据分析，店内服务人员可以快速读取每位顾客的消费习惯和用餐习惯，针对性地提供顾客需要的更高水准的服务。通过数据管理，餐厅可以实现从备料、清理库存，到销售数据分析等各方面的高效管理，实现营销的动态优化。餐厅菜单可从之前几个月优化一次，到未来每小时优化一次，对每位顾客进行菜品个性化推荐，这都是数字化带来的餐厅服务转化与提升。

目前，互联网技术正在逐步地渗透到餐饮行业，通过定位、支付、点餐、引流、大数据等各个层面来推动餐饮业的升级。美国、德国已出现多家高度智能化服务的餐厅，点餐、买单、取餐全部实现了自动化。国内也出现了用机器人送菜的服务，很多餐厅开始用高科技“武装”餐厅，点餐、下单、送菜实现了自动化，并完成电子支付。智能化机器人服务不仅会减少人工成本，也对吸引顾客、提高营销成效很有益处。可以预见，中国餐厅的智能化服务将有更大的普及。根据中国互联网络信息中心发布的《第53次中国互联网络发展状况统计报告》，截至2023年12月，我国网上外卖用户规模达5.45亿人，较2022年12月增长2 338万人，占网民整体的49.9%。随着电话、手机、网络的普及，外卖行业得到迅速的发展。外卖平台以用户的即时洞察为核心，以大数据为驱动，围绕着本地生活服务平台打通线上和线下消费场景，线上实现交易闭环，线下通过即时配送完成交易履约，从而为更多用户提供从需求发起到商品验收的一站式服务。

任务二　认知餐饮服务与人员素质要求

案例情境

高素质服务

在某高档餐厅里，几位客人簇拥着一位雍容华贵的老太太迎面走来，服务员小韩热情地拉椅让座，并为老太太斟上了一杯绿茶。不料老太太眉头一皱，抱怨道："你怎么知道我要喝绿茶？现在告诉你，我喜欢喝红茶。"小韩是一位训练有素的服务员，面对挑剔的老太太，她在一愣后立刻客气而又礼貌地说："太太，这是我们餐厅特意为您准备的新上市的绿茶，餐前喝绿茶可清火开胃，尤其适合老年人。如果您喜欢喝红茶，我马上单独为您送来。"几句话便消除了紧张气氛，客人满意地笑了。

【案例思考】

1. 一名高素质的餐厅服务人员应该具备什么样的素质？
2. 案例中的服务员是如何在服务中体现出她的高素质的？

【案例评析】

餐厅接待的客人性格各异，他们对餐饮服务的要求也各不相同。因此，要做好餐厅服务工作，赢得更多的客人，餐厅服务人员就应该有意识地让自己成为人际交往的行家。首先，餐厅服务人员应明确自己的社会角色要求，认识到自己所从事的服务工作与其他工作一样，既是自食其力和谋生的手段，也是为社会做出贡献的机会；同时还应认识到客人是餐厅生存与发展的基础，只有满足客人的合理需求，餐厅才有可能获得良好的经济效益与社会效益，自己才有发展的机会。

案例中的服务员小韩不仅明确自己的工作职责，而且能够以满足客人需求为宗旨，用良好的服务态度和娴熟的服务技巧为客人提供了满意的服务，最终赢得了客人的好感。

一、餐饮服务的定义及内容

除了美食佳肴及舒适的用餐环境外，亲切而高质量的服务也是到餐厅用餐的顾客最期待和最想得到的。

（一）餐饮服务的内涵

什么是服务？服务是一种态度，一种想把事情做得更好、更完美的理想，能经常设身处地站在顾客的立场上思考，能了解顾客的想法和需求，并能及时地满足顾客。

若对"服务"的英文"SERVICE"作字面分析，我们可以解释为：

"S"表示微笑待客（Smile for Everyone）。

"E"就是精通业务上的工作（Excellence in Everything You Do）。

"R"就是对每一位顾客态度亲切友善（Reaching Out to Every Customer with Hospitality）。

"V"就是要将每一位顾客都视为特殊和重要的人物（Viewing Every Customer as Special）。

"I"就是要邀请每一位顾客下次再合作（Inviting Your Customer to Turn）。

"C"就是要为顾客营造一个温馨的服务环境（Creating a Warm Atmosphere）。

“E”就是要用眼神表达对顾客的关心（Eye Contact Shows We Care）。

餐饮服务从狭义上来说，是指“提供食物与饮料的动作与方式”，主要是指人对人的服务，也可称为软服务。从广义上来说，是指通过各种有形设施所提供的服务，如借助设备、设施、环境等对人的服务，这些服务可称为硬服务。

在国际质量管理中是这样定义服务的：为下一道工序提供优质的产品。提供优质产品就意味着能使对方受益。在餐饮工作中，厨房的服务就是为传菜员提供优质的产品，传菜员的服务是为楼面服务员提供快速、准确、优质的产品，楼面服务员的服务就是为客人提供优质的产品及热情、周到的现场服务。

总之，餐饮服务是餐饮服务员凭借一定的设备和空间，为满足顾客的餐饮需要而从事的一切活动。服务是餐饮一切工作的核心。随着人们生活水平的不断提高，顾客对餐饮服务质量的要求也越来越高，这就要求餐饮业在保证菜肴品质的基础上，不断提高餐饮服务水平。

（二）餐饮服务质量的内容

服务质量是餐饮的生命，优质服务不仅能增加回头客，更会使潜在顾客光顾，从而大大提高餐饮的经济效益。餐饮服务质量是指餐饮企业为顾客提供的服务适合和满足顾客需要的程序。餐饮企业的服务质量主要来自两方面的因素：一方面是物的因素，即餐饮企业的“硬件”因素，包括建筑外形、设备设施、房间布局、室内装修、家具用具的设置等；另一方面是人的因素，即“软件”因素，包括餐饮企业员工的工作作风、工作态度、服务技能、文化修养等。这两方面也是保证服务质量的关键因素。服务质量的真正内涵，不仅是满足顾客需求的综合反映，也是餐饮企业“硬件”和“软件”完美结合的具体体现。

餐饮服务质量的基本内容，从总体上来看可分为“硬件”和“软件”两个方面，具体来说，大致包括以下八个方面：

1. 优良的服务态度

服务态度是指餐饮部各岗位的服务人员对待各类顾客所持的情绪反映。它是全心全意为顾客服务的思想在语言、表情、行为等方面的具体表现。服务态度是反映服务质量的基础，优质的服务是从优良的服务态度开始的。优良的服务态度主要表现为主动热情、尽职尽责、耐心周到、文明礼貌。

2. 完好的服务设备

服务设备是指餐厅用来开展接待服务的设备设施。它直接反映餐饮服务质量的物质技术水平，一般包括房屋建筑、机器设备、交通工具、冷暖空调、电器设备、卫生设备、通信设备、各类家具和室内装饰等。对餐饮的服务设备要加强管理，精心保养，使之始终处于完好、正常的状态，随时随地保证对客服务的需要。

3. 完善的服务项目

由于餐饮企业是一个向顾客提供食、宿、行、游、购、娱的综合性服务行业，这就决定了它的服务项目不能单一化，而应多样化。提供服务项目的多少，是餐厅的等级、规模、经营能力的体现。

现代餐饮企业的服务项目大体可以分为两类：一类是在服务过程中有明确、具体的规定，围绕主体业务所设立的服务项目，称为基本服务项目，如住宿、用餐、购物、娱乐等；另一类是由顾客提出但并不是每个顾客都有需求的服务项目，称为附加服务项目。在某种程度上，具有个性化的附加服务项目比基本服务项目更能吸引顾客，更容易给顾客留下深刻印象。

4. 灵活的服务方式

服务方式是指餐饮企业在热情、周到地为顾客服务时所采用的形式和方法，其核心是如何给顾客提供各种方便。服务的方式有许多，包括微笑服务、个性化服务、细微化服务、礼貌服务、定制化服务、零缺陷服务、情感化服务、超值服务等。

每个餐饮企业的设施设备不同、员工素质高低不同、星级高低不等、接待对象不同，所选择的服务方式也是有差别的，但一些共性的服务则是每家餐厅都应提供的，如微笑服务、礼貌服务等。

5. 娴熟的服务技能

服务技能是指服务人员在接待服务工作中应该掌握和具备的基本功。服务人员的操作技能娴熟与否，可从一个侧面反映出其业务素质的高低和服务质量的好坏。娴熟的服务技能是提高服务水平、保证服务质量的技术前提。

6. 科学的服务程序

服务程序是构成餐厅服务质量的重要内容之一。实践证明，娴熟的服务技能，加上科学的服务程序，是优质服务的基本保证。餐饮企业的服务程序是根据顾客的要求和习惯，经过科学归纳后编制出来的规范化作业顺序。按程序工作可以保证服务质量，而随心所欲、不按照规程办事就会给工作造成被动，影响工作效率，招致顾客投诉。

7. 卓越的服务效率

服务效率是服务工作的时间概念，也是向顾客提供某种服务的时限。它不仅体现了服务人员的业务素质，也体现了餐饮企业的管理效率。

8. 专业化的员工

没有专业化的员工，服务技能就不可能娴熟。因此，专业化的员工是服务质量的根本保证。

综上所述，餐饮企业经营的关键是服务质量，服务质量的优劣直接关系到餐饮企业的声誉及社会效益和经济效益。因此，餐饮企业从上到下都要重视服务质量。

小资料

服务客人的三个方程式

在餐饮服务中，有几个简单的方程式能够帮助员工理解自己所处地位和对待客人态度的重要性。餐饮企业员工应当认识到自己所扮演的重要角色。

(1) 每个员工的良好形象＝餐饮企业整体良好形象，即 1＝100。

这一方程式所表示的是，餐饮企业的任何一个员工都是餐饮企业形象的代表，餐饮企业员工对待客人的一言一行都代表着餐饮企业的管理水平、全体员工的素质和整体服务水平。

(2) 餐饮企业整体良好形象－一个员工的恶劣表现＝零，即 100－1＝0。

这一方程式所表示的是，餐饮企业的服务形象是由所有员工共同决定的，即使其他员工表现出色，但只要其中任何一个员工表现恶劣，都会使餐饮企业形象受到严重损失。

(3) 客人满意＝各个服务员工表现的乘积。

在这一方程式中，餐饮企业员工表现出色，服务优质，其得分为 100，表现恶劣，态度极差，得分则为零。餐饮企业的形象并不是每个员工的表现简单相加的结果，而是一个乘积。

二、餐饮服务人员的素质要求

餐饮服务的高质量，依赖于高素质的员工。餐饮服务人员的素质要求主要体现在以下几个方面。

（一）思想素质

良好的思想素质是做好服务工作的基础。对餐饮服务人员思想素质的具体要求如下。

1. 树立正确的服务观念

从事餐饮服务的工作人员必须充分认识到餐饮服务工作的价值，热爱自己的工作，有意识地培养自己对餐饮服务的浓厚兴趣，不断努力学习，奋发向上，恪尽职守，开拓创新；以主人翁的姿态，始终如一、全心全意地为每位就餐客人服务。

2. 培养高尚的职业道德

职业道德是人们在一定的职业活动范围内所遵守的行为规范的总和。在餐饮服务过程中，许多服务是否到位实际上取决于员工的事业心和责任感，因此遵守职业道德也是餐饮服务质量的最基本要素之一，它不可避免地影响着餐饮服务的质量。

餐饮服务人员的职业道德有其特殊性，归纳起来主要有以下几个方面的内容：满腔热情、乐于助人的服务精神；文明礼貌、不卑不亢的职业风尚；诚信无欺、真实公道的经营作风；廉洁奉公、谦恭自律的优良品质；团结友爱、顾全大局的高尚风格。

3. 具有良好的组织纪律

严格的组织纪律是做好餐饮服务工作的重要保证，餐饮服务人员应具有严格的组织观念和法治观念，自觉遵守企业的规章制度和员工守则，服从工作安排和调动，热情为客人服务，完成本职工作。

（二）业务素质

餐厅服务员除了要有基本的思想素质外，还要有专业素质。它是餐饮服务人员做好服务工作的重要保证，是提高餐厅工作效率和服务质量的基本条件。如果没有一点专业知识，即使菜肴质量再好，也不能使客人感受到周到满意的服务。对餐厅服务人员业务素质的基本要求如下。

1. 熟练掌握专业操作技能

餐饮服务的每一项工作、每一个环节都有自己特定的操作标准和要求，如托盘、摆台、餐巾折花、斟酒、上菜、分菜以及服务人员的接待能力、语言技巧等。因此，餐厅服务人员要努力学习、刻苦训练，熟练掌握餐饮服务的基本技能，明确各项服务的规格、程序和要求，做到服务规范化、标准化、程序化。

小资料

餐厅服务的专业技能

专业技能是餐厅员工为客人提供服务时所具备的能力和技巧。

◆ 沟通能力：要善于用语言和行为与各种客人进行有效的沟通。

◆ 推销能力：具有根据本餐厅的饮食特色，积极主动地在适当的时间、以适当的方式向客人进行介绍和提出用餐建议的能力。

◆ 扎实的基本功和熟练的服务技能：熟练掌握和运用包括端托、摆台、斟酒、上菜、分菜、口布折花、撤台等在内的基本功。

◆ 语言艺术和应变能力：餐厅员工要根据不同的接待对象，正确地使用服务语言，使客人有被尊重的感觉，同时还要有及时、灵活处理各种突发事件的能力。

2. 讲究各种服务礼节

餐饮服务中的各种礼节贯穿于服务的各个环节，归纳起来，主要有问候礼节、称呼礼节、迎送礼节、操作礼节、仪表礼节、宴会礼节等。

对客人的礼节主要表现在语言和行为上。服务人员工作时的语言，特别是规范的接待服务用语，标志着一个企业的管理服务水平。掌握服务用语是提供优良服务，特别是提供感情服务的不可缺少的媒介。服务人员服务动作快速敏捷、准确无误，举手投足训练有素，也是对宾客尊重和礼貌的体现。餐饮服务人员掌握服务礼节，做到礼貌待人，对于提高服务质量具有极其重要的意义。

3. 不断提高自身的文化素养

具有良好的文化素养和广博的社会知识，不仅是做好服务工作的需要，而且有助于服务人员形成高雅的气质、广泛的兴趣和坚忍不拔的意志。餐饮服务人员须掌握的知识包括：烹饪知识、商品知识、营养卫生知识、心理学知识、餐饮文学知识、旅游地理知识、美术与音乐方面的知识、民俗和法律方面的知识，以及餐厅设备的使用、保养、维修知识等。

小资料

餐厅服务员应掌握的专业知识

◆ 菜肴和酒水知识：熟悉中西菜式的特点和质量标准及各菜系的渊源，熟知原材料的产地和特点，熟悉中西餐的主要服务方式；能够对常见中外名酒进行品质、产地、年份和香型的介绍。

◆ 烹饪知识：了解菜肴的基本烹调方法；善于鉴别菜肴的品质和口味；了解厨房的重要设备、工具的性能和使用方法。

◆ 食品营养卫生知识：懂得食品营养的搭配与组合，了解各种营养素在人体中的重要作用；了解营养饮食的发展趋势。

◆ 习俗知识：了解不同国家和地区的风俗习惯、民俗礼仪、饮食习惯和生活禁忌等。

◆ 社会科学知识：主要包括法律知识、餐厅管理知识、饭店营销学、旅游心理学和医学常识等，以及领导科学、经济学、社会学等方面的理论知识。

4. 具有良好的人际交往能力

餐饮服务是一种特殊的人际交往活动，服务人员应主动加强与客人的交往，加深对客人的了解，采取客人乐于接受的方式进行服务。服务人员在与餐厅客人交往时，必须坚持“宾客至上”“客人总是对的”的原则。通过与客人的交往，创造出亲切、随意的就餐环境，加强与客人的情感交流，提高客人对饭店的忠诚度。所有这些，均要求餐饮服务人员具备一定的人际交往能力。

5. 良好的服务态度

服务态度是指餐饮服务人员在对客服务过程中体现出来的主观意向和心理状态，其好坏直接影响到客人的心理感受。服务态度取决于员工的主动性、创造性、积极性、责任感和综合素质。主动、热情、耐心的服务态度能够获得客人的好感和信任，是进一步做好服务工作的基础，是贯彻“宾客第一”原则和增强员工服务意识的具体表现。

6. 较高的服务效率

相关统计数据表明，就餐客人对在餐厅的耗时等候最感头疼，客人普遍希望进入餐厅后立即能在满意的餐桌入座，点菜后能尽量缩短等候时间。因此，在服务中一定要讲究效率，千方百计缩短就餐客人的等候时间，既让客人高兴而来、满意而去，又使餐厅的餐位利用率提高、接待人数增多、营业收入增加，形成客我两便的良性循环。

7. 具备一定的数字化素养

随着科技的快速发展和互联网的普及，餐饮行业数字化已成为一个不可忽视的趋势。通过数字化的手段，餐饮企业可以提升效率、降低成本，同时满足消费者对个性化和便利性的需求。数字化对餐饮服务人员将带来一定的变革，需要员工具备相关的数字化技能和知识。餐饮企业可以通过培训和学习来提高员工的数字化素养，以适应数字化转型的需求。

（三）身体素质

服务人员的身体素质是做好服务工作的保证。

1. 健康的体格

无论何种岗位，服务人员在工作中站立、行走、托盘、上菜等都需要有一定的腿力、臂力和腰力，只有拥有健康的体魄，才能胜任工作。

另外，服务人员直接接触食品，因此必须定期体检，确保没有传染性疾病。

2. 端庄的仪表

端庄的仪表能给客人留下美好的第一印象，它直接影响客人与服务人员的交往是否顺畅，所以仪表修饰不仅是工作的要求，还体现出对客人的尊重，进而为服务工作奠定良好的基础。

餐饮服务人员的仪表包括服饰、仪容、仪态、举止等。

（四）心理素质

1. 敏捷的思路

餐饮服务人员必须有清晰、灵敏的思维能力。在餐饮服务的第一线，由于客人的就餐需求、心理状态等各不相同，会出现各种各样的问题，如就餐投诉、寻衅闹事、醉酒后失态、突发疾病等，这都需要服务人员及时处理。在处理这类问题的过程中，餐饮服务人员的良好思维能力是不可缺少的。

2. 健全的心理

餐饮服务人员的心理素质要求通常包括吃苦耐劳、任劳任怨、承受委屈、果断处理等能力，以及宽容他人、敢说敢为、不畏艰难等品质。餐饮服务人员的绝大部分时间都在与客人打交道，发生误解、导致客人不悦而不得不忍气吞声、强作笑脸的事时有发生。服务人员必须沉得住气，以大局为重，正确对待和处理矛盾和误会。

任务三　认识餐饮部组织机构与岗位职责

案例情境

餐厅人才需求与各岗位人员配备

某五星级酒店的西餐厅设有座位280个，餐厅桌面服务员每人负责20位客人的餐桌服务，传菜员每人每天负责60位客人的传菜工作，餐厅柜台处有酒水员2人、收款员2人、迎宾和领位各2人。计划出勤率98%，每周工作5天，每天2班制。请完成以下分析（保留小数点后两位，人数最后进位取整）。

【案例思考】

（1）经预测，餐厅旺季上座率为98.6%，淡季为72.4%，平季为85.2%，请为餐厅编制一份不同季节的人员需求表。

（2）餐厅上月实际上座率为92.4%，在编桌面服务员用了38人，传菜员用了18人，他们每人实际接待了多少客人？是否完成了桌面服务人员20客/人·天、传菜员60客/人·天的劳动定额？

（3）下周餐厅进入黄金周，根据预订趋势分析，餐厅上座率为152.6%，估计因预订不到的空座率为3.4%，按劳动标准餐厅共需用多少人？（注：旺季到来，周六和周日不休息）

【案例评析】

根据实际工作需要，选择适当的人员核定办法、确定餐厅员工人数，是每一个餐厅管理者必须掌握的。该案例在人员配备过程中，主要运用的是接待人次定员法。

（1）不同季节的餐厅人员需求表。

不同季节的餐厅人员需求表

	旺季98.6%	平季85.2%	淡季72.4%	计算方法
客人数/班	276	239	203	座位数×上座率
桌面/班	13.8	11.95	10.15	客人数/每人接待数
传菜/班	4.6	3.98	3.38	客人数/每人接待数
柜台/班	4	4	4	定值
迎宾领位/班	4	4	4	定值
合计/班	26.4	23.93	21.53	前四项相加
两班人数	52.8	47.86	43.06	合计×2
餐厅定员	75.43	68.37	61.51	2班人数×7÷(5×0.98)
进位	76	69	62	进位为整数

（2）上月每班客人数＝280×92.4%＝259（人）

1）上月桌面和传菜员每班实际上岗人数为：

桌面上岗人数＝(38×98%÷2)×5÷7＝13.3（人）

传菜员上岗人数＝(18×98%÷2)×5÷7＝6.3（人）

2）上月桌面服务人员和传菜员每人实际接待客人数为：

桌面服务人员人均接待客人数＝259÷13.3＝20（客）（桌面服务人员刚好完成劳动定额，合理）

传菜员人均接待客人数＝259÷6.3＝42（客）（传菜员人数过多，未能完成劳动定额）

（3）黄金周客人数＝280×(152.6％－3.4％)＝418（人）

桌面和传菜日上岗人数＝(418÷20＋418÷60)×2＝28（人）

黄金周日上岗总人数＝28＋8＝36（人）

酒店餐饮部集生产、加工、销售、服务于一身，管理过程全、环节多；从人员结构上讲，该部门所需员工数量多、工种多、文化程度差异大。因此，建立合理、科学、有效的组织机构，进行科学分工，是做好餐饮服务与管理的基本前提和保证。

一、餐饮部组织机构设置原则

餐饮部的组织机构根据各酒店具体情况的不同而不相同，但还是有规律可循的。无论机构如何设置，均需要体现组织设计的基本原则和要求。

（一）精简与效率相统一的原则

餐饮部的组织机构中，不应有任何不必要或可有可无的职位，不应因人设岗，避免机构臃肿、人浮于事。组织机构要简单，指挥幅度要适当。指挥幅度是指一位管理人员所直接地、有效地指挥控制的下层职工数。合适的指挥幅度一般以指挥5～12人为宜。

（二）专业化和自动调节相结合的原则

餐饮部组织机构的设计要根据酒店业务活动的需要来进行，由于餐饮部的大小不同，因此组织机构也应该根据其规模大小做适当的调整。要做到餐饮部组织机构大小同酒店等级规模相适应，内部专业分工程度同生产接待能力相协调，专业水平和业务能力同工作任务相适应，管理人员能够在不断变化的环境中主动处理问题，具有自动调节的功能。

（三）权力和责任相适应的原则

餐饮部组织机构的设置要做到统一指挥、分层负责、职权相当、权责分明。每个人只有一个上司，上级不能越级指挥，只能越级指导；员工不能越级汇报，只能越级申诉。

二、餐饮部组织机构的类型

为便于管理，餐饮部组织机构均配有组织机构图，其主要作用在于：第一，组织机构图可以清楚地反映部门和个人职责，以及管理人员与其他员工的关系；第二，组织机构图显示了命令的路径，使员工知道其所属而便于遵循指示；第三，组织机构图透露出可能的升迁途径，让员工清楚自己在本部门中的位置和发展方向，及早建立自己的事业目标。

（一）按酒店餐饮部的规模来划分的餐饮部组织机构

酒店餐饮部的规模、大小不同，其组织机构也不尽相同。

1. 小型酒店的餐饮部组织机构

小型酒店的餐饮部组织机构比较简单，分工也不宜过细，其清洗主管类似大中型酒店管理部主管的职能，如图1-1所示。

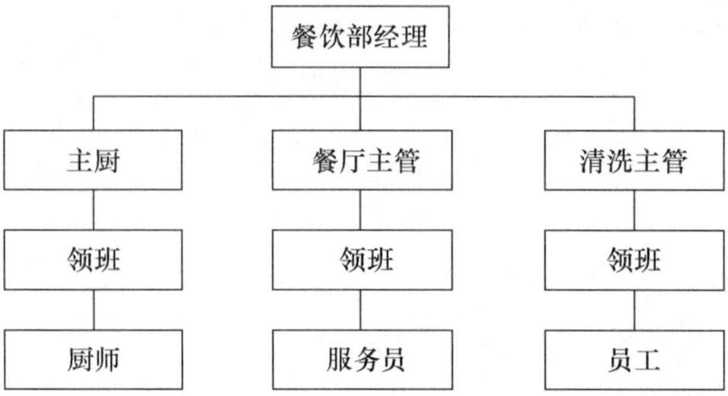

图 1-1　小型酒店餐饮部组织机构图

2. 中型酒店的餐饮部组织机构

相对于小型酒店来说，在中型酒店的餐饮部组织机构中，分工更细，功能也比较多，如图 1-2 所示。

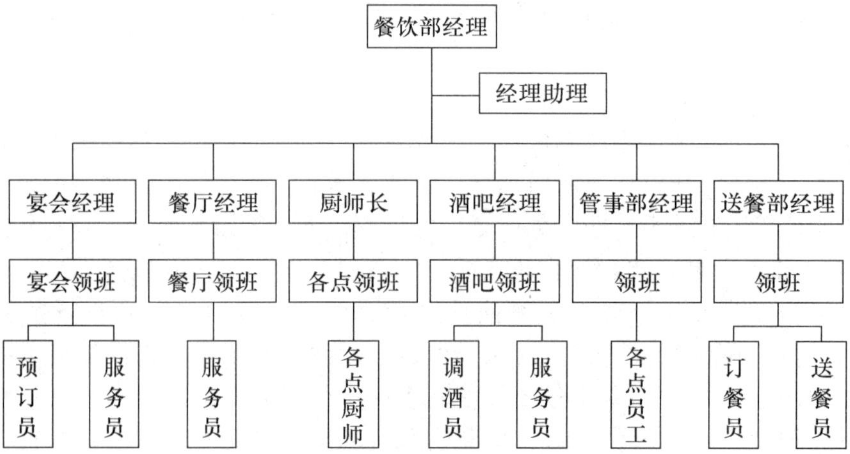

图 1-2　中型酒店餐饮部组织机构图

3. 大型酒店的餐饮部组织机构

大型酒店的餐饮部组织机构结构复杂，层次多，分工明确细致，如图 1-3 所示。

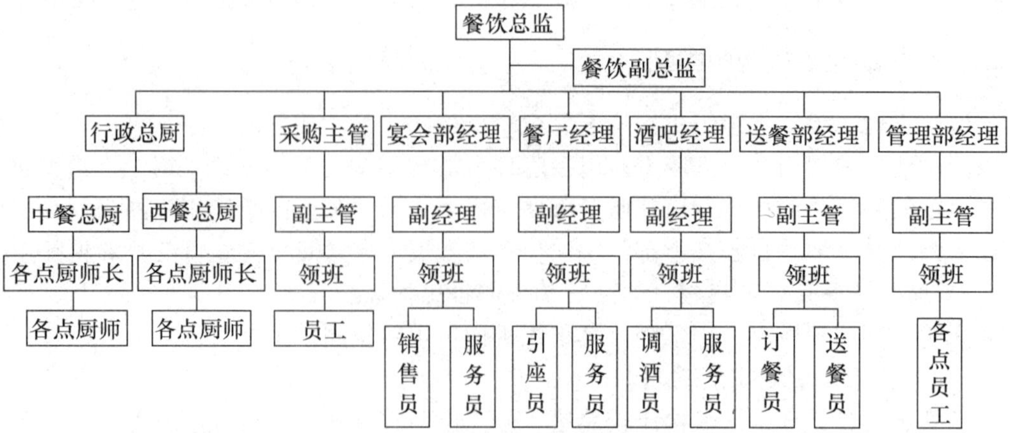

图 1-3　大型酒店餐饮部组织机构图

（二）按功能划分的餐饮部组织机构

按功能划分的餐饮部组织机构如图 1－4 所示。

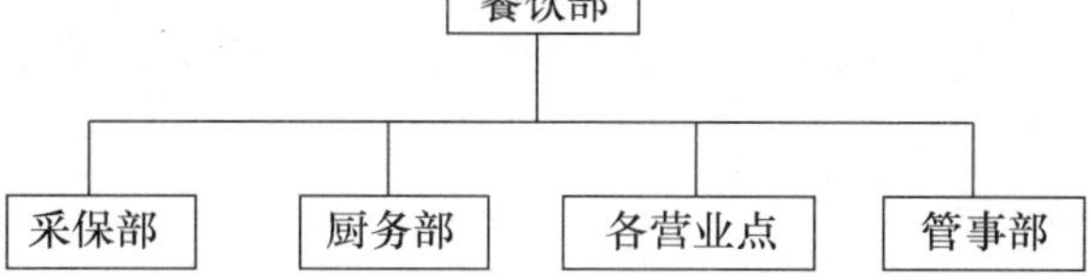

图 1－4　按功能划分的餐饮部组织机构图

各部门主要职能如下。

1. 采保部

采保部是餐饮部的物资供应部门，主要负责餐饮部生产原料的采购和保管工作。

采保部的主要职能为：及时做好食品原材料的采购工作，保证餐饮部所需原料供应；负责餐饮原料的验收和保管工作；做好采购价格控制及仓库存货控制工作。

2. 厨务部

厨务部是餐厅的生产部门，负责菜肴、面点等产品的加工制作。

厨务部的主要职能为：根据客人需求，为其提供安全、卫生、精美可口的菜肴；加强对生产流程的管理，控制原料成本，减少费用开支；对菜肴不断开拓创新，提高菜肴质量，扩大销售。

3. 各营业点

酒店餐饮部的各营业点包括各类餐厅、宴会厅、酒吧、客房送餐服务部等，是餐饮部直接对客服务部门。这些营业点服务水平的高低、经营管理状况的好坏，直接关系到餐饮产品的质量，影响到酒店的声誉。

餐厅的主要职能为：按照规定的标准和规定程序，用娴熟的服务技能、热情细致的服务态度，为客人提供餐饮服务，同时根据客人的个性需求提供针对性服务；扩大宣传推销，强化全员促销观念，提供建议性销售服务，保证餐厅的经济效益；加强对餐厅财产和物品的管理，控制费用开支，降低经营成本；及时检查餐厅设备的使用状况，做好维修保养工作，加强餐厅设备管理。

宴会厅的主要职能为：宣传、销售各种类型的宴会产品，并接受宴会或活动的预订，提高宴会厅的利用率；负责中西宴会、冷餐酒会、鸡尾酒会等各种活动的策划、组织、协调和实施等工作，向客人提供尽善尽美的服务；从各环节着手控制成本和费用，增加效益。

4. 管事部

管事部是保证餐饮部正常运转的后勤保障部门，负责提供餐饮部所需的餐具用品，清洁餐具、厨具和后台区域卫生等。

管事部的主要职能为：根据事先确定的库存量，负责为餐厅和厨房请领、供给、存储、收集、洗涤和补充各种餐具，如瓷器、玻璃器皿及服务用品等；负责银器及其他设备的清洁与维护保养；负责收集和处理垃圾；负责区域卫生；控制餐具的消耗及各种费用。

餐饮部各部门之间既要有明确的分工，又要有密切的合作，特别是一线服务人员要主动与有关岗位协调。

三、餐饮部人员的合理配备

只有配以合适的人员，组织机构才能发挥作用。餐饮部人员配备要注意科学的编制定员，即根据餐饮的经营方向、规模、档次、组织机构及员工业务素质等因素确定餐饮的职位设置，规定必须配备的各类人员的数量，同时要做到科学用人，优化配置。

（一）餐饮部人员的配备

1. 职位设置

餐饮部的职位设置，一是必须坚持因事设职，即根据餐饮经营活动的目标、任务以及内部分工设置不同的职位。例如，负责酒店餐饮管理经营方针、经营目标、经营计划的制订，全面组织业务经营活动的餐饮经理职位；负责食品原料供应的采购员、验收员、仓管员职位；负责菜点生产和管理的厨师长、厨房领班、厨师职位；负责餐饮销售和服务的经理、领班、引位、桌面、传菜、酒水员等职位。二是要设计合适的职位名称，既要名副其实，又要富有吸引力。三是要明确各职位的职责，即做到责、权、利的有机统一。四是规定明确的职级，即根据各职位的工作繁简、责任大小、技术水平高低等因素，确定各岗位的等级。

2. 人员编制

人员编制，即确定餐饮部各职位人员的数量。餐饮部的人员编制要根据餐饮档次的高低、服务经营的方针和特色、餐饮设备情况、人员技术水平、餐位利用率等因素，本着先进合理的原则加以确定。其定员的方法主要有以下几种：

（1）岗位人数定员法。

这种方法主要适用于核定餐饮企业或餐饮部门的高级主管以上的管理人员编制。其人员编制方法是根据工作需要来设定岗位，然后按岗定人。例如，餐饮总监、餐饮部经理、行政总厨、各厨房厨师长、各餐厅经理，以及宴会部、酒水部、预订部经理及其副职人员等，这种人员定编的岗职人数一经确定，原则上就要保持稳定，不得随意增加。

（2）上岗人数定员法。

这种方法主要适用于核定那些很难制定劳动定额的部门和岗位的人员编制，它是依据某一部门或工种的日平均工作量来测定每天需要上岗的人数。

其计算公式为：

$$Q=\frac{7X}{5}\div F$$

其中：Q——定员人数；

X——每日上岗人数；

F——计划出勤率。

（3）看管定额定员法。

这种方法主要适用于核定炒菜厨房的人员编制。炒菜厨房用人包括厨师、加工人员。其人员编制方法以劳动定额为基础，重点考虑上灶厨师，其他加工人员可作为厨师的助手。

其核定编制方法分为两步：

第一步，核定劳动定额，其计算公式为：

$$X=\frac{n}{a+b}$$

其中：X——看管定额；

n——测定炉灶台数；

a——测定上灶厨师；

b——加工和勤杂人员。

第二步，核定人员编制，其计算公式为：

$$Q=\frac{nd}{Xf}\times 7\div 5$$

其中：Q——定员人数；

n——炉灶台数；

d——班次；

X——看管定额；

f——计划出勤率。

【案例 1-1】某五星级酒店的中餐厅炒菜厨房设有炉灶 12 台，经测定，每位上灶厨师负责 1 台炉灶，厨房每班同时需用加工厨师 4 人、杂工 2 人，每周工作 5 天，每天 2 个班次，计划出勤率 98%，请核定厨房共需要多少员工。如果将每天的劳动班次由 2 个调整为 1.5 个，则可节省多少劳力？（保留小数点后两位，人数最后进位取整）

【案例解析】

厨房看管定额＝12÷(12＋4＋2)＝0.67（台/人）

厨房定员数＝(12×2)÷(0.67×98%)×7÷5＝52（人）

因调整班次所需人数＝(12×1.5)÷(0.67×98%)×7÷5＝39（人）

调整班次后可节省人数＝52－39＝13（人）

(4) 接待人次定员法。

这种方法主要适用于核定餐厅、酒吧、宴会厅等领位员、传菜员、酒水员和桌面服务员的人员编制。其核定编制方法分为两步：

第一步，核定餐厅人均接待人次，其计算公式为：

$$X=\frac{Q}{A+B}$$

其中：X——人均接待人次；

Q——测定客人数（餐厅座位数×上座率）；

A——桌面服务员；

B——其他服务员。

这时，要特别注意不同餐厅的等级规格，例如，零点餐厅每个服务员可接待 20 人左右；团体、会议餐厅每个服务员可接待 30～40 人；宴会厅每个服务员则只能接待 1 桌客人；最高档次的西餐扒房每桌客人就需要配备 2 名服务员。

第二步，确定餐厅员工定员，其计算公式为：

$$n=\frac{drh}{Xf}\times7\div5$$

其中：n——餐厅定员人数；

d——餐厅座位数；

r——预测餐厅上座率；

h——劳动班次；

X——人均接待客人数；

f——计划出勤率。

【案例 1-2】上海某饭店团队会议餐厅有座位 240 个，传菜员 60 客/人・天，桌面人员劳动定额 40 客/人・天。餐厅每班设领位、酒水员 3 人，计划出勤率 98.5%，每周工作 5 天，2 班制。经预测，餐厅旺季上座率 85%，计算该餐厅的看管定额和定员人数。（保留小数点后两位，人数最后进位取整）

【案例解析】

桌面人员看管定额＝40（客/人・天）

桌面人员定员人数＝(240×85%×2×7)÷(40×98.5%×5)＝15（人）

传菜员看管定额＝60（客/人・天）

传菜员定员人数＝(240×85%×2×7)÷(60×98.5%×5)＝10（人）

领位酒水员定员人数＝3×2＝6（人）

（二）班次安排

餐饮部因工种多、岗位差异大，因而班次安排必须适应营业需要。餐饮部员工的班次安排形式因地区不同、营业时间长短而各异。通常的班次有半班制、一班制、两班制、三班制，以及平衡上班和弹性工作制等。

厨房的班次安排应考虑工种特点和营业需要。如烤鸭、豆腐制作、冷盘雕刻等工种的班次安排就与炉灶、切配等工种有所不同；厨房点心班可以是早上 6:00 上班，切配班可以是上午8:00 上班，炉灶班可以是上午 10:00 上班。

班次安排遵循以下原则：

（1）班次安排必须保证满足餐厅经营与服务的需要，确保营业的高峰时间前、后台工作人员最多。

（2）要针对不同餐厅的经营特点，科学合理地安排班次。

（3）班次安排既要能够最大限度地发挥全体员工的潜力，保证满负荷地运转，又要考虑员工的承受能力和客观困难，关心和保护员工的身体健康。

四、餐饮部各岗位的职责

（一）餐厅经理岗位职责

餐厅经理的岗位职责如下：

（1）负责整个餐饮部的正常运转，执行计划、组织、督导及控制工作，使客人得到更大的满足并产生预期的效益。

（2）负责策划餐饮特别推广宣传活动。

（3）每天审阅营业报表，进行营业分析，做出经营决策。

（4）制定各类人员操作程序和服务规范。

（5）建立健全考勤、奖惩和分配等制度，并切实予以实施。

（6）与行政副总厨、公关营销部、宴会预订员一起研究制定长期和季节性菜单、酒单。

（7）督促做好食品卫生和环境卫生工作。

（8）负责对大型团体就餐和重要宴会的巡视、督促。

（9）处理客户的意见和投诉，缓和不愉快局面。

（10）抓员工的业务知识与技术培训。

（11）审阅和批示有关报告和各项申请。

（12）协助人事部门做好定岗、定编、定员工作。

（13）参加酒店例会及业务协调会，建立良好的公共关系。

（14）主持部门例会，协调各部门内部工作。

（15）分析预算成本、实际成本，制定售价，控制成本。

（16）拟订最新的食品配方资料系统。

（17）协调内部矛盾，处理聘用、奖励、处罚、调动等人事工作，处理员工意见及纠纷，建立良好的下属关系。

（二）餐厅主管岗位职责

餐厅主管的岗位职责如下：

（1）掌握餐厅内的设施及活动，监督及管理餐厅内的日常工作。

（2）安排员工班次，核准考勤表。

（3）对员工进行定期培训，确保酒店的政策和标准得以贯彻执行。

（4）经常检查餐厅内的清洁卫生、员工个人卫生、服务台卫生，以确保宾客的饮食安全。

（5）与宾客保持良好关系，协助营业推广、征询及反映宾客的意见和要求，以便提高服务质量。

（6）与厨师长联系有关餐单准备事宜，保证食品控制在最好水平。

（7）监督每次盘点及物品的保管。

（8）主持召开餐前会，传达上级指示，做好餐前的最后检查，并在餐后进行总结。

（9）直接参与现场指挥工作，协助所属员工服务和提出改善意见。

（10）审理有关行政文件，签署领货单和申请计划。

（11）督促及提醒员工遵守酒店的规章制度。

（12）推动下属大力推销产品。

（13）抓成本控制，严格堵塞浪费、作弊等漏洞。

（14）填写工作日志，反映餐厅的营业情况、服务情况、宾客投诉或建议等。

（15）负责餐厅的服务管理，保证每个服务员按照酒店规定的服务程序、标准去做，为宾客提供高标准的服务。

（16）经常检查餐厅常用物品准备是否充足，确保餐厅正常运转。

（17）每日了解当日供应品种、缺货品种、推出的特选等，并在餐前会上通知所有服务人员。

（18）及时检查餐厅设备的状况，做好设备维护保养、餐厅安全和防火工作。

（三）餐厅领班岗位职责

餐厅领班的岗位职责如下：

（1）接受餐厅经理指派的工作，全权负责本区域的服务工作。

（2）协助餐厅经理拟订本餐厅的服务标准、工作程序。

（3）负责对本班组员工的考勤。

（4）根据客情安排员工的工作班次，并视工作情况及时进行人员调整。

（5）督促每一名服务员并以身作则大力向宾客推销产品。

（6）指导和监督服务员按要求与规范工作。

（7）接受宾客订单、结账。

（8）带领服务员做好班前准备工作与班后收尾工作。

（9）处理宾客投诉及突发事件。

（10）经常检查餐厅设施是否完好，及时向有关部门汇报家具及营业设施的损坏情况，向餐厅经理报告维修事实。

（11）保证出口准时、无误。

（12）营业结束后，带领服务员做好餐厅卫生，关好电灯、电力设备，锁好门窗、货柜。

（13）配合餐厅经理对下属员工进行业务培训，不断提高员工的专业知识和服务技能。

（14）与厨房员工及管事部员工保持良好关系。

（15）当直属餐厅经理不在时，代行其职。

（16）核查账单，保证在将账单交给宾客签字、付账前完全正确。

（17）负责重要宾客的引座及送客致谢。

（四）引领服务员岗位职责

引领服务员的岗位职责如下：

（1）在本餐厅入口处礼貌地问候宾客，迎领宾客到适当的餐桌，协助拉椅让座。

（2）递上菜单，并通知区域值台员提供服务。

（3）熟悉本餐厅内所有餐桌的位置和容量，确保进行相应的迎领工作。

（4）将宾客平均分配到不同的服务区域，以平衡各值台服务员的工作量。

（5）在营业高峰餐厅满座时妥善安排候餐客人。

（6）记录就餐宾客的人数及其所有意见或投诉，并及时向上级汇报。

（7）接受或婉拒宾客的预订。

（8）协助宾客存放衣帽、雨具等物品。

（9）积极参加培训，不断提高自己的服务水平和服务质量。

（五）餐厅服务员（值台员）岗位职责

餐厅服务员的岗位职责如下：

（1）负责擦净餐具、服务用具，做好餐厅的清洁卫生。

（2）到仓库领货，负责餐厅各种布件的点数、送洗和记录工作。

(3) 负责补充工作台，并在开餐过程中随时保持其整洁。
(4) 按本餐厅的要求摆台，并做好开餐前的一切准备工作。
(5) 熟悉本餐厅供应的所有菜点、酒水，并做好推销工作。
(6) 接受宾客点菜，并保证宾客及时、准确无误地得到出品。
(7) 按本餐厅的标准为宾客提供尽善尽美的服务。
(8) 做好结账收款工作。
(9) 在开餐过程中关注宾客的需求，在宾客呼唤时能迅速做出反应。
(10) 负责宾客就餐完毕后的翻台或为下一餐摆台，做好餐厅的营业结束工作。
(11) 积极参加培训，不断提高自己的服务水平和服务质量。

(六) 传菜员岗位职责

(1) 在开餐前负责准备好调料、配料和传菜工作，主动配合厨师做好出菜前的所有准备工作。
(2) 负责小毛巾的洗涤、消毒工作或去洗衣房领取干净的小毛巾。
(3) 负责传菜间和规定地段的清洁卫生工作。
(4) 负责将点菜单上的所有菜点按上菜次序准确无误地传送到点菜宾客的值台员处。
(5) 协调值台员将脏餐具撤回洗碗间，并分类摆放。
(6) 妥善保管点菜单，以备核查。
(7) 积极参加培训，不断提高自己的服务水平和服务质量。

小资料

线上运营经理岗位职责

1. 统筹所有线上运营工作：大众点评；外卖运营；社群营销；公众号商城；小程序营销活动方案落地执行等。
2. 通过各种方式完成引流工作，通过引流新增粉丝。
3. 线上引流的策划，将工作计划落地实施并不定时对线上的相关数据进行统计分析。
4. 对接各部门的沟通协调工作，保证线上运营的活跃及稳定增长。
5. 负责搭建和运营用户社群，与社群成员积极互动，营造社群活跃氛围，提高客户信任度和转化率。
6. 进行社群问题整理和活动反馈收集，针对问题及反馈协作公司其他部门同事进行整改优化。
7. 维护客户长期关系，不定时电话回访客户。
8. 完成上级分解的月销售目标、季度营业额目标、年度营业额目标等。

素养园地

有一种标准叫广式服务

党的二十大报告指出：增强中华文明传播力影响力。讲好中国故事、传播好中国声音，展现可信、可爱、可敬的中国形象。

“食在广州”，精致的菜品是“面子”，优质贴心的服务是“里子”。食客在餐厅一落座，眼观六路、手脚麻利的服务员先奉上工夫茶，上菜顺序别有讲究，主动上前为食客续水换骨碟，饭后主动询问是否需要打包盒……正是这些看似烦琐却贴心的标准化服务，让不少外地游客大叹“食在广州，名不虚传”。“请问要乜茶?”外地游客来广州茶楼，往往会被服务员的第一句粤语问愣，还没等客人反应过来，服务员已用普通话再问上一遍。待茶具茶叶送上来后，冲、洗、泡、盖、送，饭菜还没上，一套讲究的上茶流程已让游客领略了广式服务的体贴入微。

说起服务质量标准，在某老字号酒楼已经有24年服务经验的珍姐这样说，对服务员的一般要求是“三勤”：勤跑、勤开口、勤换。“勤跑”是为了保证菜品的口感、温度，要求服务员一路小跑又快又稳地上菜；“勤开口”是指服务员要主动问客人需要什么，而不是等客人招手示意；“勤换”则是要求碗、盘、骨碟等更换及时，酒杯、茶杯、饮料杯在席间不能空。珍姐介绍，服务员要有较高的素质，每道菜上来，不仅要报菜名，还要讲出它的口味，甚至这道菜的来历。“比如广州酒家的文昌鸡，不是因为广州酒家老店在文昌路，就叫文昌鸡，而是指用海南文昌鸡做的这道菜。”

不同美食代表不同国家和地区的风俗民情和地域特色。人们在满足口腹之欲时，品的不仅仅是美食本身，还有其背后的历史渊源、地理风貌等文化故事。美食是超越国籍、种族的世界语言。有多少外国人因为一道宫保鸡丁而迷上中国文化，又有多少外国人因为中国美食而开始了一场说走就走的旅行？美食的意义早已不再局限于饱腹、营养等功能，更是文化软实力的代表以及跨文化交流中的王牌。作为餐饮从业人员，要在做好服务的同时，传播好中华优秀的饮食文化。

项目小结

作为一名餐饮从业人员，要做好餐饮服务与管理工作，必须了解自己所从事的餐饮业发展历史、经营特点以及发展趋势。餐饮业包括特定市场餐饮和一般市场餐饮。餐饮业的特点包括餐饮产品生产、销售、服务三个方面。餐饮企业按等级划分一钻级、二钻级、三钻级、四钻级、五钻级（含白金五钻级），按经营形式划分为独立经营、依附经营和连锁经营三种类型。餐饮经营具有消费大众化、个性化、经营多样化、连锁经营、绿色经营、网络化等趋势。

餐饮服务是餐饮服务员凭借一定的设备和空间，为满足客人的餐饮需要而从事的一切活动。餐饮服务质量的基本内容，从总体上来看可分为“硬件”和“软件”两个方面。“硬件”因素包括建筑外形、设备设施、房间布局、室内装修、家具用具的设置等；“软件”因素包括餐饮企业员工的工作作风、工作态度、服务技能、文化修养等，这两方面也是保证服务质量的关键因素。餐饮服务人员的素质包括思想素质、业务素质、身体素质和心理素质。

餐饮部组织机构在设置时要坚持精简与效率相统一、专业化和自动调节相结合、权力和责任相适应的原则。社会餐饮企业的组织机构通常采用扁平式结构；酒店餐饮部组织机构因规模不同而不同。餐饮部人员定员方法包括岗位人数定员法、上岗人数定员法、看管定额定员法和接待人次定员法。各岗位人员工作职责因岗位而不同。

课堂讨论

1. 目前数字化对餐饮业运营提出了新要求，作为餐饮人员，如何提高自身的数字化素养?

2. 根据你的就餐经历，谈谈你对餐饮服务和管理的认识。

3. 假如你是一名餐饮部经理，酒店人力资源部要求提供餐饮部各岗位人员需要数量，你会采用什么方法来确定各岗位人员数量呢?

技能训练

1. 调查学校周围几家餐饮企业，了解这几家餐饮企业的数字化运营情况，并撰写调研报告。

2. 某宾馆的中餐厅有座位150个。预测餐厅座位利用率淡季88%、旺季150%、平季106%。餐厅一日开两餐，桌面人员每人每天负责30位客人，传菜员负责为50位客人传菜，餐厅另配领位、酒水员2人/班，平均1.2个班次，计划出勤率98%。

(1) 请为该中餐厅编制一份不同季节的人员需求表。

(2) 餐厅上月实际上座率82%。在编桌面服务人员用了10人，传菜员用了5人。请计算他们每人每天实际接待了多少客人，并判断是否完成了劳动定额。

案例分析

案例一　未点餐就走的客人

某酒店餐厅中午来了一桌客人就餐，领位员小李热情地把客人们领到餐桌前，并向新来的值台员小王交代了一下就走了。小王接待客人，发现座位少了一个，就对一位客人说："请先生从旁边桌子处自己拉一把过来坐吧。"客人看了一眼小王，没有说话，自己拉过一把椅子坐了下来。几位客人说着话，小王站在旁边，过了几分钟，刚才自己拉椅子的那位先生对小王说："小姐，你们酒店有没有茶?"小王赶忙说："对不起，我这就泡茶。"于是在工作台上泡了一杯茶端到那位客人面前，过了几分钟，客人又说话了："那其他客人呢?"小王这才如梦方醒，给每一位客人都沏了茶，然后她恭敬地站在旁边等着为客人服务。又过了几分钟，刚才那位客人生气地说："小姐，你会不会招待?怎么把我们干晾在这里?"小王恭敬地说："先生请问你要什么?"那位先生生气地说："我们是来吃饭的，怎么不招待我们?"小王说："你们没有说话，我不知道怎么办。"客人们被搞得莫名其妙。这时，小王终于醒悟过来，拿来菜单给这位先生，先生问小王："你们酒店有什么特色菜?"小王说："不清楚。"那位先生最后失望地对小王摇了摇头，带着其他客人离开餐厅，到别处就餐去了。

问题与思考：

1. 在上例服务事故中，谁应该负主要责任?小王的服务有几处错误?

2. 客人们到来后，小王应该怎样做?

案例二　深浅色盘巾

张先生早就听说青岛的某星级酒店服务周到细致，人性化服务很有特色，特意将欢迎北京客户的宴会安排在这家酒店。众人入座问位开茶后，服务员托送酒水，一一为客人们斟倒，细心的张先生看到服务员在整洁的托盘内垫着一块干净的浅色盘巾，心中暗想：看看这块干净的盘巾就知道今天的选择是正确的。品尝过凉菜后，客人们对菜肴的色、香、味都挺满意。热菜上桌前，服务员用托盘对餐台进行了小整理，当服务员用托盘撤换接碟时，张先生留意到托盘里的浅色盘巾不见了，换成了一块深色的盘巾，依然干净整洁。这引起了张先生的好奇，他仔细观察后发现，服务员在上菜、上酒水、上新接碟时均使用垫有浅色盘巾的托盘，而在撤客人使用过的盘碟等物品时都会使用垫有深色盘巾的托盘。张先生把这一发现告诉了大家，大家都对这种细致的服务方式大加赞赏，对服务员的服务十分满意。张先生看到大家如此尽兴，非常高兴，心想：以后请客我就定这儿了。

问题与思考：

1. 服务员使用不同颜色的盘巾说明了什么问题？
2. 你从本案例中得到了什么启示？

项目二
餐饮服务技能

问题导入

1. 轻托与重托所使用的托盘一样吗？为何使用左手托盘？
2. 托盘有哪些种类？它们规范的操作要点是什么？
3. 你能为不同主题的宴会选择恰当的餐巾折花吗？
4. 中西餐宴会摆台有什么异同？
5. 中西餐宴会酒水服务操作要领及方法有什么不同？
6. 什么情况下需要提供分菜服务？

学习目标

知识目标：

1. 掌握托盘的基本动作要领。
2. 掌握餐巾折花的技法。
3. 掌握斟酒的基本技法。
4. 掌握中西餐摆台的操作程序。
5. 掌握中餐分菜的基本方法。

能力目标：

1. 能够利用餐饮服务技能为客人提供就餐服务。
2. 能够运用餐饮服务技能参加技能大赛。

素养目标：

1. 培养职业道德和一丝不苟的工匠精神。
2. 培养察言观色、灵活应对的超前服务意识。
3. 培养创新意识和创新精神。

任务一　端托服务

案例情境

有关托盘服务的投诉

某酒店宴会大厅正在举行隆重的宴会，客人在舒缓的音乐声中自由交谈、轻松就餐。这时，一位男服务员用大号方托盘托着装有饮料的杯子向客人走来，一不小心，托盘上的饮料杯翻倒，全部洒在邻近的一位客人身上，响声惊动了所有客人，大家的目光都投向这位客人……最终，引起客人投诉。

【案例思考】

1. 造成服务员失误的原因是什么？

2. 我们如何才能避免和减少发生服务事故，从而熟练托盘，自如地为客人服务？

3. 服务人员在服务过程中，有哪些方面是需要注意的？

【案例评析】

1. 服务员没有正确使用托盘。托运菜点等用大号方盘，托运酒水用中号方盘即可。

2. 正确地使用托盘是每个餐厅服务员都应具备的基本技能。托盘可以为餐饮服务的物品托运提供便利，提高餐饮服务的工作效率，规范餐饮服务，美化服务姿态。

3. 使用托盘服务前，服务人员必须要掌握理盘、装盘、起盘、行走、落盘五个步骤及其要领。从托盘的选择、清理到托盘托送方法都要一丝不苟，尽量避免服务事故的发生。

托盘操作

托盘操作是餐厅服务人员必须掌握的基本技能之一，是服务人员用来运送物品的一种工具。根据物品的不同，使用不同的托盘进行运送，这就要求餐厅服务人员在操作中做到送物不离托盘，并练就过硬的基本功。

一、托盘的种类和用途

（一）按质地划分

托盘按质地可分为木质托盘、金属托盘和胶木防滑托盘。现在酒店多用胶木防滑托盘，有些高档宴会还会使用银质托盘。

（二）按用途划分

根据用途的不同，托盘可分为大、中、小三种规格，其形状有方形、长方形和圆形等。长方形托盘（有不同规格，一般分大、中号）用于托运菜点、酒水和盘碟等较重物品。圆形托盘根据直径的不同分为大、小两种。大圆形托盘一般用于席间服务；小圆形托盘主要用于递送账单、信件和收款等。

运送物品时，应选择大小与负载的物品相称的托盘。除防滑托盘外，使用托盘时须用专用的垫巾垫在托盘内，以防物品在运送过程中滑倒于托盘内。

二、托盘方式

（一）轻托

轻托又称平托、胸前托，用于席间服务的操作，所托物品重量一般在5kg左右。其操作要点是：左手臂弯曲呈90°，手肘距腰部一拳；掌心向上呈凹形，五指指端及掌根五点托住托盘底部中心位置，掌心不能与盘底接触。

1. 轻托操作流程

轻托步骤一般包括理盘、装盘、起盘、行走和落盘五步。

（1）理盘。根据所托物品选择合适的托盘，洗净擦干。若不是防滑托盘，应在盘内垫上专用垫布，将其铺平拉直，盘巾的四边与盘底对齐，力求美观整洁。为避免盘内的物品滑动，也可将盘巾适当蘸些水，使盘巾半干半湿。

（2）装盘。根据物品的形状、体积和使用的先后顺序合理安排。盘内物品宜摆放整齐，横竖成行。在几种物品同装时，一般是重物、高物放在托盘的内侧，轻物、矮物放在外侧；先上桌的物品在上、在前；后上桌的物品在下、在后，以安全稳妥、便于运送和方便取用为宜。用圆托盘时，码放物品应呈圆形，用方托盘时横竖成行。物品的重心应在托盘的中心部分，摆放均匀。

（3）起盘。左脚在前，右脚在后，屈膝弯腰。右手轻轻将托盘拉出1/3，左手找准重心托于托盘底部，右手扶住托盘，起托撤回左脚，使身体呈站立姿势。

（4）行走。行走时要头正肩平，上身挺直，目视前方，脚步轻快稳健，精力集中。在为客人服务的过程中，应特别注意使持托盘的左手离上身有一定间距，千万不能紧贴上身。因为人体在走动时会有轻微的摇动，如果托盘随脚步左右摇动，就会使托盘中的物品产生滑动或使菜汁、汤水外溢，而且托盘的姿势也不优美。

（5）落盘。到达目的地后，要将托盘小心地放到工作台上。左脚在前，右脚在后，弯腰前倾，右手协助将托盘放于工作台上。在落托盘时，一要慢，二要稳，三要平。如果所托物品较轻，可以用右手将物品从托盘中取下来递给客人。物品取走部分之后，餐厅员工应及时用右手对托盘位置或盘中物品进行调整，使托盘保持平衡。如果托送的物品较为沉重时，餐厅员工可以将托盘放在邻近的桌面或菜台上，然后将所托物品依次递给客人。

2. 轻托操作要领

（1）左手托盘，左臂弯曲呈90°。

（2）掌心朝上，五指自然分开，指实而掌心虚，大拇指指端到手掌的掌根部位和其余四指形成五个力点托住盘底，手掌自然形成凹形，掌心不与盘底接触。

轻托要领

（3）平托于胸前，略低于胸部，基本保持在第二和第三枚衣扣之间。盘面与左手臂呈直角，利用左手手腕灵活转向。

（4）托盘行走时头要正，上身保持直立，肩膀放松，精神集中，步伐稳健。

（5）手臂不要贴近身体，也不要过度僵硬。行进时应该与前方人员保持适当的距离，并注意观察左右两侧，切忌突然变换行进路线或突然停止。

（6）托盘不越过宾客头顶，随时注意盘内物品数量和重量、重心的变化，手指相应地移动。

3. 轻托注意事项

（1）托盘过程中要做到平、稳、松。“平”是指托运物品时要保持盘面平稳，掌握好重心，以免汤汁外溢，托盘行走时要做到肩平、盘平，动作协调；“稳”是指装盘时各种物品摆放要合理稳妥，还要根据自身体力和臂力量力而行，不可勉强超负荷托运，托盘行走时做到肩不倾斜、身体不摇晃、转动灵活，给人稳重踏实的感觉；“松”是指单手擎托时，上身正、直，表情自然、轻松，不给人以吃力感。

（2）运送菜品过程中要注意卫生，不可将所托物品贴靠于自己的头颈部位，做到盘前不近嘴，盘后不靠发。

（3）当托盘中放有食品时，不要将冷的食物放在热的食物上方，因为热量会通过传导使冷盘变热。

（4）装载液体的器皿，如茶壶、咖啡壶等应放在托盘的中央位置，防止液体洒在托盘的外面，尤其是热水，要防止烫伤自己或他人。

（二）重托

重托又称肩上托，是托载较重的菜点、酒和盘碟的方法。托盘时左手向上弯曲，臂肘的同时，手掌向左后转动90°至左肩上方，手掌略高出肩2cm，五指分开，以大拇指指端到手掌的掌根部位和其余四指托住盘底保持平衡。肩上托的优点是行走起来较为优雅。但目前饭店一般不用重托，多用小型手推车运送重物。

重托与轻托的操作程序大致相同，在具体方法上略有差别。

1. 理盘

由于重托常用于送菜、送汤和收拾碗碟，一般油腻较大，使用前必须清洁盘面并消毒，铺上洁净的专用盘巾，起到防油、防滑的作用。

2. 装盘

托盘内的物品应分类码放整齐，使物品的重量在盘中分布均匀，并注重把物品按高矮大小摆放协调，切忌将物品无层次地混合摆放，以免造成餐具破损。装盘时还要使物与物之间留有适当的间隔，以免端托行走时因发生碰撞而产生声响。重托装汤锅时一般能装三只汤锅，在装盘时应将两只汤锅装在近身的一边，另一只汤锅装在外框处，呈“品”字形，这种方法比较安全。在收拾台面餐具时最好能将物品分门别类地装盘，切忌将所有物品不分大小、形状、种类地混装在一个盘内，这样物品容易滑动，甚至会落地。

3. 起托

起托时应先将托盘用右手相助拉出1/3，右手扶托盘将托盘托平，双脚分开呈“八”字形，双腿下蹲，略呈骑马蹲裆势，腰部略向前弯曲。左手五指分开，用整个手掌托住托盘的底部，手掌移动找到托盘的重心。掌握好重心后，用右手协助左手向上用力将盘慢慢托起，在托起的同时，左手和托盘向上向左旋转，送至左肩外上方。注意做到盘底不搁肩、盘前不靠嘴、盘后不靠发。

4. 行走

行走时表情轻松自然，步伐不宜过大，盘面应始终保持平稳，防止汤水外溢。右手自然摆动，或扶住盘前角，并注意防止他人的碰撞。

5. 落托

落托时，左脚向前迈一步，用右手扶住托盘边缘，左手向右转动手腕，同时托盘向右旋转，待盘面从左肩移至与台面平行时，再用左臂和右手向前推进。

重托操作时要求“平、稳、松”。“平”就是在托盘的各个操作环节中都要掌握好重心，保持平稳，不使汤汁外溢，行走时盘和肩要平，两眼要平视前方；“稳”就是装盘合理稳妥，托盘稳而不晃动，行走时步稳不摇摆；“松”就是动作轻松，表情自然，上身挺直，行走自如。

小资料

托盘小技巧

(1) 盘内物品增减时，托盘手指要随时根据盘内物品重量的变化而做相应的调整，以保持托盘的平稳。一般在右手取放物品的同时进行调整。

(2) 托盘斟酒时，左手托盘不能越过客人头顶，应将左手向外侧延伸，并保持平稳，否则容易发生碰撞。托盘向外延伸时要保持平稳，可以通过调节手腕的角度使托盘保持平稳。

(3) 轻托撤台时，要随时注意盘内物品的摆放，一般应分类摆放，餐盘等重物放在后面，筷、勺等较轻的放在前面，这样既显得整齐，又比较安全。

三、端托服务应注意的问题

(一) 端托姿势

端托姿势的正确与否直接影响服务人员服务动作的美观程度。端托姿势主要体现在起托及端托上。端托时要做到“三平、一松、一稳”。

(1) 三平：即眼睛平、双肩平、托盘平。托运物品时要保持盘面平稳，把握好重心；行走时做到眼平、肩平、盘平。

(2) 一松：面部表情轻松。单手端托时，上身正、直，表情自然、轻松，步伐轻盈、文雅，不给人以吃力的感觉。

(3) 一稳：盘内物品稳定。物品摆放合理稳妥，量力而行，不可勉强超负荷托运；行走时做到肩不斜、身不晃、转动灵活，给人以稳重、踏实、刚劲、有力、阳光的感觉。

(二) 端托步伐

端托行走时要把托盘端平，不晃动，不洒汤汁，保持菜肴的形状不变。根据端托物品的不同，应选择不同的行走步法。

(1) 常步：常步是在正常情况下走路的方法和技巧，要求步距均匀，快慢适中，给人以稳重大方之感。

(2) 快步：快步是端火候菜肴或急需物品时的一种急行步法，要求步距稍大，步速稍快，但不能形成跑步，要在稳中求快，保证物品不变形、不洒落。

(3) 碎步：碎步是上汤菜时常用的一种行走步法，其特点是步幅较小，步速较快，上身保持平稳。

(4) 垫步：垫步又称辅助步，服务员端送物品到餐台前欲将所托物品放于餐台时，应采用垫步。有时服务员要通过人群或狭窄的通道时也需要用垫步，这也是服务员采用的缓冲动作。

(5) 巧步：巧步是指服务员突然遇到意外或障碍，巧妙躲闪以保证端托物品安全而采用的超出常规的灵活多变的步法。此种步法不固定。

（6）上楼梯步：上楼梯步是服务员上楼梯时采用的步法。行走时，上身略向前倾，重心前移，两腿交替向上，用力均匀，速度比在平地行走时稍快。

（三）端托卫生

端托服务时应注意卫生方面的要求。轻托时，所托物品要避开自己的口、鼻部位，防止打喷嚏时或与别人讲话时，飞溅出的唾沫污染食品；重托时，端托姿势要正确，托举到位，不可将盘落在自己的肩上，头和颈部不要贴靠物品。

（四）端托安全

端托时，左手端托，右手下垂，除了起台和落台时可用右手扶托外，一般情况下禁止用右手扶托。右手扶托有以下危害：一是不雅观；二是遮挡行走视线；三是容易造成端托失误。端托时，目光应平视前方，切勿只盯托盘；端托服务中需取拿托盘内所托物品时，应做到进出有序，确保所托物品的平衡。

任务二　餐巾折花

案例情境

餐巾折花的选择

隆冬的一个傍晚，位于市中心的某大酒店张灯结彩，热闹非凡，来自法国、日本、英国等各国商人正汇聚一堂，听取某公司总经理关于寻求合作伙伴的讲话。会后，客人被请到了大宴会厅，宴会厅的布置高雅、华丽，每张餐桌上都摆有各具特色的餐巾折花，有孔雀开屏、彩凤翼美、芬芳壁花、双叶荷花等，客人在迎宾小姐的引领下走到餐桌旁，可迎宾小姐发现有数名英国客人和日本客人不肯就座，而且表现出了不高兴的样子，迎宾小姐不知所措，赶忙去找部门经理……

【案例思考】

1. 为什么英国、日本的客人不肯入座？

2. 关于餐巾折花，除了正确的操作方法外，服务员还应掌握哪些方面的知识？

【案例评析】

在英国，人们认为孔雀是祸，孔雀开屏被认为是自我吹嘘的表现，所以英国客人认为自己受到了侮辱。日本人不喜欢荷花，认为它是丧花。

餐巾折花是餐前的准备工作之一，也是餐饮服务的重要技能之一，美观的餐巾折花本身就是餐桌上的装饰品，再加上服务人员的优质服务，能够给客人一种招待细致入微的感觉。

一、餐巾的作用与种类

（一）餐巾的作用

餐巾又名口布，是餐厅中常备的一种卫生用品，又是一种装饰和美化餐台的艺术品。餐巾的主要作用有以下几个方面。

1. 餐巾是餐饮服务中的一种卫生用品

宾客用餐时，餐厅服务员将餐巾放在宾客的膝上或胸前。餐巾可用来擦嘴或防止汤汁、酒水弄脏衣物。

2. 餐巾可以装饰和美化餐台

不同的餐巾折花反映着不同的宴会主题。形状各异的餐巾折花摆放在餐台上，既美化了餐台，又增添了庄重热烈的气氛，给人以美的享受。

3. 餐巾折花可以烘托就餐气氛

如用餐巾折成喜鹊、和平鸽等花形表示欢快、和平、友好，给人以愉悦之感；如折出比翼齐飞、心心相印的花形送给一对新人，可以表达永结同心、百年好合的美好祝愿。

4. 餐巾折花的摆放可标出主宾的席位

在折叠餐巾时应选择好主宾的花形，主人的折花高度应高于其他折花的高度以示尊贵。

5. 餐巾有信号提示的作用

在西餐正式宴会上，女主人把餐巾铺在腿上是宴会开始的标志；将餐巾放在桌子上或者盘内，暗示宴会的结束；将餐巾放在本人座椅面上，表示中途暂时离开。

小资料

餐巾的由来

餐巾的由来可追溯到古代。在 15、16 世纪的英国，还没有发明剃须刀，男人们都留着大胡子。当时也没有发明刀叉，人们用手抓肉食，这就很容易把男人的胡子上弄得全是油腻，无奈之下，男人们只得扯起衣襟往嘴上擦。家庭主妇们见到这种既不卫生又失大雅的动作后就想了个办法——在男人的脖子下挂块布巾，这就是最初的餐巾。由于这种大块的餐巾使用时显得过于累赘，英国伦敦有一名裁缝就想出了一个主意，将餐巾裁成一块块的小方块，使用时方便，后来逐渐形成了现在宴席上用的餐巾。

在我国古代也有原始的餐巾。《周礼·天官·幂人》载："幂人，掌共巾幂"，"巾幂"指古代酒器或食器上覆盖的布巾或葛巾，"幂"是"以巾覆物"之意。由此可见，在两千多年前，我国就已用毛巾覆盖食物了，这种毛巾，也可算得上世界上最古老的餐巾了。到了清代，皇帝吃饭的时候使用的是一种被称为"怀挂"的餐巾，这种绣有福寿吉祥图案的餐巾是用明黄色（皇帝御用的颜色）绸缎绣制而成的，它的一角还有扣袢，便于用餐时套在衣扣上。这种具有中国特色的餐巾，不仅华贵，而且使用起来也很方便。

（二）餐巾的种类

1. 按质地分

餐巾按质地可分为棉织品和化纤织品。棉织品餐巾的吸水性较好，浆熨后挺括，造型效果好，但仅折叠一次，效果才最佳；化纤织品色泽艳丽，透明感强，富有弹性，如一次造型不成，可以二次造型，但吸水性差，在去污力方面不如棉织品。

2. 按颜色分

餐巾颜色有白色和彩色两种。白色餐巾能给人以清洁卫生、恬静优雅之感，可以调节人的视觉平衡，安定人的情绪。彩色餐巾可以渲染就餐气氛，如大红、粉红餐巾能给人以庄重、热烈的感觉；橘黄色、鹅黄色餐巾能给人以高贵典雅的感觉；湖蓝色餐巾在夏天能给人以凉爽、舒适之感。

二、餐巾折花造型的种类及选择

餐巾折花造型的种类很多，技法也各不相同。餐厅服务员要掌握餐巾折花的基本造型和折叠技法。

（一）餐巾折花造型的种类

1. 杯花花形、盘花花形和环花花形

按摆放方式不同，餐巾折花可分为杯花花形、盘花花形和环花花形三种。

（1）杯花属于中式花形，需插入杯中才能完成造型，出杯后花形即散。由于折叠成杯花后，在使用时其平整性较差，也容易造成污染，因此现在杯花已较少使用，但作为一种技能，仍在餐厅服务中存在。

（2）盘花属于西式花形，其造型完整，成型后不会自行散开，可放于盘中或其他盛器及桌面上。因盘花简洁大方、美观实用，所以盘花呈现发展的趋势。

（3）环花属于西式花形，是盘花中比较特殊的一类。它将餐巾平整卷好或折叠成造型，套在餐巾环内，通常是创意餐台设计中必不可少的餐巾花形。餐巾环也称为餐巾扣，有瓷质、银质、塑料质、金质、玉质等。餐巾环花通常放置在装饰盘或餐盘上，特点是简洁、雅致、出其不意。环花常常应用在大型宴会和重大的接待中，它能给人别致的感受，特别是餐巾扣的材质、造型、色彩、做工等，对于餐台环境的营造具有独特的功能。

2. 植物类花形、动物类花形、实物类花形

按外观造型不同，餐巾折花可分为植物类花形、动物类花形、实物类花形三种。

（1）植物类花形是根据植物花形造型，如荷花、水仙等，也有根据植物的叶、茎、果实造型的，如竹笋、玉米等。

（2）动物类花形包括鱼、虫、鸟、兽，其中以飞禽为主，如白鹤、孔雀、鸵鸟。动物类造型有的取其整体，有的取其特征，形态逼真，生动活泼。

（3）实物类花形是指模仿日常生活用品的各种实物形态折叠而成，如帽子、折扇、花篮等。

（二）餐巾折花造型的选择

1. 根据宴会的规模选择花形

大型宴会要统一花形，花形要简洁、挺括。可以每桌选两种花形，使每个台面花形不同，台面显得多姿多彩。如果是 1～2 桌的小型宴会，可以在一桌上使用各种不同的花形，也可以 2～3 种花形相间搭配，形成既多样又协调的布局。

2. 根据宴会的主题选择花形

主题宴会因主题各异，形式不同，所选择的花形也不同。婚宴宜选并蒂莲、鸳鸯、喜鹊、玫瑰花、百合花等，不宜选扇子，因为“扇”的谐音为“散”；寿宴宜选仙鹤、寿桃等餐巾花形，不宜选吊钟花、菊花等；迎宾宜选花篮、和平鸽等；商务宴宜选用春笋、蓓蕾等。

3. 根据接待环境特点和菜单内容选择花形

大厅堂宜用花、叶、形体高大的花形；小包厢宜用小巧玲珑的花形。如冷盘是荷花，则配以花类；以海鲜为主的宴会，则配以各式鱼虾造型。

4. 根据宾客身份选择花形

如果女宾客较多，可选用鲜花等花形；如果儿童较多，可选用金鱼、小鸟等；如果商

务人士较多，可选用帆船等。

5. 根据季节选择花形

选择富有时令的花形以突出季节的特色，也可以有意地选择象征季节的一套花形。春季选迎春花、月季花；夏季选荷花、玉兰花；秋季选菊花、枫叶；冬季选梅花、企鹅等。

6. 根据宾客风俗习惯选择花形

例如，日本人喜樱花、菊花，忌用荷花（丧花），忌绿色；美国人喜山茶花；意大利人忌菊花；法国人喜百合花，忌仙鹤；英国人喜蔷薇花，忌孔雀等。

7. 根据宾主席位选择花形

宴会主宾、主人席位上的花称为主花。除主人、主宾外的其他宾客所使用的造型餐巾花可称为从花。主花一般选用品种名贵、折叠细致、美观醒目的花，以达到突出主人、尊敬主宾的目的。如在接待国际友人宴会上，叠和平鸽表示和平，叠花篮表示欢迎，为女宾客叠孔雀表示美丽，为儿童叠小鸟表示活泼可爱，使宾主均感到亲切。

总之，要根据不同情况设计折叠不同的餐巾花，力求简便、快捷、整齐、美观大方。

小资料

餐巾花摆放要求及注意事项

◆ 餐巾花摆放要求

(1) 主题花要摆插在主位，一般的餐巾花则摆插在其他客人席上。

(2) 摆插餐巾花时要将其观赏面朝向宾客席位。

(3) 插入杯中的餐巾花要掌握好深浅度，盘花则要摆正、摆稳，使之挺立不倒。

(4) 同桌摆放不同种类的花形时要位置适当，形态相似的餐巾花形要错开并对称摆放。

(5) 各餐巾花之间的距离要均匀，餐巾花不能遮挡台上用品，餐巾花不宜挡住客人视线，不能影响服务操作。

(6) 餐巾花要放正、放稳，保持折痕清晰。

◆ 餐巾折花注意事项

(1) 注意清洁卫生。

(2) 准备好操作工具。

(3) 选择好餐巾花形并力争一次成型。

(4) 餐巾正面朝外。

餐巾折花
基本技法

三、餐巾折花的基本技法与要领

(一) 餐巾折花的基本技法

餐巾具有实用及装饰美化作用，在摆台上形成餐桌的重要装饰。餐巾折花的基本技法有叠、折、卷、穿、翻、拉、捏、掰 8 种。餐厅服务员应反复练习，达到技艺娴熟、运用自如，以增加摆台的工作效率和艺术性。

1. 叠

叠是最基本的餐巾折花手法，几乎所有的造型都要使用。叠就是将餐巾一折为二，二折为四，或折成三角形、长方形、菱形、梯形、锯齿形等形状。叠有折叠、分叠两种。叠时要熟悉造型，看准角度一次叠成。如有反复，就会在餐巾上留下痕迹，影响挺括。叠的基本要领是找好角度一次叠成。叠的技法如图 2－1 所示。

（a）正方形　（b）长方形　（c）对角形　（d）三角对折　（e）三角折　（f）花背折角

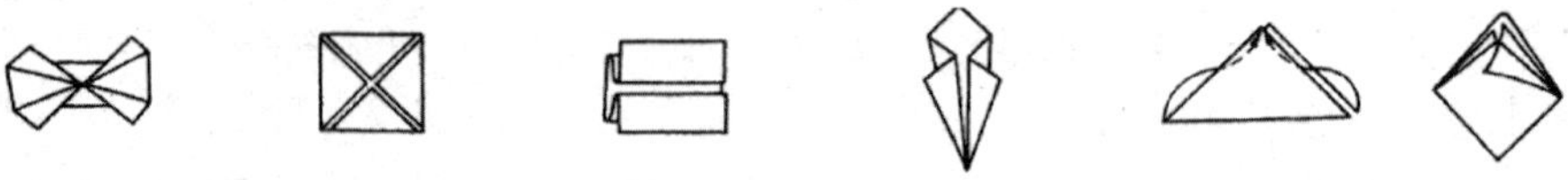

（g）四角外折　（h）四角折　（i）花背折　（j）左右对角折　（k）左右夹角折

图 2－1　叠的技法

2. 折

折是打褶时运用的一种手法。折就是将餐巾叠面折成褶裥的形状，使花形层次丰富、紧凑、美观。打褶时，用双手的拇指和食指分别捏住餐巾两头的第一个褶裥，两个大拇指相对成一线，指面向外；再用两手中指接住餐巾，并控制好下一个褶裥的距离；拇指、食指的指面握紧餐巾向前推折至中指外，用食指将推折的褶裥挡住；中指腾出去控制下一个褶裥的距离，三个手指如此互相配合。

折可分为直线折和斜线折两种，两头一样大小的用直线折，折一头大一头小、折半圆形、折圆弧形的用斜线折。折的要领是折出的褶裥均匀整齐。折的技法如图 2－2 所示。

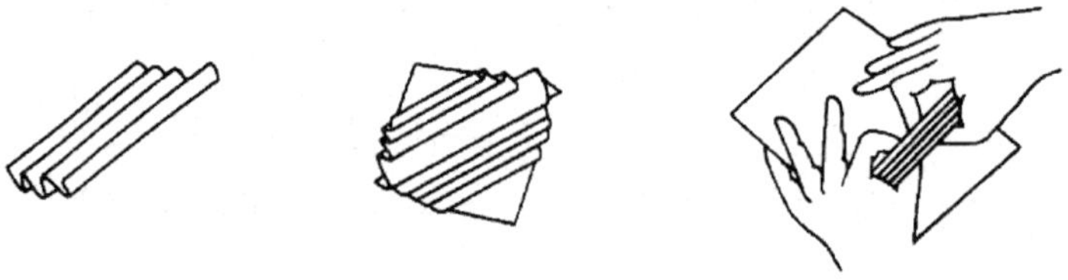

（a）直线折　（b）斜线折　（c）折的手法（控制间距向前推折）

图 2－2　折的技法

3. 卷

卷是用大拇指、食指、中指三个手指相互配合，将餐巾卷成圆筒状并制出各种造型的一种手法。卷分为直卷和螺旋卷。直卷又称为平行卷，是将餐巾一端的两头一起卷起，形成实心卷。螺旋卷又称斜角卷，是将餐巾一头固定，只卷起另一头，或一头多卷一头少卷，形成一头大一头小的实心卷。不管是直卷还是螺旋卷，餐巾都要卷得紧凑、挺括，否则会因松软无力、弯曲变形而影响造型。卷的要领是卷紧、卷挺。卷的技法如图 2－3 所示。

（a）螺旋卷　（b）直卷

图 2－3　卷的技法

4. 穿

穿是用工具从餐巾的夹层折缝中边穿边收，形成皱褶，使造型逼真美观的一种手法。穿时，将餐巾先折好后攥在左手掌心内，用筷子一头插进餐巾的褶缝里，然后用右手的大拇指和食指将筷子上的餐巾一点一点向后拨，直至把筷子穿出餐巾为止。穿好后先把餐巾花插入杯子内，然后再把筷子抽掉，否则容易松散。根据需要，一般只穿 1～2 根筷子。穿的要领是穿好的褶裥要平、直、细小、均匀。穿的技法如图 2－4 所示。

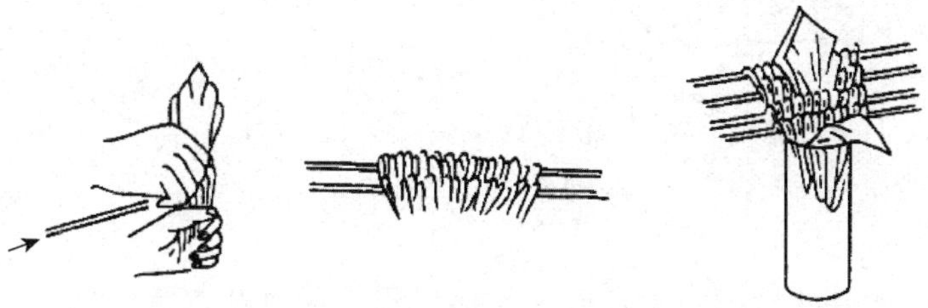

（a）攥　　（b）拨　　（c）插

图 2－4　穿的技法

5. 翻

翻主要用于折花鸟造型。操作时，一只手拿餐巾，另一只一手将下垂的餐巾翻起一只角，翻成花卉或鸟的头颈、翅膀、尾等形状。翻花叶时，要注意叶子的左右对称、大小一致、距离相等。翻鸟的翅膀、尾巴、头颈时，一定要翻挺。翻的要领是注意大小适宜、自然美观。翻的技法如图 2－5 所示。

（a）上翻　　（b）下翻　　（c）外翻

图 2－5　翻的技法

6. 拉

拉一般在餐巾折花处于半成形时进行。把半成形的餐巾花攥在左手中，用右手拉出一只角或几只角来。拉的要领是大小比例适当，造型挺括。拉的技法如图 2－6 所示。

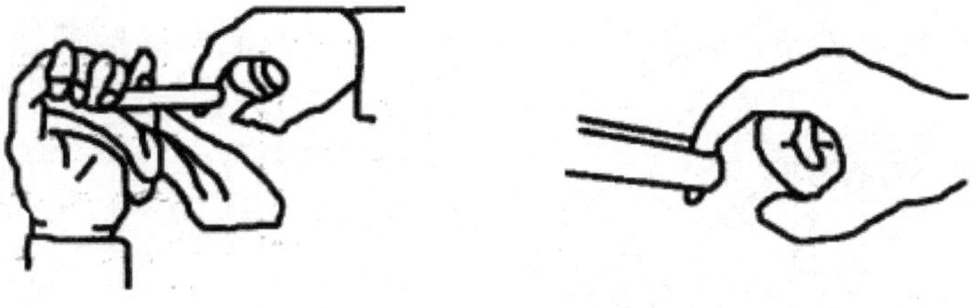

图 2－6　拉的技法

7. 捏

捏主要用于折鸟的头部造型。操作时先将餐巾的一角拉挺做颈部，然后用一只手的大拇指、食指、中指三个指头捏住鸟颈的顶端，食指向下，将巾角尖端向里压下，用中指与拇指将压下的巾角捏出尖嘴状，作为鸟头。捏的要领是棱角分明，头顶角、嘴尖角到位。捏的技法如图 2－7 所示。

（a）拉头　（b）捏头　（c）压角　（d）成形

图 2－7　捏的技法

8. 掰

这是指将餐巾做好的褶用左手一层一层掰出层次，呈花蕾状。掰时不要用力过大，以免松散。掰的要领是层次分明、间距均匀。掰的技法如图 2－8 所示。

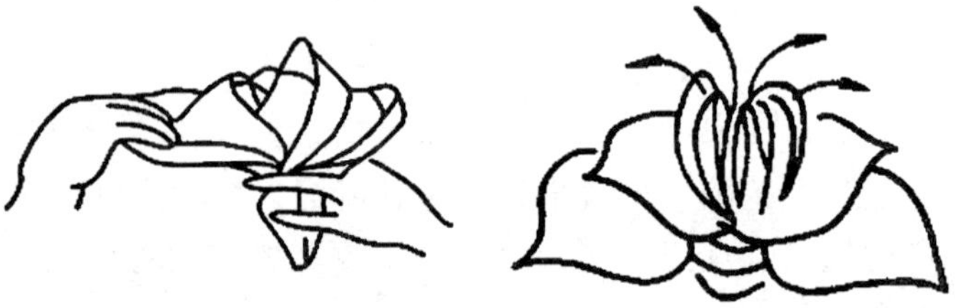

图 2－8　掰的技法

（二）餐巾折花的基础折叠法

基础折叠法就是将餐巾初步折叠成形的方法。掌握了基础造型方法后，通过局部变化，就能折成多种花型。

1. 正方折叠法

正方折叠法如图 2－9 所示。

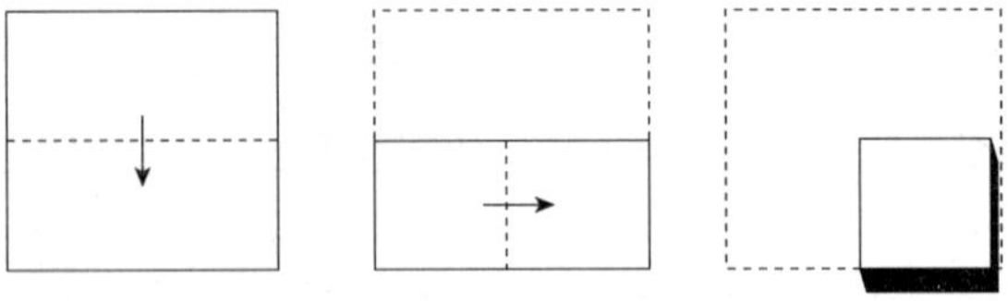

图 2－9　正方折叠法

巾角翻折变化有三种方法：第一种是先折角，再叠成正方形，如图 2－10 所示；第二种是叠成正方形后再折角，如图 2－11 所示；第三种是先将折角错位翻折，再折裥，如图 2－12 所示。

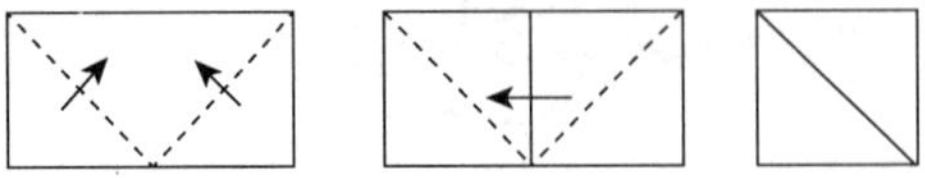

图 2－10　正方巾角翻折方法一

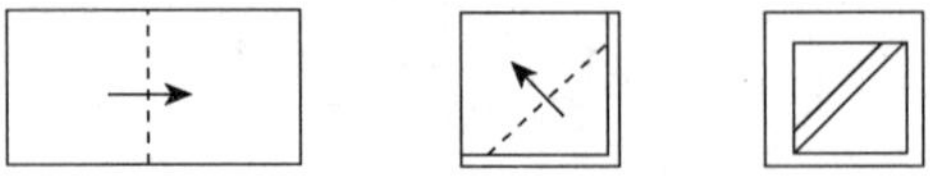

图 2－11　正方巾角翻折方法二

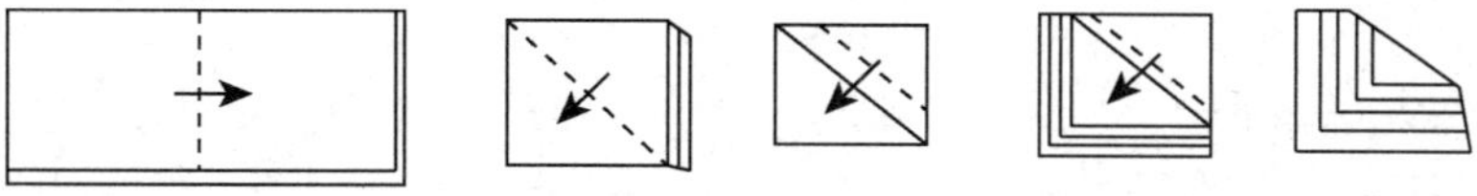

图 2－12　正方巾角翻折方法三

2. 长方折叠法

长方折叠法具体有两种：第一种是多层相叠成窄长方形，如图 2－13 所示；第二种是双层平摊成宽长方形，如图 2－14 所示。

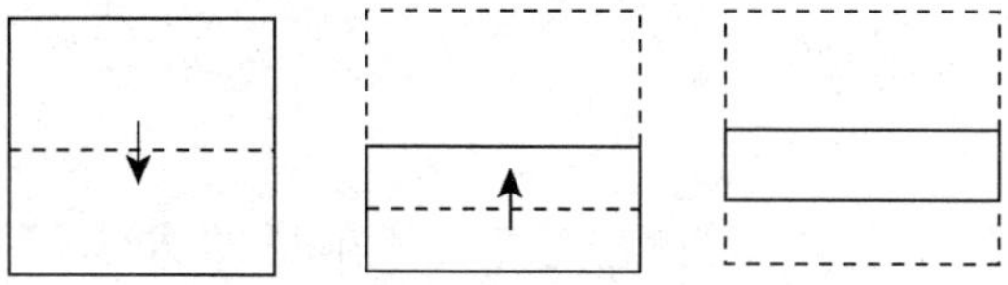

图 2－13　长方折叠法一

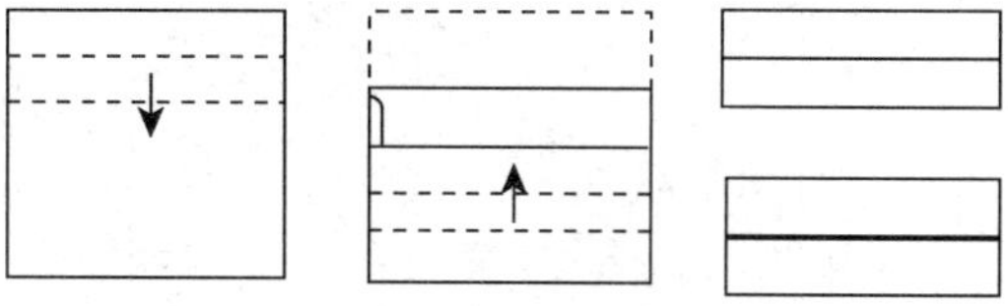

图 2－14　长方折叠法二

3. 长方翻角折叠法

长方翻角折叠法如图 2－15 所示。

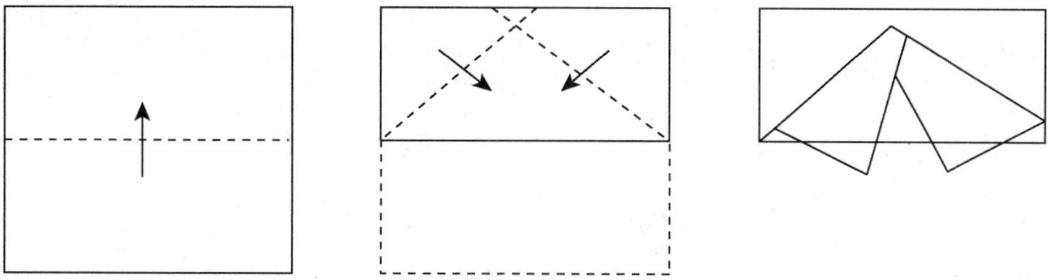

图 2－15　长方翻角折叠法

巾角的翻折有单面翻角折法、两面双翻角折法、两面交叉翻角折法，如图 2－16 所示。

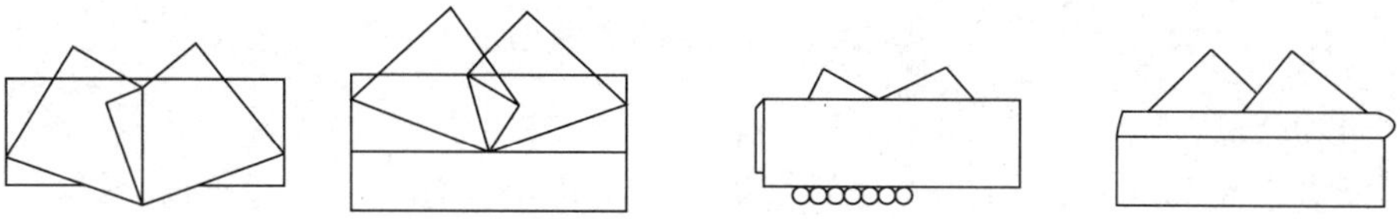

（a）单面翻角折法

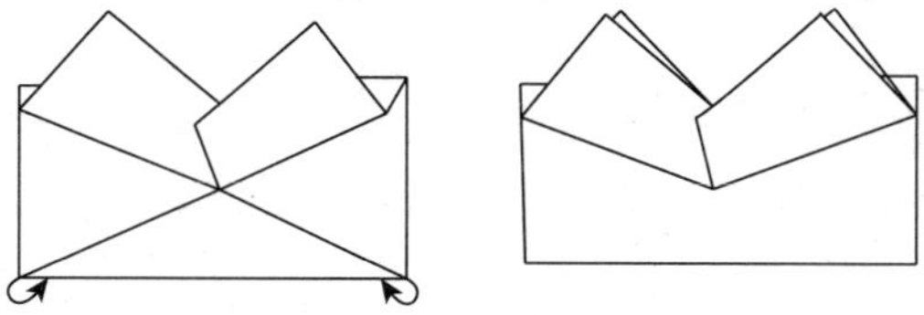

（b）两面双翻角折法

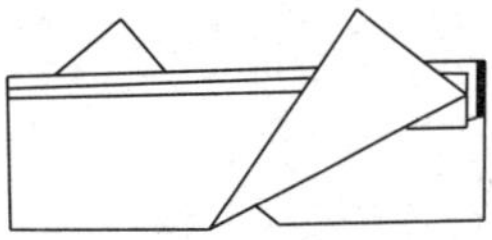

（c）两面交叉翻角折法

图 2－16　长方巾角的翻折方法

4. 条形折叠法

条形折叠法具体有平行折裥法和对角折裥法两种，如图 2－17 所示。

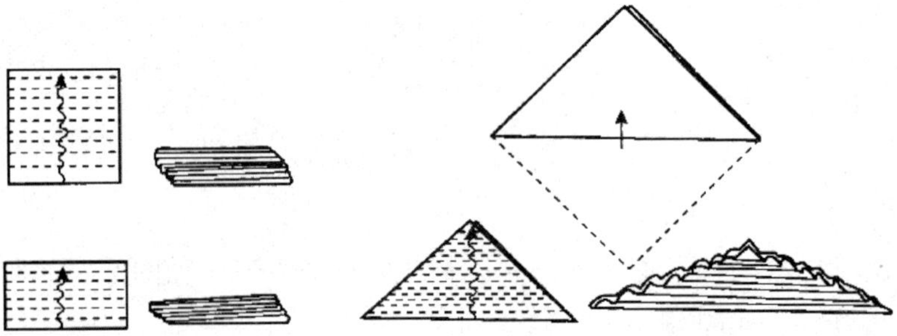

（a）平行折裥法　　（b）对角折裥法

图 2－17　条形折叠法

5. 对角折叠法

对角折叠法是将餐巾的巾角对叠成三角形，或将其折叠成双层三角形的方法，如图 2－18 所示。

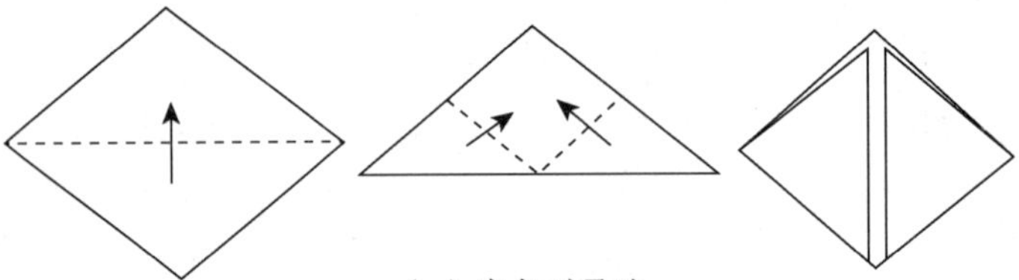

（a）巾角对叠法

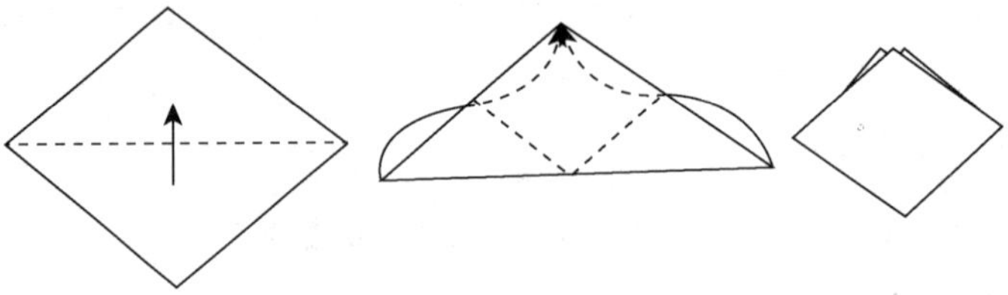

（b）双层折叠法

图 2－18　对角折叠法

6. 菱形折叠法

菱形折叠法是将餐巾的巾角相对平行折叠呈菱形的方法，如图 2－19 所示。

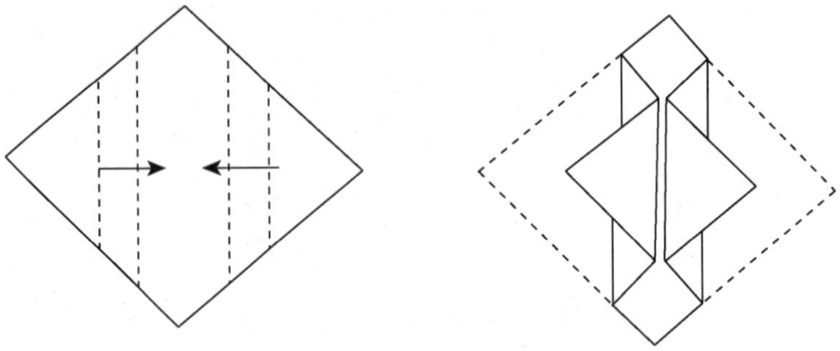

图 2－19　菱形折叠法

7. 错位折叠法

错位折叠法是使餐巾形成锯齿状，在大锯齿的基础上，再错位交叉折叠成小锯齿状或将巾角重叠而形成双锯齿状的方法，如图 2-20 所示。

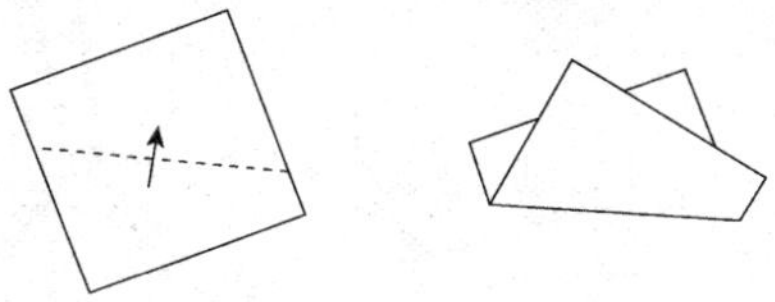

（a）方法一

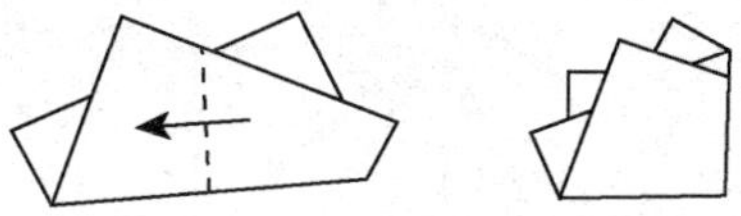

（b）方法二

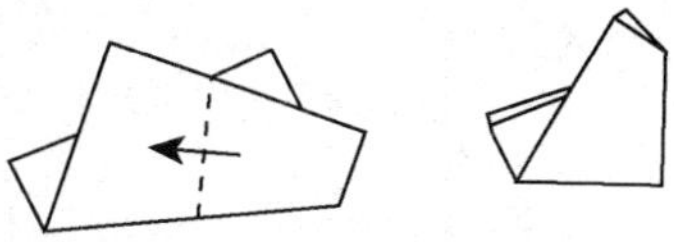

（c）方法三

图 2-20　错位折叠法

8. 尖角折叠法

尖角折叠法是先将餐巾的一角固定，然后从两边向中间折叠，或向中间卷折成尖角形的方法，如图 2-21 所示。

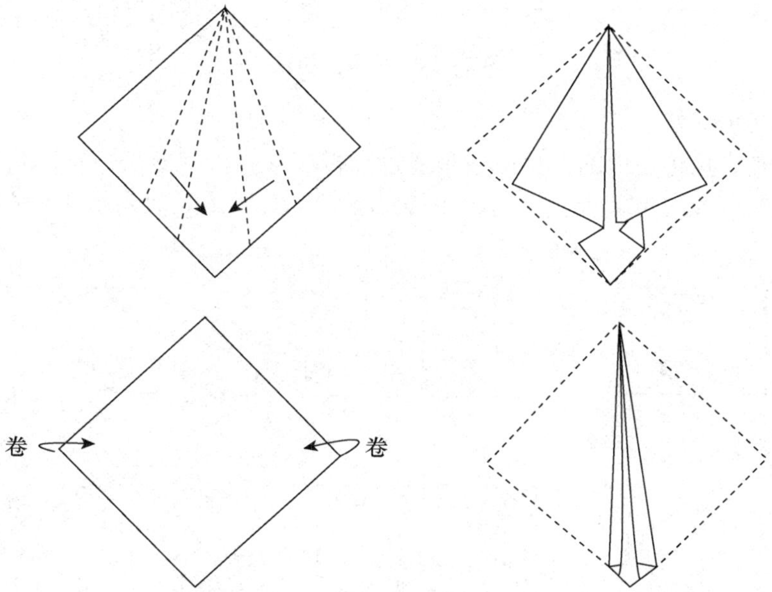

图 2-21　尖角折叠法

9. 提取翻折法

提取翻折法是用食指固定餐巾中心并转动四周巾边，再翻转顶起，如图 2-22 所示。

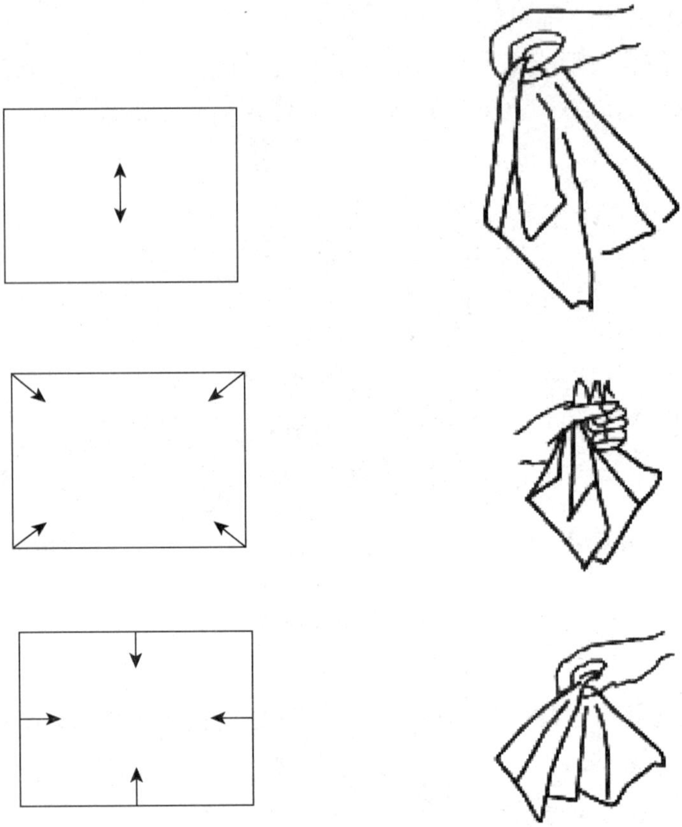

图 2－22　提取翻折法

10. 翻折角折叠法

翻折角折叠法是将餐巾的一角或数角通过翻折造型或折裥后再进行翻折组合的一种折叠法，也可将餐巾的一角翻折、折裥，还可先将餐巾的一角或数角折叠成形，如图 2－23 所示。

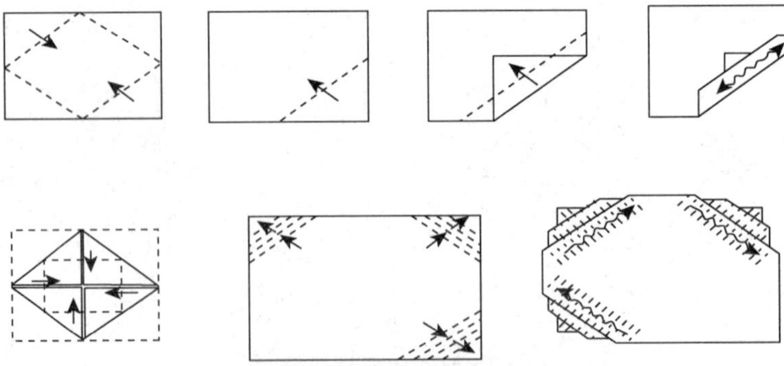

图 2－23　翻折角折叠法

常见盘花折叠

（三）常见餐巾花示例

1. 新春蓓蕾

操作步骤如图 2－24 所示。

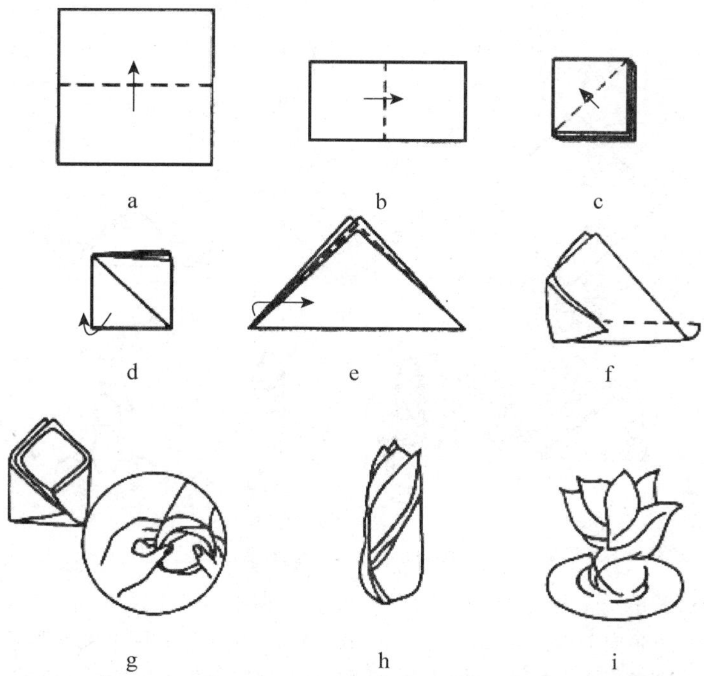

图 2－24　新春蓓蕾

a. 将底边向上对折　　b. 从左向右对折

c. 上面两层一起向对角对折　　d. 下面两层向背后对角翻折

e. 底左角向右折　　f. 底右角向左插入夹层

g. 夹层外翻　　h. 四个巾角两边折

i. 放入盘中整理成形

2. 雨后春笋

操作步骤如图 2－25 所示。

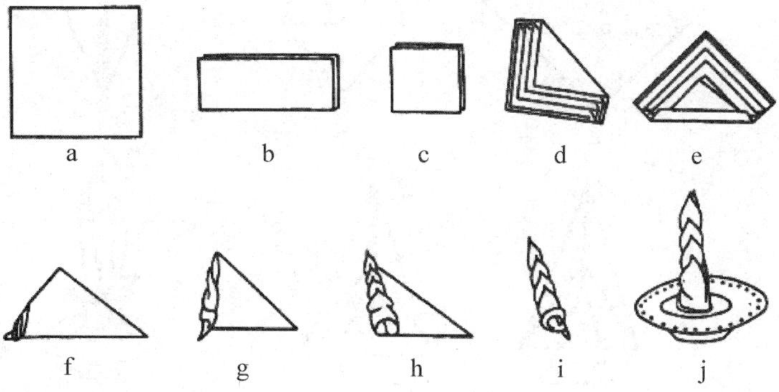

图 2－25　雨后春笋

a. 餐巾反面向上放置　　b. 向上对折成长方形

c. 向右对折成正方形　　d. 从右顶角四个巾角按层次间隔 1cm 向左下角对折

e. 从底边折倒 1cm 成三角形　　f. 翻一面

g. 用螺旋卷方法从左卷到右　　h. 把巾角塞进卷筒内

i. 翻出四巾角呈笋叶状　　j. 整理装盘

3. 祝寿蜡烛

操作步骤如图 2－26 所示。

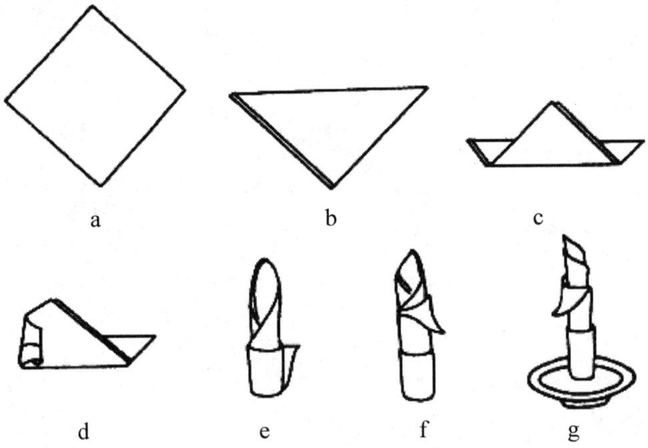

图 2－26　祝寿蜡烛

a. 餐巾反面向上菱形放置　　b. 对角向下折成三角形
c. 下角向上折倒 3cm　　d. 翻面，从左向右用平头，卷至完
e. 把餐巾的一角插入夹层　　f. 拉下外层巾角，呈蜡烛火焰状
g. 整理装盘

4. 梅花玉树

操作步骤如图 2－27 所示。

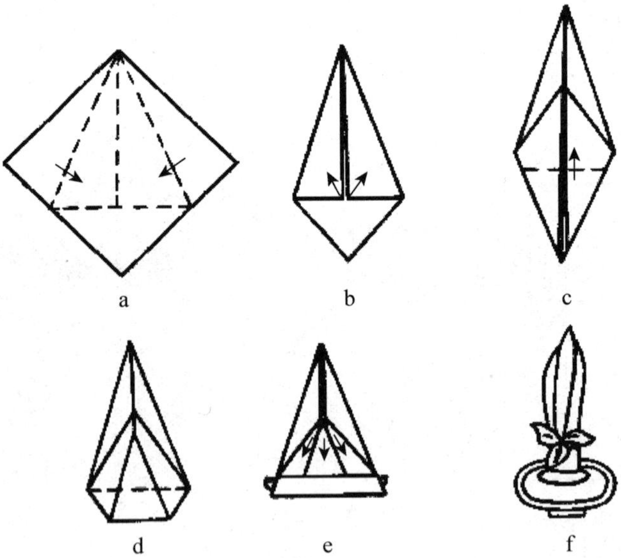

图 2－27　梅花玉树

a. 餐巾菱形放置，将两边巾角向中间对折　　b. 将中间两巾角向上抻成最大三角形
c. 将底角折上与中间两巾角平行　　d. 将底边折上
e. 将两边向背后折，一巾角插入另一巾角的夹层中　　f. 放入盘中，整理成形

5. 公主花冠

操作步骤如图 2－28 所示。

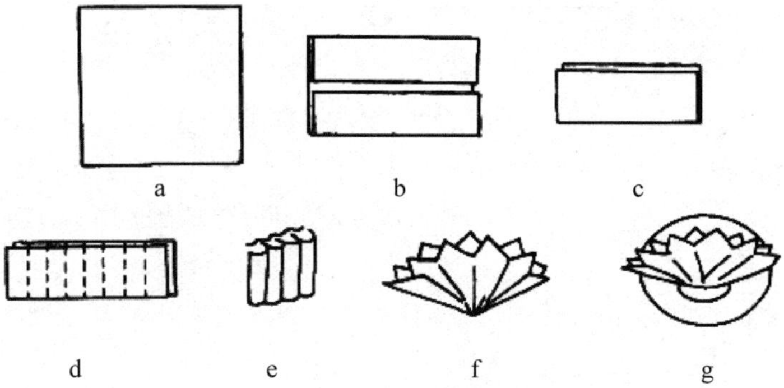

图 2－28　公主花冠

a. 餐巾反面向上放置
b. 上下两巾边对折到中线
c. 上下再对折成长方形
d. 把餐巾八等分
e. 推至巾边
f. 将两边巾角交叉向内翻折成三角形
g. 整理装盘

6. 出水芙蓉

操作步骤如图 2－29 所示。

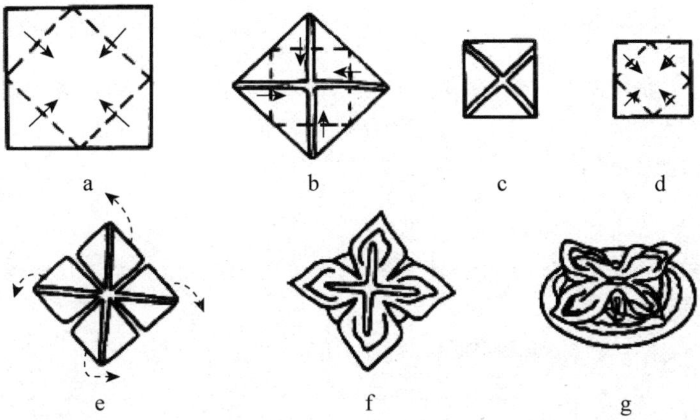

图 2－29　出水芙蓉

a. 将餐巾四角向中点折
b. 再将菱形四角向中点折
c. 翻一面
d. 将四角向中点折
e. 将背面折角向外翻出
f. 整理成如图形状
g. 放入盘中，整理成形

7. 岁岁如意

操作步骤如图 2－30 所示。

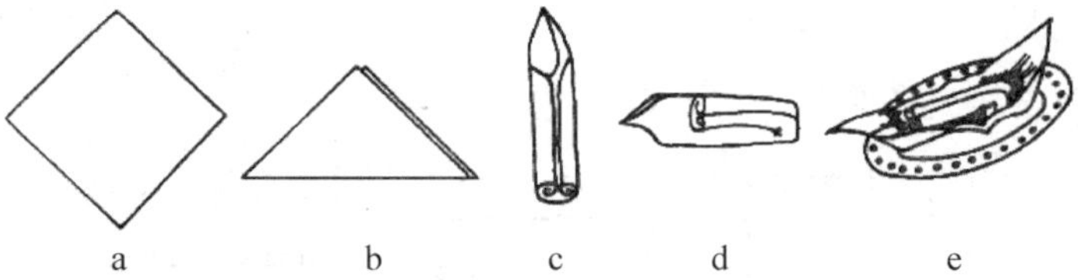

图 2-30　岁岁如意

a. 餐巾反面向上呈菱形放置　b. 对角向上折成三角形　c. 两角相对卷至中线
d. 翻一面对折　e. 将两巾角分别朝两个方向拉出，整理装盘

8. 皇冠

操作步骤如图 2-31 所示。

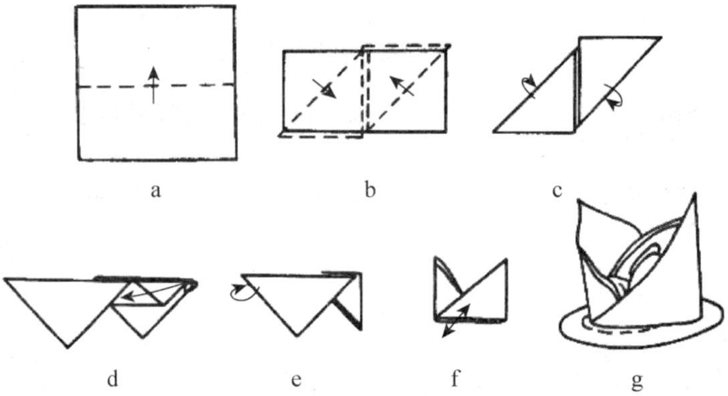

图 2-31　皇冠

a. 将底边向上对折与顶边对齐　b. 按虚线所示将两巾角折叠　c. 将两边从中缝处向背后折
d. 将右巾角插入中间夹层中　e. 左边巾角折向背面　f. 将底部抻开成圆形
g. 放入盘中，整理成形

9. 蝴蝶百寿

操作步骤如图 2-32 所示。

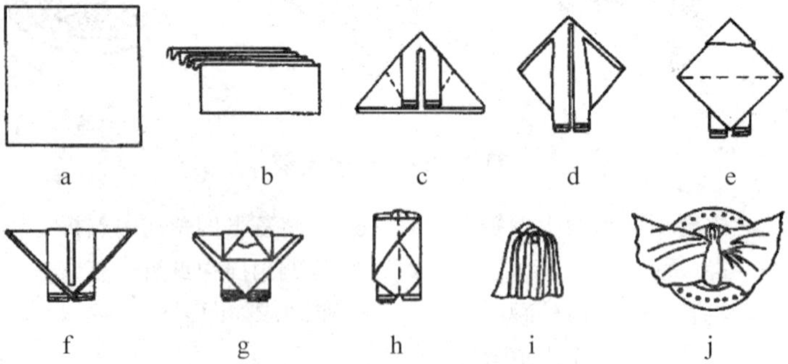

图 2-32　蝴蝶百寿

a. 餐巾正面向上放置　b. 从一巾边推至中线　c. 将推过的两巾相向对折到中线
d. 将两底边对折到中线，并插入推好的餐巾夹层内　e. 翻一面
f. 对折成三角形　g. 将一角再对折　h. 将两侧角相对折
i. 翻一面　j. 装入盘内，拉出呈蝴蝶翅膀状

10. 迎风帆船

操作步骤如图 2－33 所示。

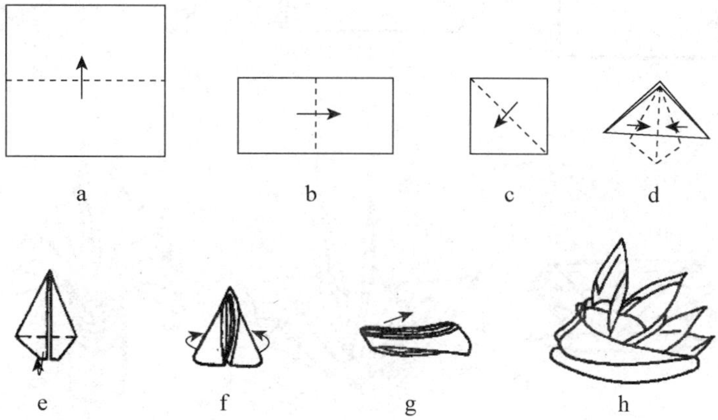

图 2－33　迎风帆船

a. 将底边向上对折，与顶边对齐　　b. 从左向右对折

c. 将右顶角处四个巾角一起向左下角对折　　d. 将底边两巾角按虚线所示折叠

e. 将底部向背后折上　　f. 将两边向下对拢

g. 拉起夹层中的四层巾角　　h. 放入盘中，整理成形

11. 玫瑰花蕾

操作步骤如图 2－34 所示。

常见杯花折叠

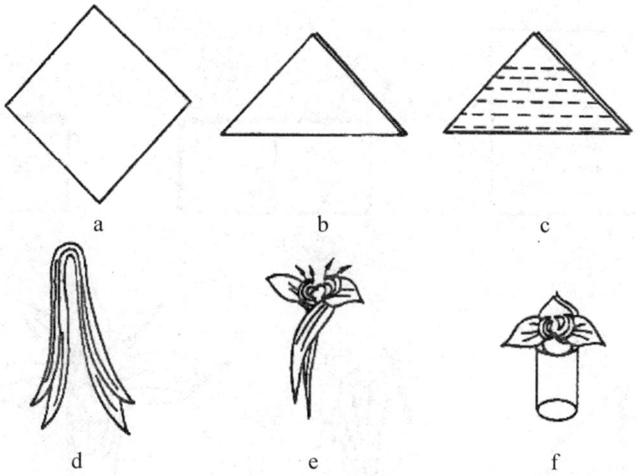

图 2－34　玫瑰花蕾

a. 餐巾正面向上呈菱形放置　　b. 对角向上对折成三角形

c. 从底边推至餐巾的 3/4

d. 推过的餐巾向下对折，并把未推的两巾角向两边分开

e. 用掰的方法，掰出层次呈花蕾状，再拉上另两个餐巾角做花瓣

f. 整理插杯

12. 花枝蝴蝶

操作步骤如图 2－35 所示。

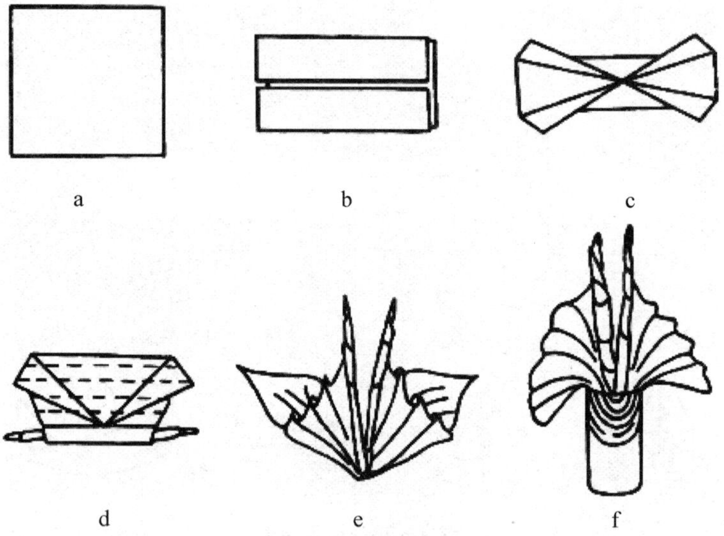

图 2－35 花枝蝴蝶

a. 餐巾反面向上放置　　b. 将餐巾上下两边折至中线
c. 四角翻折角成四角外折　　d. 从下向上卷至中线，再从上至下推至中线
e. 以卷的中点为准对折　　f. 整理插杯

13. 双叶荷花

操作步骤如图 2－36 所示。

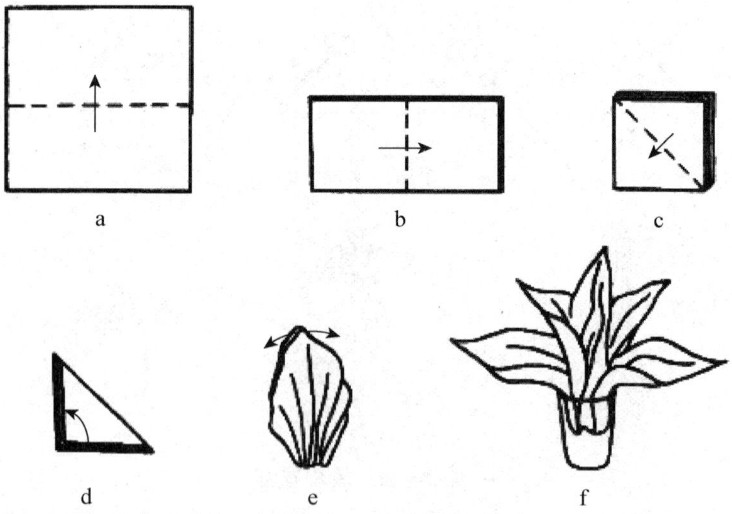

图 2－36 双叶荷花

a. 将底边向上对折，与顶边对齐　　b. 从左向右对折
c. 将第一、二层巾角一起向左下折，背面的两层巾角从背面同样向左下折
d. 按曲线指示方向从中间向两边均匀捏折
e. 逐一将四个巾角向外翻开　　f. 放入杯中，整理成形

14. 彩蝶纷飞

操作步骤如图 2－37 所示。

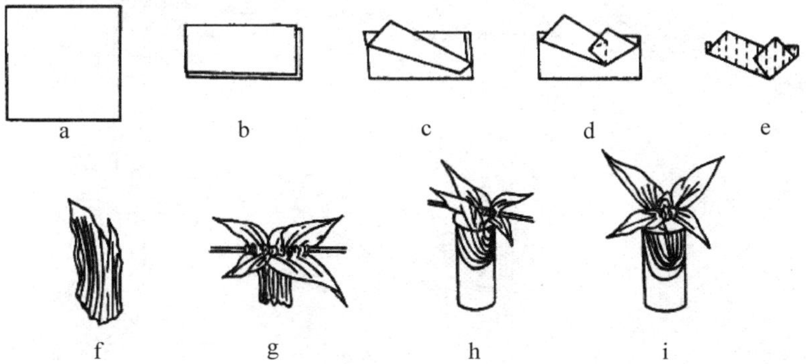

图 2－37　彩蝶纷飞

a. 餐巾反面向上放置
b. 向下对折成长方形
c. 斜折上面的巾角超过中缝线
d. 斜折上面的另一巾角超过中缝线，但要小于前一巾角
e. 翻一面，按另一面同样折上两巾角
f. 推完
g. 用一根筷子从夹层中穿出
h. 插入杯中后把筷子抽出
i. 整理成形

15. 瑶池仙桃

操作步骤如图 2－38 所示。

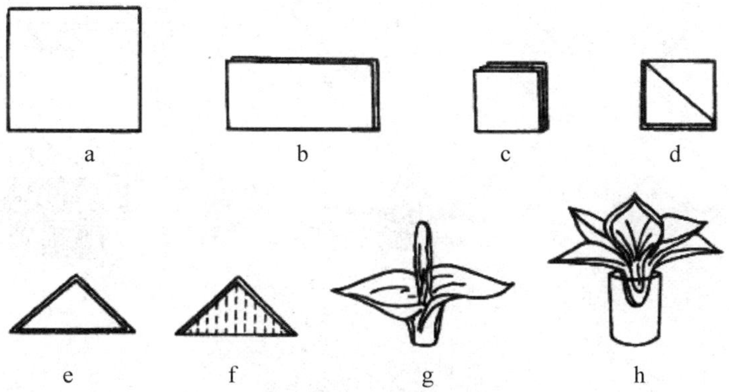

图 2－38　瑶池仙桃

a. 餐巾反面向上放置
b. 向上对折成长方形
c. 对折成正方形
d. 将巾角两层对折
e. 翻一面将另两层对折成三角形
f. 两边向中间推完
g. 两边吊角拉出做桃叶
h. 中间夹层拉成仙桃状，整理插杯

16. 友谊花篮

操作步骤如图 2－39 所示。

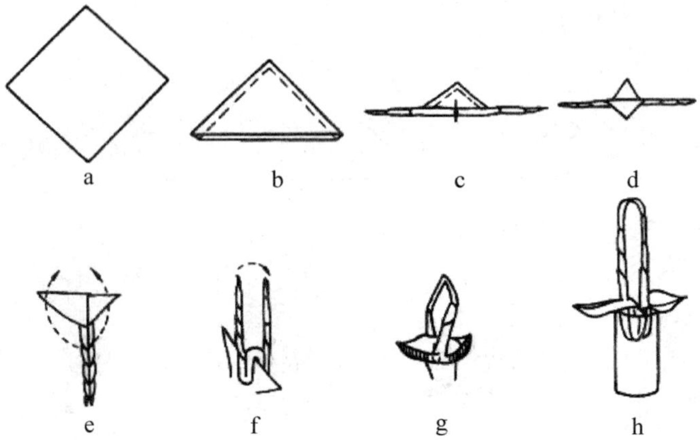

图 2-39　友谊花篮

a. 餐巾反面向上呈菱形放置　　b. 一巾角超过另一巾角 2cm 向上对折
c. 卷至餐巾 2/3 处　　d. 将上下两巾角分开
e. 正面朝外对折
f. 在离上端 1/4 处，把两边卷过巾角对折，然后将一卷筒尖端插入另一卷筒尖端做篮子的提手
g. 拉出两边巾角做篮边　　h. 整理插杯

17. 孔雀开屏

操作步骤如图 2-40 所示。

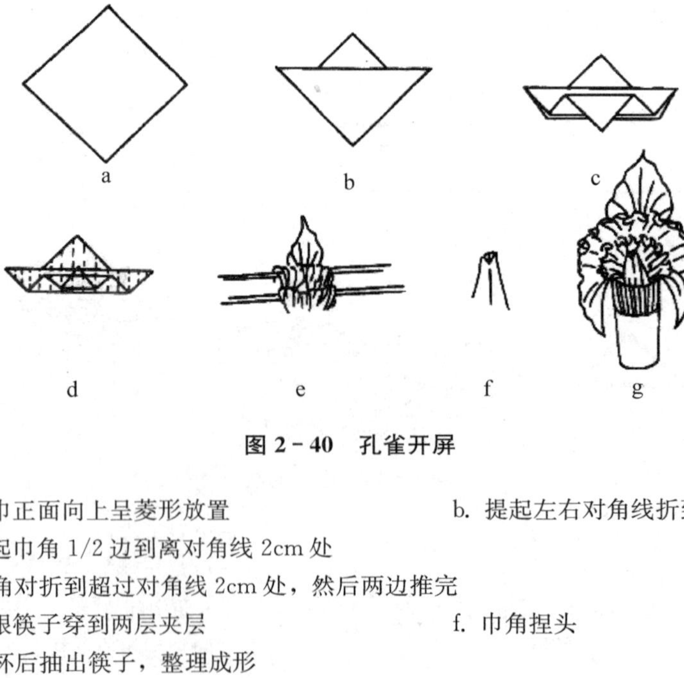

图 2-40　孔雀开屏

a. 餐巾正面向上呈菱形放置　　b. 提起左右对角线折到巾角 1/3 处
c. 提起巾角 1/2 边到离对角线 2cm 处
d. 巾角对折到超过对角线 2cm 处，然后两边推完
e. 两根筷子穿到两层夹层　　f. 巾角捏头
g. 插杯后抽出筷子，整理成形

18. 松鹤延年

操作步骤如图 2-41 所示。

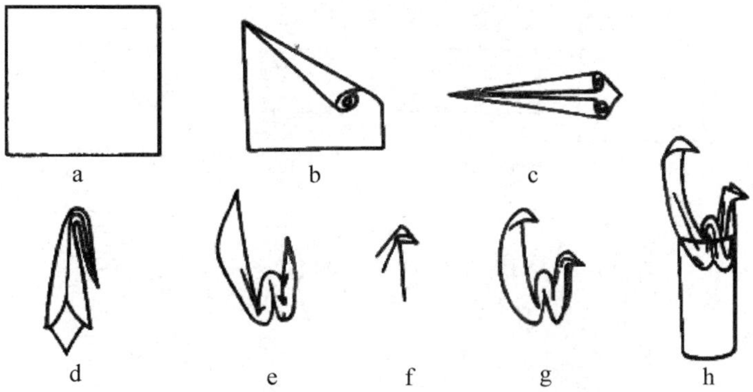

图 2－41　松鹤延年

a. 餐巾反面向上放置
b. 左手按住左上巾角，右手将一侧巾角卷至对角线
c. 将另一侧巾角卷至对角线　　d. 按 2∶3 比例对折
e. 在离上端 8cm 左右处，把两头再对折　　f. 捏鸟头
g. 将尾部巾角向上翻翘　　h. 整理插杯

19. 鸳鸯戏水

操作步骤如图 2－42 所示。

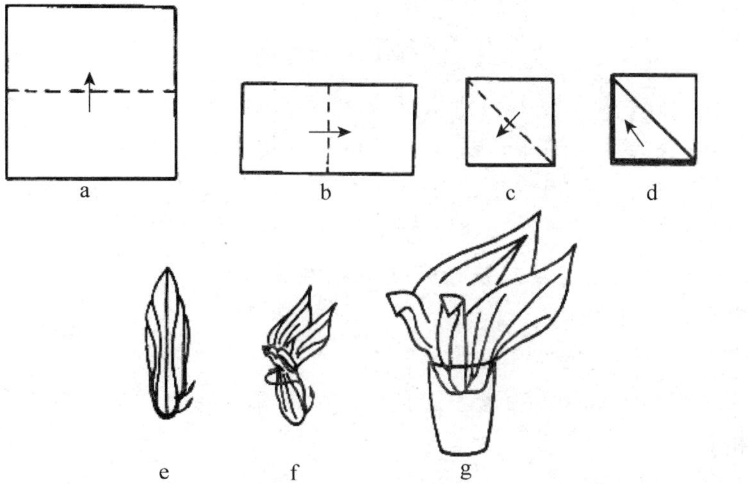

图 2－42　鸳鸯戏水

a. 将底边向上对折　　b. 从左向右对折
c. 将正反面外层巾角分别向下对折　　d. 从中间向两边均匀捏褶
e. 将底部两侧巾角拉上做头　　f. 剩下的一巾角包住底部
g. 放入杯中，整理成形

20. 和平鸽

操作步骤如图 2－43 所示。

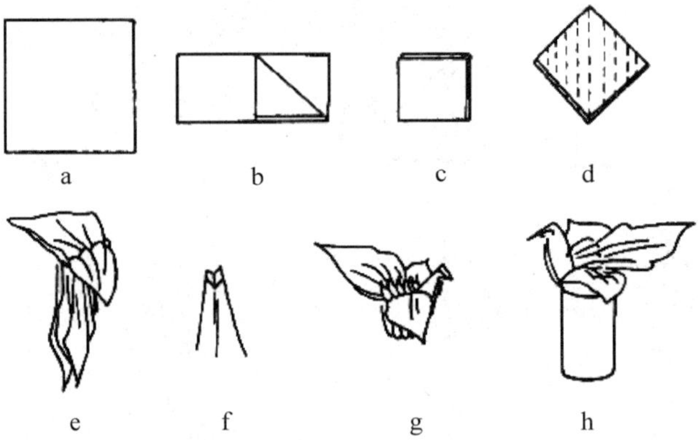

图 2-43　和平鸽

a. 餐巾反面向上放置
b. 对折成长方形，然后将右上巾角单层翻折
c. 对折成正方形
d. 两边推完
e. 把夹层中巾角向后拉出，夹层向前拉下
f. 拉上一巾角捏头
g. 在两侧拉两巾角做翅膀
h. 整理插杯

任务三　摆台服务

案例情境

一双筷子的艺术

张先生邀请合作伙伴一行 8 人到某五星级酒店的中餐厅就餐。一切服务都有序进行着。服务员小李依次为客人递巾、送茶、落巾、撤筷套。菜肴陆续上桌，小李也主动为每位客人分菜。张先生习惯使用左手，每次夹完菜后，放筷子都很不方便；小李一直没有发现这个问题，撤换餐具的时候，小李仍然将筷托、筷架、筷子放在了张先生右侧，张先生有些不高兴地说：“你们酒店规定筷子只能放在右边吗？”

【案例思考】

1. 你觉得小李的问题出在哪里？
2. 你认为还可以从哪些方面着手，使酒店中餐服务做到“以人为本”？

【案例评析】

1. 本案例中，因为服务人员观察不仔细、不主动，出现了尴尬场面。
2. 虽然服务中有标准和规范，但面对特殊客人，值台员的服务也应该有所变通，真正做到“以人为本”。当遇到左撇子客人时，值台员应该及时帮助客人将筷托、筷子的位置调换到左侧。在酒店的餐饮服务过程中，我们可以从很多方面做到真正的“以人为本”，比如，不同性别的客人对环境的要求，不同年龄或地域的客人对菜肴的选择等。

摆台又称铺台、摆桌，主要是指服务人员根据就餐人数和规格，将餐具、酒具以及辅助用品按照一定的规格和顺序，整齐美观地铺设在餐桌上的操作过程。摆台技术是餐厅服务人员必须掌握的一项基本技能。各地区、各饭店的摆台方式大体相同，但有些饭店会根据实际就餐情况规范自己的摆台方式，最终都是为了方便服务员服务和客人就餐。

一、中餐摆台

（一）中餐宴会摆台

中餐宴会摆台席位安排通常以 10 人为标准，选用直径 180cm 的圆台，台布规格为 220cm 或 240cm 见方。

在摆台之前，首先要了解中餐宴会席位安排。主人位一般为面朝餐厅门正中的位置，或餐厅里最醒目的位置，或重要装饰画前正中位置。主宾的位置安排在主人席位的右侧，以示对主宾的尊重；副主人的位置安排在主人位的对面。就一张餐台的具体座位来说，目前中餐通行的规范是：主人坐于上方的正中；主宾在其右；副主宾居其左，其他参宴者依次从右至左、从上向下排列。如图 2 - 44 所示。

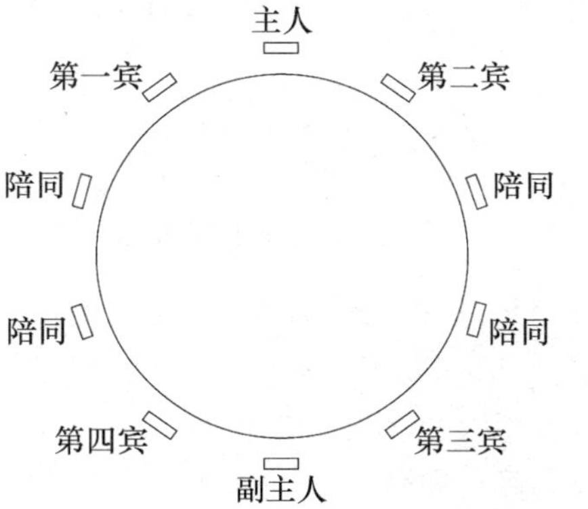

图 2 - 44　中餐宴会 10 人座次示意图

1. 铺台布

（1）台布的种类。

台布的种类很多，按台布的质地分，有化纤、织锦、塑料、纯棉、绒质等，其中纯棉台布吸湿性能好，为大多数餐厅所使用。按台布的工艺分，有提花、印花、散花、团花、工艺绣花等，其中提花图案台布使用较多。按台布的颜色分，有黄色、红色、绿色、白色、粉色等，大多数餐厅使用白色台布。台布的颜色要与餐厅的风格、装饰、环境相协调。按台布的形状分，大体有三种：正方形、长方形和圆形。正方形台布常用于方台或圆台，长方形台布则多用于西餐各种不同的餐台，圆形台布主要用于中餐圆台，高档宴会则采用多层两种形状以上的台布。此外，还有台布和台裙之分。

（2）台布的规格。

①140cm×140cm，适合 2 人餐桌使用，适用于 90cm×90cm 的方台，少见。

②160cm×160cm，适合 2～4 人餐桌使用，适用于直径 100cm 的圆桌，或 110cm×110cm 的方台，常见。

③180cm×180cm，适合 4～6 人餐桌使用，适用于直径 150cm 和直径 160cm 的圆台，常见。

④200cm×200cm，适合 6～8 人餐桌使用，适用于直径 170cm 的圆台，少见。

⑤220cm×220cm，适合 8～10 人餐桌使用，适用于直径 180cm 或 200cm 的圆台，常见。

⑥240cm×240cm，适合 12 人餐桌使用，适用于直径 220cm 的圆台，常见。

⑦260cm×260cm，适合 14～16 人餐桌使用，适用于直径 240cm 的圆台，少见。

除了正方形台布外，还有长方形台布，规格有 160cm×200cm、180cm×300cm 等。

这类台布适用于长方台及西餐各种餐台，可根据餐台的大小与形状选用不同规格的台布，一块不够用时可随意拼接。在拼接时要注意将接口处接压整齐。

圆形台布的规格多样，一般的圆形台布多见于定型特制，即根据餐台的大小将台布制成大于餐台直径 60cm 的圆形台布，使台布铺于餐台上时圆周下垂 30cm。

(3) 台布的铺设。

台布铺设是将台布平整地铺在餐桌上的过程。需要做的准备工作如下：

①将所需餐椅按就餐人数摆放于餐台的四周，使之呈三三两两的并列状，如图 2-45 所示。

中餐台布铺设

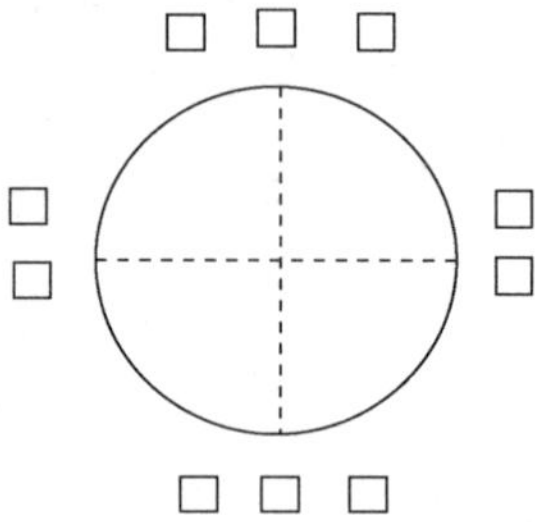

图 2-45　餐椅摆放图

②服务人员将双手洗净，并对准备铺用的每块台布进行仔细检查，残破、有油渍和有褶子的台布则不能继续使用。

③选择熨烫平整的、与餐桌大小相配套的台布。

④根据餐厅的装饰、布局确定席位。

⑤操作时，餐厅服务人员应将副主人位的餐椅拉开至右侧餐椅后边，然后站立在副主人餐椅处，距餐台约 10cm，将选好的台布放于副主人处的餐台上。

铺设方法如下：

①推拉式。用双手将台布打开后放至餐台上，正面向上，左右两手分别捏住台布的一边，距边缘 40cm～50cm 处（这样可以防止台布边缘着地），两手离台布中缝线距离各约 50cm（视台布大小而定）。其余的台布分别夹在其余四指内，将台布贴着餐台平行推出（手不可过餐台的 2/5 处，否则台布边缘容易着地），再拉回来（视台布中心与餐台的中心而定，动作不能过快）。要一次定位准确，铺好的台布中线缝正对正、副主人席位，十字中心落在餐台圆心上。四角离地面距离相等。这种铺法多用于零点餐厅或较小的餐厅，或因有客人就座于餐台周围等候用餐时，或在地方窄小的情况下采用。

②抖铺式。用双手将台布打开，平行对折后将台布提拿在双手中，身体呈正位站立式，利用双腕的力量，将台布向前一次性抖开，在台布落桌和向回拉动的过程中以中线为参照，调整台布的位置进行准确定位，并平铺于餐桌上。这种铺法适用于较宽敞的餐厅，或在周围没有客人就座的情况下进行。

③撒网式。用双手将台布打开，正面向上，用大拇指和食指抓住台布靠近身体的一边，其余三指快速抓住台布其余部分，平行打折，呈右脚在前、左脚在后的站立姿势，双手将打开的台布提至胸前，双臂与肩平行，上身向左转体，下肢不动，并在右臂与身体回转时，将台布斜着向前撒出去，如同撒渔网一样。将台布抛至前方时，上身转体回位，并恢复至正位站立，然后再将台布向自身拉回，一边拉，一边调整台布。这时台布应平铺于餐台上。撒网式铺台时要求一气呵成，动作干脆利落、优美，技艺娴熟。抛撒时，动作应

自然潇洒。这种铺台方法多用于宽大场地或技术比赛场合。

④注意事项。铺台布时，台布不能接触地面，拿捏在拇指和食指中的台布的多少要适当，推、抖、撒时的距离要得当。台布中间折纹的交叉点应正好在餐台的中心处，台布的正面凸缝朝上，中心线直对正、副主人席位，四角呈直线下垂状，下垂部分距地面距离相等，铺好的台布应平整、无褶子。

台布向自身拉回时要注意快慢得当。铺好台布后，应将拉出的桌椅送回原位。挪动餐椅的动作是两手握住椅背的两端，用膝盖顶住椅子的坐面横梁，脚步移动，尽量不要让椅子腿摩擦地面而发出响声。

铺设正式宴会多层台布时，最底层台布的铺设方法同上，最上层台布要两个人合作铺设，豪华包间的大餐台的台布铺设也要由两个人合作完成。两块方形台布的铺设参见西餐台布的铺设。

⑤台裙的铺设。铺设时需要一人或两人配合。接缝不能对着客人，也不能对着门口，可在陪同位。接口要覆盖、接牢。裙布的选择要与台布相匹配，与餐厅的氛围一致。

若台面需要转盘，则应先上转盘芯，再上转盘。操作方法是将转盘芯的中心置于餐桌的中心，将转盘置于转芯之上。要注意转盘的清洁卫生。

2. 摆台

（1）摆台要求。

在进行摆台操作前，应将双手清洗消毒，对所需的餐、饮用具进行完好率检查，不得使用残破的餐、饮用具。

中餐宴会摆台要求

（2）摆台标准。

餐、饮用具的摆放要相对集中，各种餐、饮用具要配套齐全。摆放时距离相等，图案、花纹要对正，做到整齐划一，符合标准。要既清洁卫生，又有艺术性；既方便客人使用，又便于服务人员服务。

（3）摆台需要的餐、饮用具及摆台的顺序。

以 10 人位宴会台面为例，所需餐、饮用具及物品如下：台布 1 块、餐巾 10 块、骨碟 10 个、味碟 10 个、汤碗 10 个、小瓷勺 10 把、葡萄酒杯 10 个、白酒杯 10 个、水杯 10 个、筷子架 12 个、筷子 12 双、长柄汤勺 12 把、带有牙签套的牙签 10 个。

在摆放以上物品时，可以用托盘分 4 次托摆。第一托：骨碟 10 个、味碟 10 个。第二托：汤碗 10 个、小瓷勺 10 把、筷子架 10 个、筷子 10 双、长柄汤勺 10 把、牙签套 10 个。第三托：葡萄酒杯、白酒杯各 10 个。第四托：水杯 10 个（已插放好折叠成形的餐巾花）。第四托：公用筷架 2 个、公用勺 2 把、公用筷 2 双。若需要摆放菜单和桌牌号的，可再加一托最后摆放。若有中心装饰物的，可最先或最后徒手放于台面中心。

（4）摆放的规则。

中餐宴会摆台操作

①摆骨碟、味碟。将餐具码好放在托盘内（托盘应防滑，若不防滑应垫有防滑餐垫），左手端托盘，右手摆放。从正主人位开始按照顺时针方向依次摆放。骨碟与骨碟之间距离相等，骨碟距桌边 1.5cm。正、副主人位的骨碟应摆放于台布凸线的中心位置。味碟摆在骨碟的正上方，边缘距骨碟边缘 1cm 或均等。

②摆汤碗、小瓷勺、筷架、筷子、长柄汤勺、牙签套。汤碗摆放在味碟左侧 1cm 处，

汤碗中心线与味碟中心线在一条直线上，汤勺放置于汤碗中，勺把朝左，与骨碟平行。筷架摆在骨碟右边，位于筷子上部 1/3 处，筷子、长柄勺搁摆在筷架上，长柄勺距骨碟 3cm 或均等，筷尾距餐桌沿 1.5cm 或均等，若有筷套，则筷套正面朝上。牙签位于长柄勺和筷子之间，牙签套正面朝上，底部与长柄勺齐平。

③摆饮具。葡萄酒杯应位于味碟正上方 2cm 处。白酒杯摆在葡萄酒杯的右侧，水杯位于葡萄酒杯左侧，杯肚间隔 1cm，三杯成斜直线，与水平线呈 30°角。如果折的是杯花，水杯待餐巾花折好后一起摆上桌，将餐巾折花的观赏面朝向客人。持杯摆放手法要正确（手拿杯柄或中下部）。

④摆放公用餐具。公用餐具摆放在正、副主人的正上方。按先筷后勺的顺序将筷、勺搁在公用筷架上（设两套），公用筷架与正、副主人位水杯间距 1cm，筷子末端及勺柄向右。

⑤摆放餐椅。从第一主人位开始按顺时针方向依次摆放，餐椅椅座边缘以靠近下垂台布为宜，椅边与桌布间距 1.5cm，餐椅之间距离均等。有的操作是在铺好台布后，先把餐椅拉好，从餐椅的右侧进行摆放。

⑥摆菜单、台号。一般 10 人以下摆放两份菜单，摆放于正、副主人位的筷子架右侧，位置一致。平放时菜单底部距桌边 1cm 或距离均等，立放时菜单开口处分别朝向正、副主人。12 人以上应摆放四份菜单，并呈“十”字形摆放。大型宴会应摆放台号，台号一般摆放在每张餐台的下首，并朝向宴会厅的入口处，使客人一进餐厅便能看到。

⑦摆台注意事项。摆台效果要求：台面各种餐具、用具摆放整齐一致，布局合理、美观，间距均等，摆放位置准确，花纹图案对正，台面用具洁净、无破损。摆放餐具从主人位开始，按顺时针顺序摆放。

中餐宴会摆台餐具布置如图 2-46 所示。

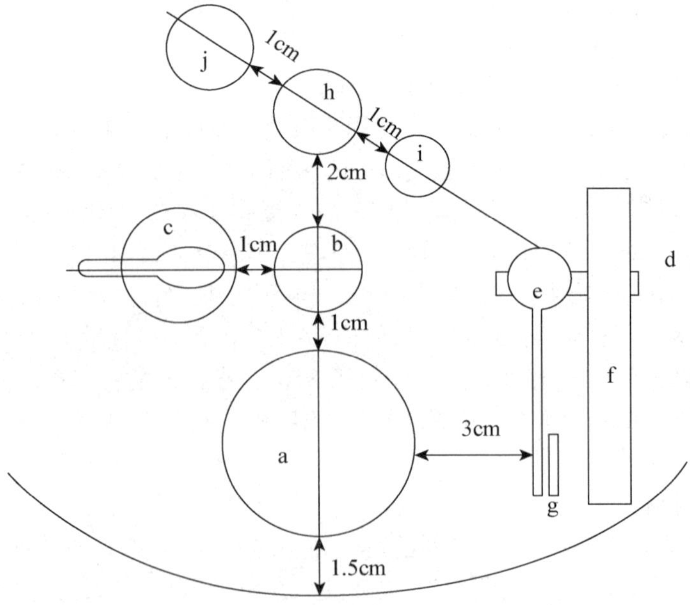

图 2-46 中餐宴会摆台餐具布置示意图

a. 骨碟　b. 味碟　c. 汤碗和小瓷勺　d. 筷架　e. 长柄汤勺
f. 筷子　g. 袋装牙签　h. 葡萄酒杯　i. 白酒杯　j. 水杯（饮料杯）

（二）中餐零点摆台

零点摆台要根据餐厅的布局定好座位，铺好台布，要求在同一餐厅内，所有餐台的台布凸缝横、竖铺放时都要统一朝向。凸缝正面向上，餐具花纹、图案对正。所摆放的物品距离均匀、清洁卫生、整齐划一。

（三）铺台布

按中餐铺台布方法铺好台布。

（四）摆放规则

中餐零点摆台一般分为早、午、晚餐摆台。

1. 早餐摆台

中式早餐摆台比较简单，一般是将骨碟摆在正中，距桌边 1cm，汤碗或小饭碗摆在骨碟的左侧；筷子装在筷套内，摆在骨碟的右侧，图案文字要对正，筷柄距桌边 1cm；汤勺摆在汤碗内，勺柄朝向一致。如图 2－47 所示。

2. 午、晚餐摆台

一般午、晚餐的餐具摆放与早餐基本相同，只增加一个水杯。水杯内放入餐巾折花或餐巾纸，摆在汤勺的前方，其他餐具、酒具及公用餐具应等客人入座后，根据客人的需要随时增减。如图 2－48 所示。

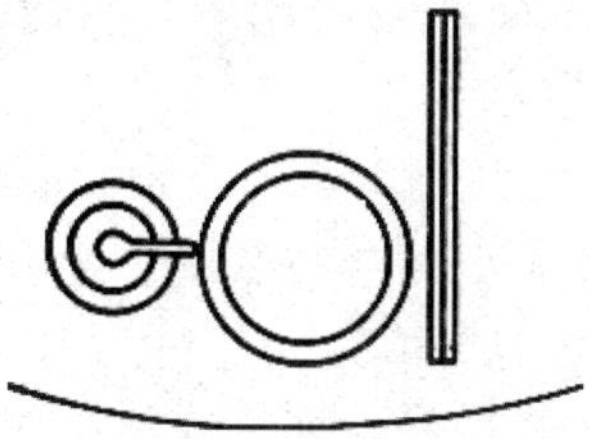

图 2－47　早餐摆台示意图

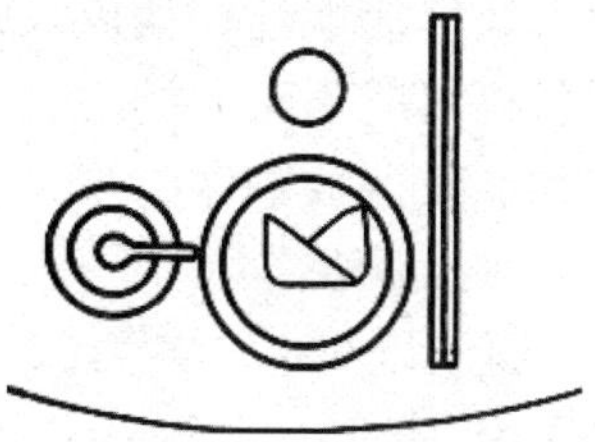

图 2－48　午、晚餐摆台示意图

二、西餐摆台

（一）西餐宴会摆台

西餐宴会摆台席位安排以 6 人位为标准，选用 120cm×240cm 的长方形餐台。在摆台之前，首先要确定西餐宴会席位安排。一般长台的一端为主人（男主人）席位，另一端为副主人（女主人）席位。主人的右侧为主宾，左侧为第三宾客。副主人右侧为第二宾客，左侧为第四宾客，其余交错类推。这种宴会席位排法的优点是气氛较随和、有两个谈话中心。如图 2－49 所示。

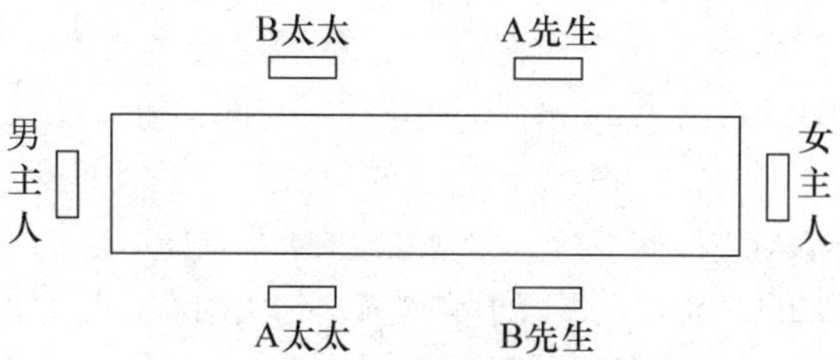

图 2－49　西餐席位安排

西餐台布铺设

1. 铺台布

西餐铺台布的方法和中餐不同，铺台布时动作不宜过大。铺台布时，餐厅服务员站立于餐桌长侧边，将台布横向打开，双手捏住台布一侧边，将台布送至餐桌另一侧，然后向身体一侧慢慢拉。台布的正面向上，台布折叠线的凸线朝上，置于餐桌的中心位置，四周下垂部分均等，接缝处一致、平整，美观整齐。

2. 摆台

（1）摆台要求。

西餐摆台操作前，餐厅服务员要洗手消毒，检查摆台所用的餐、酒用具，发现有不洁或有破损的餐具时要及时更换，保证用品符合干净、光亮、完好的标准。摆放时，手不可触摸盘面和杯口。摆放金属器皿时要注意操作手法，保证餐具清洁，防止污染。

西餐宴会摆台要求

（2）西餐摆台的基本要领。

餐厅服务人员将展示盘与已经叠好的餐巾折花放置于餐位正中，左侧放置餐叉，右侧放置餐刀，刀刃向左，餐具与菜肴相配，摆放酒杯的数量及种类取决于客人要求的酒水服务。通常情况下，西餐宴会摆三种杯具，分别是水杯、红葡萄酒杯和白葡萄酒杯。餐桌中央放好胡椒盅、盐盅及蜡烛台。西餐摆台所用餐具、饮具及其他各种用具一般需要根据用餐菜单所列菜肴的内容及上菜顺序准备。

（3）摆台所需物品及摆放顺序。

以6人位西餐宴会台面所需物品为例：防滑托盘1个；台布2块；餐巾6块，可加带装饰物；装饰盘6个；面包盘6个；黄油碟6个；主菜刀、鱼刀、开胃品刀、汤勺、甜品勺、黄油刀各6把；主菜叉、鱼叉、开胃品叉、甜品叉各6把；水杯、红葡萄酒杯、白葡萄酒杯各6个；花瓶或其他装饰物1个；烛台2个；盐盅、胡椒盅、牙签盅各2个。西餐宴会摆台的基本顺序可以按照餐盘、餐具、酒水杯、艺术摆设、烛台、调料用具的步骤进行摆放。

（4）餐、饮用具摆放的规则。

①摆展示盘。一般情况下，餐厅服务员先用餐巾垫在餐盘盘底，用左手直接把展示盘托起，从主人位开始，按顺时针方向用右手将餐盘摆放在餐位正前方，盘内的店徽图案要端正，盘边距桌边1.5cm，餐盘间的距离要相等。

西餐宴会摆台操作

②摆餐刀、叉、勺。餐厅服务员应按照由里向外的次序分别将餐刀、餐叉和汤勺放置于展示盘的右侧。在摆放的时候，餐厅服务人员的手不可接触刀柄、叉柄、勺柄以外的部位。一般应从主刀开始摆放。主刀摆放于展示盘的右侧，与餐桌边呈垂直状，刀柄距餐桌边缘1cm，刀刃向左，与展示盘间的距离为1cm。开胃品刀、鱼刀、汤勺等餐具应等距离摆放，间距为0.5cm，手柄与餐桌边缘间的距离为1cm，刀刃向左，勺面向上。主叉应放置于展示盘的左侧，距离展示盘1cm，叉柄与餐桌边缘相距1cm。摆放鱼叉时，鱼叉柄距餐桌边缘5cm，叉头向上突出。开胃叉面向上，叉柄与主叉柄平行。甜食叉放在展示盘的正前方，叉尖向左，与展示盘相距1cm。甜食勺放在甜食叉的正前方，平行于甜食叉，勺头向右，与甜食叉的叉柄相距0.5cm。

③摆放面包盘、黄油刀、黄油盘。面包盘盘边距开胃品叉1cm。面包盘中心与装饰盘中心对齐。黄油刀置于面包盘右侧边缘1/3处，刀刃向左。黄油碟摆放在黄油刀尖正上

方，相距 3cm。黄油碟左侧边缘与面包盘中心成直线。

④摆酒具。摆放顺序：白葡萄酒杯、红葡萄酒杯、水杯；白葡萄酒杯摆在开胃品刀的正上方，杯底中心在开胃品刀的中心线上，杯底距开胃品刀刀尖 2cm。三杯成斜直线，向右与水平线呈 45°角。各杯身之间相距约 1cm。操作时手持杯中下部或颈部。

⑤摆放餐巾折花。餐厅服务人员应将已经叠好的餐巾折花放置于展示盘中，餐巾折花造型搭配适当，将观赏面朝向客人。

⑥摆放中心饰物。西餐宴会中心饰物一般为花瓶（或其他装饰物），将其置于餐桌中央和台布中线上。花瓶（或其他装饰物）的高度不超过 30cm。

⑦摆蜡烛台和牙签盅、胡椒盅、盐盅。举行西餐宴会时，餐厅服务人员一般会在餐桌上摆放两个蜡烛台。蜡烛台应摆在台布的中线上或餐桌两侧适当的位置。牙签盅摆放在距离烛台 10cm 的台布中线上，牙签盅下方 2cm 处摆放胡椒盅和盐盅，按左椒右盐的方位在台布中线上对称摆放，两瓶壁间的距离为 1cm。

西餐宴会摆台餐具布置如图 2－50 所示，西餐宴会摆台如图 2－51 所示。

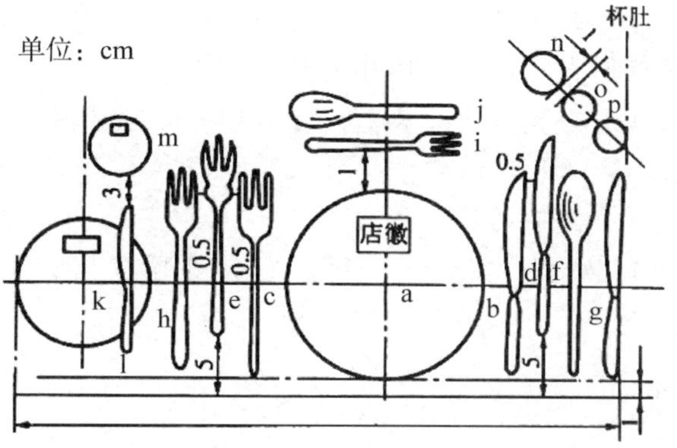

a. 装饰盘　b. 主菜刀　c. 主菜叉　d. 鱼刀　e. 鱼叉　f. 汤匙　g. 开胃品刀　h. 开胃品叉
i. 水果叉　j. 点心勺　k. 面包盘　l. 黄油刀　m. 黄油碟　n. 冰水杯　o. 红酒杯　p. 白葡萄酒杯

图 2－50　西餐宴会摆台餐具布置示意图

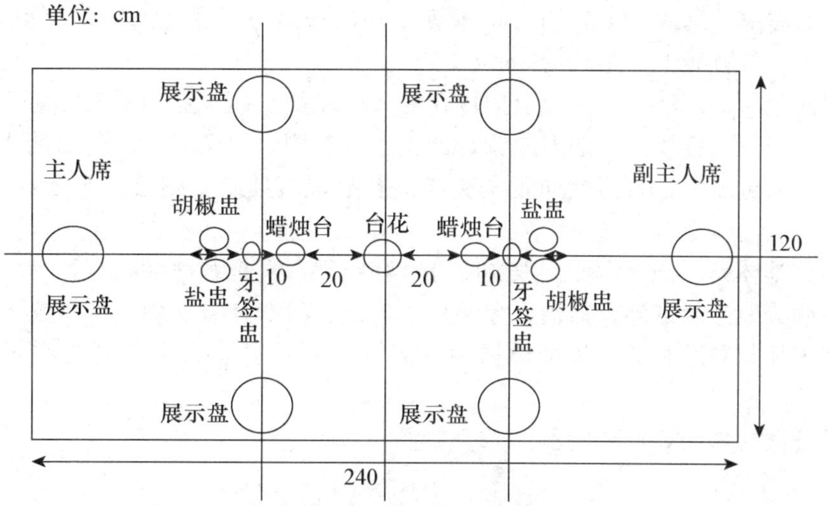

图 2－51　西餐宴会摆台示意图

小资料

西餐刀叉和汤匙的使用

1. 西餐在使用刀叉时是非常讲究的，用西餐时通常是由外而内，也就是说，第一道菜用最外侧的餐具，然后顺序向内推移，直到每件都用过为止。

2. 刀叉的拿法是轻握尾端，食指按在柄上，一般为左手拿叉，右手拿刀。进餐时，如果感觉不方便，可以换右手拿叉，但更换频繁则显得粗野。吃体积较大的蔬菜时，可用刀叉来折叠、分切，较软的食物可放在叉子平面上，用刀子整理一下。切东西时左手拿叉按住食物，右手执刀将其锯切成小块，然后用叉子送入口中。使用刀时，刀刃不可向外；汤匙则用握笔的方式拿即可。

3. 进餐中放下刀叉时也是有讲究的，服务人员可以通过观察客人摆放刀叉的位置了解客人的意图，判断客人的用餐情形，以及是否收拾餐具准备接下来的服务等，那么在用餐时该如何摆放刀叉呢？

（1）如果在用餐中途暂时休息片刻，可将刀叉分放盘中，刀头与叉尖相对呈“一”字形或“八”字形，刀叉朝向自己，表示还要继续吃。

（2）谈话时，可以拿着刀叉，无须放下，但若需要做手势时，就应放下刀叉，千万不可手执刀叉在空中挥舞。

（3）用餐结束的放置方式有两种：用餐结束后，可将叉子的下面向上，刀子的刀刃侧向内与叉子并拢，平行放置于餐盘上；甜点餐具可摆在席位最前端，或放在右手边内侧。

（二）西餐零点摆台

1. 西餐早餐摆台

西餐早餐可分为美式早餐、欧陆式早餐及零点早餐等，它们的摆台方法略有差异。基本摆法是：

（1）摆餐盘、餐刀、餐叉。餐厅服务人员在餐椅正对处摆放餐盘，餐盘离桌沿 1cm，将餐巾花摆放在餐盘上；餐盘右侧放餐刀，刀口向餐盘方向，左侧放餐叉，叉面朝上，汤匙放在餐刀的右侧，匙面朝上，刀叉距餐盘 1cm，餐刀与汤匙之间的距离也是 1cm，刀、叉、勺下端在一条直线上，距桌沿 1cm。

（2）摆面包盘、黄油刀。面包盘摆放在餐叉的左侧，面包盘与餐叉相距 1cm，面包盘与餐盘中心线成一条直线。黄油刀放置在面包盘的右侧，刀叉朝向面包盘的中心，或者将黄油刀横放在面包盘上，刀刃朝向餐桌边缘。若放置黄油碟，则将碟子摆放于面包盘上，黄油刀搁置于黄油碟上。

（3）摆咖啡杯具。汤匙右侧摆放咖啡杯和咖啡碟，杯把和匙柄朝右。

（4）摆调味架。胡椒盅、盐盅、牙签盅、口纸杯等摆在餐厅规定的位置上。

（5）摆水杯。餐厅服务人员可根据不同餐式的具体要求，决定是否在餐具上方放置水杯。

西餐早餐摆台如图 2-52 所示。

图 2－52　西餐早餐摆台

2. 西餐午、晚餐摆台

西餐午、晚餐摆台是在早餐摆台的基础上，撤去咖啡杯具而增加茶匙和甜点叉。甜点叉横放于餐盘正上方，叉柄朝左。在甜点叉的上方，与甜点叉平行摆放茶匙，匙柄朝右。

西餐午、晚餐摆台如图 2－53 所示。

图 2－53　西餐午、晚餐摆台

任务四　斟酒服务

案例情境

挑剔的客人

一天，某西餐厅来了几位客人，他们点了一瓶高档红葡萄酒。服务员小王到吧台取了酒以后，发现自己随身携带的开瓶器不见了，于是她连忙请吧台服务员打开了酒瓶，可是当她准备为客人斟倒时，客人坚持认为酒是别桌的客人退掉的，要求小王重新取一瓶未开封的酒。

【案例思考】

你认为是客人太挑剔了吗？如果不是，请说出你的理由。

【案例评析】

并不是这位客人挑剔，而是服务员酒水操作不规范。酒水操作规范要求服务员在客人点酒后，应请客人过目后再开启酒瓶，以向客人展示酒水的状况及表示对客人的尊重。

斟酒服务是餐饮服务工作的基本服务技能之一，无论是中餐还是西餐，在就餐服务中都是由服务人员提供斟酒服务的，尤其在宴会服务中，斟酒服务运用最多。斟酒服务要求不滴不洒、不满不溢。餐厅服务员给客人斟酒时动作娴熟、规范、优美，不仅能体现餐厅服务员的技能水平，而且会使客人在精神上得到美的享受。为了给客人提供全面、周到的服务，餐厅服务员要掌握正确的服务方法和相关的酒品知识。

一、酒水准备与示酒

（一）酒水准备

1. 准备酒杯

备有为盛装各种不同的酒而设计的酒杯，对于专门销售食品与酒水的餐厅来说是非常重要的。餐厅服务员应根据酒类品种配备酒杯，并检查杯具的洁净和完好程度。

2. 准备酒水

开餐前，备齐各种酒水饮料，并将酒水瓶擦拭干净（特别是瓶口部位），同时检查酒水质量，如发现瓶子有破裂或有悬浮物、浑浊沉淀物等变质现象时应及时调换。酒水要在工作台上摆放整齐，示酒后，用托盘装上开好瓶盖的酒水，要内高外低，商标向外。

3. 酒水升温或降温

服务员要了解各种酒的最佳饮用温度，并采取升温或降温的方法使酒水的温度适于饮用，以满足客人的需求。

（1）冰镇（降温）。

许多酒水的最佳饮用温度是低于室温的。如啤酒的最佳饮用温度为4℃～8℃；白葡萄酒的最佳饮用温度为8℃～12℃；香槟酒和有汽葡萄酒的最佳饮用温度为4℃～8℃。因此在饮用前需要对此类酒作冰镇处理，这是向客人提供优质服务的一个重要内容。冰镇有以下三种方法：

①冰箱冷藏法。直接将酒瓶放入冰箱冷藏室。冰箱冷藏法应注意冷藏和冷冻是有区别的。啤酒和软饮料储存在接近4℃的温度下较为理想。

②冰块冰镇法。冰块冰镇法又包括两种方法，一种是直接将冰块放入酒液中，另一种是将酒瓶插入放有冰块的冰桶中约10分钟，即可达到冰镇的效果。

③溜杯。这种方法是用冰块对杯具进行降温处理，常用于调制鸡尾酒。服务员手持酒杯下部，在杯中放入一块冰块，转动杯子，使冰块沿杯壁滑动，以此达到降低杯子温度的目的。

（2）温酒（升温）。

有些酒在常温以上饮用效果更佳，如黄酒、加饭酒、日本清酒以及某些鸡尾酒。黄酒一般隔水烫到60℃～70℃再喝，加饭酒可加温至60℃，清酒加温至40℃～50℃后饮用。温酒的方法有以下四种：

①水烫。将酒液倒入温酒壶，放入热水中，以水为媒介加热。

②烧煮。将酒液倒入耐热器皿，直接放置于火上加热。

③燃烧。将酒液倒入酒杯后，将杯子置于酒精液体内，点燃酒精加热。

④注入。将热饮注入酒液或将酒液注入热饮中升温。

（二）示酒

客人点用整瓶酒的，在开启之前都应让客人先过目。示酒的方法如下：

（1）服务员站于客人的右侧，左手托瓶底，右手扶瓶颈，酒标面向客人，让其辨认。

（2）当客人认可后，才可进行下一步的工作。

（3）如果没有得到客人的认可，则去酒窖更换酒品，直到客人满意为止。

二、开瓶

（一）使用正确的开瓶器具

开瓶器可分为两大类：一是专门开启木瓶塞的螺丝拔，也称酒钻；二是专门开启瓶盖的扳手，也称酒启子。目前，酒钻和酒启子的式样很多，选用的原则是开启方便又耐用，因此，选用的酒钻要螺旋部分长、钻头尖而不带刃，最好带有一个起拔杠杆；选用的酒启子要质地较硬、手柄大小长短适宜，以免使用时变形或硌手，影响开酒速度。

开酒除了应备有酒钻、酒启子外，还应备有小钳子、小刀、盛装瓶塞和瓶盖的盒子，以及用于包或垫酒瓶的布巾等。

（二）开瓶动作

开瓶一般都由服务员在操作台上进行，服务员要注意站立姿势、握拿开瓶器的方法，开酒时的手法动作都应规范、优美。

酒水的开启

开瓶的基本程序如下：

（1）开瓶的动作要轻，开塞前应尽量减少瓶体的晃动。一般将酒瓶放在桌面上开启，动作要准确、敏捷、果断。对于软木塞，如有瓶塞断裂的危险，可将酒瓶倒置，用内部酒液的压力顶住软木塞后再旋转酒钻。

（2）开启瓶塞后，要用干净的布巾仔细擦拭瓶口，检查瓶中的酒是否有质量问题，检查的方法以嗅瓶塞插入瓶内的部分为主。

（3）开瓶后的封皮等杂物不要直接放在桌上，可放在小盘子或托盘内，操作完毕后一起带走，不要留在客人桌上。软木塞可放在点酒人手旁，供其鉴别。

（三）不同酒的开瓶方法

1．葡萄酒的开瓶方法

（1）服务员先用洁净的餐巾把酒瓶包上。

（2）剥除瓶口部位的锡纸，并擦拭干净。

（3）用开酒钻的螺旋锥转入瓶塞，将瓶塞慢慢拔开，再用餐巾将瓶口擦干净。在开瓶过程中，动作要轻，以免因酒瓶摇动使瓶底的酒渣泛起，影响酒味。开瓶前，应持瓶向客人展示。

2．香槟酒的开瓶方法

香槟酒因瓶内有较大的气压，故软木塞的外面套有铁丝帽以预防软木塞被弹出。

（1）将瓶口的锡纸剥除。

（2）用右手握住瓶身，以45°的倾斜角拿着酒瓶并用大拇指紧压软木塞，右手将瓶颈外面的铁丝圈扭弯，一直到铁丝帽裂开为止，然后将其取掉。同时，用左手紧握软木塞，并转动瓶身，运用瓶内的气压逐渐地将软木塞弹挤出来。

（3）转动瓶身时，动作要既轻又慢。开瓶时要转动瓶身，不可直接旋转软塞子，以防将其扭断而难以拔出。

（4）开瓶时，瓶口不要朝向客人，以防在手不能控制的情况下软木塞爆出。

（5）如已溢出酒沫，应将酒瓶呈45°斜握。

3. 烈性酒的开瓶方法

（1）如果酒瓶为塑料盖或外部包有一层塑料膜，开瓶时先用火柴烧化塑料膜，然后旋转开盖即可。

（2）如果酒瓶是金属盖，瓶盖下部常有一圈断点，开瓶时用力拧盖，使断点断裂，便可开盖。如遇有断点太坚固难以拧裂时，可先用小刀将断点划裂，然后再旋开酒盖。

4. 罐装酒品的开罐方法

一些带气的饮品常以易拉罐的形式封装。开启时只要拉起易拉罐顶部的小金属环即可。开罐的注意事项有：

（1）服务员在开启易拉罐时，应将开口方向朝外，不能对着客人，并以手握遮，以示礼貌。

（2）开启前要避免摇晃。

三、斟酒

（一）斟酒方式

斟酒的方法分桌斟和捧斟。桌斟又分为托盘斟酒和徒手斟酒两种。

斟酒方式

1. 托盘斟酒

托盘斟酒，即服务员将客人选定的酒水、饮料放于托盘内，左手端托，右手根据客人的需要取送酒水，依次进行斟倒的一种方法。

托盘斟酒时，服务员站在客人的右手侧，右脚向前伸进两椅之间，侧身而立，左脚微微踮起。左手托盘外撇，保持平衡；右手拿瓶斟酒，手势自然，握酒瓶中下部，酒标朝向客人，瓶口距杯口2cm，动作稳妥，手法轻缓，举止稳重，自然大方。

2. 徒手斟酒

徒手斟酒，即服务员左手持布巾，右手握酒瓶，将客人选定的酒水依次斟入客人的杯中，然后用左手中的布巾将瓶口擦拭干净的一种斟酒方法。

徒手斟酒多见于一桌客人用同一瓶酒水。徒手斟酒姿势要领同托盘斟酒，左手应持一块干净的餐巾，斟完酒后可以擦去瓶口酒水。

3. 捧斟

捧斟是指餐厅服务员站在客人右后侧，右手握瓶，左手将客人酒杯握在手中，向杯中斟满酒后，再将装有酒水的酒杯放回原来位置的一种斟酒方法。

斟好的酒放在客人的右手边。捧斟适合非冰镇酒水。

（二）斟酒方法

（1）服务员斟酒时，要站在客人右后侧。

（2）斟酒时应先向客人打招呼或请客人选用酒水。

（3）斟酒时，瓶口不可搭在酒杯口上，以相距 2cm 为宜。

斟酒服务

（三）斟酒量的控制

（1）白酒斟酒量为八成。中餐在斟倒各种酒水时，一律以八分满为佳。

（2）西餐斟酒不宜过满，通常红葡萄酒斟 1/2 杯，白葡萄酒斟 2/3 杯，威士忌等斟 1/6 杯为宜。

（3）香槟会起泡沫，所以分两次斟倒，先斟 1/3 杯，待泡沫平息后再斟 1/3 杯，共斟 2/3 杯。

（4）啤酒同样分两次斟倒，斟倒完毕时，以酒液占八分、泡沫占两分为最佳。

四、斟酒顺序

（1）一般场合，服务员可先为一桌的长者斟酒，若是一对夫妇，应先为女士斟酒。

（2）中餐宴会一般在宴会开始前 5 分钟将酒斟好，斟酒时先斟主宾，后斟主人，然后按顺时针方向依次绕桌进行。

（3）西餐宴会或正式场合，斟酒顺序应从第一主宾开始，然后沿顺时针方向依次进行。

小资料

西餐菜肴与酒水的搭配

餐前酒：可选用具有开胃功能的酒；

头盘：用低度、干型的白葡萄酒；

汤类：一般不用酒，必要时可用深色的雪利酒或白葡萄酒；

海鲜：用干白葡萄酒、玫瑰红酒；

肉、禽：用 12°～16°的干红葡萄酒；

甜品：甜食酒；

餐后酒：用蒸馏酒、利口酒。

西餐斟酒的顺序要以上菜的顺序为准。

（1）上开胃盘时应上开胃酒，配专用的开胃酒杯。

（2）上汤时要上雪利酒（葡萄酒类），配用雪利酒杯。

（3）上鱼时上度数较低的白葡萄酒，用白葡萄酒杯，并配用冰桶。

（4）上副菜时上红葡萄酒，用红葡萄酒杯；冬天饮这种酒，客人喜欢用热水烫热（宴会用酒不烫）。陈年优质红葡萄酒往往沉淀物较多，应在斟用前将酒过滤一下。

（5）上主菜时上香槟酒，配用香槟杯。香槟酒是主酒。除主菜跟香槟酒外，上点心或讲话、祝酒时，也可跟上香槟酒。

（6）上咖啡时上利口酒或白兰地，配用利口杯或白兰地杯。

五、斟酒注意事项

（一）注意酒瓶的位置

斟酒时，瓶口与杯口相距 1～2cm 为宜，这样做一是防止传染性疾病，二是防止碰破杯口或碰倒杯子。但也不要将瓶口拿得过高，以免酒水溢出。

（二）注意控制斟酒量

服务员需要随时注意瓶内酒量的变化，以适当的倾斜度控制酒液流出的速度，以免溢出。

（三）谨慎斟倒带泡沫的酒水

泡沫多的酒水应控制好斟倒速度，宁慢勿快，也可让酒液沿着杯壁缓缓注入。

（四）宴会服务注意客人情况

在宴会上，主宾通常要发言（祝酒词、答谢词等），服务员需要提前将所有客人的酒杯都斟上酒水，并为台上发言人也准备酒水。当发言结束时，通常主宾要提议干杯，提前斟倒才不至于空杯。另外，在主宾讲话时，服务员要停止一切服务操作，在适当的位置站立，并随客人一起鼓掌，切不可窃窃私语，也不要无动于衷。

（五）及时续杯

在餐中服务时，要随时观察每位客人的酒水饮用情况。当客人杯中的酒水少于 1/3 时，就应征询客人，及时续杯。

任务五　上菜与分菜服务

案例情境

不要忽视“小皇帝”

某酒店零点餐厅正开午餐，一位老太太带着全家人来到餐厅用餐。引位员把一家人引到服务员小周负责的区域。上菜时，由于客人较多，坐得很密，小周看到两个孩子之间空隙较大，就选择这个位置上菜。当时老太太就有些不高兴，说了句：“你不能从别的地方上菜啊?”小周连忙道歉。过了一会儿，传菜员看小周正忙，就直接帮他上菜，无意中又选择了两个孩子之间的位置。这时老太太就生气了：“不是和你们说了吗，怎么还从孩子那儿上菜？烫着孩子你们负责啊?”小周知道后马上道歉，说这是自己的过失，马上改为在其他座位间上菜，并送给小朋友们小礼物，小朋友们很高兴，大人们也就不计较了。

【案例思考】

1. 女主人为什么不高兴?

2. 餐厅对上菜位置有什么要求?

【案例评析】

孩子是现代家庭的重心，上了年纪的人对小辈更是疼爱有加，照顾得无微不至，只要看到儿孙喜悦的笑容，就感到无比幸福。服务员在服务中要注意这一点，在接待带孩子的客人时，要掌握儿童的特性。儿童好动，看到自己喜爱的食物或饮料时往往会大喊大叫、手舞足蹈，不高兴时会乱动乱跑。在儿童旁边上菜，有可能儿童会碰翻菜肴汤水，导致烫伤儿童。因此，在服务中上菜时应避开儿童。

上菜与分菜是餐厅服务人员的基本功，是中餐零点餐服务和宴会服务中必不可少的内容，熟练掌握上菜与分菜的技艺，不仅能够让客人适时品尝到美味佳肴，也能够让客人领略美味佳肴中的饮食文化。高超的上菜与分菜技艺还能带给客人艺术享受，给席间就餐增添气氛。

一、中餐上菜

（一）中餐上菜程序和规则

1. 上菜程序

一般中餐上菜的程序是：冷菜—热菜—汤—点心—水果，但粤菜则习惯于先汤后菜。

2. 上菜规则

先冷后热，先菜后点，先咸后甜，先炒后烧，先清淡后肥厚，先优质后一般。客人对上菜有特殊要求的，应灵活掌握。

（二）中餐上菜位置和姿势

1. 上菜位置

服务员在为客人上菜时，应选择正确的位置，如图 2－54 所示。

（1）一般以不打扰客人为原则。

（2）可以在副主人的右侧进行。

（3）可以在与主人位呈 90°角的位置进行。

（4）严禁在主人和主宾之间，以及老人、小孩旁边上菜。

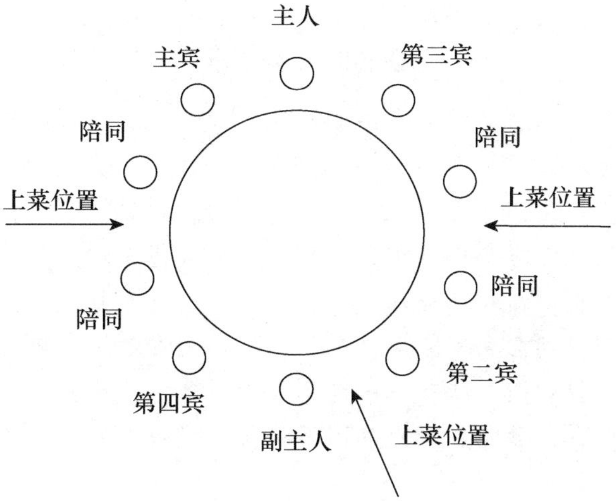

图 2－54　中餐上菜位置

2. 上菜姿势

上菜时，服务员将菜肴放在托盘内端托至餐桌前，左手托托盘，右脚跨前踏在两椅之间，侧身用右手上菜。

（三）上菜时机和节奏

1. 上菜时机

（1）上冷菜。中餐零点餐应在开出点菜单后 5 分钟内上好冷菜；中餐宴会则应在开餐前 10 分钟内摆好冷菜。

（2）上热菜。中餐零点餐应等冷菜食用剩 1/3～1/2 时上热菜；中餐宴会则应等冷菜食用剩 1/2 时上热菜。

上菜的最佳时机是在前一道菜接近吃完时，将新的一道菜送至餐桌上；中餐宴会如遇宾主讲话或离席敬酒时不宜上菜，应等讲完话或敬完酒回位后再上菜。

2. 上菜节奏

中餐零点餐的上菜节奏应根据客人用餐情况灵活掌握。一般小桌客人的菜 20 分钟左右上完，大桌客人的菜 30 分钟左右上完；中餐多台宴会则应服从于主桌，一般先主桌再其他桌。

（四）中餐上菜规范和安全要求

1. 上菜规范

（1）上菜前。核对台号、品名、分量，避免上错菜；整理台面，留出空位，严禁盘与盘之间互相叠压。满桌时可以大盘换小盘、合并后帮助分派。

（2）上菜时。报菜名并对特殊菜肴做简单介绍；新上菜肴应先通过转台转至主宾面前；有调味的菜肴要先上调味再上主菜，或调味的菜肴和主菜一起上；上粒浆菜肴加汤勺，上煲窝类菜肴一般加垫碟上席，上带壳食品要跟毛巾与洗手盅；菜肴摆放要讲究造型艺术，尊重主宾，方便食用。冷荤主盘正面和热菜头菜上桌时正面朝向第一主人位，其他菜肴上桌时应将菜面朝向四周，使所有上桌的菜均形成正面向客人。

小资料

摆菜的基本要求

摆菜的基本要求是讲究造型艺术，注意礼貌，尊敬主宾，方便食用。

通常菜品摆放的形状为“一中心、二直线、三三角、四四方、五梅花”。即上一个菜时，将其摆放在餐桌中心位置；两个菜时，将其并排摆放；三个菜时，将其摆放成三角形；四个菜时，将其摆成四方形；五个菜时，将其摆成梅花形。

按照我国传统的饮食习惯，还应注意“鸡不献头、鸭不献尾、鱼不献脊”，即上菜时，不要把鸡头、鸭尾、鱼脊朝向主宾，应将鸡头、鸭尾朝右边。上整鱼时，应将鱼腹而不是鱼脊朝向主宾，因为鱼腹刺少、味美，朝向主宾表示对其的尊重。

上有图案的菜肴时，如孔雀、凤凰等图案拼盘，应将菜肴的正面朝向主宾，以利于主宾欣赏和食用。

（3）上菜时的服务用语。上菜时应礼貌地向客人表示：“对不起，打扰一下！”“请品尝！”上第一道菜时应向客人表示：“对不起，让您久等了，请慢用！”上最后一道菜时要及时告知客人：“菜已上齐，还需要什么请随时吩咐！”

2. 上菜安全要求

（1）上各种菜肴时，应做到端平走稳，轻拿轻放。

（2）上菜忌“推”和“蹲”，并应注意盘底、盘边要干净。

（3）上带汤汁的菜肴时应双手端送，以免洒在客人身上。

（4）上菜时要有示意，以提醒客人，防止碰撞，要从客人间的空隙处平稳递上，切不可将菜盘从客人身上、头上越过。

（五）特殊菜肴的上法

（1）易变形的炸、爆、炒菜肴一出锅即须立即端上餐桌，上菜时要轻稳，以保持菜肴的形状和风味。

（2）有声响的（锅巴类）菜肴一出锅就要以最快的速度端上桌，随即把汤汁浇在菜上，使之发出响声。做这一系列动作时要连贯，不能耽搁，否则此菜将失去应有的效果。

（3）上原盅炖品类菜肴时，要上台后当着客人的面启盖，以保持炖品的原味，并使菜肴的香气在席上散发。揭盖时要翻转移开，以免汤水滴落在客人身上。

（4）上泥封、纸包、荷叶包菜肴时，应先送上餐台让客人观赏，再拿到工作台上打破或启封，以保持菜肴的香味和特色。

（5）上拔丝类菜肴时，要托热水上，即用汤碗盛装热水，将装有拔丝菜肴的盘子搁在汤碗上用托盘端送上餐桌，并跟上凉开水。

（六）中餐上菜注意事项

（1）上菜使用托盘操作时，应该左手托盘，右手端菜盘上菜。不用托盘的，则应该用双手端菜盘上菜。

（2）上菜时侧身站立于两椅之间，不要倚靠在客人身上。

（3）转动转盘时要求用右手轻轻转动转盘，左手置于背后，姿势规范优美。

（4）介绍菜肴时眼睛要注视客人，并注意语言清晰、简练，不可含糊、啰嗦。

（5）上菜时手法要规范，符合卫生要求。

二、中餐分菜

中餐服务中有以下情况时，需要提供分菜服务：一是高级宴会；二是客人要求时；三是进餐场面比较拘谨时。

（一）中餐分菜工具及其使用方法

1. 分菜工具

中餐分菜工具一般有餐叉、餐勺、餐刀、长把汤勺、筷子等。一般应根据菜肴的不同进行合理选择。

2. 分菜工具的使用方法

（1）餐叉与餐勺的用法。用右手握餐叉、餐勺的柄部，依靠右手的五个手指配合来控制餐叉和餐勺；餐勺的勺心向上，勺柄置于右手的中指与小指之上、无名指之下，夹住固定；餐叉柄应置于食指与无名指之上、大拇指之下，握住固定；若是丝状类菜肴，餐叉的凹面应向上，若是块状类菜肴，餐叉的凹面应向下；当五个手指分别将餐叉、餐勺固定后，就能在分菜服务时操作自如，既能将菜分好，同时又可将菜汁由勺盛取一同分送。

（2）长把汤勺与筷子的用法。长把汤勺单独使用时，一般是右手握勺把；长把汤勺与筷子配合使用时，一般是右手握筷子，左手拿勺，配合进行分菜；在用筷子夹取菜肴时，勺要接挡下方，以防菜汁滴落在台面上。

（二）中餐分菜前的准备工作

1. 中餐分菜餐具准备

（1）分炒菜前，应准备分菜所需相应数量的餐碟。

（2）分汤菜前，应准备分汤菜所需相应数量的汤碗。

2. 中餐分菜工具准备

(1) 分炒菜应准备餐叉与餐勺，也可以使用筷子与长把汤勺。

(2) 分汤菜时，应准备长把汤勺。

(3) 分鱼、禽类菜肴时，要准备餐刀、餐叉、餐勺。

(三) 中餐分菜方式

1. 转盘式分菜

(1) 在转台上摆放餐碟和分菜用具。

(2) 上菜、报菜名、示菜并对菜肴做简单介绍。

(3) 用长把勺、筷子、餐叉、餐勺分菜。

(4) 迅速撤身，取托盘，从主宾右侧开始，按顺时针方向绕台进行，撤前一道菜的餐碟后，从转盘上取菜端给客人。

(5) 完成后，将空菜盘和分菜用具一同撤下。

(6) 此法也可以由两人配合完成，一人负责分菜，另一人负责将分好的菜肴递送给客人。

2. 旁桌式分菜

(1) 在服务桌或服务车上放置干净的餐盘和分菜用具。

(2) 上菜、报菜名、示菜并对菜肴做简单介绍。

(3) 将菜肴取下放在服务桌或服务车上分菜。

(4) 菜分好后，用托盘装菜肴，从主宾右侧开始，按顺时针方向将餐碟送上。

3. 餐桌式分菜

(1) 上菜、报菜名、示菜并对菜肴做简单介绍。

(2) 将菜肴取下，左手用餐巾托垫菜盘，右手拿餐叉、餐勺。

(3) 站在客人的右侧，右腿在前，上身微前倾，从主宾左侧开始，按逆时针方向绕台进行。

(4) 分菜时做到一勺准，数量均匀，决不可将一勺菜同时分给两位客人，更不可当着客人的面从分得多的盘碗中匀给分得少的，同时还要注意菜的色彩、荤素的搭配，并注意将菜肴的优质部位分给主宾和主人。

(5) 分每道菜时，可以一次分完，也可以略余下 1/10～1/5（可换放于一小碟中），以示菜肴的宽裕及方便想再添用的客人，并为第二次分让做好准备。

4. 各客式分菜

此法适用于汤类、羹类、炖品或高档宴会分菜。它是厨房工作人员根据客人人数在厨房将汤、羹、冷菜或热菜等分成一人一份。服务时从主宾开始，按顺时针方向从客人右侧送上。

(四) 几类菜肴的分法及要领

1. 汤类菜肴

一般是长把汤勺和筷子配合使用，操作时注意汤和菜的数量搭配要妥当，一般要求盛至汤碗的九成。

2. 炒菜类菜肴

一般是餐叉、餐勺搭配，或筷子和餐勺搭配使用。

3. 造型菜肴

造型菜肴各菜系均有不同的做法，如用冬瓜雕盅作为菜肴的盛装“器皿”时，冬瓜盅一般不食用，因此在分菜时，只将冬瓜盅内的菜肴分完即可。

4. 拔丝类菜肴

（1）在分这类菜肴时应配冷开水。

（2）先按客人人数将餐碟摆放在转盘上，用筷子夹住菜肴迅速在冷开水中浸一下。

（3）放入客人的餐碟中，动作要利索、敏捷。

5. 分鱼

各地分鱼方法不尽相同，通常要经过切、拨、剔、切、分几步。

（1）左手握餐叉将鱼头固定，右手用餐刀从鱼中骨处由头顺切至鱼尾。

（2）将切开的鱼肉分向两侧脱离鱼骨，待鱼骨露出后，将餐刀横于鱼骨与鱼肉之间，刀刃向鱼头，由鱼尾向鱼头处将鱼骨与鱼肉切断。

（3）当骨、肉分离后，用刀、叉轻轻地将鱼骨托起放于鱼盘靠桌心一侧的盘边处。

（4）将上片鱼肉与下片鱼肉吻合，使之仍呈一条整鱼状（无头尾）。

（5）餐叉与餐刀配合，将鱼肉切成10等份（按10人标准），并用餐叉、餐勺将鱼肉分别盛放于餐碟中送给客人。

三、西餐上菜与分菜

（一）西餐上菜的基本要求

（1）餐厅服务员在提供西餐上菜服务时，顺序是先宾后主，女士优先。

（2）餐厅服务员应用左手托盘，右手拿叉匙为客人提供服务。服务时，服务员应当站在客人的左边。

（3）西餐菜肴上菜也要“左上右撤”，酒水饮料要从客人的右侧上。法式宴会所需食物都是用餐车送上的，由服务员上菜，除面包、黄油、沙拉等必须放在客人左边的盘子外，其他食物一律从右边用右手送上。

（二）西餐上菜的程序

西餐正餐的上菜顺序是头盘、汤、副盘、主菜、甜品、咖啡或茶。

1. 头盘

西餐的第一道菜是头盘，也称为开胃菜。开胃菜一般有冷头盘或热头盘之分，常见的有鱼子酱、鹅肝酱、熏鲑鱼、鸡尾杯、奶油鸡酥盒等。开胃菜一般都具有特色风味，味道以咸和酸为主，而且数量较少，质量较高。

2. 汤

与中餐不同的是，西餐的第二道菜就是汤。西餐的汤大致可分为清汤、奶油汤、蔬菜汤和冷汤等4类，品种有牛尾清汤、各式奶油汤、海鲜汤、美式蛤蜊浓汤、意式蔬菜汤、俄式罗宋汤、法式焗葱头汤。冷汤的品种较少，有德式冷汤、俄式冷汤等。

3. 副盘

副盘一般指的是沙拉或鱼类菜肴。其中沙拉分为水果沙拉、蔬菜沙拉和荤菜沙拉三大类。因为鱼类等菜肴的肉质鲜嫩，比较容易消化，所以放在肉类菜肴的前面，叫法上也和肉类菜肴主菜有所区别。西餐吃鱼类菜肴讲究使用专用的调味汁，品种有鞑靼汁、荷兰汁、白奶油汁、美国汁和水手鱼汁等。

4. 主菜

肉、禽类菜肴是西餐的第四道菜，也称为主菜。肉类菜肴的原料取自牛、羊、猪等各个部位的肉，其中最有代表性的是牛肉或牛排。牛排按其部位又可分为沙朗牛排（也称西冷牛排）、菲利牛排、“T”骨型牛排、薄牛排等。其烹调方法常用烤、煎、铁扒等。肉类菜肴配用的调味汁主要有西班牙汁、浓烧汁精、白尼斯汁等。

禽类菜肴的原料取自鸡、鸭、鹅，通常将兔肉和鹿肉等野味也归入禽类菜肴，禽类菜肴品种最多的是鸡，有山鸡、火鸡、竹鸡，可煮、炸、烤、焖，主要的调味汁有黄肉汁、咖喱汁、奶油汁等。

还有一些配菜，如煮花椰菜、煮菠菜、炸土豆条。这些配菜通常是与主菜一同摆放在餐盘中上桌的。

5. 甜品

西餐的甜品是在主菜后食用的。从真正意义上讲，它包括所有主菜后的食物，如布丁、煎饼、冰激凌、奶酪、水果等。

6. 咖啡或茶

西餐的最后一道是上饮料，一般为咖啡或茶。咖啡一般要加糖和淡奶油。茶一般要加香桃片和糖。

小资料

西餐撤盘时机

（1）每吃一道菜，就要撤换一副刀叉。

（2）每上一道菜之前，应先吃完前一道菜。

（3）当客人将刀叉平行竖放到餐盘上，表示不再食用，一般可以撤去；如果将刀叉搭放在餐盘两侧，不可撤去。

（4）撤换餐盘的方法：左手托盘，右手操作，从主宾的右侧撤下，分别放入盘中。其他顺序同中餐。

（5）待到上甜品时，应该撤去所有刀叉，调味品一同撤下。

（三）西餐上菜的方式

目前国内酒店中常见的西餐服务方式有：法式上菜、英式上菜、俄式上菜和美式上菜，均按照先宾后主、女士优先的顺序服务。

1. 法式上菜

传统的法式服务是一种最周到的服务方式，由两名服务员共同为一桌客人服务，其中一名为经验丰富的正服务员，另一名是助理服务员，也可称为服务员助手。正服务员请客人入座，接受客人点菜，为客人斟酒、倒饮料，在客人面前烹制菜肴，为菜肴调味，分割菜肴，装盘，递送账单等。助理服务员帮助正服务员现场烹调，把装好菜肴的餐盘送到客人面前，撤餐具和收拾餐台等。

（1）在法式服务中，正服务员在客人面前做一些简单的菜肴烹制表演或切割菜肴和装盘服务，而他的助手则用右手从客人右侧送上每一道菜。

（2）通常，面包、黄油和配菜从客人左侧送上，因为它们不属于一道单独的菜肴。从客人右侧用右手上酒或饮料，从客人右侧撤出空盘。

（3）上汤时，当助理服务员把热汤端给客人时，应将汤盘置于垫盘的上方，并使用一条叠成正方形的餐巾垫在手上，这条餐巾能使服务员端盘时不烫手，同时可以避免服务员把大拇指压在垫盘的上面。汤由正服务员从银盆用大汤匙装入客人的汤盘后，再由助理服务员用右手从客人右侧送上。

（4）主菜的上菜服务与汤的服务大致相同。正服务员将现场烹调的菜肴分别盛入每一位客人的主菜盘内，然后由助理服务员端给客人。如正服务员为客人服务牛排时，助理服务员从厨房端出烹调半熟的牛肉、马铃薯及蔬菜等，由正服务员在客人面前调配佐料，把牛肉再加热烹调，然后切开，并将菜肴放在餐盘中，正服务员这时应注意客人的表示，看他要多大的牛排。同时，应该配上沙拉，助理服务员应当用左手从客人左侧将沙拉放在餐桌上。

2. 英式上菜

食品和配菜都被盛在方盘或大碗中送到餐桌上，由男主人从大方盘中把菜肴分到客人的餐盘里，然后递给站在主人左边的服务员，再端送给女主人、声望高的客人及其他客人。进餐过程中，大方盘内的食品不够时，可将剩菜盘撤下并换上盛满食品的另一个盘子，或直接拿大方盘去添满食品然后再送到餐桌上。

（1）英式服务开始时常常是上汤。服务员把热汤盘放在男主人面前，男主人盛满每一只碗，由站在左边的服务员根据主人的吩咐送给每一位客人。在英式服务中，通常是将第一碗汤递给女主人。

（2）盛满食品的餐盘可由服务员递给每一位客人挑选，也可由客人挑选自己喜爱的菜。肉由男主人切分后放在餐盘里，蔬菜和其他配菜由女主人分到盛有肉菜的餐盘里。

（3）甜品由女主人分好，服务员进行装饰后再递给客人。

（4）所有饮料都由男主人调制和服务。

（5）英式服务总是从右边开始，而清理盘碗却是从左边开始。这和其他服务方式有所区别。

3. 俄式上菜

一般将食物在厨房完全准备好后放入大浅盘中，由服务员端到餐厅，服务员用左手托盘，右手持服务勺把菜分到客人的餐盘中。

（1）主菜或其他菜肴的服务。整齐地将菜肴放在大银盘里，服务员端到餐厅，从主人开始，从客人的左侧分菜。分菜时以逆时针方向进行。斟酒、斟饮料和撤盘都在客人右侧进行。

（2）汤的服务。服务员按顺时针方向从客人右边用右手将空餐盘逐一放在客人面前，然后回到服务台，用左手端起盛汤的大银盘，用右手从客人左边分给客人。

4. 美式上菜

在厨房内将菜分成一人一份，服务员用左手从客人左边上菜，从客人右边撤盘。

（1）用托盘先上汤或开胃品（通常有沙拉），从客人右侧取走餐前酒杯。汤勺与开胃品的餐具放在碟子的右侧。

（2）主菜及配菜烹调好后盛在盘子里，由服务员用托盘端进餐厅，从客人左侧供应主菜。从客人右侧撤走主菜盘碟。每人一个餐盘。

（3）用过的汤或开胃品盘碟从客人右侧取走，然后从客人左侧再度供应面包和黄油，然后从客人右侧倒冰水。

（4）假如客人要咖啡，服务员要从客人的右侧供应。

（5）甜品从客人的右侧供应和服务。

（四）西餐分菜

（1）西餐分菜的顺序是先宾后主再其他宾客、先女后男。

（2）西餐分菜工具：俄式分菜技术要求较高，服务员用餐叉、餐勺进行分菜；法式西餐服务重视切割技巧，用具较多，有服务车、分割切板、餐刀、餐叉以及分调料汁的叉和勺等。

素养园地

培育大国工匠，缔造技能强国

党的二十大报告指出，要在全社会弘扬劳动精神、奋斗精神、奉献精神、创造精神、勤俭节约精神，培育时代新风新貌。

餐饮服务技能的学习与训练对培养学生的职业态度、提升职业素养非常重要。在每次上课前、上课后，学生要存取托盘，拿取口布、台布，擦拭桌面等，学生通过参与实训劳动，可以培养劳动实践精神。小组之间合作劳动，可以将“读万卷书”与“行万里路”相结合，在实践中增长智慧、才干，在劳动过程中体验劳动的成就感、获得感。

实训过程中，学生的每一个动作、每一个姿态均要求标准，以小组为单位，进行相互监督、共同练习，进行一次又一次的训练，可以培养服从管理、不骄不躁的工作态度和精益求精的工匠精神。

近年来，党和政府倡导弘扬劳模精神、劳动精神、工匠精神，尊重劳动、崇尚技能的社会氛围不断增强。中国实现高质量发展仍需要大量高技能人才，这为广大青年提供了无限的发展机遇。技能越高，舞台越大。面对“十四五”规划的重任，必须培养更多高技能人才和大国工匠。作为新时代的大学生，应该勤学苦练、深入钻研，练就一身真本领，在报效祖国、服务人民的过程中有所作为，为全面建设社会主义现代化国家提供源源不断的动力。

项目小结

餐饮服务技能主要包括端托、餐巾折花、摆台、斟酒、上菜与分菜服务。

托盘按质地划分，有木质、金属和胶木防滑托盘。按规格划分，有大、中、小三种。托盘方式有轻托和重托两种。轻托步骤一般包括理盘、装盘、起盘、行走和落盘五部分。重托与轻托的操作程序大致相同，在具体方法上略有差别。端托时要注意端托姿势、步伐、卫生、安全。

餐巾按质地可分为棉织品和化纤织品，按颜色可分为白色与彩色两种。餐巾折花按摆放方式可分为杯花、盘花和环花三种；按餐巾折花外观造型，可分为植物、动物、实物三种。餐巾折花要根据宴会的规模、宴会的主题、接待环境特点和菜单内容、宾客身份、季节、宾客风俗习惯、宾主席位等特点选择花形。餐巾折花的基本技法有叠、折、卷、穿、翻、拉、捏、掰8种。基础折叠法包括正方折叠法、长方折叠法、长方翻角折叠法、条形折叠法、对角折叠法、菱形折叠法、错位折叠法、尖角折叠法、提取翻折法和翻折角折叠法10种。

摆台服务包括选择餐台、铺台布和摆台三项内容。餐台分为中餐台和西餐台。铺台布的方法包括推拉式铺台、抖铺式铺台和撒网式铺台三种。中西餐摆台所用餐具与摆放规则不同，中西餐摆台都包括宴会摆台和零点摆台两类。

斟酒服务包括酒水准备、示酒、开瓶、斟酒等内容。斟酒时要注意斟酒方法、斟酒量和斟酒顺序等。

中餐上菜要注意上菜的程序和规则、上菜位置和姿势、上菜时机和节奏，同时要掌握特殊菜肴的上菜方法。中餐分菜方式包括转盘式、旁桌式、餐桌式、各客式四种。西餐正餐的上菜顺序是头盘、汤、副盘、主菜、甜品、咖啡或茶等。西餐上菜方式包括法式上菜、英式上菜、俄式上菜和美式上菜四种。

课堂讨论

1. 零点餐厅里，需要在席间为客人更换骨碟，如果你是值台服务员，应如何进行端托服务？

2. 婚宴、寿宴、儿童生日宴各应该使用什么样的餐巾折花？

3. 中餐婚宴的摆台有哪些要求？中西合璧的婚宴的摆台可以怎样设计？

4. 酒水服务中，斟酒的先后顺序是怎样的？中西餐斟酒顺序有什么不同？

5. 西餐用酒与菜点如何进行搭配？

6. 西餐不同服务方式的上菜规范分别有哪些？

技能训练

1. 将装满水的啤酒瓶、白酒瓶、葡萄酒瓶（各1个）合理摆放于托盘中，5分钟站立、行走，保持较好体态。

2. 将装满水的红酒杯、水杯、白葡萄酒杯（各1个）合理摆放于托盘中，5分钟站立、行走，保持较好体态。

3. 练习15种以上餐巾折花（动物、植物各5种以上，杯花、盘花都有），并在5分钟之内完成10种餐巾折花。

4. 练习在15分钟内完成10人位的中餐宴会摆台或6人位的西餐宴会摆台。

5. 训练托盘斟酒和徒手斟酒。

6. 以榨菜丝替代炒菜类菜肴，选择合适的分菜工具，用转盘式分菜、旁桌式分菜、餐桌式分菜的方法依次进行分菜训练。

案例分析

案例一 餐巾折花风波

餐饮服务员杜文静在某酒店的新西兰厅服务。客人一一落座后，其中一位客人笑着对另一位客人说：“老王，你搞过餐饮，你说说老孙那个位置是主位吗？”“应该没有错，主人位可以通过几种方法来判断，比如，可以以门口为标准，一般来说面门为上，正对门位置的是主人位；另外还有一种非常直观的判断方法，就是看餐台上的餐巾折花，主人位的餐巾折花跟别的位子不一样，应该比别的位子上的餐巾花高一些。”听老王这么一说，大家的目光都聚集到了餐台上。“不对吧，老王，桌上的餐巾花都一样的啊，是你搞错了吧！”几个朋友开玩笑地说。“怎么可能？”为了找回面子，老王连忙把值台服务员杜文静叫了过来，了解了事情的原委，小杜心想：“遇到懂行的了，王先生说的一点也没有错，不过餐桌上的花也可以是一样的，但是主人口布的颜色要与其他口布的颜色有所区分。”

问题与思考：

如果您是这位服务员，怎么向客人解释呢？

案例二 “虎头蛇尾”的寿宴

某酒店餐厅的正中间是一张特大的圆桌，从桌上的大红寿字和老老少少的宾客可知，这是一次庆祝寿辰的家庭宴会。朝南坐的是位白发苍苍的八旬老翁，众人不断站起来对他说些祝贺之类的话，可见他就是今晚的寿星。一道又一道精美的菜肴送上桌，客人们对今天的菜感到非常满意。寿星的阵阵笑声为宴席增添了欢乐，融洽和睦的气氛又感染了整个餐厅。又是一道别具一格的点心送到了大桌子的正中央，客人们异口同声地喊出“好”来。整个大盘连同点心拼装成象征长寿的仙桃状，引起邻桌食客伸颈远眺。不一会儿，盘子见底了。客人还是团团坐着，笑声、祝酒声，汇成了一首天伦之曲。可是不知怎么回事，上了这道点心之后，再也不见服务员端菜上来了。闹声过后便是一阵沉寂，客人们开始面面相觑，热火朝天的生日宴会慢慢冷却下来。众人怕老人不悦，便开始东拉西扯，分散他的注意力。一刻钟过去了，仍不见服务员上菜。一位看上去是老翁儿子的中年人终于按捺不住，站起来朝服务台走去。接待他的是餐厅的领班。领班听完客人的询问之后很是惊讶：“你们的菜不是都已经上完了吗？”中年人把这一消息告诉大家后，人人都感到很扫兴。在沉闷的气氛中，客人们怏怏地离席而去了。

问题与思考：

1. 如何把握上菜的时机和顺序？
2. 服务员如何在宴会服务中体现良好的服务素质？

项目三

餐饮服务

问题导入

1. 中餐的服务方式有哪些？它们各有什么特点？
2. 作为餐厅服务员，你知道餐前准备环节的工作内容吗？
3. 如果你是一位餐厅引位员，你如何根据客人的情况安排餐位？
4. 宴会服务中的“八知”“三了解”是什么？
5. 餐厅点餐与结账在数字化时代有哪些变化？
6. 西餐的服务方式有哪些？各有什么特点？

学习目标

知识目标：

1. 了解中餐厅的特点和中餐服务方式。
2. 熟悉中餐零点服务的服务程序，掌握相应的服务技能。
3. 熟悉中餐宴会服务的一般程序，掌握宴会服务各环节要领与注意事项。
4. 熟悉西餐中的法式服务、美式服务、俄式服务、英式服务的基本方法与特点。
5. 熟悉西餐零点正餐服务和宴会服务的环节与服务标准。
6. 了解自助餐服务的概念及特点，熟悉自助餐服务的工作程序。

能力目标：

1. 能够利用所学知识为客人提供零点服务和宴会服务。
2. 能够运用数字化技术进行点菜和结账服务。

素养目标

1. 培养标准化服务意识。

2. 培养创新意识和创新精神。

3. 培养数字素养。

任务一　中餐服务

案例情境

破损的餐具

有一位宴请者带领着4位客人走进了某四星级酒店的餐厅。入座后，服务员开始请他们点菜。客人点了一些菜，还要了啤酒、矿泉水等饮料。突然，一位客人发出诧异的声音。原来他的啤酒杯有一道裂缝，啤酒顺着裂缝流到了桌子上。宴请者急忙让服务员过来换杯。另一位客人也用手指着一个有缺口的小碟子要求更换。宴请者赶忙检查了一遍桌上的餐具，发现碗、碟、瓷勺、啤酒杯等物均有不同程度的损坏，上面都有裂痕、缺口和瑕疵。宴请者站起身把服务员叫到一旁说："这里的餐具怎么都有毛病?""这批餐具早就该换了，最近太忙，还没来得及更换。您看其他桌上的餐具也有毛病。"服务员红着脸解释着。"这可不是理由啊！难道这么大的饭店连几套像样的餐具都找不出来吗?"宴请者有点火了。"您别着急，我马上给您换新的餐具。"服务员急忙说。宴请者和客人交谈后又对服务员说道："请你给我们换个地方，我们对这里的环境不太满意。"经与餐厅经理商洽，最后将这几位客人安排在小宴会厅用餐，餐具也进行了更换。

【案例思考】

1. 餐前准备中应该重视的问题有哪些?

2. 因餐具的质量和卫生问题而引起客人不满，餐饮部门应如何做?

【案例评析】

1. 餐前准备是指餐厅服务员在客人到达之前按服务程序要完成的一系列服务准备工作，它是做好服务工作的开始。餐厅清洁卫生是提高餐厅服务质量的基础和条件，应做好清洁卫生工作；检查并更换有破损或污迹的餐具；服务员要做好仪容仪表等个人卫生准备，以及应对各种情况的心理准备；餐厅经理、主管、领班做好餐前准备工作检查。

2. 餐具的质量和清洁是餐前准备中应该受到重视的问题。餐具属于整个餐饮服务和餐饮产品的一部分，餐具的好坏直接关系到餐厅的服务水平。星级酒店对餐具的要求应该更高，绝不应该出现案例中的情况。为了避免因餐具的质量和清洁问题而引起客人不满，酒店的餐饮部门应注意：(1) 与管事部加强联系，保证餐具的备份。(2) 建立严格的检查制度，在客人用餐前检查餐具的质量、卫生情况，杜绝让有问题的餐具上桌。(3) 对餐具的使用要分门别类。餐厅和餐饮活动的内容档次不同，餐具的等级和使用也不同。(4) 必须满足客人更换餐具的要求。

中餐是指具有中国风味的餐食菜肴。我国的餐饮企业经营着中式菜肴和点心，它是弘扬中华饮食文化的场所。经过几千年文化的积淀，中餐已经形成了独特的服务规范。因此，严格执行各种服务规程，做到服务标准化、布置规范化、操作程序化，提供优质高效的中餐服务是我国餐饮行业的一项重要工作。

中餐服务

一、中餐服务概述

（一）中餐厅经营的特点

中餐厅是我国餐饮业的主要销售服务场所。它是向客人提供食物、饮料及休闲设施，使客人补充体力、恢复精神的公共就餐场所。中餐厅必须具备以下条件：有一定的生产（供应）食品、饮料的设施和空间；以公众为服务对象，以食品、饮料为有形产品，以服务为无形产品；以营利为目的，追求合理利润。

中餐厅经营具有以下特点：

1. 中餐厅的营业时间长，客流量波动较大

鉴于我国大众的消费习惯，中餐厅的客人除少数外，大部分人还没有养成事先预订用餐的习惯，因此客人会直接到餐厅点菜用餐。由于受各种因素的影响，到餐厅用餐的客人数量是不稳定的，波动较大，因此，在不知道有多少客人会来的情况下，厨房要尽快地加工出客人的临时点菜，这需要餐厅前后台配合默契，并以一整套运转程序来保证。

2. 菜单设计体现着餐厅经营的水准和风格

菜单是反映餐厅经营全貌的一个窗口。中式餐饮的菜品种类繁多，中餐厅如何通过菜单体现餐厅的特色定位，既要满足客人的餐饮需要，又要避免因品种过多让客人无法选择，是中餐厅菜单设计的关键。中餐厅的菜单设计要建立在对本餐厅目标市场调查的基础上，并适时进行调整。

3. 服务员必须具备较高的素质与能力

中餐厅的客人来自四面八方，服务员必须在服务开始的几分钟内把握客人的消费需求，这要求服务员要善于观察客人的语言、表情、运作，捕捉各种信息，根据客人的需要提供令其满意的服务。同时，服务员要具有全面的服务技能、较强的推销意识和灵活处理问题的能力，通过优质服务促使客人产生消费欲望甚至增加消费，提高餐厅经营的效益。

（二）中餐服务方式

按照客人消费方式的不同，中餐服务方式可分为零点服务、宴会服务、团体包餐服务。

1. 零点服务

客人来到餐厅后临时点菜的服务方式称为零点服务。零点服务要求服务员有良好的服务技能，反应灵敏，了解当日厨房供应情况，熟悉菜单上菜品的相关情况，能满足客人的心理需求，并能做好菜品、酒水的介绍和推销服务。

中餐零点服务具有以下特点：

（1）就餐时间具有随意性。

有的客人是在开餐前到餐厅，有的客人是在用餐的高峰时间来到餐厅，还有的客人则是在餐厅快要结束营业时才来就餐。这就要求服务人员拥有全面的服务知识和服务技能，做到服务迅速、准确，要将热情、周到的服务工作自始至终地做下去，不要让客人留下遗憾。

（2）就餐需求具有多样性。

不同的客人，其消费需求也不相同。有的客人注重饮食需求，对菜肴口味的要求较高；有的客人则注重心理需求，对服务质量、用餐环境要求较高。因此在服务过程中，应仔细揣摩客人的消费需求，妥善处理各种情况。

（3）就餐场所具有选择性。

客人一般把餐厅的就餐氛围、菜品价格、卫生条件、服务态度作为选择餐厅的标准，如果说菜肴质量是吸引客人的前提条件，那么服务态度就是吸引客人的有力保障，所以应把一流的服务送给客人，让客人感受到亲切、自然、随意。

（4）接待工作具有复杂性。

服务员应有较全面的服务知识与技巧，在接待、点菜、上菜、撤换餐具、结账中，眼观六路，耳听八方，做到“接一、安二、招三、顾四”，即接待第一批客人，安排第二批客人，招呼第三批客人，照顾到第四批客人，做到迅速、快捷、及时地接待每一台、每一批就餐客人。

小资料

零点餐厅

零点餐厅是指客人自行安排，随点随吃，吃完结账的餐厅。零点餐厅具有以下特点：

（1）随点随吃。零点餐厅的营业时间长，客人到达时间交错，就餐时间不统一。

（2）宾客各异。客人就餐习惯、口味爱好和用餐需求各不相同，服务员要善于观察客人的举止、语言，及时捕捉信息，灵活地掌握客人的心理需求。

（3）多台多档。零点餐厅服务员一般要服务多个餐台，服务人员要有较全面的服务知识和服务技巧。

（4）服务要求快捷、周到。客人在零点餐厅点完菜后，希望菜肴能及时上桌，希望服务员为其提供周到、体贴的服务。由于就餐客人身份不同，他们在服务中提出的要求也有所不同。

（5）餐后付款。客人在就餐结束后付款。

2. 宴会服务

宴会是在普通用餐基础上发展而成的一种高级用餐形式，是指宾、主之间为了表示欢迎、祝贺、答谢、喜庆等目的而举行的一种隆重、正式的餐饮活动，如招待会、酒会、婚宴、会议等，具有就餐人数多、消费标准高、菜点品种多、气氛隆重热烈、就餐时间长、接待服务讲究等特点。

宴会服务是中餐服务方式中要求最高、礼仪要求最全的服务方式，也是最能体现酒店服务水平的服务方式。一般来说，在厅堂布置及台面上既要舒适、干净，又要突出隆重热烈的气氛。在菜点选配上有一定形式和质量要求，按一定的顺序和礼节递送上台，讲究色、香、味、形、器、质、名，注重菜式的季节性，用拼图及雕刻等形式烘托喜庆、热烈的气氛。在接待服务上强调周到细致，讲究礼节礼貌，讲究服务技艺和服务规格。

3. 团体包餐服务

团体包餐服务是指为各类旅游和会议团队客人提供用餐服务的服务方式。虽然团体包餐不如宴会服务那样菜品精致、礼节繁多、服务讲究，也不像零点服务那样依赖推销、灵活多变，但要保证服务质量也非易事。团体包餐服务一般具有以下特点：

（1）就餐人数多且固定。

旅游团或参加会议的客人，少则十几人，多则几十人甚至上百人。有时几个团队同时进餐，所以人数较多。

（2）就餐时间相对集中。

旅游团体或会议都是按照事先安排好的日程进行活动，就餐时间比较固定。客人在开餐时间集中到餐厅就餐，要求服务迅速。这一点与零点用餐或宴会的要求有所不同，因此要集中人力、物力做好餐前的服务工作。

（3）就餐标准和菜式统一。

不管是旅游团体还是会议，每天的用餐标准统一，消费水平一般低于宴会和零点用餐；菜式品种统一，但应注意团体每餐菜品不要重复；用餐时间统一，人数集中，要求准备工作要充分；服务方式统一，但也经常会出现特殊情况，应根据客人要求进行调整。

（4）人数多，口味差别大。

餐厅需要根据包餐客人的国籍、地区、职业、年龄等特点制定菜单，照顾到大多数客人的口味和要求。对个别特殊的客人可以做特殊情况处理。团体包餐虽然每餐菜式不多，但仍应想方设法变换花色品种，确保餐食质量，最大程度地满足客人的普遍要求和特殊要求。同时，要充分了解团体客人的组成、饮食习惯、禁忌和各种特殊要求。根据旅行路线掌握旅行前几站的用餐情况，合理调整菜单。

二、中餐零点服务环节

（一）餐前准备环节

餐前准备是餐厅服务员在客人到达之前按服务程序要完成的一系列服务准备工作，是做好全部服务工作的开始。

1. 环境与卫生准备

餐厅清洁卫生是提高餐厅服务质量的基础和条件。搞好餐厅卫生，既可美化环境，又可提升客人的就餐兴趣。

（1）打扫地面。餐厅地面常以地毯、地板、大理石等材料为主。打扫地毯，一般用吸尘器吸去地毯上的屑末。如果不慎将带有油污的食物撒到地毯上，应该尽快清除残渣后用地毯清洁剂清洗。地毯应定期清洗，根据地毯使用情况，一般一个月清洗一次。但每天营业结束后，应用吸尘器进行一次全面吸尘。如果餐厅的地面使用木地板或大理石，清洁地面时，可先用扫帚清扫，然后用带有去油清洁剂的拖把仔细擦一遍。此外，木地板或大理石地面还应定期打蜡保养。

（2）打扫墙面门窗。擦门窗玻璃、楼梯扶手，保证墙壁、衣帽柜、装饰物等的卫生清洁。门窗玻璃要求擦洗干净，无污迹，明亮洁净。不同材质的墙面应使用不同的清洁方法。楼梯扶手、衣帽柜、装饰物等要定期打扫，确保无灰尘。

（3）打扫餐桌椅。桌面无油腻、水迹，桌腿、椅背、椅腿干净，并保证桌椅无松动、无坏损。

（4）打扫备餐台。备餐台应干燥、整洁、无尘、无油污。

（5）调好室内灯光、音响，摆好室内装饰物、植物、屏风等。

（6）根据需要做好节假日、喜宴等的店堂美化工作。

2. 物品准备

（1）餐具、用具准备。根据餐厅类别，将餐具消毒后叠放在备餐间或备餐台上，检查餐具是否有破损或污迹，如有应立即更换。所需餐具有：骨碟、味碟、汤碗、汤勺、筷子、茶杯、水杯、葡萄酒杯、烈性酒杯等。所需用具有：台布、餐巾、小毛巾、花瓶、调料瓶、牙签筒、烟灰缸、冰桶、洗手盅等。准备以上物品时，尤其应重视检查玻璃餐具是否还残留水渍，如有应使用干净的餐巾进行擦拭，以保证餐具的光亮。

（2）服务用具准备。准备好各种托盘、开瓶器、牙签、打火机等服务用具。

（3）酒水饮料准备。准备好供应的酒水饮料、茶叶、开水、冰块等。检查酒水的质量，发现有问题及时更换。

（4）当日菜单、酒单准备。确保菜单、酒单无破损、无污迹、内容正确。开餐前服务员应该注意做好点菜服务的准备工作——熟悉菜单。

为了给客人提供优质的点菜服务，应注意从以下几个方面来熟悉菜单：

①熟悉菜单的内容与种类。不同餐厅、同一餐厅不同经营时段，餐厅菜单的内容是有所不同的。服务员必须熟悉早、中、晚餐的菜单，服务员应虚心地向厨师请教，熟悉菜单上每一种菜肴的原料、配料、口味、价格，以便于推销菜品和回答客人提问。很多餐厅还专门针对儿童、老人、情侣、团队等不同的用餐对象设计了多种菜单，服务员必须熟悉各类菜单，以便帮助客人选择最适合的菜品或套餐。

②熟悉菜单的变化。服务员在正式接待客人前必须熟悉当天菜单，以便更好地为客人介绍菜品。固定菜单也会定期变化，餐厅还常提供当日特选或季节特色菜，因此，服务员更应该经常对菜单加以熟悉。

③熟悉烹调方法。服务员应该了解中餐常见的制作方法，如蒸、炒、熘、炸、炖、焖、煨、烧、煮、烩、汆等，并知晓各种烹调方法制作出来的菜品的特色。

④熟悉菜肴烹制时间。烹制时间是指调制菜品并将其装盘所需要的时间。菜肴的烹制时间取决于厨房的设备、厨师的效率、点菜订单的数量、菜肴本身烹制方法所需要花费的时间等。掌握菜肴的烹制时间有利于帮助服务员在不同情况下给客人推荐合适的菜肴，如为赶时间的客人推荐烹制时间短的菜肴。服务员要不断地向厨师请教，掌握菜肴烹制时间，平时也应该注意观察和积累经验。

⑤熟悉菜品的配料。许多菜肴都伴有一定的调味品、汁料、配菜、服务用具等。根据餐厅的服务规定，服务员必须熟悉哪些调料及配菜须在上菜前上台，哪些应在上菜后服务。

⑥熟悉菜式单位。菜式单位是指一份菜的规格、分量等，通常用盘（小盘、中盘、大盘）、斤、两、只、碗、盅、打等单位来表示。服务员应该熟悉餐厅菜式单位，在与客人充分沟通的前提下，使所点菜肴的量恰到好处，避免浪费。

3. 心理准备

在接待服务中，餐厅服务员要做好应对各种情况的心理准备。来餐厅用餐的客人由于性别、年龄、职业、身份、地区、国籍不同，其用餐目的、标准和要求也各不相同。餐厅服务员在开展服务时，应做到时时细心、处处留心，对客人的眼神、表情、举止、动作要善于观察和判断，对各类客人的多种用餐要求要有心理准备，要因人而异地提供针对性服务，掌握好尺度，使服务接待工作恰到好处。

4. 仪容仪表准备

对餐厅服务员仪容仪表的要求是端庄典雅，给人以亲切、可依赖的印象。精神面貌的要求是美观、容光焕发、精神振作。女服务员应化淡妆，不佩戴饰品或只佩戴简单的饰品。

餐厅服务员上岗时必须按规定着装，工作服须整齐清洁、平整笔挺，左前胸佩戴标牌。头发保持整齐，男性头发不超过发际线、不盖耳、不过领，女性头发不过肩。注意个人卫生，保持手部清洁，不留长指甲，男性不留胡须，女性不涂有色指甲油，勤换衣，保持体味清新。

餐厅服务员上岗要精神饱满，注意力集中，面带微笑，体态优美高雅，举止大方庄重。上岗前，服务员要面对镜子自我检查，以最佳的精神状态做好营业前的准备。

5. 餐前检查

在完成各项准备工作后，由餐厅经理、主管、领班进行开餐前的检查工作。

（1）检查台面及桌椅。

餐厅摆台要符合标准，餐饮用具、服务用品的卫生必须达到规定的标准。要求做到：餐具位置准确、距离均等，餐厅所有餐具横竖成一条直线，餐具干净卫生、无破损；桌椅整洁舒适、安置稳妥。

（2）检查卫生。

餐饮环境卫生、餐饮用具卫生、服务人员个人卫生必须达到标准，发现不足之处应及时指导服务人员纠正、弥补。

（3）检查备餐台。

确保备餐台清洁、卫生、整齐，备餐柜内物品齐全、摆放整齐、使用方便。

（4）检查设施设备情况。

检查所有照明设备，发现故障应立即通知工程部维修、更换，保证开餐时间内照明设备工作正常；检查餐厅冷藏柜、保温箱是否运行正常，是否达到规定温度；检查空调运转情况，保证餐厅温度在合适的范围内；检查音响设备，保证背景音乐音量、音色、内容符合规定，并注意音量控制，以不打扰客人交谈为宜。

6. 餐前会议

在完成各项准备工作后，餐厅营业前的半小时要举行一次餐前会议，一般由餐厅经理或主管主持。

（1）餐前会议的内容。

检查服务员的仪容仪表及服务用品是否备好；总结前一天的工作，讲解当天工作要点；通报当日客情，对服务员进行具体分工；了解厨房当天菜点水果供应情况和当天特色菜肴的原料、口味及烹饪方法等；介绍客人情况以及重要客人的接待工作；向服务员说明近期遇到的服务问题、解决办法，并进行新的服务技巧培训；传达其他部门对本部门的意见、请求和协作事项。

（2）餐前会议的注意事项。

确定餐厅统一的开会时间，一般午餐餐前会在上午 10 点进行，晚餐餐前会在下午

4点进行。注意尽量将会议时间限制在10～15分钟。有重大问题可适当延长开会时间或提前开会，总之以不影响对客服务为原则。开会前做好充分的准备，事先写好餐前会议要讲的工作要点，避免开会时遗漏。开会时要求员工保持良好的精神状态，列队站立。严格检查员工的仪容仪表是否符合要求。会上强调餐厅制度和工作标准，利用餐前会议实施培训和技术交流。开会时讲话要清晰，气氛要轻松，要用期望的态度激励员工，让员工易于接受。定期请上级领导参与餐前会议，及时传达上级的指示。重视员工反映的工作问题，并及时予以解决。

（二）开餐服务环节

开餐服务是餐厅对客服务工作的开始，整个服务过程包括迎接客人、安排客人就座、接受点菜、将点菜单送入厨房和厨房出菜，在这一服务过程中，服务员还需要回答客人询问、向客人推销菜肴等。

1. 迎宾引位服务

客人进入餐厅前会在餐厅大门受到迎宾员（也称引位员）、领班或主管的热烈欢迎。热情、亲切的欢迎服务会给客人留下良好的第一印象，这是优质服务和愉悦的用餐经历的开始。此外，正确的引位服务能有效维持餐厅内的秩序，充分利用餐位。

（1）服务程序。

引位服务有以下几个程序：

①问候客人。当客人来到餐厅时，引位员应该热情礼貌地问候客人，并应注意遵循女士优先的原则，常客或贵宾应用姓或职务尊称客人。

②询问客人有无预订。如果客人有预订，应询问预订的单位名称或客人姓名，以及预订的人数等情况，并迅速与预订单核对后，引领客人至预先安排好的餐桌；如果客人没有预订，则应询问客人用餐人数，引领客人至餐桌。

③接挂衣帽。当天气寒冷，客人穿戴较厚的外套时，引位员应主动提示客人是否需要将外衣或帽子存放在衣帽间。接挂衣帽时应拿衣领，以免袋内物品掉出；提醒客人随身携带贵重物品，并将存衣牌交给客人。对于贵宾，应记住客人及其衣帽特征，一般不使用存衣牌。

④引领客人入座。引领客人进入餐厅时，应走在客人前面，与客人保持1米左右的距离，但应注意行走速度要与客人保持一致。同时注意礼貌语言的应用，如“请这边走”“请跟我来”。目光向所指方向示意。将客人领至餐桌前，轻声征询客人的意见：“您看这张餐桌可以吗?”等。如客人有异议，则应重新引领客人到其喜欢的餐桌。

⑤拉椅让座。在引位时，引位员应帮助客人轻轻拉开座椅，在客人入座前将座椅轻轻送回。如遇带儿童的客人前来就座，应迅速送上儿童椅。拉椅让座时，应遵循先宾后主、女士优先的原则。待所有客人入座后，将打开的菜单正面递给客人，同时说：“先生/女士，这是我们的菜单”“先生/女士，请看菜单”等。

⑥交接与复位。引位员应将就餐人数及客人姓名等相关信息告知值台员，以便值台员提供有针对性的服务。与值台员交接后，引位员应迅速返回餐厅门口，记录桌号与客人人数等相关信息，准备迎接下一批客人。

（2）安排餐桌餐位的注意事项。

引位员应根据客人情况为其安排合适的餐位。

①中高档餐厅，一张餐桌只安排同一批客人就座。

②根据每批客人人数安排合适的餐桌，充分利用餐位。

③对于吵闹的大批客人，应尽量安排在餐厅的包房或餐厅的角落，以免干扰其他客人用餐。

④老年人和残疾人应尽可能安排在餐厅门口的位置，可避免多走动。还应注意不要将残疾人安排在引人注目的地方，以免客人尴尬。

⑤打扮漂亮的客人可以安排在餐厅中引人注目的地方，以渲染餐厅气氛，并满足客人希望受关注的心理需求。

⑥年轻情侣应尽量安排在较为僻静、不受打扰的角落。

⑦对于带有儿童的客人，应注意不要让儿童坐在靠过道和上菜的餐位，以免出现碰撞和烫伤事故。

⑧不要将客人同时安排在一个服务区域内，以免有的值台员过于忙碌，而有的则无所事事，影响餐厅服务质量。

（3）引位服务的其他注意事项。

①如引位员迎领客人进入餐厅而造成门口无人时，餐厅领班应及时补位，以确保客人前来就餐时有人迎候。

②遇到贵宾前来就餐时，餐厅经理（主管）应在餐厅门口迎候。

③如客人前来就餐而餐厅已满座时，应请客人在休息处等候，并表示歉意。待餐厅有空位时，应立即安排客人入座，也可以将客人介绍至其他餐厅就餐。

2. 入座、就餐准备服务

客人入座后，服务员在客人就餐前的服务程序如下：

（1）增减餐位。

值台员应视客人人数多少进行餐位调整，同时调整座位及餐具间距，保持舒适的用餐距离，并增摆不足的餐饮用具或撤去多余的餐饮用具。在增减餐位时，均应使用托盘，并做到正确持握餐具和文明操作。如有西方国家客人不习惯用筷子就餐，应提供刀叉等。

（2）热毛巾服务。

根据客人人数从保温箱中取出热毛巾，放在毛巾架上。服务毛巾时，按女士优先、先宾后主的原则依次送上。站在客人右侧，用毛巾夹将热毛巾放在客人手上或毛巾托上。客人用过毛巾后，在征询客人同意后方可撤下。热毛巾要干净、无异味，温度一般保持在40℃，避免因温度过高烫伤客人。

（3）茶水服务。

值台员应询问客人所需茶水的种类，为客人泡好茶后，从客人右侧斟茶。斟茶时，应倒至茶杯的八分满，不要将茶水滴落到客人身上或洒在台布上。另外，要注意杯把偏右、壶嘴朝外，不要对着客人；当茶水剩余1/3时，应及时添加。

（4）铺餐巾。

值台员从客人右侧拿起餐巾，打开餐巾折花后，右手在前，左手在后，将餐巾一角压在餐碟下，如遇客人正在谈话，要轻声对客人说："对不起。"征得客人同意后再铺餐巾。如客人自行把餐巾铺好，应向客人道谢。

（5）撤筷套。

在铺餐巾的同时应为客人撤筷套。撤筷套应从客人右侧进行，右手在上，左手在下，将客人面前的筷套拿起，把筷子从筷套中取出，应注意手拿筷子尾端，再轻轻放到筷架上；如客人自行撤去筷套，应向客人道谢，并撤走筷套。同时，还应撤走花瓶与餐位桌号，放在附近的工作台上。

（6）倒调料。

在有使用调料佐食习惯的地区，还应为客人倒醋等调料。要主动询问，供客人选择。倒调料时，应在客人右侧进行，一般倒至1/3或1/2为宜，应特别注意不要将调料洒落在客人身上或桌上。

在上述服务工作完成后或服务过程中，如客人示意点菜，应先接受客人点菜，然后再提供相应的餐前服务，以确保满足客人的最优先需要。

3. 点菜服务

服务员在为客人提供点菜服务时，其实是在做餐厅的产品推销工作，因此点菜服务的质量不仅会影响到客人的用餐质量，还会影响到餐厅的营业收入。客人如有特殊要求，应在点菜单上注明，填写点菜单要迅速、清楚、准确。点菜单一式四联，填写好后迅速交至收银台，一联交收银员，两联交传菜组，一联服务员自留。

点菜流程如下：

（1）站在客人右侧，距客人半步远，身体前倾。

（2）询问客人是否可以点菜。

（3）翻开菜单，请客人阅览，同时介绍本店的特色菜、特价菜、新推菜及酒水。

（4）问清客人的具体要求。

（5）在记录客人所点菜品、酒水时，写清日期、桌号、用餐人数、服务员姓名。填写订单要准确，不得涂改。

（6）客人点菜完毕，给客人唱单，以确认客人所点菜品，然后请客人稍候。

随着技术的进步，一些餐厅已使用计算机系统进行点菜，有些餐厅还使用无线点菜机，这使点菜信息的传递更加及时方便，提高了工作效率。

小资料

扫码点餐

扫码点餐是以微信和支付宝的小程序为载体，消费者通过扫描餐桌上的二维码，直接进入餐厅的点餐界面，进行菜品点选、下单、备注、支付等操作，整个过程无须服务员参与，可完全由消费者自助完成。

如今许多消费者去餐厅用餐，不是去看菜谱，也不是叫服务员点餐，而是习惯地用手机扫描桌面二维码，直接点菜下单。当消费者在阅读手机上显示的电子菜单时，会看到菜品的图片，以及菜品描述、菜品价格、优惠促销信息等，消费者依据自己的口味下单便可。

消费者提交订单后，前台的收银机、厨房的打印机，均能收到订单，菜品、酒水、桌号、用餐人数、备注等一览无余，防止错单、漏单。

（三）就餐服务环节

就餐服务即台面服务，是指把客人点的菜品、饮料送到餐桌，并在整个进餐过程中为客人服务。就餐服务是点菜服务的继续，也是餐饮服务中时间最长、最复杂的服务环节。

就餐服务环节主要包括以下几个。

1. 上菜和分菜服务

（1）上菜顺序应坚持“先冷后热、先咸后甜、先菜后点、先浓后淡、先优质后一般”的原则。冷菜一般应在 10 分钟内上桌，20 分钟内出热菜，以免客人久候而影响服务质量。

（2）值台员看到传菜员托送菜肴走到自己服务区域的餐桌旁时，应快步上前迎接，并核对菜单，检查菜肴与客人所点是否一致。

（3）上菜时，应说“对不起”以提醒客人。要从副主人位右边上菜，菜盘应从客人之间的空隙处平稳上桌，切不可从客人肩上、头顶越过，动作要轻、稳。

（4）菜肴上桌后就取下盘盖并报菜名，必要时（如客人询问或是本餐厅的特色菜、风味菜）应介绍菜肴。

（5）如果菜肴有调、配料，应先上调、配料，再上菜肴。凡有头型的菜肴，应注意朝向。

（6）如遇两位及两位以上客人就餐时，在菜肴上桌后应马上加放一把服务匙，以方便客人取菜并保证卫生；上汤时应在汤盆内加大号汤勺。

（7）若桌面上菜盘较多而使下一道菜无法放下时，值台员应征求客人意见后将剩菜量较少的菜肴换成小盘或分派给客人，然后再上新的菜肴，切忌将新的菜肴叠压在其他菜盘上。

（8）如有必要，应为客人提供分菜服务。分菜时要主动、迅速，数量要恰到好处，最后应有 1/3 的余量。如遇羹汤、面条时，值台员应主动为客人分派。

（9）所有菜点上齐后应礼貌地告诉主人：“您的菜上齐了。”如果桌面上剩菜不多，应征询客人是否需要添加。如某道菜迟迟未上，应及时向厨房查询，并向客人表示歉意：“对不起，让您久等了。”或“真抱歉，耽误了您很长时间。”

2. 酒水服务

餐中的酒水服务要求如下：

（1）在客人用餐前，根据客人需要，为客人斟好酒。斟满酒水后，值台员应主动询问客人可否撤走茶具。撤茶应从客人右侧用托盘操作。如客人要求保留茶具，则应满足其要求，并随时主动为客人添加茶水。

（2）随时观察客人用酒情况，在客人杯中酒水不足 1/3 时，值台员应及时主动为客人斟酒水。

（3）掌握客人酒水用量情况，当客人所点酒水快倒完时，应主动征询客人是否需要添加酒水。如客人不再饮用酒水，则应及时将空杯撤下。

3. 撤空盘、骨碟

值台员应随时将桌面空的盘碟撤至工作台，并调整桌面盘碟位置。当客人吃得差不多时，应询问客人是否需要添加菜品，若客人表示不需要添加菜品时，则询问客人需要用什么主食。

在客人用餐过程中，值台员应不断巡视自己的服务区域，如发现客人餐碟中的骨刺残渣超过了 1/3 时，应及时更换。在用餐过程中，通常下列情况下需要撤换餐具：装过鱼腥味食物的骨碟；吃甜菜、甜点、甜汤之前的汤碗；食用风味独特、调味特别的菜肴前；遇到前后食物汁芡各异、味道有别时；碗碟中洒落酒水、饮料时；骨碟中残渣过多时。

撤换餐碟的具体要求如下：

（1）撤换餐碟时，值台员应左手托托盘，将干净的餐碟整齐地叠放在一起，从客人右侧撤下脏碟，换上干净餐碟。

（2）应右撤右上，并注意不要把脏碟中的骨刺残渣掉在地上或污染托盘中的干净餐碟。

（3）撤换餐碟前应征询客人意见："对不起，请问可以更换餐碟吗?"待客人许可后再撤换。

（4）撤换餐碟后，服务员应做好下一道菜肴的上菜准备。

4. 水果服务

客人完全停筷后，值台员应撤走除酒杯外的所有餐具，换上干净餐碟，送上水果刀、叉，然后将水果送上餐桌，并说："请品尝"或"请享用"。客人用餐完毕后，应按要求提供茶水服务。

（四）餐后服务环节

餐后服务是指客人用餐结束后，由酒店餐饮部提供的相关服务。这些服务一般包括协助客人结账、引领客人离开餐厅、重新整理桌面等。

1. 结账与收银服务

（1）取账单。当客人示意结账时，值台员应迅速到收款台提取账单，同时复核账单款项是否准确，有无漏记客人用餐过程中添加的菜点、酒水等，确保无漏账和错账的现象。

（2）递交账单。从收银台取回的账单要夹在结账夹内，走到主人右侧，打开账单夹，右手持账夹上端、左手轻托账夹下端，递至主人面前，请主人检查，注意不要让其他客人看到账单，并轻声说："这是您的账单。"切忌未经主人示意，将用餐消费额说给其他客人听到。

（3）结账。餐厅结账分为现金结账、支票结账、信用卡结账、签单结账、在线结账五种方式。

①现金结账。现金结账适用于零散客人和团队客人。现金结账服务应注意：接过客人的现金时，服务员要礼貌地当着客人的面点清钱款；客人付款后，将账单及现金一起送到收款台，交给收银员；服务员站在客人右侧，将零钱与收据一起交给客人，并向客人道谢。待客人确定所找钱数正确后，服务员迅速离开客人餐桌；现金结账应注意唱收唱付。

②支票结账。支票结账适用于大企业、大公司的长期包餐或大型宴会、旅游团队用餐。支票结账服务应注意：使用支票结账时，请客人出示身份证或工作证及联系电话，然后将账单及支票证件同时交给收银员；收银员结账完毕后，记录证件号码及联系电话；服务员将账单第一联及支票存根核对后送还客人；如客人使用密码支票，应请客人说出密码，并记录在一张纸上，结账后将账单第一联、支票存根、密码纸交还客人，并真诚感谢客人；如客人使用旅行支票结账，服务员应礼貌地告诉客人到酒店前台外币兑换处兑换成

人民币后再结账。

③信用卡结账。信用卡结账适用于零散客人，它具有结账方便、快捷的特点，在高档餐厅结账中普遍使用。信用卡结账服务应注意：如客人使用信用卡结账，服务员请客人稍候，并将信用卡和账单送至收银员，如信用卡设有消费密码，需要客人与服务员一同前往收银台输入密码才能结账；收银员做好信用卡收据、值台员检查无误后，将收据、账单、信用卡夹在结账夹内，拿回餐桌；将账单、收据送给客人，请客人在账单和信用卡收据上签字，并检查签字是否与信用卡背面的签名一致；将账单第一联、信用卡收据中客人存根及信用卡递还给客人，并真诚感谢客人；将账单其余三联及信用卡收据送回收银台。其中一联留在酒店，一联交代办银行，一联送回发卡银行。

④签单结账。签单结账适用于酒店住店客人、与酒店签订签单合同的单位、酒店高层管理人员及酒店的 VIP 等。如是住店客人，服务员在为客人送上账单的同时要为客人递上笔；客人出示酒店房卡，礼貌查验客人的房卡，提示客人在账单上签上房号和姓名；客人签单后也应向其表示感谢；值台员将客人的签单交回收款台；由收银员核对签字是否有效，并应注意签单金额不超过每间房预交押金的最高限制。

⑤在线结账。许多餐饮企业使用点餐结账系统，实现智能下单和结账。客人可以通过系统直接点餐、下单、结账，也可通过扫码点餐、结账。餐厅可以根据自己的经营情况来选择相应的点餐、结账方式。服务员通过系统后台对客人进行点餐、下单、结算等操作，系统自动统计客人信息、菜品信息等数据，便于服务员的管理与工作。

总之，为客人提供结账服务时应注意把握结账时机，不可催促客人；结账应快捷迅速，不要让客人等待过长时间；注意准确判断用餐的付款人是谁；注意服务态度，将热情、优质服务一直延续到客人离去。

2. 送客服务

送客服务是礼貌服务的具体体现，表示酒店餐饮部对客人的尊重、关心、欢迎和爱护，是高星级酒店餐饮服务中必须服务的项目。在送客过程中，服务员应做到礼貌、耐心、细致，令客人满意。送客服务具体要求如下：

(1) 不能催促不想离开的客人，也不要做出催促客人离开的错误举动。

(2) 客人离开时，如有剩余菜肴，应主动询问客人是否需要打包，如需要，应积极提供打包服务。

(3) 客人结账起身离开时，应主动为其拉开座椅，礼貌询问用餐是否满意。

(4) 帮助客人穿外衣、提东西，提醒客人不要遗忘物品，并查看是否有遗留物品。

(5) 面带微笑注视客人离开，或亲自陪同送到餐厅大门，并礼貌地向客人道谢，欢迎他们再次光临。

(6) 如遇下雨等特殊天气，可为没有带伞的客人提供打伞服务，帮助客人上车或叫出租车，直至客人安全离去。

(7) 重大团队餐饮活动的欢送要隆重、热烈，服务员应穿戴规范，列队欢送，使客人感受到服务的真诚和餐厅的重视。

3. 餐后整理服务

餐后整理服务主要是指翻台服务。翻台是指在客人离开餐厅以后，服务员收拾餐具、整理餐桌，并重新摆台的过程。翻台往往是在其他客人仍在进餐的过程中进行的，或是在没有找到餐桌的客人正在等候时进行的，因此，翻台的文明和效率是该程序的基本要求。

（1）翻台应及时有序。翻台顺序一般为先收餐巾和毛巾，后收玻璃器皿，再收不锈钢餐具，最后收瓷器类餐具和筷子。

（2）翻台时应分类摆放，坚持使用托盘，并注意安全和卫生。撤下的布草、餐饮用具等应及时运送至指定地点。

（3）翻台时应文明，小心作业，保持动作的稳定，不要损坏餐具、物品，也不应影响其他就餐客人。

（4）翻台时应注意周围的环境卫生，应将餐巾纸、杂物、残汤剩菜等统一收集处理。

（5）翻台时如果发现客人遗忘的物品，应及时交给客人或上交有关部门。

（6）翻台后，应立即开始摆台，等候迎接下一批客人的到来或继续为其他客人服务。

（五）营业结束工作

中餐点菜服务的营业结束工作主要有以下内容：

（1）收拾餐桌。撤走所有用过的餐饮用品，做好餐桌、座椅的卫生工作。

（2）送洗餐饮用品。将撤下的餐饮用品分类送至洗碗间，进行清洗、消毒，并做好保洁工作。

（3）整理备餐间。做好备餐间的卫生，补充各种消耗用品，将脏的餐巾、台布等分类清点后送至洗衣房清洗，并办理相应手续。

（4）对餐厅进行全面的检查，并做好关灯、清洁卫生等工作。

注意事项：只有待所有就餐客人离开餐厅后才能进行大范围的餐厅整理工作。如客人尚在用餐，不得以关灯、吸尘、拖地等行为来干扰客人。餐厅营业结束工作需要餐厅内引位、值台、传菜、吧台、收银各岗位服务员通力合作，才能在短时间内顺利完成。餐厅营业结束工作做好后，应使餐厅恢复至开餐前的状况，待领班检查合格后关灯、关门。

三、中餐宴会服务环节

（一）宴会预订服务

1. 宴会预订的方式

宴会预订方式是指客人与宴会预订有关人员接洽联络、沟通宴会预订信息的过程。不同的宴会，消费对象的需求不同，采取的预订方式也有所不同。

（1）电话预订。

电话预订是店方与客人联络的主要方式之一，主要用于客人询问宴会的有关事宜，如核实地点和日期、确定细节等。同时，还可通过电话约定见面的时间。

接听电话可以分为接电话前、接电话中和挂断电话三个阶段。接电话前这个阶段要做到：停下手边的一切工作；准备好纸和笔；铃响三声以内迅速接听。接电话中这个阶段要做到：问好并自报家门；准确记录客人的要求（如用餐人数、用餐时间、用餐标准、特殊要求，以及订餐人的姓名和联系方式等内容）；复述客人要求，予以确认。挂断电话阶段要向客人表示感谢；客人挂断电话后，服务人员方可将电话挂断。

（2）面谈预订。

面谈预订是进行宴会预订比较有效的方法。销售人员可以当面为客人进行介绍，有利于取得客人的信任和认可。当面讨论所有细节，解决客人的特殊要求，讲明付款标准和方式等。

（3）信函预订。

信函预订主要用于促销活动，回复客人询问。信函预订适合于提前较长时间的预订。收到询问信后要立即回复，事后还要与客人保持联系，争取客人在本酒店举办宴会活动。

（4）网络预订。

客人可通过互联网询问酒店举办宴会的一些情况，销售人员要及时维护网页、及时回复，避免客户预订“石沉大海”。

2. 宴会预订的程序

（1）接受预订。

在这个阶段，要尽可能回答客人提出的所有问题。这就要求宴会人员掌握有关宴会部的所有信息，便于回答客人提出的任何问题。例如，宴会菜肴、酒水的具体内容及价格；宴会厅的规模；消费标准；环境装饰、场地布置；店方是否可以实现客人举办宴会的一些设想等。

（2）填写宴会预订单。

如果确定宴会预订可行，一定要填好一式两份的宴会预订单，其内容主要包括宴会主办单位或个人的名称、地址、联系电话、宴会类型、举办日期、出席人数、宴会标准、付款方式、预订金额等。

（3）填写宴会安排日记簿。

填写完宴会预订单后，应将预订的细节填写到宴会安排日记簿上，按照日期排列。对于没有确定的预订用铅笔记录，已确定的预订则用钢笔记录，一般由预订员来负责登记和管理。日记簿上的内容主要包括宴会举办的日期、具体时间、客人的联系电话、宴会类型、出席人数、是暂定还是已确定。

（4）签订宴会合同、支付订金。

虽然在预约时预订人员已经记录下客人的要求，但是客人日后可能变卦也是一个潜在的问题。因此，一旦宴会预订得到确认，应与客人签订合同。同时，为了保证宴会预订的确认，通常会要求客人支付一定数量的订金，一般是订席费用的10%。

（5）发布宴会通知单。

宴会正式确认后，由餐饮部对酒店内部各有关部门下发一张类似公文的宴会通知单，告知各部门在该宴会中应负责执行的工作。成功举办一次宴会需要许多部门通力合作，如果通知单能够将所有工作事项列出，对于举办宴会将是十分有利的。宴会通知单包括预订单中的主要资料，以及各部门所需准备的物品内容和相关事项，如接洽人、餐厅、桌数、人数、菜单、特殊要求等。各部门接到宴会通知单后，必须按照通知单上的要求认真执行。总而言之，宴会通知单是部门与部门之间沟通的桥梁，可确保部门间快速、准确地传递信息。

（6）宴会预订后的再确认。

由于大型宴会都于数月前定下，时间的拉长难免导致一些细节发生变化。例如，参加人数的增减、宴会开始的具体时间等。为能够适应此类临时变化，预订人员应在宴会举办前一周以电话或传真的方式与客人再次确认。如果有所更改，应马上通知各相关部门。

（7）宴会的变更和取消。

宴会如发生变更或取消，应按流程妥善处理。

①宴会的变更。无论是客人方面的原因还是酒店方面的原因，若有任何变更，都要提前一周通知对方。要在活动的前两天再次与客人联系，进一步确定所有详情。当客人通知酒店宴会活动更改时，预订员首先要主动热情、态度和蔼；其次，要了解更改的项目和原因，认真记录，将更改后的处理信息及时通知客人，并向客人致谢；最后，填写更改通知单，请客人签字予以确认，并将更改通知单的详细内容及时通知到相关部门，这样各部门可以依照变更内容进行工作上的调整，合力满足客人的要求。另外，使用变更通知单明确传达宴会信息，其他相关部门便不再允许以未接到通知为借口，有效避免了各部门之间互相推诿责任。

②宴会的取消。预订时要告知签订协议的单位尽量遵守时间，如遇特殊情况，要提前通知酒店。如遇对方因某种原因取消预订，预订员也要态度和蔼地接待；接受取消预订的时候，尽量问清原因，以便今后合理推销；在宴会预订单上盖上“取消”的印记，记录取消人及预订员的姓名；及时通知相关部门。

（8）宴会售后管理。

①信息反馈并致谢。宴会结束一周后，由宴会销售部以电话、微信、信函或邮件的方式征询主办单位或个人对本次宴会的意见和建议，并对其选择本酒店举行宴会再次表示感谢。在客人提出意见或建议后，要及时向有关部门反映，以便下次做得更好。

②跟踪回访。宴会销售部应与客人保持长期的联系，在节假日以邮件、微信、电话或邮寄明信片的方式转达酒店的问候和祝福，密切关注客人的重要信息，使客人再次选择本酒店举办活动。

③建立宴会档案。设专门档案来保存所有举办过的宴会的资料，尤其对那些每年固定举办宴会的单位情况要详加纪录。宴会档案包括预订资料、宴会执行资料和宴会活动的有关总结资料。酒店有必要派专人对宴会档案资料进行管理。建立宴会档案有助于提高工作效率、改善工作效果，更好地提供个性化、针对性的服务。

（二）宴会服务流程

中餐宴会服务流程可分为四个基本环节，它们分别是宴会前的组织准备、宴会前的迎宾服务、宴会中的就餐服务和宴会结束的送客服务。

1. 宴会前的组织准备

（1）掌握情况。

接到宴会通知单后，餐厅管理人员和服务员应做到“八知”“三了解”。“八知”是指知台数、知人数、知宴会标准、知开餐时间、知菜式品种及出菜顺序、知主办单位或房号、知收费办法、知邀请对象。“三了解”是指了解客人风俗习惯、了解客人生活忌讳、了解客人特殊需要。如果是外宾，还应了解其国籍、宗教信仰、禁忌和口味特点。

（2）明确分工。

规模较大的宴会要确定总指挥人员。总指挥在准备阶段要向服务员交任务、讲意义、提要求，宣布人员分工和服务注意事项。在人员分工方面，要根据宴会要求，对迎宾、值台、传菜、供酒及衣帽间、贵宾室等岗位有明确分工和具体任务，将责任落实到人。做好人力物力的充分准备，要求所有服务人员思想重视、措施落实，保证宴会善始善终。

（3）宴会布置。

宴会布置分场景布置和台形布置。中国的美食从来都讲究进餐环境的气氛和情调，因此在场景布置方面，应根据宴会的性质和规格的高低来进行，要体现出既隆重、热烈、美观大方，又具有我国传统的民族特色。台型布置不仅是事务性的工作，而且涉及社交礼仪等问题。因此，要根据宴会厅的形状、实用面积和宴会要求，按宴会台型布置的原则，即“中心第一、先右后左、高近低远”来进行设计。

（4）熟悉菜单。

服务员应熟悉宴会菜单和主要菜点的风味特色，以做好上菜、派菜和回答客人对菜点提出询问的思想准备。同时，服务员应了解每道菜点的服务程序，保证准确无误地进行上菜服务。

对于菜单的内容，要能准确说出每道菜的名称，能准确描述每道菜的风味特色，能准确讲出每道菜肴的配菜和配食佐料，能准确知道每道菜肴的制作方法，能准确做好每道菜肴的服务工作。

（5）物品准备。

根据菜单的服务要求，准备好各种银器、瓷器、玻璃器皿等餐酒具，要求每一道菜准备一套餐碟或小汤碗。根据菜肴的特色，准备搭配的佐料。根据宴会通知要求，备好鲜花、酒水、水果等物品。

（6）铺好餐台。

要在宴会开始前1小时铺好餐台。根据宴会餐别，按规格铺好餐具和台上用品。在副主位的桌边，面向宴会厅的入口摆上席次卡，在每个餐位的水杯前立席卡，菜单放在正副主位餐碟的右侧。同时，备好茶、饮料、香巾，上好调味器，将各类开餐用具摆放在规定的位置，保持厅内的雅洁整齐。

（7）摆设冷盘。

大型宴会开始前10分钟摆上冷盘，中小型宴会则视客人情况而定。摆设冷盘时，根据菜点的品种和数量，注意菜点色调的分布、荤素的搭配、色彩的搭配、味型的搭配、菜型的正反、刀口的逆顺、菜盘间的距离等。摆台不仅为客人提供了一个舒适的就餐地点和一套必需的进餐用具，而且能给客人以赏心悦目的艺术享受，为宴会增添隆重而又欢快的气氛。

准备工作全部就绪后，宴会管理人员要做一次全面的检查。从台面服务、传菜人员等分派是否合规、合理，到餐具、饮料、酒水、水果是否备齐，从摆台是否符合规格，到各种用具和调料是否备齐并略有盈余，从宴会厅的清洁卫生是否搞好，到餐酒具的消毒是否符合卫生标准，从服务员的个人卫生、仪表装束是否整洁，到照明、空调、音响等系统能否正常工作，都要一一进行仔细检查，做到有备无患，保证宴会按时举行。

2. 宴会前的迎宾服务

（1）热情迎宾。

根据宴会的入场时间，宴会主管人员和引位员提前在宴会厅门口迎候客人，值台员在各自负责的餐桌旁准备为客人服务。客人到达时，要热情迎接，微笑问好，将客人引入休息间就座。回答客人问题和引领客人时要注意用敬语，态度和蔼，语言亲切。

（2）接挂衣帽。

如宴会规模较小，可不设专门的衣帽间，只在宴会厅房门前放衣帽架，安排服务员照顾客人宽衣并接挂衣帽。如宴会规模较大，则需设衣帽间存放衣帽。接挂衣服时，应握衣领，切勿倒提，以防衣袋内的物品滑出。贵重的衣服要用衣架，以防衣服走样。重要客人要凭记忆进行准确的服务。贵重物品请客人自己保管。

（3）端茶递巾。

客人进入休息厅后，服务员招呼客人入座并根据接待要求递上香巾、热茶或酒水饮料。递巾送茶服务均按先宾后主、先女士后男士的次序进行。

3. 宴会中的就餐服务

（1）入席服务。

值台员站在各自服务的席台旁等候客人入席。当客人来到席前时，要面带笑容，引领客人入座。在照顾客人入座时，用双手和右脚尖将椅子稍撤后，然后徐徐向前推，让客人坐稳坐好。引领入座时，同样按先宾后主、先女士后男士的次序进行。待客人坐定后，把台号、席位卡、花瓶或花插带走。菜单放在主人面前，然后为客人取餐巾，将餐巾摊开后为客人围上，脱去筷子套，斟倒酒水。

（2）斟酒服务。

为客人斟倒酒水时，值台员要先征求客人意见，根据客人的要求斟倒各自喜欢的酒水，一般酒水斟八成满即可。斟白酒时，如客人提出不要，应将客人位前的空杯撤走。

酒水要勤斟倒，当客人杯中酒水剩 1/3 时应及时添加，斟倒时注意不要弄错酒水。客人干杯和互相敬酒时，应迅速拿酒瓶到台前准备添酒，主人和主宾讲话前，要注意观察每位客人杯中的酒水是否已满上。在宾主离席讲话时，主宾席的值台员要立即斟上红、白酒各一杯放在托盘中，托好站在讲台一侧等候。致辞完毕，迅速端递上。当主人或主宾到各台敬酒时，值台员要准备酒瓶跟随添酒，客人要求斟满酒杯时，应予以满足。

（3）上菜服务。

上菜要按规范程序进行操作。厨房出菜时一定要在菜盘上加盖，菜上桌后取走。多台宴会的上菜要看主台或听指挥，做到行动统一，以免造成早上或迟上、多上或少上等现象。要正确选择上菜位置，每上一道新菜要介绍菜名和风味特点，并将菜盘放在转盘中央位置，凡是鸡、鸭、鱼等整体或椭圆形的大菜盘，在摆放时要注意摆放要求。上新菜前，先把空盘撤走。如盘中还有剩余的菜，应征询客人是否改为小盘盛装，在客人表示不再需要时方可撤走。

服务员服务宴会时要主动、均匀地为客人分汤、派菜。分派时要心细，掌握好菜的分量、件数，分派准确均匀。凡配有佐料的菜，在分派时要先沾（夹）上佐料再分到餐碟里，分菜的次序也是先宾后主、先女士后男士。在一些现代化的大型饭店里，现在提倡宴会“旁桌分菜”，即在席上示菜后，到席旁工作台上分菜，待分好后再给客人送上餐位。

（4）撤换餐具。

为显示宴会服务的优良和菜肴的名贵，突出菜肴的风味特点，保持桌面卫生雅致，在宴会进行的过程中，需要多次撤换餐具或小汤碗。重要宴会要求每道菜换一次餐碟，一般宴会的换碟次数不得少于三次。

（5）席间服务。

宴会进行中，要勤巡视、勤斟酒。细心观察客人的表情和示意动作，主动服务。服务时，态度要和谐，语言要亲切，动作要敏捷。

在撤换菜盘时，如果转盘脏了，要及时擦干净。擦拭时用抹布和一只餐碟进行操作，以免脏物掉到台布上。转盘清理干净后才能重新上菜。

若客人在席上碰翻了酒水杯具，要迅速用餐巾或香巾帮助客人清理，并用干净餐巾盖上弄脏部位，为客人换上新的杯具，然后重新斟上酒水。

客人用餐后，送上热茶和香巾，随即收走台上除酒杯、茶杯以外的全部餐具，抹净转盘，换上点心碟、水果刀叉、小汤碗和汤匙，然后上甜品、水果，并按分菜顺序分送给客人。

客人吃完水果后，撤走水果盘，递给客人香巾，然后撤走点心碟和刀叉，摆上鲜花，以示宴会结束。

4. 宴会结束的送客服务

（1）结账准备。

上菜完毕后即可做结账准备，清点所有酒水、佐料、加菜等宴会菜单以外的费用并累积总数，送收款台准备账单。结账时唱收唱付。若是签单、签卡或转账结算，应将账单交客人或宴会经办人签字后送收款台核实，及时送财务部入账结算。

（2）拉椅送客。

主人宣布宴会结束时，值台员要提醒客人带齐随身物品。当客人起身离座时，要主动为其拉开座椅，以方便客人离席行走，并视具体情况目送或随送客人至餐厅门口。如宴会后安排休息，要根据接待要求进行餐后服务。

（3）取递衣帽。

客人出餐厅时，衣帽间的服务员要根据取衣牌号码，及时、准确地将衣帽取递给客人。

（4）收台检查。

在客人离席的同时，值台员要检查台面上是否有客人遗留的物品。在客人全部离去后要立即清理台面。清理台面时，按先餐巾、香巾和银器，然后酒水杯、瓷器、刀叉和筷子的顺序分类收拾。凡贵重餐具要当场清点。

（5）清理现场。

各类开餐用具要按规定位置复位，重新摆放整齐。开餐现场重新布置恢复原样，以备下次使用。

收尾工作做完后，领班要做检查，待全部项目合格后方可离开或下班。

5. 宴会服务过程中的注意事项

在宴会服务过程中，要注意以下事项：

（1）遇宾、主致辞讲话，值台员应暂停操作，肃立等候。

（2）就餐过程中，如遇客人起身离席，应主动拉椅。

（3）宴会服务时应注意“三轻”，即说话轻、走路轻、操作轻。

（4）各岗位服务员之间应分工协作，配合默契，确保宴会的顺利进行。

（5）宴会进行过程中，如有客人不慎将餐具掉落在地上，值台员应及时送上干净餐具，然后收拾掉在地上的餐具。

（6）宴会结束后，应及时征询客人对宴会的意见和建议，并对宴会服务情况进行总结，提出做得较好的方面，找出不够完善之处，向上级汇报。

四、中餐团体包餐服务环节

（一）了解客情

要了解团体的名称、国籍、身份、生活习惯、忌讳、人数、开餐时间、用餐标准及特殊要求等，以便有针对性地服务。

（二）拟定菜单

菜单应由餐厅管理人员根据客人的用餐标准、口味特点、生活习惯和具体要求与经办人协商拟定，要求菜点品种搭配合理，具有本地特点，数量适中，口味齐全。客人在本店用餐次数较多时，每餐的菜点花色品种都应有其独特的风味，使客人在旅游或会议期间在酒店住得舒服、吃得满意。

（三）整理餐厅

要清洁餐厅，排列餐桌。厅内陈设和台型布置要整齐美观，并根据接待对象的不同，加以适当调剂。例如，会议包餐可布置得朴素典雅一些，旅行团体可布置得华丽热烈一些。餐台的距离要适宜，以方便来宾出入。如果一个餐厅同时有两个不同标准的团体就餐，就要划分就餐区域，最好用屏风作为隔挡，将其分开。

清洁餐厅后，准备餐具、用具，进行摆台。团体包餐一般不喝酒，每客位的餐具以餐碟、汤碗、汤勺、筷子为主，备酒的包餐再增加酒杯，合食制的包餐每桌还要配备公用餐具、调味品、牙签盅等用品。

（四）准备物品

准备茶水、毛巾，大型团体包餐也可以在客人到来之前先将包有保鲜膜的冷盘摆放在餐桌上，以适应团体包餐快速服务的需要。

（五）团体包餐服务程序

1. 热情迎宾

迎宾员通过佩戴的徽章识别所属团体，示意划定的进餐区域；值台服务员为客人拉椅让座，递上香巾，斟倒第一杯茶水饮料。

2. 餐间服务

如客人是凭就餐券进餐的，应按每桌点齐人数，收取餐券，然后上菜。收餐券时，应从客人左后方收取；如客人主动收集在一起的，要注意清点，并致以谢意。当一桌客人到齐或基本到齐后，应以较快的速度上齐热菜、点心等，席间服务要及时撤换餐具，添加主食，整理餐台。

3. 结账收款

团体包餐一般由领队或经办人统一结账。如遇分食制的团体包餐，则由客人凭就餐券用餐。

4. 清理餐厅

清理餐厅的方法与零点服务大致相同，但应注意的是，每桌若有一个客人未离开，就不能收拾台面，当餐厅有一个客人仍在就餐，就不能清扫地面。

（六）团体包餐服务的注意事项

团体包餐服务要注意以下事项：

（1）注意饭菜的保温，应把握好用餐时间，在约定时间或客人到齐后再上热菜。

（2）客人如要标准外的酒水，应满足其要求，并向客人解释清楚，差价应现付。

（3）个别客人因习惯等原因有特殊要求的，应在可能的情况下尽量满足。

（4）对多次在餐厅用餐的团队或会议客人，尽量根据客人喜好，每餐提供不同菜单。

（5）注意值台服务，随时给客人换餐碟、添加饮料。如有外宾，应根据客人要求及时提供刀、叉、勺。

任务二　西餐服务

案例情境

某日中午，酒店的西餐厅来了几位客人，迎宾员小张把客人领到餐桌后，递上菜单和酒水单便离开了。客人看了一会儿菜单，很迷茫。过了一会儿，服务员小王走了过来，问："可以点菜了吗？"说完便站在客人餐桌旁等待。其中一位客人说："我们没吃过西餐，想来尝尝，不知道都应该吃些什么。"小王说："牛排吧，西餐一定要吃牛排。"客人马上说："对，牛排，每人一块牛排。"小王问："要几成熟？配什么汁？"客人一脸迷茫地问道："应该几成熟呀？"小王回答道："外国人吃牛排都是三成熟的。"客人说："好的，我们也要三成熟的。"小王说："配黑椒汁吧。要不要加瓶葡萄酒？吃西餐一定要喝葡萄酒的。"客人答道："好的，要一瓶。"说完，其中一位客人便点了一瓶法国白葡萄酒。小王为客人点完牛排和葡萄酒后便离开了餐桌。

过了一会儿，小王为客人上了面包和黄油，并为客人斟倒了冰水。白葡萄酒拿来后，小王直接打开，依次给客人斟上。

很快小王便为客人上了牛排。几位客人形态各异地拿起刀叉，发现牛排有很多血水，便对小王说牛排不熟，小王回答说三成熟就是这样的。客人要求重新加工，小王只好将牛排拿回厨房，告知厨师做成全熟后重新上到客人的餐桌。

客人依然是形态各异地拿着刀叉，吃完了牛排，喝完了葡萄酒，并将桌上的面包未抹黄油全部吃完。吃完后，客人叫结账，小王为客人结账。客人结完账后，一边说西餐真难吃，一边离开了西餐厅。

【案例思考】

1. 你认为迎宾员小张和服务员小王的服务标准吗？
2. 本案例中的服务有哪几个步骤需要改进？
3. 如果在你工作的餐厅中来了像本案例中的客人，你应该如何对他们进行服务？

【案例评析】

1. 本案例中迎宾员小张和服务员小王的服务不标准。迎宾员小张把客人领到餐桌，递上菜单和酒水单后就离开了，她应该在服务员没来之前招呼客人，询问客人的需求，并向服务员传递。对于菜单，服务员小王没有进行详细解释，给客人安排的饮食并没有考虑到客人的口味，不知变通，盲目给客人搭配。红酒应配牛排，白葡萄酒应配海鲜。白葡萄酒拿来后，服务员未请客人过目便直接打开，开酒后未请客人试酒便给客人倒酒。客人一般在看菜单时或进餐前，都希望享受一杯餐前饮料，服务员应先给客人服务酒水后再进行点菜。当客人对食物不满意时，服务员没有询问客人的要求，擅自做主将牛排重新做成全熟。当客人不会使用刀叉时，服务员并未向客人提供帮助。客人要牛排三分熟时，应给客人解释牛排不同成熟度之间的差别。

2. 客人进入餐厅后，首先应对他们表示欢迎，把客人领到餐桌，递上菜单和酒水单，在客人看菜单考虑吃哪种食物的时候奉上茶水；其次，询问客人的要求，详细为他们介绍不同成熟度牛排的口感，让客人大概了解一下，然后选择他们最喜欢的牛排成熟度以及酒水；再次，酒水拿来后，经客人试酒满意后再倒酒，在客人等待食物的过程中，简单地为他们讲解吃西餐的基本礼仪；最后，当客人用餐完毕，询问客人对食物的意见，表达对他们光临餐厅的谢意以及再次光临的期待。

3. 餐厅的最终目的是满足客人的需求。服务员作为此环节中的重要一环，应用客人能够理解与接受的方法，及时向客人提供信息，同时收集客人的要求与反应，在餐厅和客人之间进行有效的沟通。实践表明，在餐厅和客人之间进行及时、畅通的信息传递，就能使双方建立起友好和牢固的互相信赖关系。服务员要不断完善自我，熟悉每个步骤，把客人当作家人，贴心服务，不仅要提高客人的现实的（售后的）满意程度，还要提高预期的（售前的）满意程度。

西餐是欧美各国菜肴的总称，泛指根据西方国家饮食习惯烹制出的菜点，以及根据西方习俗提供的服务。西餐的主要特点是主料突出、形态美观、口味鲜美、营养丰富、供应方便等。西餐服务具有悠久的历史，在国际上早已形成一定规范。我国的西餐服务应遵循国际惯例，在做到标准化、规范化和程序化的基础上，体现个性化服务，以优质的服务为餐厅赢得良好的声誉和经济效益。

西餐服务

一、西餐服务概述

（一）西餐厅经营特点

西餐厅是专门提供西式菜点、饮料和服务的餐厅，是我国酒店餐饮部的一个对外窗口，其经营特点主要体现在以下几个方面：

（1）西餐厅经营时间长短不一，如咖啡厅一般经营时间是18～24小时，以快捷、适中的价格面向大众。

（2）西餐厅的装饰要体现西方用餐特点，讲究气氛，突出背景音乐，照明以烛光为主。

（3）西餐菜单要体现西餐厅的经营风格和水平。

（4）西餐厅一般以经营法、英、俄、意式菜系为主，同时兼容并蓄、博采众长。

酒店西餐厅服务按照接待对象的不同，通常分为零点正餐服务、宴会服务和自助餐服务。在服务过程中，不仅要遵循西餐服务国际惯例，而且要熟练掌握服务性质和服务标准，才能更好地为酒店赢得良好的声誉和经济效益。

（二）西餐服务方式

服务方式是指餐厅为客人提供菜点、酒水的方法和形式。西餐菜肴常见的服务方式有美式服务、法式服务、俄式服务、英式服务、大陆式服务等。

1. 美式服务

美式服务又称“盘子服务”，是西餐服务中最普遍、最有效的服务方式之一。

在美式服务中，菜肴由厨师在厨房中烹制、装盘。餐厅服务员用托盘将菜肴从厨房运送到餐厅的服务桌上。热菜要盖上盖子，并且在客人面前打开盘盖。传统的美式服务，上菜时服务员在客人左侧，用左手从客人左边送上菜肴，从客人右侧撤掉用过的餐盘和餐具，从客人的右侧斟倒酒水。目前，许多餐厅的美式服务的上菜服务是从客人的右边，用右手顺时针进行。

美式服务的端托技能为端盘，又称“徒手低托”，一般使用左手单手端盘。此方法主要用于西餐上菜和撤盘。美式服务中盘子的端法有三种，如图 3－1 所示。

（1）一个盘子端法：用拇指和掌根鼓起部位压住盘边；为防止留下指纹，指头要向外翻；其余手指贴在盘子下面，起支撑盘子的作用。

（2）两个盘子端法：第一个盘子同一个盘子端法，第二个盘子用食指、中指和无名指支撑，拇指和小指贴在盘子的边上。

（3）三个盘子端法：用左手拇指轻轻压住第一个盘子的边，用食指支撑盘底的凸出部分，其他三个手指自然松弛；第二个盘子在第一个盘子上面，插在拇指根鼓起的部位，食指轻轻贴着盘子，中指、无名指和小指支撑在盘底；端第三个盘子时，把放在第二个盘子下面的小指提到盘子上面，使其处于放松状态；为使第三个盘子不致倾斜，保持平衡，应托住盘底。

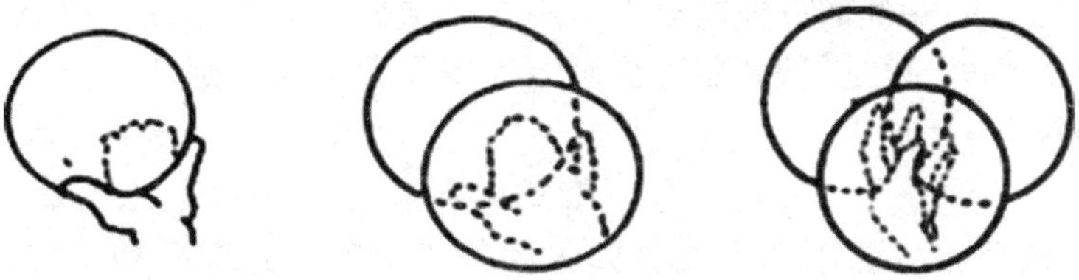

图 3－1　美式服务盘子端法

2. 法式服务

法式服务是源于法国宫廷，由西查・里兹改良后用于豪华饭店的服务方式，又称“里兹服务”。法式服务通常用手推车或旁桌在现场为客人加热、调味、切割菜肴等，因此又被称为“餐车服务”。

这种服务方式注重服务程序和礼节礼貌，注重服务表演，能够吸引客人的注意力，服务周到，每位客人都能得到充分的照顾。但是，法式服务节奏缓慢，需要较多的人力，用餐费用高，餐厅空间利用率和餐位周转率都比较低。传统的法式服务相当烦琐。如客人用完一道菜后必须离开餐台，让服务员清扫完毕后再继续入席就餐，这样耗时很多。餐厅还必须准备许多用具，每餐的食品很多，浪费也很大。现在，已较少使用这种服务方式。

当今流行的法式服务是将食品在厨房全部或部分烹制好，用银盘端到餐厅，服务人员在客人面前作即兴加工表演，如对于黑椒牛柳、甜品苏珊煎饼，服务员在烹制车上进行最后的烹调加工，切片装盘后端给客人；恺撒沙拉是由服务员在客人面前制作，装入沙拉木碗，然后端给客人。

3. 俄式服务

俄式服务是西餐厅普遍采用的一种服务方法。俄式服务的餐桌摆台与法式的餐桌摆台几乎相同，但是，它的服务方法不同于法式。俄式服务讲究优美文雅的风度，将装有整齐和美观菜肴的大浅盘端给所有客人过目，让客人欣赏厨师的装饰和手艺，并且也刺激了客人的食欲。俄式服务中，每一个餐桌只需要一个服务员，服务的方式简单快速，服务时不需要较大的空间。因此，它的效率和餐厅空间的利用率都比较高。

由于俄式服务使用了大量的银器，因而又被称为“银盘服务”。服务员将菜肴分给每一个客人，使每一位客人都能得到尊重和较周到的服务，因此增添了餐厅的气氛。由于俄式服务是在大浅盘里分菜，因此，可以将剩下的、没分完的菜肴送回厨房，从而避免了不必要的浪费。俄式服务的银器投资很大，如果使用和保管不当会影响餐厅的经济效益。在俄式服务中，最大的问题是最后分到菜肴的客人，看到大银盘中的菜肴所剩无几，总有一些影响食欲的感觉。

4. 英式服务

英式服务又称“家庭式服务”。英式服务的特点是家庭味很浓，气氛也很活跃，许多服务工作由客人自己动手，节省人力，但节奏较慢。在美国，家庭式餐厅常用英式服务。

服务员从厨房里取出烹制好的菜肴，盛放在大盘里，连同热的空盘一起送到主人面前，由主人亲自动手切割主料并分盘，服务员充当主人的助手，将主人分好的菜盘逐一端给客人。各种调料、配菜都摆放在餐桌上，由客人根据需要互相传递或自取。客人则像参加家宴一样，取到菜后自行进餐。服务员有时需要帮助主人切割食物。

5. 大陆式服务

大陆式服务是一种融合了美式服务、俄式服务和法式服务的综合服务方式。餐厅可根据菜肴的特点选择相应的服务方式。如先用美式服务上开胃品和沙拉，然后用俄式服务上汤，再用法式服务上主菜，最后用法式或俄式服务上甜点。不同的餐厅或不同的餐次选用的服务方式组合也不同，这与餐厅的类型和特色、客人的消费水平、餐厅的销售方式有着密切的联系，但不管采用何种方式，都必须遵循方便客人用餐、方便员工操作的原则。

二、西餐零点正餐服务环节

西餐的上菜顺序与中餐有较大的差异，通常的上菜顺序是开胃菜、汤、副菜、主菜、甜品、咖啡或茶。与中餐服务环节相比，西餐零点正餐服务环节包括备餐服务、餐前服务、接受点菜、推销佐餐酒、就餐服务和结账送客，部分服务工作的内容与中餐服务接近。

（一）备餐服务

（1）做好餐厅清洁卫生。

（2）擦拭所有餐具。

（3）备足开餐所需调味品。

（4）摆台。如有预订，须在餐桌上放置预订卡，并根据客人预订要求摆放餐具。

（二）餐前服务

（1）客人到餐厅门口时，迎宾员应面带微笑热情地问候客人，询问客人是否有预订。如客人已订座，迎宾员应引领客人入座；如客人未预订，迎宾员则应询问客人人数，并礼貌地将客人引领到适当的餐台。

（2）当迎宾员把客人带到餐桌边时，应主动为客人拉椅、让座。拉椅、送椅动作要迅速、敏捷、用力适中，不可因用力过猛而撞到客人。

（3）按先女士后男士、先宾后主的次序，站在客人右手边拆开餐巾，并为客人铺上。

（4）向客人推销餐前开胃酒或鸡尾酒，并做好记录。

（5）开单后，尽快用托盘送上客人所点餐前酒水，并报上酒品名称。如客人没有点酒水和饮料，则为其斟倒冰水。

（三）接受点菜

（1）将点菜单打开至第一页，从客人右侧送至客人手中，向客人介绍当日的特色菜。

（2）让客人考虑片刻，再上前站在客人的右侧为客人点菜，按逆时针方向进行。注意按女士优先、先宾后主的原则为客人点菜。

（3）客人点菜完毕，清楚地复核一遍，待客人确认后开单，点菜结束离开前应感谢客人。

（4）上面包与黄油。将黄油碟摆放在面包碟正上方约 1.5cm 处。服务员用左手将备好各种面包的面包篮送到客人左前方，礼貌地请客人选择其喜欢的面包品种，然后右手持公用叉、勺将面包夹送到客人的面包碟内。面包服务按逆时针方向进行。

（四）推销佐餐酒

（1）从客人右边送上酒单，并根据客人所点的食品主动推销佐餐酒。

（2）用一条餐巾垫在瓶身下，右手握在瓶身上端，左手托住瓶底，站在主人的右侧将酒标朝向客人，递给主人鉴赏，并请主人确认。

（3）根据客人点菜点酒内容，调整桌面上的餐具和酒具。

（五）就餐服务

（1）上菜前，撤下佐餐酒酒具，提前上与菜品所搭配的餐酒及将会使用到的餐具。

（2）上菜。上菜在客人的右侧进行，上菜时重复客人所点的菜名，注意将每道菜的观赏面朝向客人。如菜品加有菜盖，应在上菜完毕后再揭开菜盖，并请客人慢用。

（3）撤餐盘、餐具。撤掉用过的餐具时，要等到整桌客人都吃完同一道菜后一起从客人右侧撤盘，不要在仍有客人未吃完时便先撤掉已吃完菜的客人的餐具。撤盘按顺时针方向进行，并在撤下餐盘、刀叉等餐具时注意持盘方式，用右手将刀叉固定在餐盘上一起撤下，以防刀叉滑动弄伤客人或弄脏客人的衣服。

（4）在客人用餐过程中，注意按规定给客人及时添加酒、冰水、面包以及撤空饮品杯。

（5）清洁台面。客人用完主菜后，除水杯、花瓶、蜡烛座外，应将餐桌上的其他餐具撤下，撤餐具按顺时针方向进行，并用专用清洁工具清扫台面。

（6）推销甜品、咖啡、茶、餐后酒，并提供相应服务。

（六）结账送客

（1）客人要求结账时，核对账单上的台号及消费项目，然后用收银盘或收银夹呈上账单。

（2）当客人离座时，及时提供拉椅服务，检查是否有客人的遗留物品，并送客人至餐厅门外，感谢客人的光临，邀请客人再次光临。

（3）客人离开后，清洁餐桌，将餐椅摆放整齐，更换台布，重新摆台。

三、西餐宴会服务环节

（一）餐前准备

1. 布置宴会场所与摆台

根据宴会通知单的要求布置餐厅，摆出台型，做好宴会厅的清洁卫生工作，并根据宴会菜单和规格进行摆台。宴会场所的布置与摆台应注意烘托宴会气氛。

2. 准备临时工作台

根据宴请人数、菜单准备宴会临时工作台，在工作台上准备咖啡具、茶具、冰水壶、托盘以及服务用刀、叉、勺等；备餐间内准备面包篮、黄油、各种调味品和酒水，并将需要冰冻的酒水提前放入冰箱。

3. 餐前检查

对宴会前各项准备工作进行检查，服务员整理自己的仪表仪容，调整好精神面貌，为宴会服务做好心理准备。

（二）迎宾服务

（1）客人到达时，服务员礼貌、热情地欢迎客人。

（2）餐前鸡尾酒服务。根据宴会通知单的要求，在宴会开始前半小时或 15 分钟左右，在宴会厅门口或休息室为先到的客人提供鸡尾酒服务。服务时由服务员端送饮料、鸡尾酒，并在餐桌上或茶几上准备小吃。

（3）宴会开始前请客人入宴会厅，为客人拉椅、送椅，客人坐下后为客人铺上餐巾。

（三）用餐服务

（1）宴会开始前进行递送黄油、面包服务。可以用面包篮在客人左侧进行分派，注意所有客人分派的面包数量应一致，也可将面包篮放在客人前面让客人自行取用。

（2）按菜单顺序上菜、撤盘。每上一道菜前，应先将前一道菜用过的餐具撤下，注意各餐桌撤菜、上菜时间要一致。

（3）上每一道菜前将所配酒水从客人右侧提前递送上桌。

（4）为客人斟酒前，先向主人展示酒水，经主人同意后再开瓶。佐餐葡萄酒开瓶后，先给主人杯中斟少量酒，主人品尝认可后，才可按顺序给每位客人斟酒。斟酒完毕后，将白葡萄酒或香槟酒放回冰桶。

（5）上主菜前，先将配菜递送给客人。如使用俄式服务进行分菜，注意要站在客人左侧进行派菜服务。如宴会客人较多，应由多位服务员同时进行派菜。

（6）上甜品前，撤除与甜品相配的酒水杯具以外的所有餐具、杯具。摆好食用甜品用的刀、叉、勺。大块点心、水果、乳酪等用甜品刀、叉，冰激凌、布丁等用甜品勺。如果是需要用手直接拿取食用的水果或点心，应提前上洗手盅，用完该类甜品后上毛巾。

（7）进行咖啡或茶服务前，从客人右侧先上糖盅或奶壶，然后再上咖啡或茶。

（8）用餐结束时，推销白兰地、甜酒等餐后酒和雪茄烟。

（四）餐后服务

1. 结账服务

宴会接近尾声时，清点所用的酒水、饮料后，交收银台打出总账单。当主人示意结账和按规定办理结账手续时，应向客人致谢。

2. 送客服务

客人起身离座时，主动为客人拉椅，检查并提醒客人带好随身物品，向客人致谢并邀请再次光临，然后礼貌地送客人到餐厅门口。

3. 餐后整理工作

整理台面，用托盘或小推车收台、撤台布、整理桌椅，为下一次宴会做准备；领班记录宴会服务情况；关闭电灯、门窗等。

四、自助餐服务环节

自助餐又称“冷餐会”，它是目前国际上通行的一种非正式的西式宴会，在大型的商务活动中尤为多见。它的具体做法是，不预备正餐，而由就餐者随意在用餐时自行选择食物、饮料，然后或立或坐，自由地与他人在一起或是独自一人用餐。它之所以被称为自助餐，主要是因其可以在用餐时调动用餐者的主观能动性，由用餐者自己动手，自己帮助自己，在既定的范围之内选择菜肴。至于它又被称为“冷餐会”，则主要是因其提供的食物以冷食为主。当然，适量地提供一些热菜，或者提供一些半成品由用餐者自己进行加工，也是允许的。

（一）自助餐的特点与服务形式

自助餐是一种由客人自行挑选、拿取或自烹自食的就餐形式。这种就餐形式活泼，客人的挑选性强，不拘礼节，打破了传统的就餐形式，满足了客人的心理，正被越来越多的人所接受。此外，自助餐的收费略低于宴会，餐费标准固定。同时，自助餐厅所需要的服务人员少，可以在很短的时间内供很多人用餐。

一些简单的自助餐服务，几乎完全是客人自我服务。客人进入餐厅后，首先在自助餐台的一端拿托盘、餐盘、刀、叉、勺等餐具，然后沿着自助餐台挑选自己所喜欢的食品，最后端到餐桌上用餐。采用这种简单的自助餐非常省事、经济，不用做任何摆台工作，只要几个服务员帮助客人切分大块的烤肉和检查食品、餐具的供应就行了。较高级的自助餐服务则在客人到达之前已摆台完毕，餐具布置与美式服务方式一样。客人到达后，首先由服务员上开胃品或汤，同时供应饮料、面包、奶油及甜点等，然后由客人自己去挑选所喜欢的主菜。这种服务方式与其他服务方式相比，更受客人欢迎，效率也非常高。

自助餐的典型布置是将客人用的托盘、餐具、餐巾等置于餐台的前端，另外分别设置摆放开胃品、饮料及点心的独立餐台，这样可使自助餐服务工作迅速高效。在一些纪念性节日里或其他庆祝场合，自助餐台还可以布置得五彩缤纷、绚丽多姿。同时，在自助餐服务时间内，因为各种冷盘菜肴均可事先准备好，而各种热菜又是固定的菜谱，所以厨房只需少量人手就可以满足需要了，这样对餐厅的服务质量和成本控制有很大好处。

小资料

自助餐进餐礼仪

所谓自助餐进餐礼仪，主要是指以就餐者的身份参加自助餐时，所需要具体遵循的礼仪规范。一般来讲，自助餐进餐礼仪主要涉及下述七个方面。

1. 排队取菜

在享用自助餐时，就餐者必须自觉地维护公共秩序，讲究先来后到，排队选用食物，不允许乱挤、乱抢、乱插队，更不允许不排队。在取菜之前，先要准备好一只食盘，轮到自己取菜时，应以公用的餐具将食物装入自己的食盘之内，然后即应迅速离去。切勿在众多的食物面前犹豫再三，让身后之人久等，更不应该在取菜时挑挑拣拣，甚至直接下手或以自己的餐具取菜。

2. 循序取菜

按照常识，参加一般的自助餐时，取菜的先后顺序是：冷菜、汤、热菜、点心、甜品和水果。因此在取菜时，最好先在全场转一圈，了解一下情况，然后再去取菜。

3. 量力而行

在根据本人的口味选取食物时，必须量力而行。在享用自助餐时，多吃是允许的，而浪费食物则绝对不允许，这被称为自助餐就餐时的“少取”原则。

4. 多次少取

在自助餐上遵守“少取”原则的同时，还必须遵守“多次”原则，即每次应当只取少量食物，待品尝之后，觉得它适合自己，可以再次去取，直至自己感到吃好了为止。“多次”是为了量力而行，“少取”也是为了避免造成浪费。所以，二者往往也被合称为“多次少取”原则。

5. 送回餐具

在自助餐上强调自助，不但要求就餐者取用菜肴时以自助为主，而且要求就餐者善始善终，在用餐结束之后，自觉地将餐具送至指定处。

6. 照顾他人

对于自己的同伴，需要加以关心，对于其他不相识的用餐者，应当以礼相待。在用餐的过程中，在排队、取菜、寻位和行动期间，对于其他用餐者要主动谦让，不要目中无人、蛮横无理。

7. 积极交际

在参加自助餐时，一定要主动寻找机会，积极地进行交际活动。首先，应当找机会与主人攀谈一番；其次，应当与老朋友好好叙一叙；最后，还应当争取多结识几位新朋友。在自助餐上介入陌生的交际圈，大体上有三种方法：一是请求主人或圈内之人引见；二是寻找机会，借机加入；三是毛遂自荐。

（二）自助餐的菜肴

各种自助餐虽然从表面上看没有什么大的差别，但是实际上还是各有不同的。根据标准的不同，档次也有很大的不同。一般自助餐的布置、用料及菜品的种类大多是西餐中的焖、烩、煮类菜肴，再配上些沙拉、面包、甜点、饮料作为辅助。较高档的自助餐，其餐厅会安排厨师为客人进行现场烹饪，以保证菜肴的火候和新鲜程度。

（三）自助餐的服务流程

自助餐形式的冷餐会一般人数较多，规模较大，食品丰富。各种色、香、味、形俱佳的食品烘托出强烈的气氛，使客人得到良好的物质和精神享受。其服务内容与程序如下。

1. 餐前准备

（1）摆放自助餐台。摆放好自助餐台的各类菜品；摆放好所用的各类餐具，如主餐盘、甜品盘、汤碗、饮料杯等；摆放好取餐用的服务叉勺；摆放好各类调料。

（2）摆台。自助餐餐桌摆台通常按照西餐零点摆台方式，主要摆放主餐刀、主餐叉、汤勺、面包盘、黄油刀、餐巾、椒盐瓶、牙签筒等。

（3）检查。检查自助餐台菜品是否摆放完全、是否整齐美观、温度是否合适，各类取餐用具是否齐全，酱料、调料是否齐全，饮料是否齐备等。检查餐厅设施设备、环境卫生、空调温度，检查桌椅是否整齐，检查摆台是否规范，检查背景音乐，检查个人仪容仪表，等等。

2. 餐中服务

客人用餐时热情服务，保证菜肴及餐具的供应，及时为客人更换餐盘，并收走客人不用的餐盘。检查自助餐台器具的保温性能，保证菜肴应有的温度。若客人不慎将自助餐台台布或地毯弄脏，应及时擦拭或清扫，保证用餐环境清洁卫生。

3. 自助餐台服务

安排专门员工负责自助餐台，及时整理自助餐台面；通知厨房补充菜品；清理服务用具，补充餐盘，补充调料；及时补充自助餐台的饮料，随时为客人介绍菜品；随时做好菜品的保温工作等。

4. 餐后服务

客人离开后，迅速整理桌椅，清理台面，同时检查有无客人遗留物品。操作要轻，避免影响其他客人。餐段结束后，将自助餐台剩余菜品撤至厨房处理，清理自助餐台，将所有服务用具进行清洗，做好餐台卫生清洁工作。

5. 自助餐服务注意事项

（1）进行人员分工时，派专人负责自助餐台服务。

（2）始终保持餐桌餐台清洁卫生。

（3）不断补充陈列的食品，保持盛放食品不少于 1/3。

（4）检查控制食品温度，热菜始终保持一定热度，冷菜始终冷。

（5）客人点不包含在自助餐餐费中的酒水时，须向其说明该酒水需要另付费用。

（6）注意前后台的密切配合。

（7）妥善保管餐台装饰物品。

素养园地

餐饮服务的标准化与个性化

党的二十大报告指出：坚持以人民为中心的发展思想。随着人们对生活品质的关注，餐饮企业的服务水平和服务质量也越来越受到消费者的重视。当前，很多餐饮企业都引入了标准化服务模式，通过服务标准化的落实有效地提升了餐饮企业的整体服务水平，并加强了与消费者之间的黏性，推动了我国餐饮行业的长远发展。餐饮企业标准化建设是实现服务标准和服务内容的统一，但在服务过程中，也要对服务标准化有灵活的理解，始终坚持以消费者需求为标准化建设的出发点和落脚点。结合消费者的个性化需求，对服务标准化的内容进行调整和完善。通过个性化的突出，进一步增强餐饮服务的针对性和有效性，更好地满足消费者对服务的诉求，增强消费者对个性化服务的认同感。特别是当前消费者对个性化服务的追求越来越明显，餐饮企业为了获得更好的发展，需要尝试对服务模式进行改变和创新，在夯实标准化服务的基础之上，增加个性化服务元素，更好地满足消费者的个性化心理和猎奇心理。要结合消费者的个性化诉求，在服务标准化的基础之上，为消费者提供个性化的服务，进而更好地满足消费者的多元化诉求，增强消费者对餐饮企业的认可度和满意度，树立优质、可靠、安全的服务形象。

项目小结

中餐是指具有中国风味的餐食菜肴。中餐服务方式可分为零点服务、宴会服务、团体包餐服务。各类服务方式具有不同的特点。中餐零点服务有餐前准备、开餐服务、就餐服务、餐后服务、营业结束五个环节。中餐宴会预订包括电话预订、面谈预订、信函预订和网络预订四种。中餐宴会服务包括宴会前的组织准备、宴会前的迎宾服务、宴会中的就餐服务、宴会结束后的送客服务四个环节。

西餐是欧美各国菜肴的总称。西餐的主要特点是主料突出、形态美观、口味鲜美、营养丰富、供应方便等。西餐菜肴常见的服务方式有美式服务、法式服务、俄式服务、英式服务、大陆式服务等。西餐零点正餐包括备餐服务、餐前服务、接受点菜、推销佐餐酒、就餐服务和结账服务六个服务环节。西餐宴会服务包括餐前准备、迎宾服务、用餐服务和餐后服务四个环节。自助餐的形式有中式自助餐、西式自助餐和中西结合式自助餐。自助餐的服务流程包括餐前准备、餐中服务、自助餐台服务和餐后服务四个环节。

课堂讨论

1. 如何才能开好餐前会议？
2. 中餐宴会服务应该注意哪些环节？
3. 中西餐的零点服务有什么不同？
4. 中西餐的宴会服务有什么不同？
5. 餐饮服务数字化对提升餐饮服务效率有哪些影响？
6. 如何为自助餐服务？

技能训练

1. 模拟在中餐厅为客人点菜。
2. 模拟中餐宴会餐中的服务环节。
3. 模拟在西餐厅为客人用信用卡结账。
4. 模拟快餐厅扫码点餐和结账。

案例分析

案例一　结账服务

某天晚上，五位客人在某星级酒店的餐厅包房用餐。席间服务员的服务很是周到，客人也在愉快的氛围中用餐。用餐临近结束时，一位先生示意服务员结账，服务员连忙取来账单递交给这位先生。这位先生一看账单，发现有一道没有上的菜仍然记录在了账单上，而且账单夹有灰尘，他对此很不满意，便告知服务员。服务员随口回答客人账单绝对没有问题，是客人自己记错了。这时另外四位客人也说明并未上菜。服务员这才觉得可能是自己弄错了，忙赔礼道歉，并到收银台更改账单。结账完毕，客人并未离去，而是聊起了天。一位女士叫服务员添茶，连叫几声都无人应答，只能作罢。这五位客人临走时，互相说着："什么餐厅？什么服务？什么服务员？结了账后人都不知道哪去了？以后咱们再也不来了。"

问题与思考：

1. 该案例中服务员的哪些行为导致了客人对餐厅的不满？
2. 在你看来，服务人员在结账服务过程中，有哪些方面是需要注意的？

案例二　洗手盅被顾客当菊花茶喝了

某餐厅内，一桌客人正在用餐，值台服务员在为客人上了基围虾后，又按常规给客人端上了洗手盅。但服务员并没有告诉客人水的用途，只说了一句："先生，请慢用"后就离开了。一位客人见水上飘着几朵菊花，以为这是菊花茶，便一饮而尽。当其他客人正在为这位客人解释时，被正在上菜的服务员听到了，服务员禁不住笑出了声，使这位客人弄了个大红脸。

问题与思考：

1. 你认为服务员的服务有哪些不对的地方？
2. 你认为在服务中最重要的是什么？

项目四

餐饮环境设计与布局

问题导入

1. 如何设计餐厅的空间？
2. 餐厅的桌椅如何布局？
3. 如何设计一家主题餐厅？
4. 你能在宴会厅布置一场婚宴吗？
5. 你能设计一场寿宴吗？

学习目标

知识目标：

1. 了解餐厅的种类与构成。
2. 掌握餐厅设计的原则，熟悉餐厅设计的内容。
3. 了解主题餐厅的特点，掌握主题餐厅设计的原则。
4. 熟悉餐厅布置的元素。
5. 掌握宴会主题设计的要求。
6. 掌握宴会主题设计的步骤和方法。

能力目标：

1. 能够根据餐厅实际情况进行空间布置。
2. 能够根据客人需求布置一场宴会。

素养目标：

1. 培养审美意识。
2. 培养创新精神。
3. 培养客户至上的服务意识。

任务一　餐厅设计与布局

案例情境

从星巴克和麦当劳排队看餐厅动线设计

餐厅动线，就是人在餐厅内的移动路线。动线设计是整个餐厅能够高效运转的基础，并已经细微到工作的每个环节和细节中。餐厅不同，经营的品类有差异，服务运行方式不同，动线的设计也不尽相同。比如排队，星巴克和麦当劳就是两个经典的动线设计案例。

先来想象一个画面：顾客 A 在拥挤的餐厅过道里一边找座位，一边与对面走来的顾客不断擦肩而过，还要躲着一路高喊“借过”的传菜员。好不容易找到座位，一回头发现卫生间就设置在厨房对面，门口还堆着一车刚拉过来的待洗餐具，顿时食欲全无……这个想象的画面或许正在发生，顾客 A 遭遇的经历其实与餐厅动线设计有着重大关系。

星巴克为什么横着排队？

星巴克力求创造一个使顾客感觉优雅舒适，有别于办公室和家庭的第三空间。横向排队使顾客之间能看到彼此的表情，从而产生亲近感，避免排队等待中的焦虑感。

1. 提升工作效率，降低劳动成本

星巴克的员工作业吧台采用横向排列，使员工能形成类似工厂的流水线，可保证在接单、做咖啡和给咖啡三个位置都有活动空间，工作速度也更快，同时顾客可以在面对吧台的一侧排队，而在另一侧取咖啡，形成秩序，可以避免走道拥堵。人多的时候，横向排队还可以让顾客预点单。通常星巴克的柜台会陈列售卖的产品，如咖啡豆、蛋糕等。横向排队便于顾客近距离看货，自助服务相对容易，从而降低劳动成本。

2. 优化购物体验

当顾客站在柜台旁边时，不用担心自己的视线会被排在前面的顾客阻挡，能很清楚地看到墙上的商品价目单和柜台里忙碌的工作人员。横向排队不仅能让顾客打发排队时间，还能有效排解排队等候的烦躁。横向排列的柜台相当于一个展示平台，顾客能看到工作人员制作饮品的全过程。顾客不仅能增加仪式感和体验感，还会产生这样的感想：这杯饮料做起来不容易，确实值这个价格。

麦当劳为什么竖着排队？

麦当劳作为快餐业的鼻祖，力图营造热闹、快节奏的氛围。麦当劳采用纵向排队，顾客之间是背与面的接触，“看不见头”的等待和快节奏的就餐方式，刚好体现了麦当劳的特色。

1. 提醒顾客尽早做出决策

麦当劳店面往往在门口就贴出了当日推荐的套餐组合海报，并把主推产品贴在店内。这背后体现了对点餐效率的思考，它希望顾客在站到收银台前就已做好消费决策。餐厅作为一个公共空间，如果顾客站在收银台前犹豫不决，必然会影响其他顾客点单。

2. 减少服务员移动

麦当劳的收银台和厨房采用前后布局，意在减少服务员的移动，甚至考虑到了减少服务员弯腰和转身的需求。收银台和后厨之间保持非常高效的距离，人员流动不会影响点餐员的工作，同时保证了配餐员的高效走动。

3. 提高双方效率

麦当劳有意将点餐人流和取餐人流分开。因为取餐区独立，减少了点餐区的人群堆积以及点餐、取餐人流重合混乱的情况，配餐员的移动也会更有效率，实际上取餐区也就变成了配餐台。顾客在等餐的时候，不会影响到后面点餐的人。由此节约下来的时间实际上是数个“等餐的时间”，积少成多便会产生更高的服务效率。

【案例思考】

餐厅动线设计包括哪些方面的内容？其作用是什么？

【案例评析】

餐厅动线设计离不开两大方向——员工动线和顾客动线。好的员工动线能方便地提供服务，提高工作效率，节约时间成本。好的顾客动线则能让点餐、就餐、出入的过程变得井然有序且流畅。餐厅动线设计不仅影响餐厅的工作效率，也关乎员工和顾客的诉求。服务动线要能够减少服务环节，提高服务效率；后厨动线要保障安全和方便；顾客动线要能给顾客带来最佳用餐体验。

餐厅是销售酒店饮食产品和客人用餐的特定场所，其主要任务首先是按照一定的规格和标准，用娴熟的服务技能，及时为客人供餐，满足客人的饮食需要；其次是推销餐饮产品，扩大销售服务，正确计算和收取价款，保证经济效益的实现。餐厅的英文“Restaurant”出自拉丁语，原意为“滋补、提神”。1765 年，法国一位开肉汤店的老板将其制成招牌悬于店外，表示吃了可以获得精力、体力的恢复，从而慢慢演变成为顾客提供食物、休息及恢复体力和精神之场所。餐厅营业服务场所的设计与布局展示着餐厅的形象，并直接影响到餐厅的声誉和销售效益。

一、餐厅的种类与构成

（一）餐厅的定义

餐厅是为顾客提供补充体力的营养食品与舒适的休息环境的场所。詹益政在《餐厅·旅馆》一书中是这样定义的：“餐厅即为设席待客、提供餐食与饮料的设备与服务之一种接待企业。依内容看，餐厅必备的条件是：以营利为目的的企业；提供有形或无形服务，包括人力与设备的服务；具备固定的营业场所。”

简单来说，餐厅是指在一定的场所公开对大众提供膳食、饮品和服务的经营性设施。它具有以下三个特征：

（1）拥有一定的营业场所，设有接待就餐者的空间和生产供应餐食的设备。

（2）供应膳食、饮品等，并配有相应的服务。

（3）受政府核准，所有行为均以经营为最终目的。

成功的餐厅应该提供佳肴美食（Good Food and Good Beverage）、周到的服务（Good Service）、合理的价格（Good Price）、清洁的环境（Nice Environment）与舒适的气氛（Nice Atmosphere）。

（二）餐厅的种类及功能

按不同标准，餐厅有不同类别。

1．按餐厅的档次划分

餐厅的档次取决于餐厅投资成本的高低，可以根据餐厅所在的地理位置、建筑物、装修、设施设备、经营产品、服务档次等表现出来。经营者需要根据自己的市场定位来确定自己的餐厅档次。按档次高低，餐厅大致可分成低档餐厅、中高档餐厅、高档餐厅。

（1）低档餐厅。

这类餐饮店的菜品品种少，服务形式单一，菜品在选料、加工等方面一般不需要精细制作，提供较简单的桌边服务，价钱便宜实惠，很多小吃店、外卖店、快餐店都属于低档、经济型餐厅。

（2）中高档餐厅。

这类餐饮店的环境较为讲究，菜单品种齐全，服务全面，但价格偏高。

（3）高档餐厅。

这类餐饮店地理位置优越，装修豪华精致，环境高雅，菜品制作精细，形式多样，服务要求严格而规范，价格比较昂贵。

2．按餐厅的服务形式划分

（1）餐桌服务式餐厅。

餐桌服务式餐厅是最常见的，可以是中式餐厅，也可以是西式餐厅。在这类餐饮企业用餐，一进餐厅，引位员将顾客按照需求引领至合适的位置。入座后，由值台员为顾客进行点菜、摆台、上菜、结账、清台等用餐服务。在用餐过程中，有服务员进行桌边服务，或者随时召唤服务员过来进行用餐服务。

餐桌服务式餐厅必须注重餐厅的选址，在餐厅布局、装修风格、装饰氛围方面具有一定的特色，给顾客提供一种优雅的就餐环境。同时，餐饮产品必须具有一定的特色才能吸引客人。一般来说，凡是地理位置优越、装修豪华、服务高雅、食品精美、环境舒适的餐厅都提供桌边服务，属于餐桌服务式餐厅，但并非所有的餐桌服务式餐厅都是高档的餐厅。

（2）自助服务式餐厅。

自助服务式餐厅即顾客的点菜、用餐全靠自己来完成的餐厅。餐厅的工作人员只提供引领、引导、咨询、辅助性的一些服务内容。餐厅负责将所经营的菜品、饮料按照一定的方式盛放在餐厅内，顾客按照自己的需求围绕菜台选取自己需要的菜品和酒水饮料，然后端到餐桌进行用餐。在进餐的过程中，顾客可以多次取菜。当然，有的自助餐厅也会选取某些制作简单的菜品由顾客现场自己操作，比如中餐中的火锅、烧烤，西餐中的沙拉等。此外，餐厅也会选取一些对食品新鲜程度要求比较高的菜品进行现场制作，这样既能达到展示菜品制作、丰富用餐气氛的作用，同时还能保证菜品的新鲜和美味。

无论是中餐还是西餐，都可以采用自助餐厅的形式进行经营，这类餐馆或餐厅所经营的品种既定、消费标准既定，一般以人为单位来收取费用。但是自助服务式餐饮与自助餐还是有一定区别的。自助服务式餐饮店是一种餐饮店类型，而自助餐是一种服务方式或宴饮形式。也就是说，即使是餐桌服务式餐饮店也可以进行自助餐服务。

（3）柜台服务式餐厅。

在这种餐厅里，顾客坐在柜台旁，柜台即顾客用餐的餐台，菜由服务员或厨师直接上给顾客。就像顾客在吧台可以看到调酒师调酒、斟酒一样，顾客也可以欣赏厨师的表演。

由于这种餐厅的服务速度非常快，因此也称为“速简餐厅”，日式铁板烧即属此类。

（4）外送服务式餐厅。

现在许多餐桌式餐馆都提供外送式服务，顾客需要提前预订菜品，然后由工作人员送到顾客指定的地点。有的餐饮企业没有固定的用餐空间，只有菜品的制作间，只提供外送服务，这类企业还提供厨师上门服务，即厨师到顾客家里现场烹制食物，这样既可展示食物的制作过程，同时又能保证顾客在家里享受到热腾腾的、新鲜的食物。

3. 按餐厅的风味特色划分

（1）以某一国家菜点为特色。

在世界范围内，各个国家的餐饮所喜好的食材、制作方式、口味特色不完全一样，因此形成了众多的菜系。餐厅可以选取一个国别的菜系进行经营，如中国菜、日本料理、韩国烤肉、泰国菜、印度菜、越南菜、法国菜、意大利菜、墨西哥菜等。

（2）以某一地区菜点为特色。

餐饮业的一大特色就是民族性和地域性，各个民族或地区在长期的饮食基础上形成了自己独特的饮食风味。从地域上来说，如我国有“四大菜系”“八大菜系”“十大菜系”“十二大菜系”之说，餐饮企业可以选取其中的川菜、湘菜、鲁菜、粤菜、淮扬菜、浙菜等进行经营。

（3）以某一食材为特色。

这类餐厅或餐馆以某一特产或特色原料为主，开发出一系列产品，强调这种食材、产品的口味、功能、疗效的独特性，如海鲜类、鸭或鸡等。

（4）以某一主题为特色。

有的餐厅能细分出独特的市场，围绕某种主题开发出一些独特的菜品进行经营，如宫廷菜、文化菜（如红楼宴）等具有主题特色的餐饮企业。

主题餐厅主要是通过特殊装修布置、特殊装饰或娱乐活动的安排等，包括从设施设备的设计到餐厅员工的服务，全方位创造出具有特定文化主题的餐馆。

主题餐厅的客源市场主要是为追求某种特殊文化体验或者某种特殊情调情感，重在体验和感受主题文化氛围的客人。对这样的客人来说，并不仅仅重视食物本身，他们关注的是餐厅所带给他们的文化享受。餐厅服务不仅要满足客人用餐的需要，更要满足客人对气氛和环境的需求。因而主题餐馆要重视从多个方面来围绕主题营造氛围，包括设施设备的设计，餐厅员工的服务，餐厅的装修风格、装饰效果、环境布置，菜品的主题设计，服务方式和环节的设计，主题娱乐活动的设计，等等。要做到菜品、服务、人员服装服饰、装饰装修等与其主题文化高度统一。

主题餐厅为客人提供的是一种整体感受，而不单纯是餐饮。确切地说，它提供的是一种文化，满足人们对餐饮产品更高层次的需求。主题餐厅的经营具有利润高、风险大等特点。因此，价格一般比餐桌服务型餐厅要高。

小资料

主题餐厅与特色餐厅的区别

主题餐厅是通过一个或多个主题为吸引标志的饮食场所，希望人们身临其中的时候，经过观察和联想，进入期望的主题情境，譬如“亲临”世界的另一端、重温某段历史、了解一种陌生的文化等。在主题文化的开发上，借助特色的建筑设计和内部装饰来强化主题是非常必要的，例如，上海老站餐厅就通过老式家居布置和火车的改装，营造了老上海怀旧和名人专列两个主题；巴厘岛印度尼西亚餐厅则是通过民俗文化的展示和当地物体的陈列来表现巴厘岛的主题；橄榄树餐厅大量应用特别的装饰材料，以突出地中海风情的主题。可以看出，作为主题餐厅，应该运用各种手段来凸显所表现的主题，建筑设计与内部装饰是其中重要的组成部分，因为客人就是通过对餐厅的环境装饰来认识其倡导的主题文化的，而进入主题餐厅所得到的特别享受，更多的来自餐厅的美妙环境。因此挖掘主题文化的底蕴，主要就是做好主题餐厅环境设计，这样才会带来完美的效果。

人们习惯于将主题餐厅与特色餐厅等同起来。事实上，两者是有一定区别的。首先，主题餐厅一定是一个特色餐厅。主题餐厅的必备特质就是特色，即主题餐厅生存和发展的资本是"个性化"的特色。但是，特色餐厅不一定是主题餐厅。在现实餐饮市场上存在许多特色餐厅，但是，从严格意义上讲，很多特色餐厅并不能被称为主题餐厅。因为主题餐厅除了要有特色鲜明的各类菜肴之外，还非常注重主题文化的深度开发，注重相应环境的营造，借助于环境突出其主题特色。

较之于特色餐厅，主题餐厅更强调从菜式到环境的全范围的特色化和鲜明化。主题餐厅的关键在于如何充分调动各种因素来深化特色，营造出一种无所不在的特色氛围。特色餐厅充其量只能称为"准主题餐厅"。凡是在菜式上有新意的餐厅均可称为特色餐厅，对于特色餐厅而言，关键在于菜式上的突破。对于主题餐厅而言，追求的则是从菜式、环境、服务、文化等方面的整体创新。

4. 按餐饮企业的经营范围和形式划分

根据餐饮企业的经营范围和形式，可以将餐饮企业分为以下几种。

（1）单一功能餐饮企业。

单一功能餐饮企业是指仅供应餐饮产品和服务的餐厅，这类餐饮企业只经营餐饮，不涉及其他产品和服务，经营类型单一。这类餐饮企业是餐饮企业的主体，一般指酒家、酒楼、酒店、饭庄、火锅店、烧烤店等。

（2）多功能餐饮企业。

多功能餐饮企业除了经营餐饮产品之外，还提供其他类型的产品与服务，如KTV、桑拿、洗浴、健身、茶艺等。这种类型的餐饮企业能够满足消费者的多方面需求，从而扩大餐饮企业对消费者的吸引力，也能增加餐饮企业的客源类型。

（3）酒店型餐饮企业。

酒店型餐饮企业是指隶属于酒店的餐厅。餐饮产品是酒店的重要产品和功能之一，能满足住店顾客的餐饮需求，同时也能为多种类型的顾客提供服务，如会议客人。酒店通常都会有自己的餐厅和餐饮产品，如提供自助式早餐、各种接待能力的宴会厅、西餐厅等。

二、餐厅的设计

一家理想的餐厅要具有以下作用：一是刺激客人的购买欲望，留给客人深刻的印象；二是调节客人的用餐心境，能使客人愉快地消费；三是影响员工的工作行为，凝聚众人以形成合力；四是体现餐厅的文化特色，创新餐饮业经营特色。

（一）设计原则

餐厅设计的基本原则包括以下几个。

1. 整体性

餐厅设计的整体性首先表现为内部环境和外部环境的有机统一，其次表现为各组成要素之间的风格应大体保持一致。中式餐厅应突出东方文化的特色，包括色彩、装饰物的选择及陈列品的内容。西式餐厅应以西方文化和艺术为背景，突出西方的特色。应避免不伦不类的装饰，内外应保持一致的风格和一致的文化内涵，若采用中西结合式的装饰时，一定要选好切入点，不应产生大的错位。

2. 实用有效

一是要缩短服务距离，方便服务；二是避免餐厅、厨房的人流、物流交叉。厨房和餐厅之间应分别设有进口门和出口门。出菜服务员路线形成循环圈，第一个停靠点是洗涤处。

3. 提高空间利用率

在进行餐厅设计时，要尽可能减少餐厅及包间区域地面高低的变化。在餐厅或包间内通过地面高低的变化来划分区域已经是很多年前的做法了，这样只会降低空间的利用率，还可能导致客人摔跤事故的发生，选用不同的材质也可区分不同的空间。

4. 注重保护客人的隐私

在餐厅中，最好不要设计成排桌式，那样一眼就可将整个餐厅尽收眼底，从而使得餐厅显得毫无档次，空间乏味。目前流行的方式是通过各类形式的玻璃、镂花屏风将空间进行组合。这样不仅可以增加装饰面，又能很好地划分区域，给客人留有相对私密的空间。包间的设计应注意以下问题：

（1）包间的门不要两两相对，应尽可能错开。

（2）桌子不要正对包间门，否则，其他客人从走道经过时一眼就可将包间内的情况看得一清二楚。

（3）一些高档包间内设置备餐间，备餐间的入口最好与包间的主入口分开，同时，备餐间的出口也不要正对餐桌。

5. 重视通风及排烟

餐厅与包间都需要有良好的通风和排烟。部分餐厅一进去就有一股烟味、酒味、油烟味、霉味，以及各种菜肴的混合味道，其问题就出在通风上。酒店在进行设计时要特别注意这一问题。这一问题由多种因素造成，厨房负压不够是常见的问题之一，增加负压可避免厨房油烟及菜味逸出，还可避免整个酒店串味。

6. 重视灯光设计

太亮或太暗的就餐环境会使客人感到不适，桌面的重点照明可有效地增进食欲，而其他区域则应相对暗一些，有艺术品的地方可用灯光突出，灯光的明暗结合可使整个环境富有层次。此外，还应避免彩色光源的使用，那会使得餐厅显得俗气，也会使客人感到烦躁。

7. 营造文化氛围

请设计师结合当地的人文景观，通过艺术加工与提炼，创造富有地方特色的就餐环境，这对于客人来说也是具有相当吸引力的。一些餐厅和包间的装修风格与包间的名字不相协调，给人一种莫名其妙的感觉。因此，设计时就应考虑到餐厅和包间的主题，而不是等装修结束后再起名。高雅的文化氛围还可通过艺术品和家具来体现，这是需要精心设计方可达到的，切不可随意布置。

（二）餐厅设计内容

餐厅设计指店面设计、空间设计、餐台及餐位设计、流动路线设计和其他区域设计等。

1. 店面设计

餐厅店面的设计在于显示餐饮这个“特殊商品”包装的格调，店面设计的主要目的是吸引客人，使其决定来该餐厅用餐。因此，餐厅的店面不仅要具有“辨认”功能，而且也要有美观的外表，餐厅的大门口、展示窗、霓虹灯、招牌等，要力争让人过目不忘。

独到的外表还要充分烘托出餐厅的“商品”特征，使路人一望即知该餐厅经营的是什么菜。现在的餐厅早已脱离了“守株待兔”的经营方式，除普遍将咖啡厅等设在楼下底层方便客人接近外，更有将店面设计成开放式的，临街的一面使用大型落地玻璃窗，让人一览无遗，将餐厅内的用餐情调展现给过往行人。在风格处理上，尽量采用自然、鲜明的色彩，减少过分的装饰堆砌，强调协调。

另外，餐厅门面的设计要显示出卫生与清洁格调。这从颜色的运用、设备的风格、空间的安排及其本身具有的清洁程度均能反映出来。

食品展示柜内要有餐饮产品的陈列；注意突出重点，霓虹灯、招牌文字要简明，图案要新颖而醒目；标志要鲜明，要与建筑的造型相协调，显示独特的形象，容易让匆忙路过的行人注意与记住。名称也同样很重要，好的名称便于识记。

总之，餐厅外表的设计能激发人们对餐饮产品的想象，使人们在远处一望就知道这是哪一类型的餐厅，甚至能估计出其消费水平。

2. 空间设计

（1）餐厅的内部空间划分。

餐厅的内部空间，按其使用功能可分为客用空间（用餐区、接待室、衣帽间等），公用空间（盥洗间、电话间等），管理空间（服务台、办公室等），流动空间（通道、走廊等）等，在设计与布局时必须做到比例恰当、布局合理、点面结合、错落有致。

（2）餐厅空间设计要求。

在设计餐厅空间时，由于各种用途所需空间大小各异，其组合运用亦各不相同，必须考虑各种空间的适度性及各空间组织的合理性。具体来讲有以下几点：

①餐厅的面积可根据餐厅的规模与级别来综合确定，一般按 $1\sim1.5m^2$/座计算。餐厅面积指标的确定要合理，指标过小，会造成拥挤；指标过大，会造成面积浪费、利用率不高和增大工作人员的劳动强度等。

②营业性的餐厅应有专门的顾客出入口、休息前厅、衣帽间。

③餐厅应紧靠厨房设置，但备餐间的出入口应处理得较为隐蔽，同时还要避免厨房气味和油烟进入餐厅。

④顾客就餐活动路线与送餐服务路线应分开，同时还要尽量避免主要路线的交叉。送餐服务路线不宜过长（最长不超过 40m），并尽量避免穿越其他用餐空间。在大型的多功能厅或宴会厅应以配餐廊代替备餐间，以避免送餐路线过长。

⑤在大餐厅中应以多种有效的手段（绿化、半隔断等）来划分和限定各个不同的用餐区，以保证各个区域之间的相对独立，减少相互干扰。

⑥各种功能的餐厅应有与之相适应的餐桌椅和相应的装饰风格。

⑦室内色彩应建立在统一的装饰风格基础之上，如西餐厅的色彩应典雅、明快，以浅色调为主；中餐厅则应相对热烈、华贵，以深色调为主。除此之外，还应考虑采用能增进

食欲的暖色调，以增加顾客舒适、欢快的心情。

⑧装修材料应主要选用天然材料，以给人温暖、亲切的感觉。地面应选择耐污、耐磨、易于清洁的材料。

⑨餐厅内应有宜人的空间尺度和舒适的通风、采光等物理环境。

小资料

中餐馆的包间设计

对于中餐馆来说，营业利润并不是依靠就餐人数，而是依靠消费水平。为了提高餐馆的利润，包厢或包间就是一种好的形式。首先，包间为就餐人提供了一个相对私密的空间环境，别人干扰不了他们，他们也不会干扰别人；其次，在这样一个小空间里，服务水平和服务设施可以有很大的改进；再次，顾客通常会延长就餐时间，用餐消费的开支随之提高；最后，由于是品尝性质的慢慢就餐，每道菜送上来时，服务员可以先向顾客介绍每道菜肴的名称、由来以及加工方法等，顾客在这里也可以充分领略饮食文化。

3. 餐台及餐位设计

餐厅餐台的设计、布局对整个餐厅的经营影响很大。尽管餐桌、椅子等大小、形状各不相同，但还是有一定的比例和标准，设计餐台时一般根据餐厅面积的大小来配置与布局，使有限的餐厅面积能最大限度地发挥其价值。

（1）餐台设计。

餐台台面通常有两种，一种是圆台面，另一种是方形或长方形台面。一般情况下，中餐用圆形台面，零点餐厅也配方形台面。除中餐外，其他餐饮风格一般使用方形台面。从经济性的角度看，选择台面不是一成不变的，而是根据餐厅的内部结构合理布局，充分利用有限面积，最大限度地接待客人。

餐桌摆放的形式有多种。一般来说，中低档的餐厅多选用长桌和较大的圆桌，容易紧凑地摆放，而小方桌则用于补充边角；高档餐厅多选用中方桌和中、小圆桌，这样的餐桌能摆放得宽敞，能使顾客感到舒适，并可使餐厅的格局更具情调。

总之，餐台的摆放不是一成不变的，要根据场地面积和形状、就餐人数的多少、不同团体不使用一张餐桌以免相互干扰的原则，将不同形状的餐台灵活搭配、合理组合。目前，餐台的配置一般有单人座、双人座、四人座、六人座、火车式、圆桌式、沙发式、方形、长方形、情人座、家庭式等形式，以满足各类客人的需求。

餐桌排列一般采用纵横排列法，餐桌间的距离要均匀，排列大小、形状不同的餐桌时，可以从餐厅的里端开始往外由大到小，即由大圆台到小方台，一行行均匀排列，小方台可摆成正方形，也可摆成斜方形，但整个餐厅须整齐一致。

小资料

设计餐台形式的考虑因素

在设计餐台形式时，考虑的因素有以下几个方面：

第一，客人的流动路线。客人进入餐厅的流动路线包括从入口至所用餐台、从餐台至卫生间，要避免拥挤。

第二，服务流动路线。餐厅的服务流动路线主要是指从餐台至厨房、吧台、餐桌等提供餐饮食品服务的位置，服务通道以1m为宜。

第三，餐台距离。餐台的间距大小决定了餐厅的档次，餐台间距大，既便于运动且更加舒适，餐厅的档次也高。餐厅餐台间距也有最低的要求。

第四，餐厅的形状。应当根据餐厅形状选择台形，最大限度地利用餐厅有限的面积设置尽可能多的座位。餐厅因建筑上的需要，可能有柱子、拐角，可针对不同情况使用不同形状的餐台，使台形设计方便、舒适、美观、合理。

（2）餐位设计。

就需求空间而言，通常一位客人所需最小的活动面积为2平方米，一些咖啡馆、小吃店或快餐店，一位客人所需的平均面积为1.3平方米。另外，用餐区的餐桌间距必须能让服务员方便服务，让客人方便出入。餐桌的排列既要考虑提高餐厅的使用率，又要考虑客人入座的舒适和席间服务的方便，同时还要讲究排列的艺术效果。

餐厅餐位数的确定方法有两种：

第一种：根据酒店客房数决定餐位数。这是一种较为传统的经验测算法，通常认为，酒店类型不同，餐厅餐位数与客房数之间的比例也不同。度假型和会议型旅游酒店1.5～2个/间客房、城市商务型旅游酒店0.5～1个/间客房、酒吧0.25～0.5个/间客房。

第二种：根据销售收入和客容量预测决定餐位数。酒店经营者在计划餐饮设施的类型、菜单内容及规格时，应根据细致深入的市场调查研究来决定某一餐厅的规模，即具体设定餐位数时，可依据该餐厅的销售收入和客人数量来预测。

【案例4-1】某经营午、晚餐的餐厅年销售收入1 000 000元，其中午餐占40%、晚餐占60%，客人平均消费午餐10元、晚餐15元。由于气候原因，冬季不经营，全年正常营业200天。经预测，该餐厅的座位周转率为1.5，需加上15%的空位比例。问该餐厅须设多少餐位？

【案例解析】

每天销售收入：1 000 000元÷200天＝5 000元/天

每天两餐销售收入分别为：

午餐：5 000元/天×40%＝2 000元/天

晚餐：5 000元/天×60%＝3 000元/天

两餐的就餐客人数分别为：

午餐：2 000元/天÷10元/客＝200客/天

晚餐：3 000元/天÷15元/客＝200客/天

200客/天÷1.5客/餐位＝133.3餐位

133.3餐位＋(15%×133.3餐位)≈153.3餐位≈154餐位

4. 流动路线设计

餐厅流动路线是指服务人员及客人在饭店内流动行走的方向和路线。在运用时要注意各空间面积的特殊性，并考察客人与工作人员流动路线的便捷性，同时也要注意消防等安全性的要求，以求得各空间面积与建筑物的合理组合，高效率地利用空间。餐厅的通道设计应该坚持流畅、便利、安全的原则。

（1）客人的流动路线即从大门到座位的通道要畅通无阻，还要尽可能宽敞，各类标识要简单易懂。

（2）尽量避免客人流动路线与服务流动路线发生冲突。尽可能分流，进出门分设，客用通道与服务通道相对分离，避免交叉碰撞，两者如有冲突，应遵循先满足客人的原则。

（3）通道的宽度要符合营业服务的需要。服务线路不宜过长，尽量避免穿越到其他用餐空间。可以设置“区域服务台”，这既有助于缩短服务人员的行走路程，也可以存放一些餐具。

（4）流动路线适宜采用直线，避免迂回绕道，一方面，直线有助于服务人员提高工作效率，另一方面，可避免客人产生混乱的感觉，影响客人的情绪和食欲。

5. 其他区域设计

（1）入口门厅、休息等候区设计要求。

入口门厅是独立式餐厅的交通枢纽，是客人从室外进入餐厅就餐的过渡空间。门厅装饰一般较为华丽，视觉主立面设店名和店标。根据门厅的大小，一般可设置迎宾台、客人休息区、餐厅特色简介等，还可结合楼梯设置灯光喷泉水池或装饰小景。

休息等候区是从公共交通部分通向餐厅的过渡空间。休息厅与餐厅可以用门、玻璃隔断、绿化池、屏风来加以分隔和限定。

（2）卫生间设计要求。

卫生间设计要合理，便于客人使用，色调要体现整洁、安静、舒适；光线要柔和；应与餐厅设在同一层楼，免得客人上下不方便；卫生间切忌与厨房连在一起，以免影响客人的食欲；卫生间的空间要能容纳 3 人以上；最好分客人卫生间和工作人员洗手间；客人卫生间的位置应隐蔽，其前室的入口不应靠近餐厅或与餐厅相对；客人卫生间标识要清晰、醒目；附设的酒吧应有专用的洗手间，以免客人饮酒时跑到别处去洗手；卫生间可用少量艺术品或古玩点缀，以提高卫生间的环境质量。

（三）餐厅设计的注意事项

（1）除了备餐台外，高档的包间还应设置会客区、衣帽间等，这些最好设计成嵌墙式的，从而营造包间的整体效果。

（2）包间的装修以什么为中心是最常见的问题之一。很多餐厅在设计时没有考虑到包间内的家具，以包间的正中心为中心，其结果是配备备餐台及沙发、茶几等家具后，餐台的位置发生问题，与天花板的灯具位置不相配，而此时包间的天花板已做，灯已配好，再返工已不可能，势必影响包间的整体效果。

（3）设计中应考虑一部分包间的多功能性，通过使用活动隔断，使包间可分可合，满足多桌客人在一个相对独立的场所就餐的需求，增加包间使用的灵活性，从而提高包间的使用率。

如条件许可，尽可能使包间的大小多样化，要考虑到不同人数的客人在包间的用餐需求，如 2～4 人在一个直径 1.8m 的餐桌上用餐，会感觉相互间距离太远，不仅不方便谈话，菜也无法放置。

（4）尽量降低各种噪声，如餐厅与厨房间设置两道门可以降低来自厨房的噪声，风机房应设置在对包间影响最小的位置。

（5）卫生间最好不要设在餐厅外，那会给就餐的客人带来一定程度的不便。

（6）贵宾包间不应设卡拉 OK 设施，这会破坏高雅的就餐氛围，降低档次，而且也会影响其他包间的客人。

三、餐厅布局

餐厅的布局

餐厅布局是指根据店面的大小、所配备员工的多少、季节和营业额发展变化等不同情况，按操作流程对餐厅进行合理布置，目的是方便设备的摆放，充分发挥各种设备的使用效能，从而提高员工的服务效率，最大限度地方便客人用餐。

（一）餐厅布局的原则

1. 明显地反映餐厅特点

合理布置桌椅，特别是靠门一侧是客人出入最频繁的地方，需要保留必要的通道和等候区。产品介绍、书刊陈列架放置餐饮企业信息、产品介绍、社会资讯等资料，使之可以激发客人的需求和购买欲。

2. 便利客人选购

应该将销量大、特色明显的产品信息、订餐电话号码布置在前厅的接待台上，设置促销栏，把新推出的产品、需要细选的产品设置在店里促销栏内，给客人提供购买与选择产品的便利条件。

3. 适应产品特征

将需要介绍的新产品与促销的产品册卡尽量放在自然光线充足的地点，如临近等候区，便于客人拿取。

4. 有足够的客人活动空间

这包括可以实地表演制作及操作的空间。

5. 能够使客人平均分散开来

应了解餐厅的交易次数以及季节变化和业务规律，合理分配设备设施的摆放位置，以便使客人进入餐厅后能够平均分散开来，避免忙闲不均的现象。

（二）餐厅布局的类型

1. 餐厅厨房的布局类型

根据销售方式的不同，餐厅主要有厨房隔绝式和厨房敞开式两种布局。

（1）厨房隔绝式是目前的传统做法，用隔墙将厨房与用餐区隔开，客人不能进入制作现场，只能隔着展示窗看到制作现场，菜品必须通过出菜口由员工转交客人。它便于对菜品的管理。但由于客人不能看到菜品制作，不便于广泛、自然地参观选购和口口相传。

（2）厨房敞开式是指厨房和等候区不设隔墙，将产品的制作直接呈现在客人面前，允许客人直接观赏菜品的制作过程，店员工作现场与客人活动现场融为一体。这种销售方式适应了新的用餐理念，客人自行观赏，从而可提高销售额。但采用这种店面形式必须加强食品管理和安全工作，员工应随时整理厨房制作区，保持陈列整洁。

2. 餐厅桌椅的布局类型

餐厅桌椅的布局有以下几种类型：

（1）沿墙式。

桌椅沿墙布置，由于墙面大多为直线，因而桌椅也成直线。这是普遍采取的设计方式。

（2）岛屿式。

桌椅呈岛状分布，用矮墙隔开，桌椅可制作成正方形、长方形、圆形、椭圆形等多种形式。这种方式一般用于店面面积较大的餐厅，可以充分利用营业面积，在保证客人流动占用面积的前提下布置更多的桌椅，采取不同的岛屿形状装饰和美化餐厅。

（3）正向/斜向抱柱式。

通过布局桌椅、服务柜等设备，使之与餐厅的结构柱或装饰柱形成抱柱布置。斜向布置能使室内视觉距拉长而造成更为深远的效果，使室内既有变化又有明显的规律性，获得良好的视觉效果。

（4）陈列式。

把工作现场敞开布置，形成一个产品展览、陈列、出售的餐厅，员工与客人之间没有严格界限，在同一空间内活动。它利用不同的造型陈列设备，分类、分组，随着制作过程的变化而灵活布置，使店内气氛活泼。这种布局的特点是便于客人参观、选购产品，可充分利用营业面积，也有利于提高服务质量，是一种比较先进的设计形式。

（三）宴会餐台的布局

1. 中式宴会餐台的布局

中式宴会餐台布局的原则是“中心第一，先右后左，近高远低”。“中心第一”是指布局时要突出主桌。主桌一般安排在面对正门的餐厅上方，面向众席，背向厅壁，纵观全厅。主桌的台布、餐椅、餐具等的规格应高于其他餐桌，主桌的花篮等装饰也要特别鲜艳、突出。小型宴会在条件允许的情况下，主桌桌面可大于其他桌面；大中型宴会的主桌桌面则一定要大于其他桌面。“先右后左”是按国际惯例，主人的右席地位大于主人的左席。“近高远低”是指身份高的客人席离主桌近，身份低的客人席离主桌远。

中式宴会餐台皆采用圆形餐台，根据中餐团体餐的礼仪要求，可以有以下一些组合方式：

（1）三席排列组合。

三席可排列成“品”字形（如图 4-1 所示）或竖“一”字形，餐厅上方的一桌为主桌。

（2）四席排列组合。

四桌时，可排列成菱形，餐厅上方一桌为主桌，如图 4-2 所示。

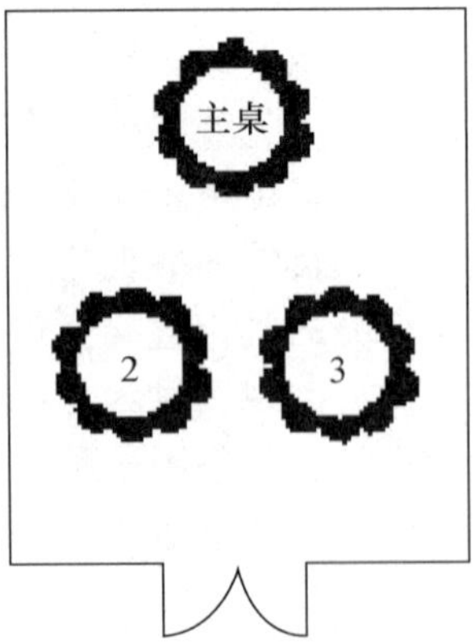

图 4-1　三席排列组合

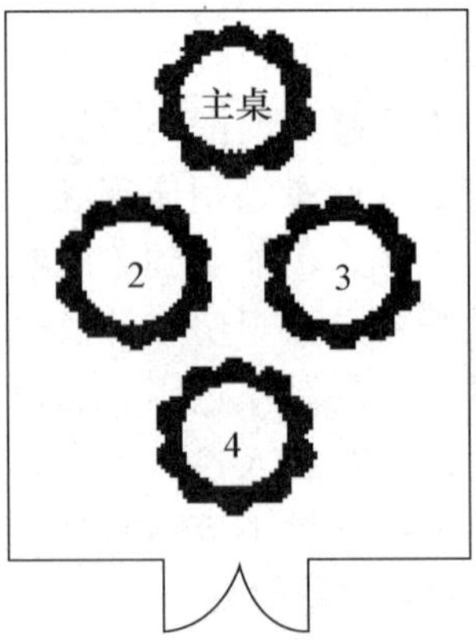

图 4-2　四席排列组合

（3）五席排列组合。

五席可排列成“立”字形或“日”字形。“立”字形排列以上方位置为主桌，“日”字形则以中间位置为主桌，如图 4-3 所示。

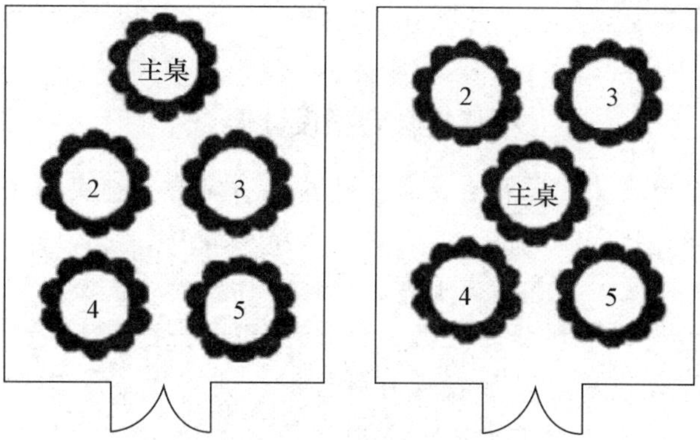

图 4－3　五席排列组合

（4）六席排列组合。

六桌时，可排列成“金”字形或梅花形。“金”字形排列以顶尖一桌为主桌，梅花形则以中间位置为主桌，如图 4－4 所示。

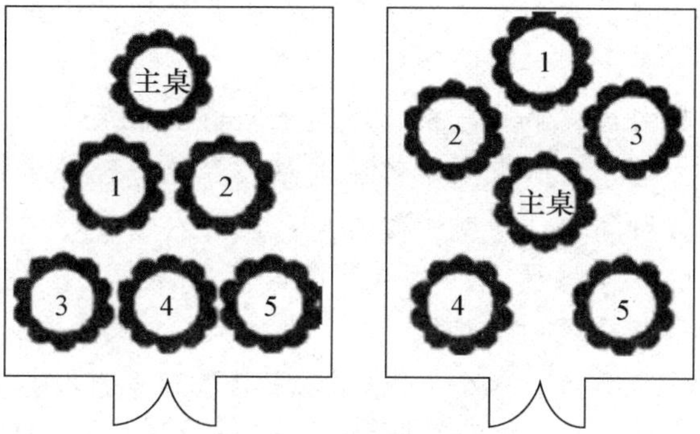

图 4－4　六席排列组合

（5）大型宴会的餐台组合。

大型宴会时，其主桌可参照“主”字形排列，其他桌则根据宴会厅的具体情况排列成方格形即可，也可根据舞台位置设定主桌的摆设位置，如图 4－5 所示。

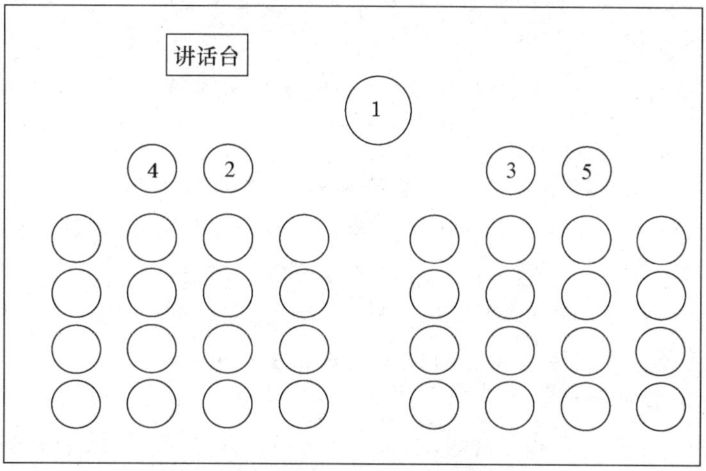

图 4－5　“主”字形布局

小资料

中式宴会台型设计要点

(1) 中餐宴会餐台大多采用圆形台，餐桌的排列一定要特别突出主桌的位置。主桌应放在面向餐厅主门，能够看到全厅的位置。将主宾入席和退席要经过的通道辟为主通道，主通道应比其他通道宽敞，以便主宾入席或退席。其他餐台座椅的摆法、背向等要与主桌一致。

(2) 中餐宴会台型设计不仅强调主桌的位置，还十分注意对主桌进行装饰，主桌的台布、餐椅、餐具、花草等也应与其他餐桌有所区别。

(3) 要有针对性地选择餐台的大小。一般直径为 160cm 的圆桌，每桌可坐 8 人；直径为 180cm 的圆桌，每桌可坐 10 人；直径为 200～220cm 的圆桌，每桌可坐 12～14 人；如主桌人数较多时，可安放特大圆台，每桌坐 20 人左右。直径超过 180cm 的圆台应安放转台；不宜安放转台的特大圆台，可在桌中间铺设鲜花。

(4) 高级别宴会要设分菜服务台。一切分菜服务都在服务台上进行，然后分送给客人。主桌要专设服务台，其余各桌酌情设服务台。服务台摆设的距离要适当，便于服务员操作，一般放在宴会厅四周。摆餐椅时要留出服务员分菜位，其他餐位距离相等。若设服务台分菜，应在第一主宾右边、第一与第二客人之间留出上菜位。

(5) 大型宴会除了主桌外，所有桌子都应编号。台号一般高于桌面所有用品，一般用镀金、镀银、不锈钢等材料制作，面对餐厅入口，使客人从餐厅的入口处就可以看到。席次的编排应照顾到客人的风俗习惯，如招待欧美宾客的宴席，应跳过编号“13”。客人亦可从座位图知道自己桌子的号码和位置。

(6) 台型排列根据餐厅的形状、大小及赴宴人数的多少来安排，桌与桌之间的距离以方便穿行、上菜、斟酒、换盘为宜。一般桌与桌之间的距离不小于 1.5m，餐桌距墙的距离不少于 1.2m。

(7) 如在一个宴会厅里同时有两家或两家以上单位或个人举办宴会，就应以屏风将其隔开，以避免相互干扰和出现服务差错。

(8) 合理使用宴会场地。宴会如安排文艺演出或乐队演奏，在安排餐桌时应为之留出一定的场地。

(9) 设计时应考虑为计划外可能出现的额外客人预留座位，一般预留 10%的座位，事先最好与主人协商确定。

(10) 整个宴会餐桌要求整齐划一，尽量做到桌布一条线、桌腿一条线、花瓶一条线。

2. 西式宴会餐台的布局

西式宴会餐台一般使用方形台，或用长形、小方餐桌拼接而成的长形台。一般情况下，1～2 人选用方形台，3 人以上选用长形餐台。餐台的大小和餐桌的排法可根据宴会的人数、宴会厅的形状和大小、服务的组织、客人的要求来进行。西式正式宴会一般以中、小型为主，大型宴会常采用自助餐或酒会形式。西式宴会台形设计的总则是：尺寸对称、出入方便、图案新颖。西式宴会餐台有以下几种常见的台形：

(1) “一”字形或直线形。

不超过 36 位客人时，宜采用直线形。可用 1.8m×0.75m 的长条桌拼合而成。这种餐台一般设在餐厅的中央位置，与餐厅两侧的距离大致相等，餐台的两端留有余地，以方便服务员的服务工作。这种餐台一般用于中、小型西式宴会，也可作为大型西式宴会的主桌，如图 4-6 所示。

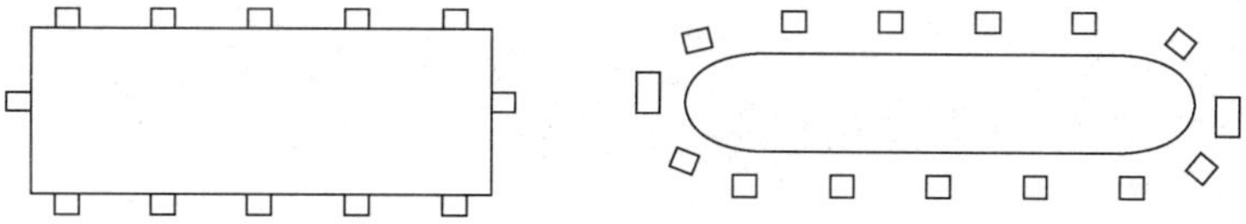

图 4-6 “一”字形、直线形台形

(2)“口”字形、“U”字形、“T”字形。

这些是超过 36 位客人时可采用的台形，可用 1.8m×0.75m 的长条桌拼合而成，中央部位或空留位置可布置花草、冰雕等饰物，也可作为法式服务的现场表演处，便于客人观看，如图 4-7 所示。

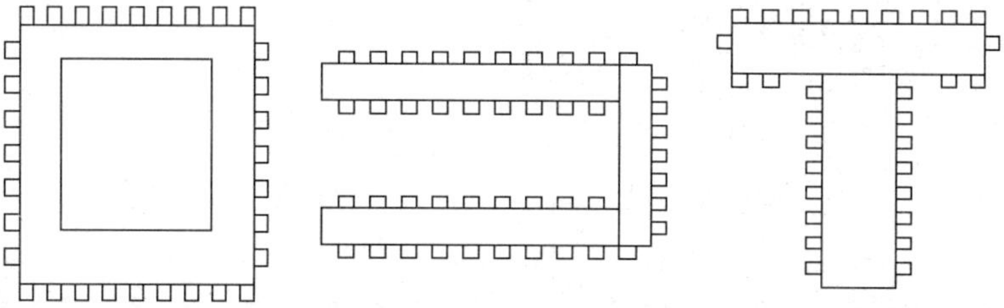

图 4-7 “口”字形、“U”字形、“T”字形台形

(3)“E”字形、“M”字形。

这些是超过 60 位客人时的台形，如图 4-8 所示。

图 4-8 “E”字形、“M”字形台形

3. 自助餐餐台的布局

常见的自助餐餐台有以下几种台形：

(1) I 形台：即长台，这是最基本的台形，常靠墙放。

(2) L 形台：由两个长台拼成，一般放在餐厅一角。

(3) O 形台：即圆台，通常摆在餐厅中间。

(4) 其他台形：如果定制一些餐台（如扇形、半圆形、1/4 圆形），可根据场地拼接出各种新颖别致、美观流畅的台形。

自助餐餐台的摆放应保证有足够的空间，以便布置菜肴。按照人们正常的步幅，每走一步就能挑选一种菜肴，应考虑所供应的种类与规定时间内服务客人人数间的比例问题，否则会因进度缓慢造成客人排队或坐在自己座位上等候的时间过长。

为了方便客人，增添用餐气氛，避免拥挤，可将一些现场制作的品种，以及特别推荐的菜肴，设置独立的明档台。明档台上的品种应随时满足客人现点现做的需求。

四、主题餐厅设计

（一）主题餐厅设计的概念

主题餐厅就是以一个或多个主题为吸引标志的饮食餐厅。“主题”的本义是在文学、艺术作品中通过艺术形象来表达的中心思想。主题餐厅中的“主题”是餐饮空间设计围绕的中心思想。主题文化作为餐厅的核心，餐厅内部的结构、照明、陈设、色彩等都是围绕主题展开设计的，从菜肴到服务也要围绕这一主题来展开，使主题成为客人识别餐厅的标志。“民以食为天”，餐饮是最能聚集人气的地方。客人身处主题餐厅的时候，通过观察和联想，进入期望的主题情境，如重温某段历史岁月、体验一种猎奇刺激的文化等。

（二）设计主旨、要点和精髓

1. 设计主旨

主题餐厅设计的主旨在于主题文化的创意和营造上，运用各种手段来凸显主题，借助特色的建筑设计和内部装饰来强化主题文化，因为客人就是通过对餐厅的环境装饰来认识其倡导的主题文化的，而进入主题餐厅所得到的特别享受，更多来自餐厅的美妙环境。因此，挖掘主题文化的底蕴，主要就是做好主题餐厅环境设计，这样才会带来完美的效果，可以看出，建筑设计与内部装饰是主题餐厅的重要组成部分。

小资料

主题餐厅的本质

1. 主题的本质是差异

较之于大众餐厅，主题餐厅的优势在于强调差异——标准化基础上的差异化，即餐厅在激烈的竞争中，透过塑造一种与众不同的形象，使自己的产品与服务区别于竞争对手，优于竞争对手，进而使客人偏爱自己的产品与服务。这种差异，就餐厅而言，应是全面的，不仅包括有形的差异，还包括无形的差异，不仅包括物质属性上的差异，还包括销售环境上的差异。

主题餐厅的本质就是差异，餐厅所选定的主题切忌重复和盲目跟随潮流，否则容易使“特色”走向反面，变成没有特色。餐厅要善于正确分析自身的优势和劣势，发挥餐厅各种资源的综合优势，扬长避短，形成其他餐厅一时难以模仿的主题，使餐厅的主题具有较长时期的稳定性，从而逐步形成垄断优势。

为实现这一目标，餐厅要进行市场细分。在进行市场细分时，餐厅不要贪大求全。市场定位越高，越难以形成主题，就越难有稳定的客源群体。

2. 主题的本质是文化

主题餐厅不仅仅只是一个提供餐饮消费的场所，还应当是富有文化内涵的商业卖点，蕴涵丰富的主题文化特色。主题餐厅在创设主题时应考虑以下两方面的要求：

（1）专业上的文化要求。专业上的要求就是主题本身的文化内涵和工艺技术上的要求。真正使“主题”走红的不是菜点，而是从菜肴、氛围到服务都围绕精心确定的主题展开。

（2）形象上的文化要求。主题餐厅的形象一个是氛围，这种氛围首先由服务场所的人员体现出来，另一个是主题餐厅本身的形象，即从文化的角度看，主题餐厅能给消费者多少真切的感受。

2. 设计要点和精髓

主题餐厅设计要点和精髓就是主题要鲜明，因为鲜明的主题是餐厅文化空间环境向目标顾客群体所表达的中心思想和经营理念，鲜明的主题是主题餐厅表达理念和使命的载体，也是主题餐厅装修所应该追求的。只有符合消费心理需求的主题才会被人们所接受。

主题餐厅设计的要点为：装修设计要以市场为导向；注重餐厅的符合性和适应性；装修设计的理念要突出服务性、主题性、文化性、灵活性。

（三）餐厅主题设计与创意

主题餐厅的主题设计是整体设计的灵魂，主题是设计定位和设计内容表现的第一要素，是一个文化的诉求，空间艺术的主题性不仅创造了精神财富，还能够引导和转变人们的审美观念，提升设计文化品位，让人们在充满丰富消费情趣的过程中享受精神愉悦。

1. 以田园农舍为主题的主题餐厅设计

随着社会生活压力越来越大，当代人渴望生活环境回归自然成为一种时代潮流，以田园农舍为主题进行设计的酒楼饭店受到欢迎。例如，某个以田园农舍为主题的主题餐厅在外观上用植物装饰，大厅内萦绕弯曲的小水道，楼顶灯具设计成玉米图案，墙上陈列草帽、马灯等物品，窗棂敞开，微风吹过，给人一种田野的味道。设计师将天然的木、竹、藤、麻作为设计主材，配合压模混凝土等现代科技的产物，两者结合得恰到好处。该主题做到了景中有房、房中有景、房中有房、景中有景的融合，突出了生态餐厅以自然为主题的特色。

2. 以寻古怀旧为主题的主题餐厅设计

寻古怀旧是餐饮空间设计中经常运用的主题，可对浓郁的历史文化特色进行挖掘整理，再现历史风韵，赋予饮食空间极强的生命力、感染力。某怀旧主题餐厅以个性的格调突破了室内空间的因循守旧，青灰色石板铺设的地面，拾级而上后便是蜿蜒的廊道；粗藤细竹编制的桌椅，巨大的古树与绿荫，原石垒出的溪流，接近郊野的乡村风光，营造出气定神闲与豁然开朗的环境感受。

3. 以历史文化为主题的主题餐厅设计

由于餐厅的设计定位与企业的经营联系紧密，餐厅的设计必须有一个完整的主题，才能够迅速而准确地抓住设计对象不同的文化诉求。历史文化主题餐厅往往会对传统文化进行全新的、大胆的演绎，打破常规，摒弃传统文化中的单调、陈旧的装饰手法，以抽象简洁的造型和丰富的主题含义让美食与美学交相辉映，经由极具感染力的色彩组合，对宾客强烈的视觉冲击，引发其心理共鸣。

4. 以地域民俗民风为主题的主题餐厅设计

根据民俗民风进行主题装饰设计的饮食场所较多。在我国广大的地域空间内，北方有以土炕、土墙等为主题装饰的东北农村风格的饮食空间设计，南方有以椰子、海洋等为主题的热带风情设计，西部有以黄玉米、大辣椒等为主题的装饰设计，东部有老上海风情元素设计等。以地域民俗民风为主题的空间设计，把烙印在人们记忆里的厚重文化通过装饰设计和现代手法展现出来，让人们体会到不同地域的风情。

5. 以文艺作品为主题的主题餐厅设计

越来越多的餐饮经营者意识到高层次的文化底蕴是企业立足的基础，因此，餐饮业逐渐建立了“文化兴店”的经营理念，如许多酒楼、饭店以文学名著为蓝本，布置了许多文学名著背景装饰：大厅以旧色为基调，铺上仿古地砖，木质的餐桌椅，餐桌上铺上深色的餐布等，这些装饰元素都在营造文学名著的主题。设计师还可采用现代的装饰材料协调搭配，如天然的石材与具有现代感的金属材料、自然的墙面纹理与精致的艺术玻璃、原木的雕刻与现代的水晶珠帘等。整个设计在体现文化的同时，又具有时代感。

（四）主题餐厅的特点

1. 鲜明的主题特色

鲜明的主题是主题餐厅生存和发展的根本，并且一旦确定了某个主题，餐厅的一切都将以这个主题为中心，围绕主题开展经营活动。

（1）餐厅外观应体现相应的主题内涵。

（2）餐厅室内装饰和餐饮用具配备也应与主题相适应，使餐厅具有个性色彩。

（3）服务人员的服装也可作为营造主题氛围的道具。

（4）从听觉角度出发，背景音乐也可采用相应的素材。同时，还可借助一些动态的行为来强化主题，如穿插一些紧扣主题的小节目或表演。

（5）菜肴的选择、菜名菜单的设计以及餐厅的营销口号均应突出主题特征。

总之，有关餐厅经营过程中所发生的一切活动都应充分考虑到主题的存在，用各种各样的方法和手段来再现主题。

2. 浓厚的文化内涵

餐厅在市场上存在三个不同层次的竞争模式。第一个层次的竞争是价格竞争，即餐厅在市场上生存和发展的主要资本是价格，这是最低层次的、最普遍的竞争方式。第二个层次的竞争是质量竞争，即餐厅借助高质量来取得生存、发展的机会。在这一层次，“标准化”成为餐厅提高质量内涵的法宝。第三个层次的竞争是文化竞争，即餐厅借助深厚、独特的文化取得竞争的最终胜利。在这一层次，“差异化”“主题化”成为文化竞争的主要卖点。

餐厅本身就有深厚的文化底蕴，从菜肴的设计、菜单的设计、餐厅内部的装饰和布置等，到处都可透出浓厚的文化气息。作为主题餐厅，其文化性要求就更为突出，因为主题本身就是一种文化，选择了某项主题，就是选择了去经营某种文化，这种文化将体现在餐厅经营的方方面面，体现在餐厅经营的全过程。

3. 高利润、高风险

主题餐厅还表现为“双高特色”，即高利润、高风险。一方面，由于主题的差异性非常明显，餐厅可借助差异优势掌握定价的主动权。主题色彩越鲜明，就意味着这种产品满足某类顾客特殊偏好的效用就越强，顾客对这类产品就越忠诚，当产品的价格发生变化时，顾客的敏感度就低，就容易在市场上形成稳固的垄断地位，获得丰厚的垄断利润。

另一方面，主题餐厅还表现为“高风险”。因为主题餐厅是建立在市场高度细分的基础上的，它的目标服务对象是范围较小的、对该主题有特殊偏好的顾客，并且为突出餐厅的某种主题，往往需要在深度上做深层次开发和设计，形成一个完整的主题套餐。相对狭隘的顾客群和相对狭隘的氛围布置导致的直接后果是：一旦主题选择不当或经营不灵活，需要转型时，就必须从头再来。另外，由于餐饮产品具有“非专利性”的特点，一旦经过辛苦摸索的经营之道得到市场的认可，受高额利润的诱惑，竞争对手往往会蜂拥而至，造成主题的快速“一般化”。这些都使得主题餐厅的经营具有较高的风险。

4. 专门化的从业人员

主题餐厅经营的成功与否取决于餐厅能否做足、做透主题文章，尤其要求服务人员掌握与主题相关的一切常识。主题餐厅在从业人员的招聘、培训、考核等方面有较高的要求。因为从业人员本身就应是主题的象征，是主题文化重要的“载体”。

5. 个性化的消费对象

主题餐厅的消费对象实际上是餐厅经过市场高度细分而选择的，绝大多数顾客对该主题有明显的偏好。主题餐厅实际上就是一个兴趣接近、爱好相同、具有共同语言的人群的集聚地。

6. 忠诚型的客源构成

主题餐厅具有鲜明的主题特色，吸引来的顾客也大多是对该主题颇感兴趣的消费群体，只要他们第一次用餐的感觉还不错，那再次光临就顺理成章，这种高忠诚度来自顾客们对餐厅的喜欢与兴趣。

这类顾客是不会因为些许的环境改变、略微的菜肴质量或服务上的小失误等轻易放弃对该餐厅的忠诚的，因为吸引他们的不仅仅是地理环境、菜肴质量、服务水平等因素，而是整个餐厅的主题氛围。

（五）餐饮空间主题氛围的营造

餐饮空间作为一种特定的环境空间，它除了满足人们的纯功能需求外，更需要传达某种主题信息来满足人们精神文化、视觉感受、环境体验的需要。通过传达深层的主题信息，反映出特定的文化观念和生活方式，创造出引人入胜的空间环境形象。

所谓“室内餐饮空间的主题性营造”，就是在室内餐饮环境中，为表达某种主题含义或突出某种主题元素进行的理性化设计，表达一种特殊的文化氛围和生活方式，使人在这样的空间中满足个人的心灵需要，不管是释放也好，享受也好，总之是高品质生活的满足感。带有主题的设计有助于把感觉上升到完美的精神境界，其表达的设计观念在整个人类文化心智系统中占据着核心地位，以至于它能够指导室内设计风格的形成。

设计意念的表现是设计者在设计的过程中糅合了人们的文化观念，它与社会文化、地域文化、人们的环境意识以及环境的内在目的紧密相连。餐饮环境主题性营造的表现意念十分丰富，社会风俗、风土人情、自然历史、文化传统等各方面的题材都是设计构思的源泉。从人的社会文化属性来看，餐饮的过程总是与人们的观念文化相关联的，人们都希望在一个与自己心理与情感特征相吻合的环境中用餐。通过一定的设计意念营造出某种主题氛围，是餐饮空间主题体现的重要特征之一。

随着餐饮空间的性质和类型的改变、人们个性化需求的改变，人们对环境气氛的要求也会逐渐改变。无论是轻松活泼的酒吧，还是富丽堂皇的中餐厅，餐馆环境的主题气氛总是与场所的性质相联系的。由于人们在长期生活中的经验积累，对事物的知觉具有一定的恒常性，人们总是按生活的经验来估计相应的气氛，这就为主题气氛的设计提供了心理依据。

任务二 餐厅环境布置

案例导入

餐厅环境的重要性

一位翻译带领四位美国客人走进了北京某餐饮集团的一家分店。由于正值午饭时间，用餐的客人较多，当引位员小张告知客人暂时客满时，五位客人显得有些失落。该餐饮集团向来以"典雅的西式装修和特色的中国菜品"而著称，这几位客人是慕名而来，看到此情况，小张用英文对犹豫不决的五位客人说："如果各位时间允许的话，不妨到我们的贵宾休息区茶歇片刻，一会儿有了位子我会立刻领各位就座，可以吗?"客人感受到了小张一口流利英语中的真诚，就欣然答应了。小张随后将客人引领至贵宾休息区，并为客人斟倒茶水、递送方巾，将餐厅的特色菜品用英文向客人进行介绍。10分钟后，另一位服务员告知小张已有空桌位，于是小张便引领客人就座。入座后，客人望着餐桌上精美的餐具和个性化摆台，兴致勃勃地点了几道小张推荐的特色菜，还要了几瓶啤酒和矿泉水。在餐厅优雅的就餐环境和服务员细致周到的服务下，客人开始进餐。美国客人在进餐过程中频频点头，赞不绝口。午餐结束结账时，美国客人坚持要加付50美元小费给小张，并称赞该餐厅果然名不虚传，无论是饭菜还是服务，他们都很满意，并表示以后会经常来。听到这些话后，小张忙说道："感谢你们对我们的支持，但小费我不能收，我们随时欢迎你们再次光顾本店!"客人听完小张的话后，真诚地与小张握手道别，并再次表示一定会经常光顾该餐厅。

【案例思考】

该餐厅赢得客人满意的原因是什么?

【案例评析】

环境布置与餐厅摆台是餐饮文化的具体体现。餐厅的环境、卫生、温度、音乐背景、餐桌布置，加上服务员的气质、服务意识、服饰、礼貌、技巧等综合因素，构成了这种文化的氛围。因此，餐前准备的过程，同时也是一个完善餐饮文化和体现餐厅文明程度的过程。案例中正是因为有了良好的就餐设施和环境，加上小张的综合服务素质和意识，才使得几位客人从失落变为满意而归，为使之成为回头客奠定了基础。

餐厅是为就餐客人服务的直接现场，和谐统一、美观雅致的内部环境会使就餐客人心情愉快。餐饮经营者在布置餐厅环境时，必须考虑环境对就餐客人心理活动和就餐行为的影响。一般来说，不同的餐厅有不同的主题，在装饰布置时要突出餐厅的主题。餐厅的装修布置一定要体现餐厅的特色风格，有特色的装修能使客人牢牢地将餐厅记在心里。他们选择到哪一家餐厅吃饭，不仅仅是为了品尝美食，同时还希望获得独特的享受。所以，环境在餐厅中的作用已经越来越明显，一个好的环境，有时候可以成为餐厅经营成败的关键因素。

一、客人对餐饮环境的要求

（一）舒适惬意

客人在餐厅进餐，一方面是为了补充食物营养，另一方面也是为了松弛神经，消除疲劳。这就要求餐饮环境的装饰布置能给人以舒适惬意感，餐桌和餐具的造型、结构必须符合人体构造规律，餐厅的色彩、温度、照明和装饰要力求创造安静轻松、舒适愉快的环境效果。

（二）美观雅致

随着物质生活和精神生活水平的提升，人们对就餐环境的要求越来越高，客人在餐厅进餐，往往还有满足嗜好、追求情趣的需求。

（三）突出主题

在餐厅的装饰装潢中，最重要的是突出主题，富有特色，可以满足人们的各种喜好。餐厅的主题可以体现文化内涵，如以自然为主题、以特色的环境为主题、以音乐为主题、以体育为主题、以著名人物为主题等。

二、餐厅环境布置的元素

餐厅环境布置的元素

餐厅内部环境布置应整齐和谐、井然有序、整洁明亮、图案淡雅、摆设新颖、挂幅别致，要坚持个性化与适应性相结合，民族化与现代化相结合，典雅化与气氛化相结合的原则。餐厅环境布置可以通过家具、色彩、照明、陈设与绿化、室内景观、音乐以及洁净整齐的环境等方面来实现。

（一）家具

餐厅的总体风格决定了家具的色彩及风格。例如，田园风格的餐厅一般采用实木家具，浅黄色调的实木家具具有淳朴、自然的气息，可以充分表达田园生活的意境；现代风格的餐厅可布置一套金属家具，再将现代的玻璃家具与银灰的金属脚架搭配，餐厅就更酷了；传统风格的餐厅相对来说更具有独特的文化气息，因为传统是对历史文明的承袭，家具也带有鲜明的传统特点，成为文化的载体；欧式传统风格要配以豪华、气派的古典欧式家具，如卷叶草纹饰的酒柜、虎爪脚饰的餐桌，中式传统风格则要配以博古架式的酒柜。总而言之，餐厅的家具和整个餐厅风格要相互映衬，形成统一风格，切不可东拼西凑、杂乱无章。

（二）色彩

餐厅布置应考虑色彩对客人用餐心理的影响。餐厅色彩多采用暖色调，以达到增进食欲的效果，一般以红、黄色为佳，蓝色为差。因为红、黄色可刺激人的食欲，也可使菜肴看起来非常新鲜，而蓝色则会使菜肴黯然失色。

虽同为暖色调，但相互之间差异还是很大的。中餐厅若是皇家宫廷式的，则色彩热烈浓郁，以大红和黄色为主；若是园林式的，则以粉墙为主、略带暖色，以熟褐色的木构架穿插其中，也可以木质本色装饰。西式餐厅则更多地采用较为淡雅的暖色系，如粉红、粉紫、淡黄或白色等，当然也有用熟褐色的，有的高档餐厅还施以描金。在一些小餐厅中也有采用冷色调的，如有的海鲜馆为了体现海底世界的特征，采用蓝色色系，再辅以鱼、虾等装饰挂件，很好地体现了设计主题。餐厅色彩选择见表 4-1。

表 4-1　餐厅色彩选择一览表

类型	主色调	说明
华丽餐厅	金黄色、银灰色、橙黄、暗红色	突出档次，增加富丽堂皇感，营造宾至如归的氛围
自助餐厅	橙黄、粉红、米白等	可以增进食欲并改善情绪

续表

类型	主色调	说明
休闲餐厅	绿色、粉红等	突出餐厅休闲随意的氛围
快餐厅	墙、灯可用乳白色、黄色	给人留下清新、舒畅、明快的印象
	座椅与桌子用橙黄、大红色、蓝色	营造符合都市人工作节奏的就餐氛围

（三）照明

餐厅布置应考虑到照明对不同客人的心理影响。如中国客人喜爱灯火辉煌，因为中国人就餐需要气氛热烈，且大家吃同样的菜肴，所以，中餐厅的灯光应明亮一些。西方人喜爱柔和的灯光，因为他们认为就餐纯属私人行为，且各自吃自己的食品，因此，西餐厅的灯光应柔和，并采用可调节开关，以便营造温馨的气氛。

大部分餐厅设立在道路旁，并以窗代墙；也有些设在高层，这种充分采用自然光线的餐厅，使客人一方面能享受到自然阳光的舒适，另一方面能给人一种明亮宽敞的感觉，可使人心情舒畅而乐于饮食。还有一种餐厅设立于建筑物中央，这类餐厅借助灯光，并摆设各种古董或花卉，光线与色调也十分协调。

餐厅光源的选择大致有三种：自然光源（阳光）、人工光源和混合光源。在进行设计时，要注意利用不同的光源形式，营造不同的就餐氛围。

餐厅光线的强、弱、明、暗会产生不同的效果，利用各种光线的强弱并配以色彩变化，可展示餐厅以及各种菜肴的特色，给就餐者留下深刻印象。光线的强弱还能引起消费者心理、情绪上的变化，影响客人就餐时间的长短。一般来说，昏暗的光线会增加客人的就餐时间，而明亮的光线则会减少客人的就餐时间。因此，越是高档的餐厅，光线强度就相对越弱；翻台率较高的餐厅，光线强度相对较强。光源选择见表 4-2。

表 4-2　光源选择一览表

餐厅类别	主要光源形式	光线强弱	说明
中餐厅	自然光源（节能灯）	较强	暴露光源
高档宴会厅	人工光源（特殊灯）	较强	加装灯饰
法式餐厅	人工光源（烛光）	较弱	向上照射
自助餐厅	人工光源	适中	—
咖啡厅	混合光源（节能灯）	较强	暴露光源
酒吧茶吧	人工光源（节能灯、烛光）	较弱	加装灯饰、定向照明

另外，餐厅光线与色调的配置要结合季节来确定，或依餐厅主题确定。无论哪一种光线与色调的确定，都是为了充分发挥餐厅的作用，以获取更多的利润，并给客人更多的满足。

灯具造型不要太烦琐，以方便实用的上下拉动式灯具为宜，有时也可运用发光孔，通过柔和光线，既限定空间，又可获得亲切的光感。

（四）陈设与绿化

餐厅陈设也是餐厅气氛营造的重要手段，它包含的面非常广，从字画、雕塑、工艺品等艺术品，到人们的日常生活用具与用品，都可以成为室内装饰品，设计时应根据需要及不同类型的餐厅去选用相应的陈设。但要注意不可因此喧宾夺主，以免使餐厅显得杂乱无章。

陈设可以为就餐者提供文化享受，增加就餐情趣，但是餐厅装饰物要与整个餐厅的氛围相协调。餐厅的四壁、地面、天花板、艺术陈设品进行装饰和摆设时，应把整洁、舒展、艺术、典雅等诸因素综合起来加以考虑，壁画、地毯、挂毯要和经营特色协调一致。餐厅的字幅、挂图宜多体现中华民族悠久的文化传统。同时，餐厅的外语挂幅、招贴、菜单、艺术品陈设也要充分考虑到各国客人的禁忌，所用词语要准确达意，以减少不必要的误解。

绿化是餐厅经常采用的装饰手段，几乎所有的餐饮空间都有绿化的装扮。它以多姿的形态、众多的品种和清新的绿色得到了人们的青睐。绿化在餐饮空间中的运用非常广泛，有用于点缀“空白”的盆栽，有用于限定空间的绿化带，还有用于“串联”上下空间的高大乔木……无论是色彩还是形态，都大大丰富了餐厅的视觉效果。另外，在餐厅中用一些花卉装饰能起到调节心理、美化环境的作用，但切忌花花绿绿，使人烦躁而影响食欲。例如，在暗淡灯光下的晚宴，若采用红、绿、紫等深色花卉装饰，会令人感到稳重；同样是这些花，若用于午宴，就会显得热烈奔放。

（五）室内景观

在餐厅空间中，为了表达某个主题，或是增加室内气氛，经常在一些不影响使用功能的所谓“死角”设计餐厅室内景观，这些景观能让就餐者感受到某些寓意或情调。餐厅的空间也宜用垂直绿化形式，在竖向空间上，以垂吊等形式用绿色植物点缀。

客人来到餐厅，希望能在一个舒适的空间就餐，餐厅内的景观也有助于调节餐厅内的空气与温度，给客人和员工提供一个良好的就餐环境和工作环境。

（六）音乐

音乐是活跃餐厅气氛、刺激购买行为的重要手段。医学上认为，就餐时播放轻柔美妙的背景乐曲，可促进人体内消化酶的分泌，促进胃的蠕动，有利于食物消化。同时音乐能减弱餐厅噪声，提高客人消费情绪和服务人员工作情绪。但是音乐的选择一定要与餐厅的主题相吻合，高档餐厅应选用舒缓、抒情类音乐；快餐厅可选用欢快、轻松、节奏稍快的音乐。音乐节奏的快慢还可影响客人在餐厅的逗留时间和购买行为。因此，当客人多时，可播放轻快的音乐，使客人在不知不觉中动作加快，很快用餐后离开，这样可以提高座位的利用率；当客人少时，播放古典音乐或节奏较慢的音乐，则可以延长客人的进餐时间，以便招徕更多的客人。值得一提的是，以音乐作为主题的餐厅，在音乐的选择、音量的大小、节奏的快慢上都应特别设计。

（七）洁净整齐的环境

为使就餐客人有愉快、舒适的感受，餐饮经营者还必须保持餐厅内部环境的洁净、整齐。整洁的视觉形象能引起就餐客人的联想。卫生带来舒适感，也带来安全感。

总之，餐厅内部环境的装饰布置要从满足客人的心理需要出发，利用美学的理论精心设计、构思，为客人创造一个美观雅致、柔和舒适，既能刺激客人感观，又能唤起客人食欲的，富有特色的服务环境，形成一个令客人流连忘返的意境和格局。

三、中式餐厅的布置

（一）风格与特征

中式餐厅是以品尝中国菜肴、领略中华文化和民俗为目的，故在环境的整体风格上应追求中华文化的精髓。

中式餐厅的布置离不开桌、椅、条案、柜子这些基本元素。中式餐厅中的桌子一般呈方形或长方形。桌子依据大、中、小三种规格，分别称为“八仙”“六仙”“四仙”，“仙”指人数，取其吉祥之意。将餐桌摆放在餐厅的中心位置，方正的造型与四周环境相融合，亦有取意“正中人和”的说法。现在我们所见的中式椅子的款式多为明清时代流传下来的，样式繁多，风格呈现简约与华丽两派。餐厅因起身坐下动作频繁，因此“靠背椅”是较适用的款式。单一靠背或呈梳背的椅子雕刻精致、古朴典雅，适当的弧度符合人体工程学。条案形状窄而长，体积不大，适合靠墙而立。无论是平头案还是翘头案，在餐厅内依墙放置，摆上鲜花、盆景、精致的艺术品或是常用的小家电，都是不错的组合。

另外，中国幅员辽阔，民族众多，地域和民俗的差异很大，在餐厅布置时充分发挥这些特色，可使就餐者在就餐过程中感受中华文化的博大精深，领略各地的民风民俗。因此，中式餐厅的装饰风格、室内特色，以及家具与餐具、灯饰与工艺品，甚至服务员的服装等都应围绕“文化”与“民俗”展开设计创意与构思。

（二）平面布局与空间特色

中式餐厅的平面布局可以分为两种类型：以宫廷、皇家建筑空间为代表的对称式布局和以中国江南园林为代表的自由与规格相结合的布局。

1. 宫廷式

这种布局采用严谨的左右对称方式，在轴线的一端常设主宾席和礼仪台。这种布局方式空间开阔、场面宏大，显得隆重热烈，适合于举行各种盛大喜庆宴席。与这种布局方式相关联的装饰风格与布置常采用或简或繁的宫廷做法。

2. 园林式

这种布局采用园林的自由组合的特点，将室内的某一部分结合休息区处理成小桥流水，其余各部分结合园林的漏窗与隔扇，将靠窗或靠墙的部分进行较为通透的二次分隔，划分出主要就餐区与若干次要就餐区，以保证某些就餐区具有一定的紧密性。就餐区的划分还可以通过地面的升起和顶棚的局部降低来达到。这种园林式的布局给人以室内空间室外化的感觉，犹如置身于花园之中，使人心情舒畅，食欲增加。与这类布局方式相关联的装饰风格与布置常采用园林的符号与做法。

（三）家具的形式与风格

家具的形式与风格在中式餐厅的室内设计中占据着重要的地位。中式餐厅的家具一般选取中国传统的家具形式，尤以明代家具的形式居多，因为这一时期的家具更符合现代人体工程学的需要。家具在餐饮空间中由于其面广量大，常常成为重要的视觉要素，因此在餐厅设计的初期就应对家具的造型或设计进行充分的考虑。一般来说，家具的形式和色彩基本决定了餐厅装修设计的基调。

餐桌的大小会影响餐厅的容量，也会影响餐具的摆设，所以决定桌子的大小时，除了符合餐厅面积并能最有效使用外，也应考虑到客人的舒适及服务人员工作方便与否。桌面不宜过宽，以免占用餐厅过多的面积。餐桌椅的配置应考虑餐厅面积的大小与客人餐饮性质的需要，随时进行调整。

（四）照明与灯具

中式餐厅的照明设计应在保证环境照明的同时，更加强调不同就餐区域进行局部重点照明。进行重点照明的方法有以下两种：

(1) 采用与环境照明相同的灯具（常常为点光源）进行组合，形成局部密集，从而产生重点照明。这种方法常常应用于空间层高偏低，以及较为现代的中式餐厅。

(2) 采用中式宫灯进行重点照明。这种方法常结合顶棚造型，将灯具组合到造型中。这种方法适合于较高的空间，以及较为地道的中式餐厅。这种传统中式宫灯应根据空间的高低来确定选用竖向还是横向的灯具。另外，宫灯在大餐厅中的数量要恰当，不宜过多，否则，会给人以零乱之感。

任何一种灯具的选择都应充分注意到其显色性。显色性不好，会影响到食物的色彩，造成变色，从而影响客人的食欲。一般来说，白炽灯的显色性比较适合餐厅，也可以在以白炽灯为主的基础上，在一些走道运用少量节能灯，与白炽灯相间隔，达到既注重显色性，又节约能源的目的。餐厅中切忌用彩色光源。

(五) 装饰品与装饰图案

一个完美的中式餐厅，只有中式风格的设计与装修是远远不够的，缺少了视觉中心的设计是不能给客人留下深刻印象的。因此，在空间和交通的视觉焦点，以及一些墙面的“留白”部分，常常以一些带有中国特色的艺术品和工艺品来进行点缀，以求丰富空间感受，烘托传统气氛。在中式餐厅中，常用到以下装饰品和装饰图案。

1. 传统吉祥图案

传统吉祥图案在中国深受喜爱。它拙中藏巧、朴中显美，以特有的装饰风格和民族语言，几千年来在民间装饰艺术中流行，给人们带来精神上的愉悦享受。吉祥图案包括龙、凤、麒麟、鹤、鱼、鸳鸯等动物图案和松、竹、梅、兰、菊、荷等植物图案，以及它们之间的变形组合图案等。

2. 中国字画

中国字画是中式餐厅很好的装饰品。中国字画有三种长宽比例：横幅、条幅和斗方，在餐厅装饰中到底采用何种比例和尺寸的字画，要视墙面的大小和空间高度而定。

3. 古玩、工艺品

古玩、工艺品也是中式餐厅中常见的点缀品，它种类繁多、尺寸差异很大，大到中式的漆器屏风，小到茶壶。除此之外，还有许多玉雕、石雕、木雕等，以及许多中式餐馆常见的福、禄、寿等瓷器。尺寸较小的古玩和工艺品常常采用壁龛的处理方法，配以顶灯或底灯，会达到意想不到的视觉效果。

4. 生活用品和生产用具

生活用品和生产用具也常常用于中式餐厅的装饰，那些具有浓郁生活气息和散发着泥土芬芳的用品、用具常常可以引起人们的幽思，使人感慨不已。这种装饰手段在一些旅游饭店的中式餐厅运用颇多，它可以使旅游者强烈地感受到当地的民风民俗。这类装饰品有的悬挂于墙面甚至顶棚，有的在餐厅的角落或靠墙边一带。

四、西式餐厅的布置

(一) 风格与特征

西式餐厅泛指以品尝国外（主要是欧洲和北美）的饮食，体会异国餐饮情调为目的的餐厅。根据所追求风格的不同，我国的西式餐厅主要是以法国、意大利风格为代表的欧式餐厅，但很多餐厅却未十分明确到底是哪个国家的风格。西式餐厅与中式餐厅最大的区别是因国家、民族的文化背景造成的餐饮方式的不同。欧美的餐饮方式强调就餐时的私密性，一般团体就餐的习惯很少；就餐单元常以2～6人为主，餐桌为矩形，常以美丽的鲜花和精致的烛具对台面进行点缀。餐厅在欧美既是餐饮的场所，更是社交的空间。因此，淡雅的色彩、柔和的光线、洁白的桌布、精致的餐具，加上安宁的氛围等，共同构成了西式餐厅的特色。

（二）平面布局与空间特色

西式餐厅的平面布局常采用较为规整的方式。酒吧柜台是西式餐厅的主要景点之一，也是每个西餐厅必备的设施，更是西方人生活方式的体现。

除此之外，一台造型优美的三脚钢琴也是西式餐厅平面布置中需要考虑的因素。在较为小型的西式餐厅中，钢琴经常被设置于角落，这样可以不占用太多的有效面积；在较大的西式餐厅中，钢琴则可以成为整个餐厅的视觉中心，为了加强这种中心感，经常采用抬高地面的方式，有的甚至在顶部加上限定空间的构架。钢琴不仅可以丰富空间的视觉效果，优雅的琴声更是西餐厅不可缺少的。

由于西式餐厅一般层高比较高，因而也经常采用大型绿植作为空间的装饰与点缀，有的甚至像一把把大伞罩在几个餐桌之上，很好地起到了空间限定的作用。由于冷餐是西餐中的主要组成部分，因此，冷餐台也成了西式餐厅中需要着重考虑的因素，原则上冷餐台设于较为居中的地方，便于餐厅的各个部分取食。当然也有不设冷餐台的西式餐厅，而靠服务人员送餐。

西式餐厅在就餐时特别强调就餐单元的私密性，这一点在平面布局时应得到充分地体现。创造私密性的方法一般有以下几种：

1. 抬高地面和降低顶棚

这种方式创造的私密程度较弱，但可以比较容易感受到所限定的区域范围。

2. 利用沙发座的靠背形成比较明显的就餐单元

这种“U”形布置的沙发座常与靠背座椅相结合，是西式餐厅特有的座位布置方式之一。

3. 利用刻花玻璃和绿化槽形成隔断

这种方式所围合的私密性程度要视玻璃的磨砂程度和高度来决定。一般这种玻璃都不是很高，距地面1.2～1.5m。

4. 利用光线的明暗程度来创造就餐环境的私密性

有时，为了营造某种特殊的氛围，餐桌上点缀的烛光可以创造出强烈的向心感，从而产生私密性。

（三）风格造型与装饰布置

西式餐厅的风格造型来源于欧洲的文化和生活方式，但最直接的是来源于欧式古典建筑。虽然欧式古典建筑在不同时期和不同地区的风格造型各不相同，但西式餐厅并不需要完全复制一个古典建筑的室内，因此可以选出有用的部分直接应用于餐厅的装饰设计，也可以将欧式古典建筑的元素和构成进行简化和提炼，应用于餐厅的装饰。

西式餐厅室内环境的营造方法是多样化的，大致有以下几种类型：

1. 欧洲古典气氛的风格营造

这种手法通常运用一些欧洲建筑的典型元素，如拱券、铸铁花、扶壁、罗马柱、夸张的木质线条等来构成室内的欧洲古典风情。同时，还应结合现代空间构成手段，从灯光、音响等方面来加以补充和润色。

2. 富有乡村气息的风格营造

这是一种田园诗般恬静、温柔、富有乡村气息的装饰风格。这种营造手法较多地保留了原始、自然的元素，使室内空间流淌着一种自然、浪漫的气氛，质朴而富有生气。

3. 前卫的高技派风格营造

如果目标顾客是青年消费群，运用前卫而充满现代气息的设计手法最符合青年人的品位。它要求空间构成一目了然，各个界面平整光洁，巧妙运用各种灯光营造室内温馨时尚的气氛。

西式餐厅的装饰特征总的来说富有异域情调，设计语言上要结合近现代西方的装饰流派并灵活运用。

（四）家具的形式与风格

西式餐厅的家具除酒吧柜台之外，主要是餐桌椅。每桌为 2 人、4 人、6 人或 8 人的方形或矩形台面（一般不用圆形）。由于餐桌经常被白色或粉色桌布覆盖，因此一般不对餐桌的形式与风格做太多的要求，只要满足使用即可。餐椅和沙发就成了面广量大的主要视觉要素。餐椅的靠背和坐垫常采用与沙发相同的面料，如皮革、纺织品等。无论餐厅装修的繁简程度如何，西式餐厅的餐椅造型都可以比较简洁，只要具有欧式风格即可。

（五）照明与灯具

西式餐厅的环境照明要求光线柔和，应避免过强的直射光。就餐单元的照明要求可以与就餐单元的私密性结合起来，使就餐单元的照明略强于环境照明，西式餐厅大量采用一级或多级二次反射光或有磨砂灯罩的漫射光。西式餐厅常用灯具有以下三类：

（1）顶棚常用古典造型的水晶灯、铸铁灯，以及现代风格的金属磨砂灯。

（2）墙面经常采用欧洲传统的铸铁灯和简洁的半球形上反射壁灯。

（3）结合绿化池和隔断，常设庭院灯、上反射灯。

（六）装饰品与装饰图案

西式餐厅离不开西方艺术品和装饰图案的点缀与美化。不同空间大小的西式餐厅对这些艺术品与图案的要求也是不一样的。至于装饰品和装饰图案的多少，一定要从实际需要出发，把握好适宜的“度”。用于西式餐厅的装饰品与装饰图案可以分为以下几类：

1. 雕塑

西式餐厅通常要用一些雕塑来点缀，雕塑根据造型风格可以分为古典雕塑与现代雕塑。古典雕塑适用于较为传统的装饰风格，而有的西式餐厅装饰风格较为简洁，则宜选现代感较强的雕塑，这类雕塑常采用夸张、变形、抽象的形式，具有强烈的形式美感。雕塑常结合隔断、壁龛、庭院绿化等设置。

2. 绘画

绘画包括油画、水彩画等。油画厚重浓烈，具有交响乐般的表现力；水彩画轻松、明快，犹如一支浪漫的小夜曲。油画与水彩画都是西式餐厅经常选用的艺术品。油画无论大小，常配以西式画框，以进一步增强西式餐厅的气氛；水彩画则较少配雕刻精细的西式画框，更多的是简洁的木框与精细的金属框。

3. 工艺品

工艺品包括瓷器、银器、家具、灯具以及众多的纯装饰品。西式餐厅的室内设计常常将这些工艺品“融入”整个餐厅的装饰以及各种用品当中，如银质烛台和餐具、瓷质装饰挂盘和餐具等。装饰浓烈的家具既可在雅间使用，也可在一些区域陈列展示。

4. 生活用具与传统兵器

除了艺术品与工艺品之外，一些具有代表性的生活用具和传统兵器也是西式餐厅经常采用的装饰手段，常用生活用具包括水车、飞镖、啤酒桶、船舵和绳索等。这些生活用具都反映了西方人的生活与文化。除此之外，也有用传统兵器做装饰的。西方人在传统上具有争强好胜的天性，能征善战的人会成为人们心中的英雄，因此传统兵器在一定程度上反映了西方的历史与文化。传统兵器包括剑、斧、刀、枪等。

5. 装饰图案

在西式餐厅中也常采用传统装饰图案。其装饰图案大量采用植物图案，同时也包含一些西方人崇尚的凶猛的狮与鹰等动物图案，还有一些与西方人的生活密切相关的牛、羊等动物图案。

五、宴会厅的布置

（一）特征与一般要求

在高档酒店内，一般以宴会厅作为大规模的餐饮和礼仪场所。宴会厅满座人数一般在200～500人，也有一些特大型的宴会厅满座人数可达千人。宴会厅的最大特点是室内空间较大，所以可以将宴会厅临时分隔成不同的区域，使其兼有礼仪、会议、报告等多种功能。因此，在宴会厅的设计中应首先考虑设置灵活隔断。

（二）平面布局原则

（1）宴会厅的宾客出入口应有两个以上，并作双向双开，尺度可比普通双开门稍大。出入口应与建筑内部的主要通道相连，以保证人员疏散时的安全。

（2）宴会厅的室内布置应有主要观赏面，并设礼仪台和主背景，以满足礼仪、会议等视线要求。

（3）宴会厅的周边应有专用卫生间并满足较多人数的使用要求，档次较高。

（4）宴会厅周边的疏散空间内应适当布置座椅、沙发等，以保证宴会厅活动前宾客休息、等候的要求。

（5）宾客人流与服务人流应避免交叉。由于宴会厅一般较大，一个服务口难以满足使用要求，同时又不易避免人流交叉，因此在宴会厅的一侧常设服务廊，通过服务廊，可以开设两个或两个以上的服务口。

（6）宴会厅的周边须配置相当的储藏空间，储藏转换不同功能时多余的家具与用品。同时还应设专门的音响、灯光控制室。

（三）装饰与照明

宴会厅的主要活动一般具有喜庆色彩，而且人数较多，因此视觉效果应着力渲染喜庆气氛。地面经常铺暖色调的地毯；墙面的处理应着重考虑色彩和材质的选择与配置，宴会厅墙面多用木材、壁纸和织物软包等；顶棚的设计应根据建筑的结构来进行，同时还应充分考虑到照明方式。主灯具应选用整体感强，能显高贵华丽为宜。所有光源应尽可能选用白炽光，以增强光源的显色性。另外，在礼仪台的区域应设置面光，以增强该区域的视觉效果。在墙面上可设置装饰壁灯，以烘托气氛。

小资料

婚宴的布置要求

婚宴是最为常见的一种主题宴会，它见证和记录着一对新人步入人生另一个阶段的最重要时刻。每个新人都希望自己的婚礼布置独特、有个性，给自己留下难忘的回忆，也能让宾客留下深刻的印象。

随着时代的进步，人们对于婚宴的要求更加时尚、个性。除了传统的中式婚宴外，还有自助式婚宴、民俗婚宴、西式婚宴、舞会式婚宴、烛光式婚宴等，人们选择何种婚宴形式主要考虑个人喜好、经济实力、双方家长的偏好以及宾客的喜好。总体上，婚宴的要求是喜庆、浪漫、温馨、甜蜜、难忘。鲜花、气球、缎带结饰是婚礼场地布置的重要选择。在婚礼现场，鲜花是最重要的装饰之一，无论是在观礼台、签到处、拱门，还是在每桌宴席上都可以装饰漂亮的鲜花，不但新郎新娘靠它传送浪漫信息，也可让宾客沉醉在美丽幸福之中。气球有心形、圆形、长形等造型，能烘托婚礼现场的气氛，可做成气球门或新人进场时的帘幕，营造欢乐气氛。蝴蝶结饰、缎带、柔纱等皆可在婚宴的座椅、扶梯手把处加以缀饰，增添喜气。除此之外，婚宴还会用追光机、泡泡机、雪花机、烟雾机等给婚礼制造浪漫氛围。

1. 中式婚宴是最传统的婚宴形式

如果宾客以中、老年为主，则适合选择中式婚宴，因为传统的中式婚宴无论是形式上还是口味上都比较容易被这类宾客所接受，中式婚宴也是现今我国绝大多数新人所采用的婚宴形式。中式婚宴举办的时间因各地的风俗不同而不同，可选择在中午或晚上。一般是宾客围坐在一个大圆桌旁，品尝各种美味佳肴，亲朋欢聚，其乐融融。宾客的座席应以桌号为序，注明每桌的宾客有哪些，并注明哪些是女方亲友，哪些是男方亲友。通常情况下，男方亲友和女方亲友分开来安置，将熟人安排在同一桌。婚宴的现场一般以喜庆吉祥的红色、浪漫的粉色和华贵的金色为主色，色调应艳丽、纯正、和谐，通过背景板、餐台布、餐巾、座椅（套）、地毯、装饰纱幔等物件颜色的合理搭配，营造出所希望的婚宴气氛。婚宴的灯光也要随着婚宴的进行而变化，新郎、新娘进入宴会现场和切蛋糕时将现场灯光调暗，用舞台聚光灯和追踪灯突显新人，用餐时则将灯光调亮。

2. 西式婚宴适合跨国婚礼或时尚新潮的年轻的宾客群

西式婚宴通常在星级酒店里举办，华丽的厅堂、考究的环境、高质量的音响、一流水准的美味使得西式婚宴显得浪漫与华丽。西式婚宴完全采用分餐制，宾客的座位安排可以是圆桌，也可以是长条桌。在色彩上，一般用白色和粉红、粉黄色等浅色调来装饰，色调柔和淡雅，以表示优雅、纯洁。为营造温馨浪漫的气氛，婚宴现场可以播放一些舒缓浪漫的西方爱情音乐，但音量不能像中式婚宴那么大。

3. 自助婚宴

自助婚宴的最大的特点是随意，宾客可以在轻松愉快的气氛中自由选择适合自己口味的美味佳肴。自助婚礼可以在室内举办，也可以在室外进行，最常见的是室外草坪婚礼。

室外草坪婚礼以时尚浪漫为主题，既简洁时尚又浪漫环保，突出个性化，烘托神圣而浪漫的气息，因此深受新人们的喜爱。室外草坪婚礼应突出喜庆、轻松、活泼、浪漫的气氛，因此在草坪上可以布置1～3个鲜花或气球拱门，用鲜花、白纱、气球等装饰婚礼舞台背板；在通向婚礼舞台的草坪上一般铺设红色地毯，新人可以踏上红地毯走向观礼台，接受人们的祝福。草坪自助餐台和桌椅直接设在室外，可用圆桌或条形台。蓝天、白云、阳光、鲜花、翠绿如茵的草坪可衬托出热闹的婚礼现场，使婚礼充满喜庆、欢乐、祥和、浪漫的气息。

任务三　宴会台面设计

案例情境

难忘的满月宴

某日，某五星级酒店宴会部接到一位李先生的预订电话，称他的女儿五天后就满月了，想在酒店为女儿举办一个小型的满月宴，大概有四十人参加。李先生特别强调，希望酒店精心设计，为女儿举办一个难忘的满月宴。接到此任务的宴会部立刻组织相关人员进行讨论，并分派了任务，其中小刘负责宴会餐台的设计。接到任务后，小刘与李先生进行了交流，了解了客人的具体意愿和要求，然后和同事一起设计策划了本次满月宴。首先，因为客人要求设计为中式宴会，人数为四十人左右，所以他们选择了一间可摆放4桌的宴会厅。其次，他们对宴会餐台进行了如下设计：宴会餐台取名“掌上明珠”。整个台面主要采用紫色和白色搭配，紫色代表优雅、高贵、魅力、温和、浪漫，白色代表纯洁、美丽，紫色加上白色代表了优美、动人，表达了对女孩的祝愿；餐台中心的艺术插花主要采用白掌托着一盏闪着七色光的彩灯，如同托着一颗明珠，晶莹剔透，美丽乖巧，印证了“掌上明珠”的主题；灯中的红色花朵预祝孩子今后的日子红红火火、蒸蒸日上；口布花蝴蝶造型预示女孩将来翩翩动人的美丽身姿。

宴会当天，精美的台面受到了参加宴会的亲朋好友的称赞，李先生非常高兴，宴会结束后不仅为酒店送上了一封感谢信，还介绍很多朋友来酒店就餐和举办宴会。

【案例思考】

1. 你认为本案例中小刘和同事们的台面设计如何？

2. 从本案例中你得到了什么启示？

【案例评析】

1. 本案例中宴会部小刘和同事们设计的台面巧妙地将宴会的主题和主人的愿望艺术性地展现在餐桌上，既反映了举办宴会的目的，也为客人展现了一种精神方面的优质服务。

2. 从本案例中可以看出，宴会台面设计在突出宴会主题、烘托宴会气氛、明确宴会档次、体现服务水平等方面起着非常重要的作用。

宴会是现代人们生活中常见的一种社交活动形式。成功的宴会由众多因素组合而成，其中宴会餐台设计是最重要的因素之一。宴会餐台设计又称餐桌布置艺术，它是针对宴会主题，运用一定的心理学、美学、卫生学、营销学等知识，采用多种手段，将各种宴会台面用品进行合理摆设和装饰点缀，使整个宴会台面形成一个符合宴会整体气氛的造型。应该说，现代宴会餐台设计已不仅仅是一种服务技能，同时也是一门科学，更是一门艺术。

一、宴会台面的种类

（一）按餐饮风格分

宴会台面按餐饮风格可划分为中餐宴会台面、西餐宴会台面和中西混合宴会台面。

1. 中餐宴会台面

中餐宴会台面大多以圆形台面为主，常用的餐具有餐碟、汤碗、汤勺、味碟、筷子、筷架和各种酒杯。一般摆 10 个台位，寓意十全十美。台面设计的造型图案采用中国传统吉祥图饰，如鸳鸯、寿桃、蝴蝶、金鱼、孔雀、折扇等。

2. 西餐宴会台面

西餐宴会台面是吃西式菜品时采用的餐台，常见的西餐宴会一般采用方形台面、长方形台面或用方形、长方形餐台组合的其他形状的台面。西餐台面常用的餐具有展示盘、面包盘、黄油碟和各种餐刀、餐叉、餐勺、酒杯。

3. 中西混合宴会台面

随着中西方文化的不断融合，中西混合宴会台面开始出现，这类餐台一般是参加宴会的客人既有中国人又有外国人时设计的，根据客人的喜好，宴会采用中式圆形台或西式长方形台、方形台均可。餐台放置的餐具通常既有中餐用的筷子，也有西餐用的餐刀、餐叉、餐勺。餐位数视餐桌大小的不同而不等。

（二）按台面用途分

宴会台面根据台面用途可分为餐台、看台和花台。

1. 餐台

餐台又称素台，是宴会中的常规摆法。此种宴会台面的餐具要根据就餐人数的多少、菜单的编排和宴会标准来配用，如餐具根据宴会的档次不同可用 7 件头、9 件头、12 件头等。餐台上的各种餐酒具的摆放要间隔适当、清洁实用、美观大方，各种装饰物品都必须整齐摆放，尽量相对集中。这种餐台多用于中档宴会，也可用于高档宴会的餐具摆设。

2. 看台

看台实际是一种观赏台面。看台是根据宴会的性质、内容，把桌面上的各种餐具、酒具和装饰物品组合成各种造型，供客人在就餐前观赏。在开宴上菜时，撤掉桌上的各种装饰物品，再把餐具分给各位客人，让客人在进餐时使用。这种台面一般用于民间宴会、风味宴会和特别高档的宴会。

3. 花台

花台又称艺术餐台，除了餐具、酒具、布件摆放要合理美观外，最重要的是采用鲜花、绢花、盆景、花篮、各种工艺美术品和雕刻物品等组合成艺术品，构成各种新颖、别致、得体的台面。这种台面设计既满足了宴会的用餐要求，又展现了餐台的艺术美。这种台面多用于中、高档宴会。

此外，按宴会规格的不同，可以将宴会台面分为正式宴会台面和便宴台面，正式宴会台面比便宴台面的规格高，因此，正式宴会台面摆放的餐具、酒具、台布、餐巾以及其他装饰品的质量、档次都要高于便宴台面，同时更讲求台面的艺术效果。

二、宴会台面设计的作用与原则

（一）宴会台面设计的作用

餐桌布置艺术最早源于欧洲国家，在我国出现较晚，但发展很快，现在已成为酒店服务中必不可少的重要内容。设计完美的宴会台面可以突出宴会主题、烘托宴会气氛、体现宴会档次、安排宾客座序、展现服务水平。

1. 突出宴会主题

所谓宴会主题，就是举办宴会的目的。突出宴会主题，实质上就是宴会设计师用餐台上的布件、餐具、杯具、中心艺术品等组合摆设，巧妙地将宴会的主题和主人的愿望艺术地展现在餐桌上，既反映举办宴会的目的，也为客人展现一种精神方面的优质服务。如分别用“孔雀迎宾”“青松白鹤”“百年好合”来突出迎宾、祝寿、结婚等宴会主题。一个成功的宴会台面，一定是既能体现主人的意愿，又是造型美观、主题突出的。

2. 烘托宴会气氛

社交性和隆重性是宴会不同于日常便餐的主要特点，因此宴会用餐必须营造一种进餐的氛围。这种氛围是通过多方面来达到的，如酒店装饰风格、宴会厅的环境、餐台装饰布置、服务员的服饰、服务员的服务水平等，而餐台台面设计是最重要手段之一。当参加宴会的客人来到餐厅，看到餐台上精美别致的餐具、栩栩如生的餐巾折花、鲜艳生动的餐桌插花，隆重、高雅、轻松的气氛就立刻呈现出来，给客人留下深刻的印象。

3. 体现宴会档次

宴会档次的高低是与宴会台面设计档次成正比的。一般情况下，宴会的档次越高，宴会台面布置所用的物品就越精美，档次也就越高。因此，参加宴会的客人在还没有品尝宴会菜品之前，就可以从宴会台面设计的情况知道该宴会的水平和档次。档次低的宴会，台面布置物品少，往往简洁、实用、朴素；档次高的宴会，台面布置物品多，往往复杂、华丽、高雅。

4. 安排宾客座序

宴会台面设计还有一个实用功能，就是安排宾客座序。服务员可以利用餐桌用品的布置（口布花）确定主人席位。内行而知礼节的客人一看到餐桌上的特殊摆设，就知道自己应该坐在什么位置，而不至于因坐错席位有失礼节。

5. 展现服务水平

台面造型是一项实用艺术，一台精美的台面既充分反映了宴会设计师的设计水平，也反映了宴会组织者和服务员的管理服务能力。设计、布置宴会台面不是简单地摆放餐具，需要操作者具有一定的心理学知识、美学知识、民俗学知识、花卉知识和动物学知识等，并且要求服务员心灵手巧。因此，餐桌布置艺术在一定程度上体现了酒店的服务档次。

（二）宴会台面设计的原则

1. 实用性原则

宴会台面物品是提供给宴会客人用餐时使用的，因此，实用性是宴会台面设计的首要原则。台面设计的实用性原则具体体现在以下三个方面：

（1）宴会台面布置的餐、酒具必须满足客人进餐的需要，因此设计时选用的餐、酒具的质量、数量、摆放的位置等都必须以此为前提。

（2）宴会台面布置所用的各种用餐器具应与宴会的用餐习惯相适应。如西餐宴会应摆放刀叉，而中餐则使用筷子等。

（3）要方便客人用餐和服务人员的服务。如餐桌的大小应根据人数的多少决定，中餐的筷子一定放在右手边等。

2. 美观性原则

宴会台面设计的美观性原则是指台面的设计要根据宴会举办的目的、客人的要求，结合传统文化，运用美学，把各种用餐器具有机地组合起来，使宴会台面具有艺术效果，营造出一种特殊的气氛，以此带给客人美的享受。要实现宴会台面的美观性需要考虑餐具、酒具、各种布件的大小、质地、颜色和摆放的位置，以及考虑菜单的设计、中心艺术品的设计等。

3. 寓意性原则

好的台面不仅能满足参与宴会者进餐方便的需要和给人以美的享受，同时它还能反映一定的文化内涵，折射出主人的办宴宗旨。因此，一个高明的宴会设计师要善于利用不同色彩、不同花卉、不同图案展现文化内涵，赋予台面一定的寓意，反映宴会主题，表达人们的思想情感。

4. 便捷性原则

餐饮工作是一项十分辛苦的工作，举办一场大型宴会时，要做的事情很多。因此，宴会台面设计不可太烦琐、复杂，要在保证实用、美观的前提下，尽量做到方便、快捷。要做到这一点，一方面需要不断提高服务员的服务水平，另一方面要努力改进和完善台面造型工艺，适应不同情况的需要。

5. 界域性原则

宴会用餐与一般日常用餐不同，特别是大型宴会参加人数较多，因此台面设计与布置应充分考虑每位客人、每个团体的实际需要，餐台上的物品应适当分隔，归属明确，即台面设计与布置必须遵循明确的界域性原则，如餐具按人配套且较为明显、不致使相邻客人感到为难或混乱。

6. 礼仪性原则

台面设计与布置的一项非常重要的任务是要充分考虑到就餐者的声望、地位、举办宴会的目的、参加宴会的主客等各种情况，要能体现出宴会档次的礼仪规范。例如，插花、餐巾折花、台布的颜色是否符合客人的习俗，对于有忌讳的客人，应尊重其宗教信仰、习俗与习惯进行设计等。

7. 卫生安全性原则

卫生安全性原则是餐饮行业提供饮食服务的普遍原则，宴会台面设计必须对此予以重点考虑。宴会提供的食品和各种餐具的卫生状况会受到客人的特别关注，因此宴会餐桌上使用的各类餐具、用具必须是清洁卫生的。餐巾的折叠应简单、清洁，防止污染；餐具应充分洗涤、消毒；台面要彻底清洁；要设置公用餐具；等等。

宴会台面设计的基本要求

三、宴会台面设计的基本要求

宴会台面设计既要充分考虑到客人用餐的需求，又要有大胆的构思、创意，将实用性和观赏性完美地结合起来。宴会台面设计时要满足以下几个基本要求。

（一）宴会台面设计一定要满足客人用餐需要

宴会台面是客人用餐的桌面，宴会台面设计必须满足这个根本需求。因此设计者在设计时一定要以此为前提，不能为了美观而忽视了用餐方面的需求。

（二）宴会台面设计要围绕宴会主题和档次进行

举办宴会一般都有特定的目的，因此宴会台面设计的要素都应围绕举办宴会的主题展开。例如，婚庆宴会应用玫瑰、百合等花卉反映主题，摆“喜”字、百鸟朝凤、蝴蝶戏花等台面；如果是欢迎客人就应用百合、康乃馨等花卉，摆设迎宾席、友谊席、和平席等。同时，宴会台面设计还应根据宴会档次的高低来决定餐位的大小、装饰物及餐具、用具的质地和件数等。

（三）宴会台面设计要与宴会厅装饰格调相一致

宴会台面设计必须与宴会厅装饰格调协调。如果餐具摆放、装饰物的造型色彩等与餐厅的环境相得益彰，就能起到锦上添花的作用；反之，就会破坏餐厅的整体美，给客人留下不良印象。由此可见，根据宴会厅气氛格调和希望表达的状态设计餐具、装饰物的造型、色彩与质感是十分必要的。

（四）宴会菜品和酒水的特点是宴会台面设计的依据

餐具及装饰物的选择应由宴会菜品和酒水的特点来决定。不同的宴会配备不同类型的餐具和装饰物，如中式宴会应选用传统的中餐具；食用不同的菜品时，应配备不同的餐具；饮用不同的酒水时，也应摆设不同的酒具。

（五）根据宴会美观性要求进行设计

宴会台面设计在满足用餐实用性的基础上，应重点从观赏性的角度，把台面用具的质地、色彩、文化、习俗等结合起来进行创新设计，突出宴会台面的艺术性，烘托宴会气氛，满足客人的精神需求。

（六）根据宴会安全卫生的要求进行设计

安全卫生是进行宴会台面设计时应考虑的重要因素之一，所以设计用品都必须符合安全卫生的标准。不干净的餐具、有刺激性气味的花草不能放到桌面上；摆放餐具时要注意操作卫生。

四、宴会台面设计的步骤与方法

宴会台面设计是一种餐台艺术，它是根据宴会主题，对宴会台面用品进行合理搭配、布置和装饰，形成一个完美台面组合形式的艺术创造。宴会台面的装饰效果不仅决定宴会的气氛，而且体现宴会设计者的水平以及整个宴会的服务质量，因此，它受到了宴会承办者的高度重视。宴会台面的装饰效果主要通过以下要素来体现：餐具的质地、款式、色调和摆放；台布、椅套的质量、颜色和餐具的搭配；餐巾颜色和款式；宴会菜单设计；餐桌主题中心艺术品的设计；服务员的着装、仪容仪表、工作气质和技能等。宴会台面设计的具体步骤与方法如下。

（一）确定宴会台面设计的主题

根据举办宴会的目的和参加宴会的客人特点来确定宴会主题是进行宴会台面设计的第一步，只有确定了主题，才能明确宴会设计的方向。宴会餐台主题应根据宴会主办者的设宴意图，客人的年龄结构、风俗习惯、心理要求、经济状况和社会环境等因素来确定。例如，结婚、祝寿、商务宴请、庆典等，宴会台面的装饰、灯光、色彩、花卉等都要围绕喜庆这个主题进行设计；为某公司举办庆典设计的台面，应该根据庆典的内容、性质及参加庆典人员的数量、年龄、文化层次等来确定宴会台面的主题和格调；参加者以年轻人为主的宴会，应以色彩明快、时尚新颖的台面格调为主，表现奔放、热烈的主题，营造活泼、欢快的喜庆气氛。

（二）为宴会台面命名以增加气氛

很多成功的宴会台面都会取一个别致而典雅的名字。好的宴会台面名称实际是一种文化的体现，也是与宴会客人进行思想与情感交流的工具。通过给宴会台面恰当地命名，突出宴会的主题、暗示台面设计的艺术手法，让本来简单的一次用餐活动有了全新的寓意，增加了宴会气氛。现代宴会中为宴会台面命名已成为宴会设计必可不少的一部分。

宴会台面命名的方法可以从以下两个方面考虑。

1. 以台面造型和宴会性质命名

这种方法可先根据宴会的性质或举办宴会的目的确定命名的方向，再根据宴会台面的造型、装饰、宴会客人的意愿赋予宴会台面一定寓意的名字。例如，举办的是婚宴，命名的方向一定是祝福婚姻美满，然后根据桌面的装饰物命名，有百合花可取名“百年好合”；有玫瑰花可取名“玫瑰之约”；有蝴蝶可取名“蝶恋花”。

2. 以宴会的主菜名称命名

这种命名方法使宴会工作人员一听便知道应该摆放哪些餐具，宴会客人一听便知道宴会的主食是什么。如“全羊席”“全鸭席”“鱼翅席”“海参席”“燕窝席”等。

（三）根据宴会的主题创意设计台面造型

1. 宴会餐台的布件类设计

宴会餐台所使用的布件包括台布、装饰布（台裙）、餐巾、椅套等。

（1）台布、装饰布（台裙）的设计。

每个宴会都有特定的主题，餐台设计要围绕这个主题来装饰。台布、装饰布（台裙）的颜色、款式要根据宴会主题来确定，以体现服务的内涵，且装饰布（台裙）可以选用制作好的常规台裙，也可以选用高档丝绸来现场创作造型各异的台裙。

台布、装饰布（台裙）和餐具的搭配是设计的重点。台布的色彩、质地、图案与餐具是否搭配协调，会直接影响台面设计的效果。如寿宴餐台可以选用红、黄相间的动感台裙，其色彩传统，造型现代，使寿宴主题尽显其中。台布、装饰布（台裙）与餐具的色彩搭配手法通常有以下几种：同色系配色，如婚宴中红色的台布搭配有红边或红色图案的餐具；临近色配色，如香槟色的椅套搭配金色或黄色的台布，或镶金边的杯具；对比色配色，如香槟色的椅套搭配白色的桌布。

（2）餐巾的选择与设计。

餐巾花具有装饰台面、烘托宴会主题的作用。在台面设计中，餐巾的质地、颜色和花型的选择非常重要。宴会餐巾主要选用棉质材料；颜色应与台布、椅套、餐具的颜色相协调；中、西餐的花形各不相同，一般中餐常选用以水杯为底座的杯花，也可用餐巾圈，即把原来放在水杯里的杯花，利用餐巾圈固定好后放在展示盘上，既美观又干净卫生，这是餐巾花的一种更符合现代消费要求的变革。西餐则多选用以展示盘为底座的盘花。杯花和盘花作为餐巾花的两个类别，其造型、操作技艺都有所区别，一般情况下不能混用。各色餐巾通过一些折法的变化和手艺的创新，可以折制出千姿百态的造型，以衬托宴会主题和气氛。

（3）宴会椅套的设计。

餐椅的主要功能是供客人就座之用，宴会中所用的餐椅种类很多，如木质、金属材质等，但无论使用哪一种座椅，都需要在餐椅上增加纺织坐垫、椅套等作为装饰，以改变其色调与风格，使其与餐台的其他用品相协调，与整个宴会主题相符合。如在以红色和粉色为主色调的婚宴摆台中，可将粉色丝绸制成的蝴蝶结挂在椅背上，同时将一束粉色玫瑰插于蝴蝶结中，用以向新人表达美好的祝福。

2. 宴会餐具、酒具的选择与设计

餐具是宴会台面的主要物品，是餐台选择与设计的重要内容。餐具的颜色、图案和质量对表现宴会的主色调和档次有决定性作用。宴会餐具的选择与设计要注意以下几点：

（1）餐具的选用必须既能满足客人用餐的要求，又能符合宴会的主题。例如，中餐宴会所需餐具主要有餐碟、汤碗、汤勺、味碟、筷子、筷架、牙签、杯具、水杯、葡萄酒杯、白酒杯和分菜餐具等。西餐宴会所需餐具主要有展示盘、面包盘、黄油碟、咖啡杯、主菜刀叉、鱼刀叉、点心叉、咖啡匙等，还应有烛台、调味架，以及各种不同类型的酒具、酒篮、冰桶、冰夹、冰桶架等。

（2）餐具的选用必须符合菜单内容的需要。选择餐具时一定要对菜单有所了解，根据菜单的内容选择匹配的餐具。

（3）可以根据宴会主题、主办单位的企业标志色彩等要素选择餐具。目前餐饮市场上的餐具主要有中式、西式、民族式、日式、韩式等不同风格。质地、形状、档次也有相当大的差异，如何使选择的餐具与宴会的主题相一致是设计的一个难点。宴会设计者从宴会主题或主办单位的会徽的颜色中寻找思路通常是非常有效的做法，并以此选择不同风格的餐具或特制出精美的主题餐具来突出宴会主题，搭配出形态万千的摆台造型。

（4）不同规格的宴会，选用的餐具的档次不同，餐具的多少也不同。一般来说，宴会的等级越高，餐具的质地越好，件数越多，以此来烘托宴会的气氛。

（5）餐具与菜品在色彩上能相互衬托，形成色彩对比。

（6）餐具的摆放应方便客人进餐。

3. 宴会的菜单设计

为了让客人知晓所食用的菜品，应放置一份菜单在餐台上。宴会的菜单需要特别设计，使菜单不仅只是菜品的介绍，还具有反映不同宴会的情调和特色、装点台面的作用，因此宴会厅的服务人员必须根据宴会的主题精心设计菜单的装帧和陈列方法，具体设计的内容和方法如下：

（1）菜品设计。

菜品设计是菜单设计的核心，要充分结合宴会性质、宴会档次、接待标准、宴会接待对象、当地的饮食习惯等各方面因素进行考虑，具体如下：

①充分了解客人。设计菜单前一定要了解宴会的目的，宴请人员的国籍、饮食习惯和禁忌等。

②菜品合理搭配。要结合宴会的接待标准考虑菜品的选择，一方面要注意冷盘、主菜、点心和水果的搭配；另一方面要注意菜单原料、调料、烹调方法和形态、颜色的合理搭配，使整桌宴会菜品丰富多彩，口味各异，烹调方法各异。

③需注意菜点之间营养成分合理搭配，达到平衡膳食的要求。

（2）菜名设计。

根据宴会的主题赋予菜品富有寓意的名字，是宴会餐台菜单设计的重要方法。如婚宴的菜名可用“甜甜蜜蜜”“红运喜当头”等；寿宴的菜名可用“金玉满堂”“福如东海”等。宴会菜名的设计必须根据宴会的性质、主题，采用寓意性的命名方法，使其主题鲜明、寓意深刻、富有诗意，并能表达宴会主办者的情感。

（3）菜单装帧设计。

菜单装帧主要体现在制作菜单的材料、形状、大小、色彩、印刷和字体等方面，总体应体现别致、新颖、与餐桌主题格调相搭配的原则。在印刷字号的大小上，以适宜客人阅读为宜；在字体的选择上，应选用端庄的字体，同时还要有一定的美感。

4. 宴会台面中心艺术品设计

宴会台面中心艺术品的造型不仅要突出宴会主题，也要体现宴会的规格。在宴会台面设计中，它具有举足轻重的作用。中心艺术品造型设计一般可采用以下方法：

（1）台面插花造型设计。

台面插花造型设计是宴会台面中心艺术品设计中最常用，也是最重要的方法。这种方法要求服务员根据不同类型的主题宴会设计出不同花形，既美化环境、丰富餐台造型，又增加宴会的和谐、美好的气氛，体现出宴会的隆重，这是一项艺术性很强的工作。

插花造型设计是采用花瓶、花篮、花束、花盆、插花、盆景或花坛等装饰中心台面。插花是花台造型设计中最常用的方法。宴会台面一般都会选用鲜花，鲜花的运用可以烘托台面，美化台面，增加进餐气氛。

餐台插花设计时需要注意以下几点：

①必须根据宴会的主题选择花材，注意花语。例如，红玫瑰代表热情、浪漫和爱情；香槟玫瑰代表天真、纯洁、尊敬和友爱；郁金香代表高贵和财富；牡丹代表圆满和富贵等。选择的花材的寓意与宴会主题相符，更能渲染宴会的气氛，如婚宴可选用玫瑰花、百合、红掌等；商务宴可选用牡丹、黄金球、马蹄莲等；谢师宴可选用向日葵、康乃馨等。

②花材的选择还应依据客人的习俗，避免选择客人忌讳的花材，如接待日本客人不能用荷花；接待法国客人不能用菊花。

③插花花材香味不宜过浓，以免影响甚至破坏食品和饮品的香味。

④注意花卉的质量和色彩的搭配，花材的颜色不能太多太杂，以免破坏美感。通常色彩搭配方式是对比搭配，也称反差搭配，就是将反差强烈的两种甚至几种颜色搭配在一起。对比搭配得当会产生强烈的视觉效果，但对比搭配运用不当则会让人感到非常不舒服。同时要掌握一些禁忌的色彩搭配。

⑤要注意花卉与宴会场景、餐桌大小、客人视线的有机融合，营造一种热烈雅致的艺术氛围，插花的高度不能阻挡坐在餐台对面客人的视线。西餐宴会的插花一般不超过

30cm，中餐宴会插花也不宜过高，如果确定需要花型较高，可采用镂空造型。

⑥插花使用的盛器与餐具要协调。插花盛器的材质、造型、颜色和花材的颜色等应与餐具协调，避免反差过大。

⑦要注意花卉的造型，做到主题突出、生动别致、层次分明、整体协调、富有艺术感染力。

⑧有时为了突出主题，可以在插花的基础上加配一些装饰物做衬托或点缀，从而收到意想不到的效果。例如，表达“金玉满堂”的主题，可以选择在金鱼缸上进行插花，当然缸里需要有活蹦乱跳的金鱼，因为“金鱼”与“金玉”谐音，文化性和艺术性都同时在一个主题插花里体现了。还可在花卉上放上蝴蝶装饰品，从而使造型显得更加生动。

（2）雕塑造型。

雕塑造型就是采用果蔬雕、黄油雕、冰雕、面塑等装饰中心台面。用这种方法时必须注意雕塑造型应形象逼真、立意明确，既可反映宴会的主题，营造一种特殊的气氛，给人以美的享受，又能充分展示厨师的高超技艺。

（3）果品造型。

果品造型是将新鲜水果或装饰水果与其他装饰物组合摆成各种突出主题、富有意义的造型来装饰中心台面。果品造型既可装篮造型，也可切拼造型。

（4）餐具造型。

餐具造型即通过各种特定的餐具组合成有一定意义的图案来装饰中央台面。

（5）鱼缸造型。

鱼缸造型即通过精致的鱼缸配以热带鱼或金鱼等来装饰中心台面，使宴会台面富有生机。

（6）综合造型。

现代餐台中心艺术品已不再是一种造型，往往是以某一种造型为主，适当配以其他造型综合而成，形成一种整体和谐之美。

5. 宴会的筷套、台号、席位卡装饰设计

宴会台面布局中筷套、台号、席位卡是一个小的因素，但其作用不容忽视，设计者必须根据宴会的主题风格、中心艺术品的主色调、餐具的档次、宴会的规格、客人的要求进行精心策划与制作。例如，中心艺术品的主色调是蓝色，那么筷套、台号、席位卡的制作就要以蓝色为主，上面的图案也要根据主题风格来确定。

素养园地

文化与美食相碰撞，国风古韵餐厅受追捧

党的二十大报告指出，要以社会主义核心价值观为引领，发展社会主义先进文化，弘扬革命文化，传承中华优秀传统文化，满足人民日益增长的精神文化需求，巩固全党全国各族人民团结奋斗的共同思想基础，不断提升国家文化软实力和中华文化影响力。

国家统计局数据显示，2024 年 1 季度，我国餐饮收入 13 445 亿元，同比增长 10.8%。随着餐饮业的多元发展，当下“国潮”餐饮正在兴起。“国潮”元素融进菜品、传统文化融入饮食体验。作为新的消费热点，“国潮”餐饮正带给消费者更多“舌尖上”的新体验。

2024年3月，商务部等9部门出台《关于促进餐饮业高质量发展的指导意见》，提出在创新餐饮消费场景上下功夫，着力提升餐饮服务品质，传承发展中华优秀餐饮文化。当下，全国多地出现了不少以“国潮”为主题的餐厅，主打的就是中华传统文化。“国潮”元素在餐饮业其实由来已久，很多中华老字号坚持创新，让消费者在享受美食的同时，更感受传统文化韵味。如今，越来越多的餐饮企业在努力尝试与传统文化相融合，在餐饮空间引入传统民俗技艺的展示与互动，将皮影戏、绘画、古代建筑等中国传统文化元素与餐厅主题融合，也为餐饮消费打开了新的增长空间。

项目小结

餐厅是为顾客提供补充体力的营养食品与舒适休息环境的场所。按档次高低，餐厅可分成低档、中高档、高档餐厅；按服务形式可划分为餐桌服务式、自助服务式、柜台服务式和外送服务式；按风味特色可划分为某国、某地区、某食材、某主题；按企业功能可划分为单一功能、多功能、酒店型餐厅。餐厅设计要坚持整体性、实用有效、提高空间利用率、保护客人隐私、重视通风及排烟、重视灯光设计、营造文化氛围等原则。餐厅设计包括店面设计、空间设计、餐台及餐位设计、流动路线设计和其他区域设计等。餐厅布局应反映餐厅特点、便利客人选购、适应产品特征、有足够的客人活动空间、使客人平均分散开来。根据销售方式的不同，餐厅的布局主要有两种：厨房隔绝式和厨房敞开式。餐厅桌椅的布局有沿墙式、岛屿式、正向/斜向包柱式、陈列式几种类型。中式宴会餐台布局原则是“中心第一，先右后左，近高远低”。西式宴会台型设计的原则是：尺寸对称、出入方便、图案新颖。自助餐台的摆放应保证有足够的空间，以便布置菜肴。主题餐厅设计主旨在于主题文化的创意和营造上，设计要点和精髓就是主题要鲜明，主题餐厅设计主题有以田园农舍为主题、以寻古怀旧为主题、以历史文化为主题、以地域民俗民风为主题、以文艺作品为主题等几种类型。

餐厅内部环境布置应整齐和谐、井然有序、整洁明亮、图案淡雅、摆设新颖、挂幅别致。在餐厅布置时要坚持个性化与适应性相结合、民族化与现代化相结合、典雅化与气氛化相结合的原则。餐厅环境布置可以通过家具、色彩、照明、陈设与绿化、室内景观、音乐以及整洁的环境等方面来实现。中西式餐厅布置在风格特征、平面布局与空间特色、家具形式与风格、照明灯具、装饰品与装饰图案等方面有明显的不同。

宴会餐台在突出宴会主题、烘托宴会气氛、体现宴会档次、安排宾客座序、展现服务水平等方面具有十分重要的作用。宴会台面设计要坚持实用性、美观性、寓意性、便捷性、界域性、礼仪性、卫生安全性等原则。宴会台面的装饰效果主要通过餐具的质地、款式、色调和摆放，台布、椅套质量、颜色和餐具的搭配，餐巾颜色和花款，宴会菜单设计，餐桌主题中心艺术品的设计，服务员的着装、仪容仪表、工作气质和技能及其他装饰等共同来体现的，宴会台面设计首先要确定宴会台面设计的主题，然后为宴会命名，再根据宴会主题设计台面造型，主要包括宴会餐台的布件类设计，餐具、酒具的选择与设计，菜单设计，台面中心艺术品设计，筷套、台号、席位卡装饰设计等内容。

课堂讨论

1. 中餐宴会布局的原则是什么？如果是5桌宴会，如何布局？
2. 如何营造主题餐厅的氛围？
3. 灯光、音乐在餐厅布置中起什么作用？
4. 布置一家中餐厅应该从哪些方面入手？
5. 如果让你设计一次生日宴会，你会如何做？

技能训练

1. 请你为某餐厅选择一个主题，并制订一份主题餐厅设计方案。

2. 餐厅的装饰对春节的促销是非常重要的，要想在春节那天吸引顾客光临，首先就要在餐厅布置方面下功夫，如果布置得喜庆、有创意，就会有更多的顾客光临餐厅。请你为某餐厅制订一份春节布置方案。

3. 学校要参加全国中餐宴会主题设计大赛，如果你是一名参赛选手，请设计一台宴会台面参加比赛。要求主题突出、台面美观，具有较强的视觉冲击力和艺术感染力。

案例分析

案例一　邓丽君音乐主题餐厅

在北京市石景山区台湾街的最西端，有一家餐厅外墙闪耀着许多梦幻般的“星星”，星光簇拥着邓丽君的巨幅照片。餐厅大堂洁净古朴，楼梯为欧式风格，一层大厅摆放着一架做工考究的三角钢琴，还有很多邓丽君生前用过的家具、物品，如邓丽君使用过的梳妆台，纹饰十分细腻、流畅，恰似邓丽君一贯的曲风。这个小小的邓丽君“博物馆”，让人一下子就回到了几十年前。楼梯转角处还有一副邓丽君的画像，走近才发现它竟是由近3 000张邓丽君的小照片拼成的。

就餐区的风格更加“老上海”，拱形的屋顶、明亮的地板、专设的舞池区、立式的麦克风……在这种环境的感染下，仿佛走路都该摇曳一些。

餐厅的菜品都是依据邓丽君生前到过的地方和偏爱的口味安排的，如台湾风味、东南亚风味、西餐等，以及许多创意主题菜。而《月亮代表我的心》《甜蜜蜜》这些人们耳熟能详的歌曲名也成了菜品的名字……

晚间，餐厅有歌唱表演。女歌手的歌声颇有邓丽君的风韵，颦笑间，台步与动作竟也带出邓丽君的影子。

卤肉饭、三杯鸡、珍珠奶茶、真菌佛跳墙——循着这些味道，就餐者能够感受到邓丽君品尝这些家乡菜时泛起的浓浓情思。

在邓丽君音乐主题餐厅，“看得养眼，听得悦耳，吃得回味”，环境、音乐、美食就这样自然地融合了。

问题与思考：

1. 邓丽君音乐主题餐厅是如何体现主题餐厅设计精髓的？
2. 主题餐厅的核心是什么？

案例二　国宴设计思路

2014 年 11 月 10 日，亚太经济合作组织（APEC）第二十二次领导人非正式会议欢迎晚宴在奥运会场馆“水立方”举行。欢迎晚宴所使用的餐具并不似以往国宴中使用的偏素色餐具，帝王黄的珐琅彩瓷在国宴主桌上异常抢眼。据此次国宴餐具主创设计师之一庄志诚介绍，这套餐具是以《诗经》中的词句“和鸾雍雍，万福攸同”寓意为主题设计，专为此次国宴而作，“和鸾是车马上的铃铛，在设计的主体纹样中为磬纹，宝磬是礼乐之器，有祝福之意。和鸾雍雍，万福攸同，宾客至，同多福。”

据介绍，宴会现场分设主桌与嘉宾桌，主桌主要招待元首级外宾，嘉宾桌招待部长级外宾。主桌和嘉宾桌所用的瓷器餐具也有些小区别。主桌以金黄色为主色调，每人需用到 68 件餐具。嘉宾桌则以银色为主色调，每人需用到 63 件餐具。

瓷器的装饰采用中国传统的珐琅彩工艺，材质打造则借鉴英国的骨质瓷制作工艺。部分瓷器的造型参考了中国古代宫廷御膳餐具。

全套瓷器中有两大件最引人注意。一个是“占地面积”最大的冷菜盘，是由方形的大底盘与圆形宝塔顶的盖子组成，设计暗合中国传统的“天圆地方”一说。其中，宝塔顶盖的设计灵感来自北京的天坛。据庄志诚介绍，在中国传统餐具中，并没有使用“冷菜盖”的习惯，而西餐则惯用金属制作冷菜盖。“我们是用陶瓷做的，因为冷菜盖的体积很大，要做到弧面的精准，难度非常大。”

另一个大件是造型极为复杂的汤盅。汤盅的设计是所有餐具中最为复杂的，由里外 4 件独立瓷具组合而成，制作过程要经过 50 多道工序。

庄志诚在国家（地区）领导人使用的主桌餐具上，颜色选用“帝王黄”，“能够营造出一种中华的、典雅的，又有仪式感的气氛”。

餐具上所使用的纹样提取自古代官窑瓷器，“重新解构、重组，能让它变得有时代感”。此外，庄志诚还将中国“如意”的概念运用到了餐具设计上，毛巾托、筷架、椒盐瓶、酱醋壶的托，都是如意的形状。

庄志诚介绍，他从 2014 年 4 月开始为国宴餐具做设计方案，同包括来自“瓷都”景德镇等地的设计师一起竞选设计方案。“到 9 月初最终定下来，改了应该有十六七次。”

问题与思考：

1. 本案例从哪些方面表现出此台面是中西合璧的台面？
2. 说明此台面的餐具名称。

项目五
菜单管理

问题导入

1. 你了解菜单吗？你见过哪种类型的菜单？
2. 你知道菜单应该包括哪些内容吗？
3. 你知道如何为菜品命名吗？
4. 对重点促销的菜品如何编排？
5. 你能够独立设计一份宴会菜单吗？

学习目标

知识目标：

1. 了解菜单的作用和种类。
2. 掌握菜单的内容。
3. 掌握餐厅菜品选择和定价的要点。
4. 了解宴会菜单设计的原则。
5. 掌握宴会菜单制作的要点。

能力目标：

1. 能够制作一份电子菜单。
2. 能够制作一份宴会菜单。

素养目标：

1. 培养审美意识和创新精神。
2. 培养服务意识和工匠精神。

任务一　认识菜单

案例情境

“偷工减料”的菜

晚上8点多钟，有几位市民坐在南京珠江路某饭店门口。他们不是为了吃晚饭，而是因为对中午的一盘菜不满意，与店家整整“冷战”加“热战”了8个小时。中午，张小姐与4个朋友约好一起到珠江路这家饭店聚餐，并点了一道名为“美极养生菌”的菜。菜单上的主料写得很清楚，有蟹味菇、鸡腿菇、猪肚菇等5种菌类。但这道菜上桌后，张小姐等人却发现菜里只有3种主料。张小姐等人要求，店方对整桌菜打对折，否则大家就不走了！

饭店的厨师表示，这道菜确实没有用足5种菌类。不过不是因为店方“偷工减料”，而是店家在实践中发现，如果用足原先的那5种菌类，不但菜的口感和香味不甚理想，而且菜的颜色也是杂乱无章，不符合中国菜讲究的色香味俱全。于是饭店近期对“美极养生菌”这道菜做了改良，但是忘记更新菜单上的主料介绍。

饭店的大厨拍着胸脯保证，这道改良之后的菜分量绝对不比原先的少。张小姐却认为，店家是存心欺诈。记者了解到，“美极养生菌”这道菜的价格是38元，而张某等人一桌共消费500多元。店方表示张小姐的要求太“过火”，他们无法满足。就这样，双方先是吵闹“热战”，后是“冷战”，从中午12点一直僵持到晚上8点，进行了漫长的对峙。晚上8点多，晚饭时间都过了，双方还在僵持着。最终在民警的协调下，饭店才同意把这道菜退了，然后再给整桌菜打八八折。最终张小姐等人支付了482元的餐费，悻悻离去。

【案例思考】

1. 张小姐要求打折的原因是什么？

2. 你从本案例得到了什么启示？

【案例评析】

1. 张小姐要求打折的原因是所点的菜品与菜单上显示的主料内容不符。

2. 本案例告诉我们餐厅提供的菜品一定要与菜单一致，如果不一致，就会引起不必要的麻烦。特别是在对菜品做了改良后，应及时更新菜单上的内容。

一、菜单的定义和作用

（一）菜单的定义

菜单（Menu）是餐厅提供给顾客使用的餐厅产品的一览表。餐厅把企业提供的不同口味的食品、饮料经过科学的排列和组合后印制于专门的纸张上，以供顾客从中进行选择，菜单的内容主要包括食品和饮料的种类和价格。菜单是餐厅提供的商品目录和介绍书，它既是餐厅的消费指南，也是餐厅对顾客介绍自身特色的重要名片。

广义的菜单包括饮料单、餐酒单、点心单等。饮料单是餐厅所辖的各营业点向顾客提供的有酒品、饮料及价格信息内容的、供消费者挑选酒水品种的书面清单。饮料单上的产品品种通常有各种酒类，如白兰地、威士忌、葡萄酒、啤酒等；软饮料类，如果汁、汽水、矿泉水、苏打水等；混合饮料类，如鸡尾酒等。餐酒单主要用于西餐厅，一般用葡萄酒佐餐。点心单在广东的茶餐厅较为常见。

（二）菜单的作用

菜单是餐厅经营管理活动的起点。餐厅的销售从菜单开始，顾客的消费从菜单出发，餐厅要想在激烈的市场竞争环境中获得一席之地，首先应该对客源市场、竞争环境进行分析，从而设计出迎合目标市场的菜单，并由菜单指导餐厅的营业过程。餐厅的营业过程如图 5－1 所示。

菜单设计 → 采购 → 验收 → 储存 → 发料 → 加工制作 → 销售服务

图 5－1　餐厅的营业过程

1. 菜单在餐饮经营方面的作用

（1）菜单是餐饮企业和顾客直接沟通的工具。

菜单是餐饮经营者向顾客推出的菜点目录，餐饮企业通过菜单向顾客介绍企业产品，推销餐饮服务；顾客通过菜单了解餐厅的类别、特色、产品和价格，选择自己所喜欢的餐饮产品和服务。

（2）菜单是餐饮销售的控制工具。

菜单是管理人员分析菜肴销售状况的基础资料。管理人员定期对菜单上每项菜肴的销售状况、顾客喜爱程度、就餐者对菜肴价格的敏感程度进行分析和调查，会发现菜肴生产计划、菜肴烹调技术、菜肴定价和菜肴选择方面的问题，从而能帮助管理人员更换菜肴品种，改进生产计划和烹调技术，改善菜肴的促销方案和定价方法。

（3）菜单是餐饮促销的重要载体。

餐饮企业不仅可利用菜单提供信息向就餐者促销，而且还可通过菜单的艺术设计衬托餐厅的形象。菜单上不仅有文字，往往还配有彩色图画、图案，附有食品和菜肴的图例。一份设计美观、艺术化的菜单，能给人以感性的认识和对味觉的刺激。另外，菜单上内容的合理编排，菜肴和餐具图片的刻意呈现会勾起就餐者的食欲和影响顾客对菜肴的选择，能促进重点菜肴的销售。餐饮企业可以将菜单制作成各种漂亮精致的宣传品，陈列在潜在顾客易见之处，可以在街头向路人散发，也可以刊登在报刊上或直接邮寄给潜在顾客，以进行各种有效的推销。

（4）菜单决定餐饮企业的档次和风格。

不同档次的餐厅，其菜单提供的产品是不一样的，因此菜单是餐饮企业的身份名片。顾客可以通过浏览菜单上菜品的种类、价格、菜品成品照片，以及菜单的排版设计、菜单制作材质、菜单风格来判断出餐厅的特色和档次的高低。因此，制作有特色和精美的菜单也是给顾客留下良好印象的重要渠道。

（5）菜单决定餐厅提供的膳食营养。

当今社会，人们的工作节奏和生活压力都在不断加大，追求健康生活的人越来越多，社会交往面的扩大，也使得人们外出就餐的机会增多，因此，为顾客提供健康营养的膳食也应该是餐饮企业重点关注的问题。现在人们去餐厅就餐，除了填饱肚子，追求菜品的色、香、味、形，感受餐厅就餐氛围外，对营养的要求也越来越高。如药膳火锅、滋补汤锅和海鲜食品的热卖就是顾客对食品营养追求的结果。

（6）菜单决定餐厅的装潢风格。

中餐和西餐的制作方法和流程有较大的区别，因此中厨房、西厨房的设施设备也相差甚远。在确定了餐厅经营方向和菜单之后，对餐厅也要按照菜品制作的方法、数量等方面的差异来进行整体的设计和规划。

菜品风格一旦确定，为顾客提供的就餐环境也必须和菜单相匹配，美食与环境的完美结合可以让顾客更好地享受消费过程。因此，餐厅装潢和环境的设计，包括色彩、灯光、桌椅、绿化、音乐都应该根据菜单的内容和菜品特点来精心设计，以达到充分体现餐饮特色的效果。例如提供“苗家酸汤鱼”菜品的餐馆、提供私房菜的餐馆和高级饭店的西餐厅，在餐厅的室内装潢和设计上必然有着明显的区别。

2. 菜单在餐饮管理方面的作用

（1）菜单影响食品原料的采购与储存。

菜单的类型决定了食品原料采购和储存的对象，决定了采购的渠道、时间、程序、方法，决定了原材料储存的周期、标准和要求。特别是对于使用固定菜单的餐厅来讲，由于餐厅菜品在一定时期内相对固定不变，因此原材料的品质规格也基本固定不变，使得餐饮企业在采购和储存的过程中能保持相对稳定的货源、质量标准、储存周期和方法。如果采用循环菜单，则相应的采购活动和储存管理也变得烦琐和复杂一些。

（2）菜单是餐饮企业选择购置餐饮设施设备的依据和指南。

餐厅需购置的餐饮设备、炊具和餐具的种类、规格、材质和数量，都取决于餐厅的菜品品种、品质和特色。例如，火锅店需使用各式火锅；烹制地道牛排要使用扒炉；制作北京烤鸭要使用挂炉；提供虾蟹类菜品需配备叉、钳；上手撕菜品要配备手套；上鱼最好用椭圆形盘；鸡尾酒不能用碗装等。每种菜品都有与之匹配的烹饪加工设备和餐具。餐厅提供给顾客的菜品品种越丰富，所需的烹饪设备就越多；餐厅出品的菜品原料选材越奇珍、营养价值越高、制作方法越独特，所需的设施和餐具也就越高端、越特殊。总而言之，菜单决定了餐厅后厨和前台使用设施设备的数量、性能、规格、档次等，因此在一定程度上决定了餐饮企业的设备成本。

（3）菜单决定了餐饮成本的高低。

菜单中用料珍稀、原料价格昂贵的菜品越多，食品原料成本越高。高端菜品的制作工艺相对更复杂，需要更高技能水平的厨房工作人员来完成，也进一步增加了企业的劳动力成本。

（4）菜单决定了对服务要求的高低。

豪华餐厅研制的菜品多为高档的、高价位的，因此其相应的服务规格和要求也比一般餐厅要高。餐厅在配备员工的时候，应按照菜单的要求，选择能具备相应水平的工作人员。

二、菜单的种类

（一）根据菜单的价格形式分类

1. 零点菜单

零点菜单指按每道菜单独标价的菜单。零点菜单是餐厅中使用最广泛的菜单形式。这种菜单具有菜品种类多、顾客自由选择余地大的特点，可以满足顾客差异化的用餐需求。

无论是中式餐厅、西式餐厅，还是早餐厅、消夜餐厅，都可以使用零点菜单。无论在社会餐馆还是旅游饭店的餐厅，都可以看到零点菜单的频繁出现。

2. 套餐菜单

套餐菜单指在一个价格下包括整套餐饮产品报价的菜单。套餐菜单可以是为团体客人提供的餐饮，也可以是为单个客人提供的整套食品。餐厅通常为旅行团队、会议团队和宴会设计套菜菜单；中西式快餐店则多为单独进餐的客人进行营养搭配，提供套餐食品菜单。西餐的套菜菜单与中餐的套菜菜单有明显的区别，西餐套菜的价格是跟在主菜后面的，在主菜的名称下面还有可供客人选择的沙拉、汤、面包等，就表明这是一份套餐菜单。

3. 混合式菜单

混合式菜单融合了零点菜单和套餐菜单的长处，是两者的结合。将一部分菜品以套餐形式进行组合，另一部分菜品以零点形式出现。很多西餐厅以套餐为主，同时客人可以再随意点用其中的主菜并以零点形式单独付款。

（二）根据菜单的使用时间长短分类

1. 固定性菜单

固定性菜单指菜品内容标准化，不做经常性调整的菜单。常用于顾客流动性较大的参观或旅游饭店，其常将传统名菜、独创菜品、招牌菜品等列入菜单中。由于菜品相对固定，在原材料的采购和存储、菜品的制作、质量和成本控制等方面可以按照标准化、规范化的程序进行操作，因此便于管理和检查，容易形成品牌效应。缺点是难以满足顾客口味变化的需求，不易吸引和留住回头客，菜品的价格调整也难以操作。为了解决这些问题，餐厅应增加一些特色菜、厨师推荐菜、时令菜的活页插在固定菜单中，以满足顾客多变的饮食需求。

2. 变动性菜单

变动性菜单指根据烹饪原材料的供应情况、价格变化、客源多少等因素来设计的菜单，具有时间短、变化快、品种新的特点，很容易吸引顾客消费。缺点是由于菜品变化频繁，只有对厨房工作者及时进行培训，使其掌握每种菜品的制作要领，才能保证菜品在色、香、味、形等各方面达到设计的要求，满足顾客的口味。

3. 循环性菜单

循环性菜单又称周期性菜单，指菜品品种在一定时间内周期循环使用的菜单。这种菜单适用于企事业单位的餐厅、会议、宴会、团队等用餐形式。餐厅按预定的周期制定数套菜单，每天轮换使用其中的一套，当整套菜单全部使用完毕后，则结束了一个周期。餐厅也可以根据季节、价格水平来设计周期性菜单。这种菜单的优点是菜品每天翻新、丰富多彩，顾客和员工都不会感到单调；缺点是采购麻烦，库存品种增加，剩余的食物不便于利用，会造成成本的增加。

（三）根据菜单的实物形式分类

1. 印页式菜单

印页式菜单是最常见的菜单形式，它具有制作精美、使用周期长、制作成本高的特点，也是一个餐厅档次和形象的表现之一。印页菜单是展示餐厅菜品的一本平面设计作品。

2. 台卡式菜单

台卡式菜单指插在餐桌桌号牌上的临时性菜单，这种菜单是对印页式菜单的一种补充，主要销售定期更替的品种。其最大的特点是灵活、周期短、制作成本低。

3. POP 菜单

POP（Point of Purchase）意为“卖点广告”，是商业销售中的一种店头促销，以摆设在店里的展示物为主，如海报、大招牌、旗帜、实物模型等，表现形式夸张，色彩强烈，主要是为了刺激和引导消费，是一种低价高效的广告方式。餐厅也可以用 POP 菜单，以海报形式来呈现促销期间提供的品种特点和价格。

4. 电子菜单

随着电子和互联网技术的不断发展，电子菜单在餐厅中的应用也越来越广泛。这种菜单的最初使用方式是在顾客餐桌旁装置一台触摸显示屏，顾客通过点击屏幕上显示的菜品进行点菜，然后将电子菜单直接发送给厨师。随着平板电脑的不断普及，iPad 和微信二维码点菜单被更多的餐厅采纳，这种菜单更环保、更先进，可以结合餐饮管理系统软件来进行点菜管理，但是不适用于对电子产品使用不熟练的老年人。

（四）根据菜单的使用对象分类

1. 儿童菜单

这是根据儿童的年龄特点、兴趣爱好、营养要求等因素设计的菜单。儿童菜单的特点是图文并茂、形象生动、色彩鲜明、字体活泼、字号偏大，吸引儿童并方便他们阅读。儿童菜单中菜品的口味应该偏温和、少刺激，菜品分量适当减少，价格适当降低。

2. 情侣菜单

这是为情侣客人而专门设计的菜单，主要应用于情侣主题餐厅和婚宴，以营造温馨浪漫的氛围。菜品的名称、造型和口味都要符合年轻人的特点，给情侣们留下深刻的印象。菜单设计要注重浪漫气息，设计要讲究美感，菜品名称和组合也要有特殊含义，如百合莲子羹可取名为“百年好合”，蛇鸡煨汤取名为“龙凤配”等。

3. 老年菜单

迎合老年人追求长寿和健康饮食的心理，餐厅可以为老年人专门设计老年菜单。这类菜单要准确计算菜品的热量，做到少油、少糖、少盐，荤素搭配、粗细搭配、营养搭配要适当，让老年人放心享用。

4. 宴会菜单

宴请的类型有多种形式，有公务宴、婚宴、生日宴、寿宴、谢师宴等，都需要不同的菜单。宴会菜单讲究外形美观、做工精细，通常价格也比较高。一般情况下餐厅会按不同的费用档次设计几套菜单供客人选择，菜品可以根据客人的要求更换。宴会菜单要反映宴会的特色，如婚宴菜单要讲究体面和喜庆，生日宴菜单要有生日蛋糕、寿面等食品，菜肴的选择一定要符合宴会的特征。

5. 自助餐菜单

自助餐主要根据目标顾客所喜欢的菜品类别，预计客人数量，提供相应数量的多种类的菜品，供客人自由选择。一般来说，自助餐菜单选用的菜品类别有凉菜，各种炖、炸、炒的鱼、肉、家禽、蔬菜等热菜，各色蛋糕、面点或其他甜食和主食，水果等。菜品要有特色，如海鲜自助餐、西式自助餐、中式自助餐等。

6. 客房送餐菜单

其主要是为住店客人提供的菜单。住店客人一般对价格不敏感，因而同样的菜品，客房送餐菜单上的价格要贵些。客房送餐菜单通常包括早餐菜单、全日菜单和饮品。为便于客人订餐，许多酒店将早餐菜单设计成宜于挂在门把上的卡片。

另外，还可以根据餐别分类，分为中餐菜单和西餐菜单；根据餐饮产品的品种不同分类，分为菜单、饮料单和餐酒单；根据就餐时间的不同分类，分为早餐菜单、正餐菜单和消夜菜单；根据服务地点的不同分类，分为餐厅菜单、酒吧菜单和楼面菜单等。

菜单内容

三、菜单的内容

菜单的基本作用是告诉顾客餐厅能为他们提供的菜品和饮料，并说明其价格和做法，以帮助顾客做出点餐决定。因此一份精美翔实的菜单应该包括：菜单封面，菜品名称、质量和价格，菜品介绍，告示性信息，特殊推销菜品等。

（一）菜单封面

菜单封面是菜单的“门脸”，是顾客最先接触的部分之一。一份设计精美、漂亮又实惠的菜单，可以成为餐厅醒目的标志，促进菜品的销售。封面的图案和色彩要能展现餐厅的特色，给人以美食的联想，让顾客看到菜单的封面、触摸到菜单的材质就知道餐厅的整体经营风格。例如，新派菜品餐厅的封面应该有时代气息；提供传统菜品的古典餐厅的菜单封面要古色古香，充分体现出怀旧情绪，才能与餐厅的整体环境达到互相映衬的效果。

（二）菜品名称、质量和价格

1. 菜品名称

菜品名称要真实、顺口，不能太离奇。一些传统名菜和经典菜品为了保持菜品的传承，可以使用传统的菜名，如川菜中的“宫保鸡丁”“麻婆豆腐”，淮扬菜中的“狮子头”，鲁菜中的“九转大肠”等。在翻译成外文的菜单中，要保证翻译的菜名准确，否则会让外宾感到疑惑，从而影响销售。

2. 菜点质量

菜品成品的规格、原料的质量要与菜单的介绍相一致。原料的新鲜程度要有保障；产地要真实，不能以国产替代进口；菜单的分量要有保证，大、中、小份的量要把控好等。

3. 菜品价格

菜单上菜品的价格应该非常明确。有些菜品是按成品一份份地出售，有些菜品是按主要食材的价格按实际重量进行计价，这些不同菜品的计价方式，在菜单上都应该清晰地表明。如果要加收服务费、开瓶费等除菜品本身之外的费用，一定要在菜单上进行说明。

标明的菜品价格如果有变动要做出相应的处理，如果一些季节性比较强的食材原料价格波动较大，会影响餐厅成品菜的售价，为了避免经常修改菜单上的价格，可以不标明该菜品的具体售价，而用“时令价”代替。

（三）菜品介绍

可以在菜单上重点介绍某些菜品，帮助顾客挑选菜品，节省点菜时间。菜品介绍见表 5－1。

表 5－1　菜品介绍

介绍项目	介绍内容	主要介绍方法
菜品制作	对菜品独特的制作和烹饪方法、主料和配料进行说明	文字
菜品口味	对菜品的特殊口味进行说明	文字、图片
菜品分量	表明每份菜品的规格	大、中、小份，多少克
烹饪时间	对加工时间长的菜品进行提示	文字说明

（四）告示性信息

告示性信息主要是向顾客表明餐厅的一些特点和公开信息，方便顾客把握餐厅提供的菜品特点和明确餐厅的一些服务信息。菜单的告示性信息见表 5－2。

表 5－2　菜单的告示性信息

项目	介绍内容	主要介绍方法
餐厅名字	对菜品独特的制作和烹饪方法、主料和配料进行说明	文字加图标，通常印制在封面
餐厅特色	在餐厅名字不能体现菜品风味特色时介绍	川菜、江湖菜、私房菜等
餐厅地址	餐厅及分店的详细地址	用文字、地图的方式
营业时间	说明餐厅接待顾客的时间	印制在菜单封面或封底
收费说明	对菜品消费之外的加收费用、优惠费用等进行说明	在菜单内页的每一项注明
餐厅发展	餐厅的历史、发展、现阶段规模、主打菜品的特点	在内页上介绍

（五）特殊推销菜品

许多中、大型餐厅都能提供上百种的菜品，如何给顾客推荐一些餐厅流行的、特别受顾客欢迎的以及经典的菜品，是在菜单设计的时候必须要考虑的问题。餐厅通常愿意拿来作特殊推销的菜品通常有两类，一类是能代表餐厅特色的、使餐厅扬名的菜品，另一类是餐厅愿意多销售的菜品。第一类菜品通常的售价不能太贵，口味要独特，能代表餐厅的产品制作水准，让顾客容易记住；第二类菜品通常是价格高、毛利大或容易烹调的菜品。

特殊推销的菜品可以出现在菜单的前面几页，或者在菜单中编排更大的空间展示这些菜品的图片，也可以在菜单中用粗体字、大号字或特殊字体来凸显，还可以用单页印制、制作台卡式菜单、POP 菜单的方式来列出这些特殊推荐的菜品。

任务二　菜单的设计与制作

案例情境

红石斑鱼无货

某日某餐厅，王先生带着几个客人来到包厢。服务员非常热情地招待他们，并为王先生递上了一份精美的菜单。王先生仔细地看了一遍，然后指着图文并茂的菜单点了一份清蒸红石斑鱼。服务员却回答："先生，不好意思。红石斑鱼最近无货，您看是不是点别的菜？"王先生只好又点了两个菜，但全都因餐厅原材料准备不充分而不能提供，客人只好失望而去。

【案例思考】

1. 为什么会出现菜单中的菜品无货可供的局面？

2. 你觉得在制作菜单时应该注意哪些方面的问题？

【案例评析】

1. 之所以出现这样的局面，一是因为餐厅没有根据菜单准备充足的菜品原料，二是没有根据菜肴发展趋势和客人喜好及时调整菜单。

2. 餐厅要根据市场需要精心制作菜单，选择既受顾客欢迎同时又能使餐厅获得利润的菜品，开餐前要做好各项准备工作，充分备料。

菜单的设计是一项知识性、技术性、艺术性很强的系统工作，必须在满足顾客需求的前提下，在各种菜品的特点、标准、顾客对象、竞争对手、厨房设备条件、技术力量、原料的供求情况、餐厅成本费用等综合考量的基础上进行菜单的设计工作。

一、菜单设计的原则

菜单设计既要有一定的灵活性，又要遵循一些基本的原则。

（一）适应市场，满足需求

菜单设计是餐厅经营活动的重要一环，进行菜单设计是为了完整地向顾客介绍餐厅的产品，并通过菜单向顾客销售这些产品。因此，在菜单筹划前，一定要确立目标市场，确定目标客源，了解他们的口味、喜好，然后有针对性地设计。只有这样，菜单才能方便顾客阅读和选择，才能具有吸引力。同时，在进行菜单设计时，还应对本餐厅的人力、物力和财力有所了解，对自己的技术、市场供应情况做到心中有数，以筹划出适合本餐厅的菜单，确保获得较高的销售额和毛利率。

（二）树立形象，体现特色

餐饮市场的竞争日趋激烈，在竞争中取胜的关键就是要为顾客提供让他们满意而又有别于其他经营者的餐饮产品，并且在顾客心目中树立鲜明独特的形象。树立良好形象要求经营者分析企业所提供的餐饮产品的特色，充分把握本企业与竞争对手之间的优劣势，在竞争中建立起良好的并能够被顾客接受的市场形象，真正让顾客能够在本企业消费时获得满意的体验。同时，根据企业市场形象，经营者应当结合餐厅的经营方针来决定提供什么样的菜单，是西式还是中式，是大众化菜单还是地方风味菜单。

（三）灵活多样，推陈出新

菜单设计要灵活，注意各种菜肴花色品种的搭配。不同餐厅菜单上的品种有明显的区别。但是，不管采用何种菜单形式，除了正常的供应品种外，还必须考虑到留有余地，以便用于每日特选、每周特选菜肴的推销；应将常年菜、季节菜、时令菜和特别推销的菜肴结合起来，以满足各层次顾客的不同需求。同时，菜单设计还需充分考虑顾客需求的变化，定期调整，花色品种要循环更新，推陈出新，使顾客有新鲜感。

（四）讲究艺术，尽善尽美

一份好的菜单既是一件宣传品，又是一件艺术品。设计菜单时要从艺术的角度对其形式、色彩、字体、版面进行艺术设计，既要方便顾客阅读，又要能起到美化餐厅的作用。菜单设计的艺术美体现在以下几个方面。

1. 风格一致

菜单的艺术设计必须适合餐厅的整体风格，包括经营风格、装修风格、家具风格和菜肴风格等，菜单的风格必须与它们相一致、相协调。

2. 印制精美

菜单在餐厅整体装修中起到画龙点睛的作用，它是餐厅档次的象征、质量的保证。印刷必须精美，破旧、肮脏的菜单会影响顾客的食欲，破坏餐厅的形象。

3. 创意独特

菜单的艺术美还表现在菜单造型的独具特色、不落俗套。构思奇妙、蕴意深刻的菜单能使人过目难忘，不仅能起到很好的宣传作用，而且还会被顾客当作艺术品来珍藏。

总之，设计筹划菜单只有遵循上述原则，才能使它真正成为餐厅的宣传工具、促销工具，成为餐厅最得力的“推销员”。

二、菜品的选择

（一）菜品选择的依据

1. 顾客的需求是基础

不论是高档酒店内的高级餐厅还是繁华社区内的风味小餐馆，在设计菜单的时候，都应该考虑消费对象的需求。只有了解顾客的饮食习惯、口味特点、特殊需求和顾客的消费心理，才能设计出一份让顾客满意的菜单，以满足顾客的各种饮食消费需求。

每个餐厅所处的位置不同，档次、规模、经营风格和技术力量不同，餐厅所服务的顾客对象也是各不相同的。要了解分析主要客源的国籍、年龄、职业、生活习惯、口味特点、饮食禁忌等。在亚洲，泰国人喜食鱼和蔬菜，不爱吃红烧的菜品；日本人爱吃牛肉、猪肉、海鲜、蔬菜，不爱吃肥肉、动物内脏等。欧美国家的客人喜食鱼虾等水产品、家禽、牛肉、新鲜蔬菜，喜食咸中带甜的食物，口味较清淡，不爱吃肥肉，忌吃动物内脏等。而在中国，之所以有八大菜系之分，也是由于地域生活习惯的不同，形成很多的口味差异。另外，顾客就餐目的不同，对菜品的需求也会有所区别。因此，菜单设计必须根据顾客的不同需求而进行变化，不断收集顾客消费资料，建立顾客消费档案，整理、统计和分析，有针对性地为顾客设计一份优质菜单。

2. 突出经营特色是重点

餐厅应该根据自己的经营目标、方针来确定供应什么样的菜品，是中式还是西式，是大众化菜单还是特色风味菜单。菜单设计者要将本餐厅的装潢和服务特色、菜品的口味特色有效地融入菜单的设计中。菜单的形象要与餐厅的形象一致。

（1）按照菜品的档次高低可以设计以下两种菜单：

①以中高档菜品为主设计的菜单。中高档菜品一般在食材的选择上都比较讲究，通常以海参、鲍鱼或者价格较高的水产品为原料来进行制作，即俗语所讲的“山珍海味”。这类菜品的特点是用料讲究，制作方法复杂，工艺精美，技术难度大，往往在装盘上也使用精美的器具，使用食品雕刻装饰菜品，主要满足高端消费者的需求。因此菜单的制作要求高一些。

②以大众化菜品为主设计的菜单。大众化菜品主要指的是那些价廉物美的菜品。这类菜的特点是用料普通，制作比较简单，价格相对经济，给顾客的感觉是实惠。所以在设计这类菜单的时候，要充分挖掘“家常菜”“风味菜”“乡土菜”，满足大众消费者的饮食需求。因此菜单的制作可以相对简单。

（2）按照餐饮经营的类别可以设计的菜单如下：

面积大、餐位多的餐厅，适合接待旅游团队、会议、婚宴等，要根据客人的消费标准设计出合适的菜单。会议和团队餐要求数量多、不浪费，每餐的搭配各不相同；而宴会菜单的设计讲究华贵，菜品的名称要喜庆、上口，给宾客留下深刻的印象。

以散客接待为主的菜单设计，要突出地方风味和经营特色，如私房菜、地方小吃、烧烤店、火锅店等。在类别上有冷菜、热菜、点心、甜品等；在食材选择上有畜类、禽类、水产类、蔬菜类等；在价格上要高中低搭配，突出菜品的卖点。

总之，要根据餐饮企业自身的特点，挖掘特色菜、风味菜，做到“人无我有、人有我精”，以在激烈的市场竞争中站稳脚跟。

3. 烹调能力是保障

（1）设施设备水平。

厨房的设施设备情况直接决定了菜单上可以有哪些菜品，也关系到菜单的使用效果。例如，后厨只有一个烤箱，但在菜单中设计了很多“烤鸭”“烤鸡”“烤乳鸽”“烤鱼”“烤乳猪”等需要烤制的菜品，这样就很难达到制作要求。如果客人点了菜单上的烤制菜品，结果等了半个小时都没能品尝到，那就得不偿失了。现在一些新型厨房设备的出现，已代替一些原来人工操作的工作，使厨房的出品质量和时间都有所提升。因此在菜单的设计中，一定要考虑到厨房设备的生产能力。

（2）员工的技术水平也是烹调能力的重要保障。

①后台生产员工的技术水平。在设计菜单的时候要考虑整个厨师团队的专业技术水平。如果厨房的员工人数配备偏少，而在设计菜单的时候菜品品种过多，制作难度大，工艺复杂，造成的结果就是后厨已经忙翻天，但是前台的客人还在饿着肚子等菜。或者是厨师本身学粤菜制作，在菜单中却列出了较多的其他地方菜品，使出品的菜品口味不地道、不正宗，餐厅的服务水准也难以得到客人的认可。因此，在设计菜单的时候，必须要和餐厅总厨一起，对餐饮产品制作人员进行分析，包括年龄、受教育程度、餐系（中、西餐）、帮系（川菜、粤菜）等情况。

②前台服务人员的技术水平。前台服务人员的服务水平也是影响餐厅菜品服务质量的重要因素，因此，除了要掌握厨房人员的工作水平和生产效率外，经营管理者也要提高前台服务员的服务水平。对前台服务人员的分析重点应该放在年龄、外貌、服务态度、服务技能、技巧等方面。

4. 客观因素是参考

（1）竞争环境。

在设计菜单的时候，不能只考虑企业自身的特点，对餐饮消费市场环境的分析也是非常重要的。统计数据的变化会反映出餐饮的消费需求。在企业所处的街区附近是否有同类企业，竞争对手的经营状况，出品特色，也是在制定菜单时的重要参考条件。

（2）原材料保障。

原材料供应链条的完善，决定了原材料采购的周期、价格。特别是一些特殊菜品、高端菜品的制作和售价，原材料的供应情况在很大程度上决定了餐厅的出品品质和价格。因此，如何在众多的原料供应商中挑选到最适合本餐厅定位的供应商，是在餐厅筹划设计菜单时就要提前考虑的问题。

5. 保持创新是关键

市场竞争日益激烈，餐饮市场的竞争尤为激烈。因此，即便是一些具有优秀历史传统和风味特色的“百年老店”，也要根据竞争对手和食客的不断变化而改变。其中改变的重要部分就是菜单的内容，菜品的种类和特色要不断优化，菜单的制作要更精良或更具特色，要做到传统菜到位、创新菜出名、看家菜规范、时令菜及时、地方菜特色，使顾客感到菜品有变化、有创意。只有不断制造新鲜感，餐厅经营才有生命力。

（二）菜品的选择

设计菜单时，要掌握各种餐别对菜品品种数量和搭配上的不同要求。由于餐厅规模、各地风俗习惯、饮食习惯不同，菜单中的菜品品种数量也有很大的差异。一般来说，高档品种应占菜单品种总数的10%～20%，中档品种占30%～40%，其余的为低档。

1. 各类菜单的品种数量选择

（1）零点菜单的菜品品种选择。

零点菜单的菜品的品种数量比其他形式的菜单品种数量要多。

中式零点菜单分冷菜、热炒、大菜、蔬菜、点心、汤类、水果等大类，规模较大的餐厅的菜品数量为100～200种，以便顾客有自由选择的余地。一般冷菜类、热炒类和大菜类的数量要比其他类别多。而在以汤锅类为主的餐厅品种数量略少一些，各种风味的锅底一般为5～20种，提供的汤食菜品为40～100种。为满足顾客的口味需求，还会增加一些凉菜和腌卤腊制品供顾客选择。

西式零点菜单分为前菜或开胃菜、汤类、鱼类、主菜类或肉类、冷菜或沙拉、点心类、饮料类7个大类，每个大类的品种为2～6种。所以菜单的更换周期比中式零点菜单要短。

（2）套餐菜单的品种比例。

团体套餐菜单主要根据用餐的标准和档次来决定菜品的数量和种类。一般的团体套餐的人均消费不高，在安排菜品的时候，一般冷菜为6～10种，荤素搭配比例约为3∶2或1∶1；热菜安排5～10种，荤素搭配比例约为3∶1或5∶2；点心一般安排2～4种。

（3）宴会菜单品种的比例。

宴席因菜系不同，各地风土人情、饮食习惯不同，档次高低不同，品种的搭配比例有很大差别。

水果类：宴会中的水果一般为水果拼盘，将各式水果经厨师刀工处理后摆放成优美的形象供客人享用。在高档宴会中，水果也会由后厨分成小盘，每位客人一份，在正式开餐前享用。水果的品种一般以2～4种为宜。

冷菜类：宴会菜单的冷菜可用拼盘，为4～8种双拼或单拼，也可以用一个艺术拼盘（主盘）加4～10个围碟。

热炒类：宴会菜单的热炒一般为2～4种，主要为采用炒、爆、炸等烹调方式制成的菜品，要求菜品滑嫩脆爽，汁少味厚，便于饮酒食用。

大菜类：一般控制在4～8种，制作方法为烧、烩、炖、烤、焖等，菜品的原料一般为整只、整块、整条，盛器要大而精致。

素菜类：宴会的素菜一般为1～4种，采用的制作方法为炒、烩、扒等，原料以绿叶蔬菜、豆制品、各种根茎类蔬菜为主。

汤羹类：汤羹数量最多不超过2种。汤羹通常在素菜后上桌。也有的宴会根据就餐的对象，吸取了西式服务的方法，在冷菜食用后就上汤羹。

点心类：宴会菜单中一般提供 2～4 种点心，在宴会的最后阶段上桌。

2. 菜品的品种搭配

客人需求不同，对菜品的组合要求会有较大差异。我们要研究每一份菜单的共性和规律，根据不同的菜单，在荤素搭配、菜品质量等方面做好组合。

（1）荤素搭配。

无论什么菜单，荤素搭配都是首先要注意的问题。植物性原料含有较多的维生素、纤维素、矿物质等营养成分，动物性原料含有较高的脂肪和蛋白质。如果长期偏食一种类型的原料会影响人体健康，也可能造成人体酸碱度失去平衡，造成不舒服甚至生病。虽然客人并不是每天每餐都在某家餐厅用餐，但是一份荤素搭配、营养搭配合理的菜单，是餐饮经营者关心顾客健康、倡导健康饮食的体现。

（2）菜品质量与售价匹配。

菜品的质量和售价应该成正比，一方面取决于原材料的贵贱和成本的高低，另一方面取决于设计水平和烹调水平的高低。菜品的质量决定菜品的售价。原材料越贵的菜品，在菜品设计上更要注重细节，制作更要精良，具备鲜明的特色和口味，以标出合理的高价，使客人觉得物有所值。反之，售价低的菜品应选用普通原料，粗料细做、细料精做，保质保量。

（3）菜品选择要突出季节性。

在不同的季节，人的口味不一样。春季应设计偏酸性口味，以促使人体酸碱平衡；夏季适当安排苦味食品，以降温消暑；秋季偏辛辣，以增强防潮御寒能力；冬季则应以浓重口味为主。

在不同季节，人的身体对食材需求不一样。夏季应安排一些凉性食品，如水产品、新鲜蔬菜等；冬季应多安排些温补的食品，如羊肉、狗肉、牛肉等。

在不同季节应选择不同烹饪方法。夏季多用清蒸、凉拌、冻制食品，让人感觉清爽；冬季可选用火锅、汤锅、砂锅和煲类菜品，给人以暖和之感。

此外，在选择菜品组合的时候还要综合考虑顾客消费心理、厨房设备、营养卫生、成本核算等因素。

（三）菜名的设计

菜品名称直接影响就餐者点菜时的选择。菜单上的品名会在用餐客人头脑中产生联想。客人的满意度在很大程度上也取决于阅读菜单后对菜品产生的期望值。

1. 中式菜的菜名设计

中国餐饮文化博大精深、历史悠久，中国菜单的内容琳琅满目，配菜方法有很多种，形成了各种不同口味及富含地域特色的菜品，菜品名称设计也是各具特点。中式菜的菜名设计见表 5－3。

表 5－3　中式菜的菜名设计

方法	方法说明	菜名举例
以人名命名	菜品因某人而流传后世	东坡肉、宫保鸡丁、麻婆豆腐
以地名命名	菜品具有地方特色和风味	北京烤鸭、台南担仔面、川北凉粉
以材料命名	以主料＋配料的名称来命名	青椒肉丝、腰果虾仁、干贝萝卜球
以形状命名	以食物的形状＋主菜来命名	枇杷虾、珍珠鱼、芙蓉豆腐

续表

方法	方法说明	菜名举例
以色彩命名	用售卖的颜色或菜品呈现的色彩来命名	三色蛋、五彩虾仁、四色烧卖
以调味料命名	以调味的酱汁搭配主要的食材来命名	蒜泥白肉、酸辣汤、蜜汁火腿
以烹饪方法命名	按照食物的制作方法和技巧来命名	白灼基围虾、葱烧海参、凉拌海蜇
以盛放器皿命名	以盛放食物的用具来命名	砂锅豆腐、竹筒饭、铁板牛排
以吉祥用语命名	在喜庆或特殊场合，美化菜名，取吉祥之意	步步高升、金玉满堂、百鸟朝凤

2. 西式菜的菜名设计

西式菜一般都是写实型的命名，主要以食物的口味、产地、材料、颜色、烹调方法、供应温度来命名，见表 5－4。

表 5－4　西式菜的菜名设计

方法	菜名举例
以口味命名	Sweet-sour Pork（酸甜猪排）；Sour Apple Pie（酸味菜果派）
以产地命名	French Omelet（法式蛋卷）；Swiss Steak（瑞士牛排）；Hawaiian Chicken Teriyaki（夏威夷鸡肉串）
以材料命名	Cheese Cake（乳酪蛋糕）；Seafood Salad（海鲜沙拉）；Cream Chicken Bamboo Shoot Soup（奶油鸡肉笋汤）
以颜色命名	Black Red Caviar（黑红鱼子酱）；Black Bean Soup（黑豆汤）
以烹调方法命名	Fried Chicken（炸鸡）；Barbecue Chicken（烧鸡）；Baked Potato（烤马铃薯）；Scrambled Eggs（炒蛋）
以供应温度命名	Frozen Apple Juice（冰冻苹果汁）；Hot ROI Song Broth（热罗宋肉汁浓汤）

三、菜品的定价

餐饮经营者在决策定价时应考虑顾客对餐饮产品品质与价值之间的联想。因为菜单的定价直接影响到顾客的购买行为并决定餐厅的客源。菜单价格的高低还决定了菜单产品的成本结构和成本控制，所以菜单的定价对企业的经营效益有非常重要的影响。

（一）价格的构成

菜品或者饮品的价格由原辅料成本、费用开支、税金和利润四部分构成。在餐厅运营中，菜品的销售额是指菜品的销量与菜品价格相乘所得的值，所有菜品销售额之和，就是该餐厅的总销售收入。这些销售收入要用来支付原材料采购、人工、能耗、租金、行政管理费用、宣传费用、餐厅建设的折旧费用、国家规定的相应税金等，余下部分便是餐厅的利润。利润是企业追求的目标，没有利润的企业无法发展，餐厅经营就必须合理合法地创造更多的利润。

餐饮销售必须能确保原材料成本开支、费用支出、税金支出，并能形成盈余，也就是利润。这些项目都应分摊到每一个菜品上，因为餐厅就是依靠菜单上每一个菜品的销售来实现收入的，所以菜单的定价应该能够支撑这四个部分。销售价格的公式为：

销售价格＝原材料成本＋分摊的费用支出＋税金＋利润

其中，销售价格扣除原材料成本即为菜品的毛利，原材料成本占销售价格的比例即为成本率，其公式为：

销售价格＝原材料成本＋毛利

毛利率＝毛利/销售价格＝1－成本率

（二）菜品定价应考虑的因素

菜品定价时，除了要考虑价格构成的四个部分，以确保价格体系能支撑餐厅获得利润之外，还必须充分考虑到餐厅所处的竞争环境、顾客的需求与接受程度等外部因素。

1. 原材料的成本和费用对于菜单价格的影响

原材料的成本和费用是菜品定价的基础。原材料成本越高，售价往往就越高，反之，就越低。当然某些特殊情况下也会有例外，例如，出于营销的目的，个别菜品会出现高成本低售价的情况；部分具有核心技术的菜品，定价时的毛利甚至高于一些其他原材料成本更高的菜品。所以，餐厅必须充分了解并掌握自己所需原材料的价格水平以及运营过程所涉及的费用支出水平，同时在经营过程中合理控制原材料的进价、加工的净料率、各项费用的合理支出，尤其是人员的合理配备，这样才有可能确保餐厅菜品定价的合理性。否则，要么难以确保利润，要么难以确保质量和服务，最终影响利润。

2. 市场竞争因素的影响

餐饮业是一个竞争激烈的行业，为了吸引消费者，不同的餐饮企业往往会采取各种不同的营销方式，这其中包括价格策略。所以，餐厅经营者应充分了解市场竞争的宏观和微观信息，研究餐饮产品的竞争状态和趋势，在不断调整和改善经营的过程中及时采取合理的价格策略和调整策略，以确保餐厅在竞争激烈的市场环境中立于不败之地。

3. 顾客的消费心理

大多数餐厅都会有一个经营上的定位，这种定位通常会有一个特定的消费群或者主要的消费类型，如商务消费、家庭消费等。因此，充分考虑特定消费群的消费心理，在菜品定价上也尤为重要。顾客消费心理大致包括顾客的支付能力、顾客对菜品价值的认可程度和顾客消费目的等。顾客消费心理对于价格制定非常重要，如在定价过程中的整数定价、尾数定价、吉祥数字定价的具体方法就是基于对顾客消费心理因素的考虑。

4. 其他因素

菜品定价还必须考虑社会导向、国家政策和一些公共事件等各种综合的社会因素，如“禽流感”疫情对于禽类及其相关菜品的价格影响，厉行节约的社会舆论对于菜品定价的影响等。

（三）定价的基本方法

定价的方法较多，现在介绍几种常用的方法。

1. 参照定价法

参照定价法是一种简单便捷的定价方法，餐厅可以按照自己的具体情况，先参照市场上规模等级相近餐厅的定价情况来为自己的菜品设定初始定价，然后结合具体的成本费用情况、竞争情况和餐厅定位等多方面的因素来进行修正和调整，以最终确定出自己餐厅的菜品定价。这种方法比较简单，也能兼顾定价的经济指标和同业的竞争性，但在实施的时候，选取的参照对象比较重要，同时还应该详细了解参照对象的菜品情况。

2. 成本定价法

制定价格前，餐厅会先设定一个基本的预期，如设定自己的菜品成本率为40%，也就是说毛利率为60%，那么根据这个指标，按照每一个菜品具体的成本值，倒推出它的售价，从而得到该菜品的期望售价，然后结合其他因素进行调整和修订。这种方法的优点是充分考虑了菜品的原材料成本并能确保一个相对的盈利空间，但是核定菜品成本方面存在一定的复杂性，而且在具体实施的过程中，应该区分不同类别菜品的毛利率的不同预期，如以蔬菜为主的菜品与以海鲜为主的菜品，其毛利率的预期应该不同。同时，还应该根据菜品的特性对价格加以优化，即使是同一类菜品，有竞争力的菜品（如特色菜或者招牌菜）在价格上可以适度高些。总之，按照这一种方法制定价格时，必须注重菜单里不同菜品在价格上的布局和平衡，这样才有利于销售。

不同类型餐饮产品的加价率见表5-5。

表5-5 不同类型餐饮产品的加价率

餐饮产品类别	加价率范围（%）
高档菜肴	10～15
畅销菜肴	15～18
滞销菜肴	20～22
低档菜肴	20～40
点心	35～40

3. 综合定价法

综合定价法就是将菜品的成本、销量和盈利要求三个因素结合起来，经过综合分析判断后制定出菜品价格的一种方法。按照菜品的销量和成本特性可以分为四个对象，即高成本高销量、高成本低销量、低成本高销量和低成本低销量。在价格制定的时候，可以参考“成本越高，毛利额应越大；销量越大，毛利可越小”的原则来调整菜品的毛利水平，然后再根据毛利制定出价格。在这个过程中，餐厅必须充分了解消费者的需求（可表现为销售量），再结合与成本、利润之间的关系来综合定价。也就是说，有的菜品可以调低毛利，有的菜品可以适当调高毛利，有的菜品可以选取适中的毛利，应经过综合考虑来制定价格。

以上为几种常用的定价方法。在实际经营中，餐厅通常采用上述方法的组合来进行定价，充分考虑到菜品价格在市场上的竞争性以及消费者的接受度。价格制定过高，将导致顾客的购买意愿降低；而价格制定过低，企业将不能获得正常利润。所以，无论是哪一种定价方法，在价格的制定上，都要兼顾餐厅、市场和顾客这三个方面。

同时，菜品定价也取决于餐厅具体的价格策略。在不同的定价策略下，会有不同的定价结果。有的餐厅为了吸引消费者、扩大市场，往往会采取低价的方式；有的餐厅为了突出其在消费者心中长期稳定的形象，往往会保持价格的稳定，不轻易调整价格，即使原材料成本上升，也不会随意改变价格；有的餐厅会在经营中对个别菜品采取低价的策略，来带动其他菜品的销售；有的餐厅会采用高价策略，来突出餐厅菜品质量与竞争者的差异性等。

（四）菜品价格范围和数目的确定

1. 确定菜品的价格范围

在选择菜品时，餐饮管理人员必须对经营情况进行分析，计算为达到餐厅的目标利润，就餐客人的人均消费额应该为多少，同时还要进行菜品销售状况分析和顾客调查，了解在本餐厅用餐的顾客期望的人均消费额。管理人员根据这些信息确定本餐厅的人均消费额标准，从而确定出各种类菜品的价格范围。

在确定价格范围时，要先把菜品分成若干个大的类别，根据本餐厅以前的销售统计数据，得出各类菜品占销售额的百分比，以及就餐者对各类菜品的订菜率。

例如，某餐厅根据餐厅经营费用确定了消费者的期望人均消费额为 50 元人民币，按菜单上菜品的分类，每类菜品的销售额百分比和就餐者的订菜率见表 5－6。

表 5－6　分类菜品价格范围确定表

菜品类别		占销售额百分比（%）	订菜率（%）	计划平均价格（元）	价格范围（元）
凉菜		15	30	25	15～35
热炒	鱼虾类	16	20	40	30～50
	家禽类	15	25	30	20～40
	肉类	15	25	30	20～40
	蔬菜类	12	30	20	15～25
汤类		10	50	10	8～12
主食类		10	80	约 6	4～10
饮料类		7	50	7	5～9

表 5－6 中各类菜品的平均价格的计算公式为：

平均价格＝期望人均消费额×该类菜占销售额百分比÷订菜率

表 5－6 中的凉菜的平均价格应定为 50×15%÷30%＝25（元）。

2. 确定各类菜品的总数及分配

在各类菜品的价格范围内，需按原料成本的高、中、低档进行搭配，使各类菜品在一定价格范围内有高、中、低档之分。如家禽类的菜肴拟定为 10 种，高、中、低档菜肴的价格范围分解见表 5－7。

表 5－7　高、中、低档菜肴的价格范围分解表

菜肴档次	家禽类菜肴数	价格范围（元）
高档菜	2	34～40
中档菜	5	26～34
低档菜	3	20～26
总计	10	20～40

管理人员在这些价格范围内，根据原料的种类、成本和厨师的烹调能力来选择菜肴就比较容易了。

四、菜单的制作

菜单是使用频率很高的餐饮产品信息媒介，是销售者与消费者之间的桥梁。在确定了餐厅的菜品计划之后，将菜单编排印制出来是餐厅的

菜单的制作

一项重要工作。菜单的制作要经过样式的确定、内容的编排、制作材料的选择、文字的设计等诸多环节。只有为顾客设计出一份技术与艺术相结合的菜单，才能使菜单的促销功能有效发挥。

（一）确定菜单的样式

菜单的样式多种多样，根据就餐形式、餐厅类别的不同，常见的菜单样式见表 5-8。

表 5-8　常见的菜单样式

菜单样式	菜单特点	适用对象
单页式	制作简单、成本低，多为一次性使用	快餐厅、咖啡厅、小吃部
折叠式	分对折和三折，设计精美可以竖立在桌上，装饰效果强	西餐厅、宴会厅
书本式	封面硬朗漂亮、制作精美、图文并茂、内容丰富、排列有序	零点餐厅
活页式	可以根据季节和市场需求变化等因素及时调整菜单内容	零点餐厅
悬挂式	悬挂于门内把手，易于被客人发现、阅读和选用	酒店客房
艺术式	具有一定艺术造型的菜单，如宫灯式、扇形、树状等	重大节日、美食节、主题宴会

（二）编排菜单的内容

1. 中式菜单的编排

中式菜单的内容应根据顾客的就餐顺序和习惯来进行编排。

（1）按菜品的类别来编排，如冷菜类、炒菜类、大菜类、汤羹类、点心类、主食类等。

（2）按烹调方法来编排，如炒类、烤类、炖类、焖类等。

（3）按菜品的主料来编排，如山珍类、海味类、家禽类、家畜类、河鲜类、蔬菜类等。

（4）按推销方法来编排，如时令菜单、特选菜单等。

（5）按宴席的类别来编排，如生日菜单、婚宴菜单、美食节菜单、商务宴席菜单等，这类菜单要根据饮食对象、规格和要求，从水果、冷菜、热菜、汤到点心等形成一整套的菜单。

2. 西式菜单的编排

在西餐中，主菜的地位高，菜单设计时主菜应该尽量安排在显要的位置，根据人的视觉习惯和餐饮同行的经验总结，菜单上主菜（阴影部分）的理想位置如图 5-2 所示。即单页式菜单上的主菜应排列在菜单的中间位置，双页式菜单上的主菜位置在右边页的上半部，三页式菜单上的主菜最好安排在中页的中间，四页式菜单上的主菜安排在第二页和第三页。

3. 重点促销菜品的编排

重点促销菜品分为两类：一类是厨师拿手菜、餐厅特色菜和时令菜；另一类是由积压和滞销原料制成的特别推荐菜，是经营者希望消费者多多点食的菜品。消费者容易注意到同类菜品的第一个和最后一个，因此在编排菜单内容的时候，可以将重点促销菜品放在这些位置。对重点促销的菜品，可以在编排时留给它们更大的排版面，使其在菜单中占据醒目位置，以获得客人的关注。

不同表现形式的菜单，其重点推销区域是不同的。如单页式菜单的上半部是重点推销区，而双页式菜单的右上角为重点推销区，如图 5-3 中的阴影部分。

三页式菜单对菜品推销很有利，中间部分是顾客打开菜单时首先会注意的地方。阅读三页式菜单，顾客首先注意正中位置，然后移至右上，接着移至左上角，再到左下角，回

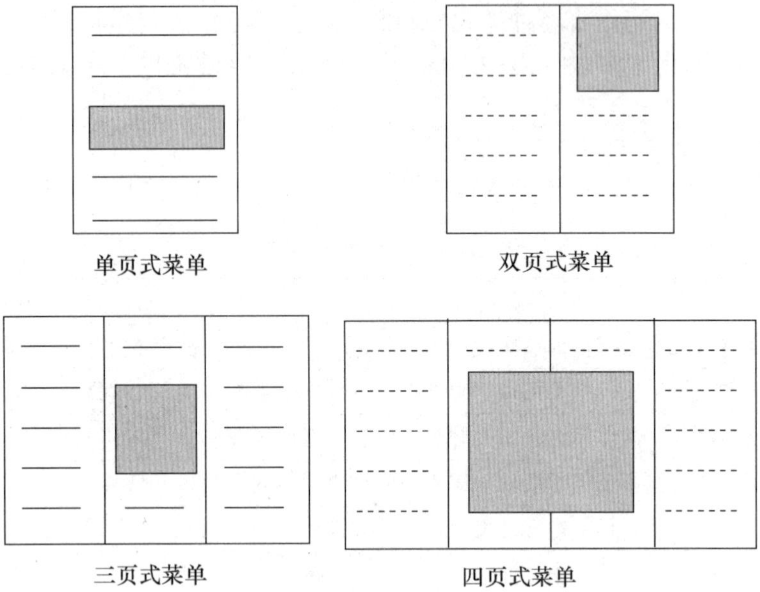

图 5－2　西式菜单中主菜的位置

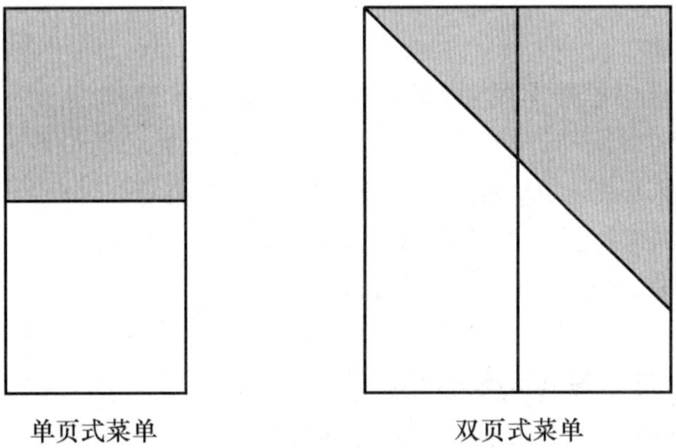

图 5－3　单页式、双页式菜单的重点推销区

到正中后移至右下角，最后又回到正中，如图 5－4 所示。对人类眼睛注意力研究的结果表明，人对正中部分的注视程度是对其他菜单区域注视程度的 7 倍。因而，中页的中部是最显眼之处，应放上餐厅最需要推销的菜肴。

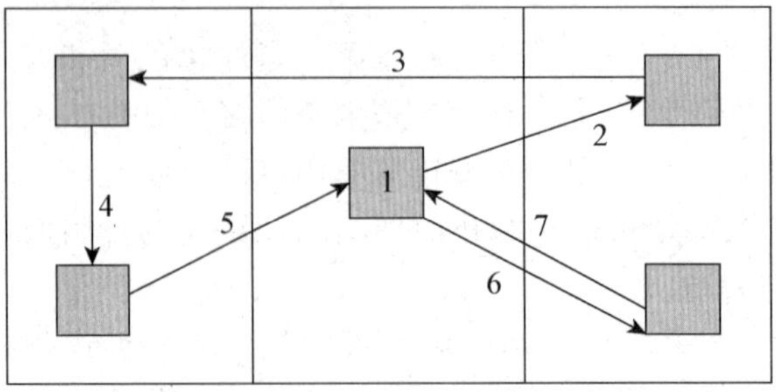

图 5－4　阅读三页式菜单的先后顺序

另外，餐厅也可以将促销菜品做成活页式菜单或 POP 菜单，这样既能经常更换，也不影响原有菜单的整体安排和美观。一般是在印页式菜单中列出基本销售的产品，占品种数量的70%～80%，剩下的20%～30%做成活页式、台卡式或POP式。

（三）菜单制作的流程

菜单要反映餐厅的经营特色，体现餐厅的形象。制作精美的菜单会愉悦顾客的就餐情绪，制造和谐的就餐氛围。但在制作菜单时，也要考虑菜单的使用、更换频率带来的成本问题。总体而言，符合餐厅档次和风格的菜单，才是一份好菜单。

1. 制作材料的选择

菜单的使用是长期性还是一次性决定了菜单的制作材料。每日更换或一次性使用的菜单要选择印制在便宜、轻巧的纸张上，长期使用的菜单选择的纸张要厚实耐用。

菜单的封面就如同餐厅的“门脸”，给顾客的印象非常深刻。制作菜单封面时，要选用厚实耐用的材料。避免使用塑料来制作封面，这样显得档次低，有损餐厅的形象；绸类和绢料也应尽量避免，因餐厅油污多，这种材质比较容易污损，难以保洁；漆纸和漆布容易发生龟裂，也要避免使用。

内页的材料一般选用质地精良、高克数的厚实纸张，要求纸张具有防污、防折和耐磨的性能。印页式菜单大多会选择使用铜版纸、哑粉纸或特种纸，要在纸张上涂塑薄膜，以具有防水防污的特点。选择纸张还要考虑餐厅的档次和纸张的费用，以及纸张的稳定性、不透光性、光洁度等。

2. 菜单尺寸的确定

菜单的开本尺寸大小和页数要方便顾客阅读。开本太大的菜单会使客人拿起来和翻页都比较费劲；开本太小的菜单有时会因篇幅不够使菜单内容显得拥挤。一般单页式菜单的尺寸是30cm×40cm，双页式菜单的尺寸是25cm×35cm，三页式菜单合上时，尺寸以20cm×35cm为宜。

3. 菜单封面与封底设计

菜单的封面与封底是菜单的“门面”，在整体上影响着菜单的效果，所以在设计封面与封底时要注意以下四项要求：

（1）菜单的封面代表着餐厅的形象，因此菜单必须反映出餐厅的经营特色、餐厅的风格和餐厅的等级等特点。

（2）菜单封面的颜色应当与餐厅内部环境的颜色相协调，这样当顾客在餐厅点菜时，菜单可以作为餐厅的点缀品。

（3）餐厅的名称一定要设计在菜单的封面上，并且要有特色，笔画要简单，容易读，容易记忆，这一方面可以增加餐厅的知名度，另一方面可以树立餐厅的形象。

（4）菜单的封底应当印有餐厅的地址、电话号码、营业时间及其他的营业信息等。这样，可以借此机会向顾客进行推销。

4. 菜单的文字设计

菜单作为餐厅与顾客沟通交流的桥梁，其信息主要是通过文字向顾客传递的，所以文字的设计相当重要。

一般情况下，好的菜单文字介绍应该做到描述详尽，而不能只是列出菜品的名称和价格。如果把菜单与杂志广告相比，其文字撰写的耗时费神程度并不亚于设计一份精彩的广告词。菜单文字部分的设计主要包括食品名称、描述性介绍、餐厅声誉的宣传（包括优质服务、烹调技术等）三方面的内容。

此外，菜单文字字体的选择也很重要，菜单上的菜名一般用楷体书写，以阿拉伯数字排列、编号和标明价格。文字的印刷要端正，使顾客在餐厅的光线下很容易看清楚。

除非特殊要求，菜单要避免用外文来表示菜品。如果需要用外文，要根据标准词典的拼写法统一规范，符合文法、防止差错。

当然，菜单的标题和菜肴的说明可用不同型号的字体，以示区别。

5. 菜单的插图与色彩运用

为了增强菜单的艺术性和吸引力，往往会在封面和内页使用一些插图。使用图案时，一定要注意其色彩必须与餐厅的整体环境相协调。菜单中常见的插图主要有菜点的图案、中国名胜古迹、餐厅外貌、本店名菜、重要人物在餐厅就餐的图片。除此之外，几何图案、抽象图案等也经常作为插图使用，这些图案要与经营特色相对应。

为了增强菜单的营销功能，许多餐厅都会把特色菜品的实物照片印在菜单上，以增加菜单色彩，增加其美观度，从而加快顾客点菜的速度。但是在使用照片或图片时一定要注意照片或图片的拍摄和印刷质量。此外，许多菜单上的彩色照片还存在不能对号入座的问题，即没有将彩色照片、菜品名、价格和文字介绍列在一起，可以用黑色线条将其框起来，或用小块彩色面使其突显出来。

色彩的运用也很重要。赏心悦目的色彩能使菜单显得有吸引力，以便更好地介绍重点菜品，反映出一家餐厅的风格和情调。菜单整体色彩的搭配和使用要与整个餐厅的色调相匹配，要与餐厅的整体环境相协调。以淡雅高贵的灰色、褐色、蓝色、米黄色等色调制作的菜单，点缀适当菜品的图片，会使人觉得餐厅很上档次。而快餐店的菜单可以使用鲜艳的大色块、五彩标题和插图。

任务三　宴会菜单设计

案例情境

一顿讨巧的宴席

山东济南某酒店的总经理正在为接待来自我国台湾地区的一个高级别老人团的宴会主题而犯愁。此团的老人大多数是中华人民共和国成立前由宁波去台湾地区的，此次来济南前，该团在上海已活动了三天，上海方面安排的餐饮主要是“上海本帮风味”。情况明了之后，这位总经理便有了主意，他将该老人团在本酒店的宴会主题定为“甬菜风格”，并精心做了准备。宴会如期进行，黄泥螺、臭冬瓜、蟹糊、鳗鲞等典型宁波风味的菜肴被一扫而光，老人们异口同声地说，这是他们回到祖国大陆以来吃得最香、最满意的一餐饭。

【案例思考】

1. 该酒店本次接待宴会的成功体现了宴会菜单设计的什么原则？

2. 除此之外，在宴会菜单设计时还应考虑哪些原则？

【案例评析】

1. 该酒店本次接待宴会的成功体现了宴会菜单设计的客人导向原则，在设计宴会菜单时一定要了解客人的身份和饮食喜好，这样才能使设计的菜单满足客人的需要。

2. 除此之外，在宴会菜单设计时还应该考虑主题突出原则和合理搭配原则。因为宴会主题不同，其菜肴形式也不相同。同时还要考虑菜品、调味、造型、色彩、营养、烹调方法等的合理搭配。

一、宴会菜单的种类

宴会菜单是为某种社交活动而设计的多人聚餐、具有一定的规格质量、有一整套菜品组成的菜单。因宴会的组织者目的多样、形式多样，所以餐饮服务人员要依据客人的需求安排合适的菜点。

宴会作为重要的社交形式，分为多种类型，按价格等级可分为高档宴会、中档宴会、普通宴会；按宴会的形式可分为国宴、便宴、家宴、冷餐酒会、鸡尾酒会、招待会等；按宴会举办的目的可分为婚宴、寿宴、迎送宴、纪念宴等。宴会菜单则要依据不同的宴会形式来确定。宴会对菜点的要求很高，要做到制作精细、外形美观，另外宴会菜单还要搭配合理、重点突出。

二、宴会菜单设计原则

（一）客户导向原则

宴会菜单设计一定要了解主办单位或主人举办宴会的意图，掌握其喜好和特点，并尽可能了解参加宴会人员的身份、国籍、民族、宗教信仰、饮食喜好和禁忌，从而使菜单满足客人的爱好和需要。

（二）主题突出原则

宴会菜单的设计犹如绘画之构图，要分清主次轻重、突出主题，把观赏者吸引到某一点上，宴会菜单的设计必须注意层次、突出主菜，创造使人回味的亮点。任何艺术作品均需有自己的风格，宴会菜点的设计同样应显示各个地方、各个民族、各家酒店、各个厨师的风格，独树一帜，别具一格。

小资料

宴会主题的突显

宴席的主题不同，其菜品形式也不同。进行宴席菜品设计时，一切都要以宴席主题为依据，设计出适宜的宴席菜品形式，以突显宴席主题。

突出宴席主题主要从两方面入手：单一食品原料的宴席和专题宴席。单一食品原料的宴席相对比较简单，如豆腐宴、饺子宴、全羊宴、百合宴、全鸭宴、全牛宴等。专题宴席种类相对比较多，有婚宴、生日宴、送别宴等。

如“缘定终生宴”是婚宴，宴席中要处处体现现代婚姻的时尚、现代、浪漫、热烈或早生贵子、百年好合的宴席主题。菜肴设计上要突显这一主题，如龙凤看盘配八冷碟就是龙凤呈祥、珠联璧合、八方来贺之意，鸳鸯双菇扒时蔬——鸳鸯共枕结同心，椒烹银鳕鱼——天长地久庆有余，五彩百合熘玉带——百年好合锦玉带，金瓜虾饼——金屋藏娇，大枣花生莲子羹——早生贵子等，这些菜品在设计上都体现了婚庆的主题。

（三）合理搭配原则

宴会菜单如同一曲美妙的乐章，从序曲到尾声，应富有节奏和旋律。因此，在设计菜单时，应注意冷菜、热菜、点心、水果的合理搭配。造型别致、刀工精细的冷菜，能将与宴者吸引入席，先声夺人；丰富多彩、气势宏大的热菜，能引人入胜；小巧精致、淡雅自然的点心，就像乐章的“间奏”承上启下，相得益彰；而色彩艳丽、造型奇妙、寓意深刻的水果拼盘，则像乐章的“尾声”可使人流连忘返。餐饮企业要注意菜点原料、调味、形态、质感和烹调方法的合理搭配，使之丰富多彩、千姿百态、口味各异、回味无穷。另外要注意营养成分的合理搭配，以达到营养合理、膳食平衡。

三、宴会菜单的菜品类型

（一）中式宴会菜单

中式宴会菜单一般由冷菜、热菜、点心、主食、汤菜等类型的菜品组成。

1. 冷菜

冷菜通常造型美观、形态各异，作为“前奏曲”来吸引客人。在组配时，要求荤素兼备、质精味美、色泽美观、诱人食欲。冷菜道数一般以就餐人数而定，其荤素用料为2∶1，或者荤素各半，如盐水鸭、陈皮牛肉、酸辣白菜等。有时配上主盘，如潮式卤水拼盘等。

2. 热菜

热菜中，头菜烹饪原料以名贵山珍海味、家畜家禽为主，要求刀工细腻、色香味俱全，现烹现吃。上菜时，质优者先上，质次者后上，突出名贵山珍海味，以显示宴会规格，如以木瓜燕窝、鲍汁扣鹅掌、鸡汁鱼翅等作为主菜。还有大菜，由 2～4 道组成，在制作上讲究各类菜品在一起相互烘托。

3. 点心、主食

点心是菜单中的重要内容，在制作上要讲究造型，注重款式，制作精细，如素馅小包、富贵虾饺、香煎地瓜饼等。主食主要是米饭、馒头等，如扬州炒米、奶油馒头等。

4. 汤菜

菜单中的汤菜种类繁多，制作时调配严格，应与整套菜品相搭配，如茯苓龟汤、枸杞炖草鸡等。

5. 水果

菜单中还要有时令果盘，一般命名为万紫千红、硕果累累、前程似锦、合家欢等。

宴席标准单格式见表 5－9。

表 5－9　宴席标准单格式

宴席名称	××饭店　百年好合宴			
标准	折后 688 元标准（酒水除外）　A 单			10 人用
菜品	菜名	售价	菜名	售价
凉菜（占宴席 30%）	港味豉油鸡		双色米皮	
	风味牛蹄筋		果味木瓜	
	清酒鹅肝		生拌三叶香	
	秘制香熏鱼		芥菜木耳	

续表

菜品	菜名	售价	菜名	售价
热菜（占宴席50%）	金丝基围虾		碧绿炒鲜鱿	
	清蒸草鱼		红扒富贵鸡	
	香芋扣牛腩		香菇扒菜胆	
	西夏手抓肉		百年又好合	
面点（占宴席7%）	南瓜小油香		风味手撕饼	
主食（占宴席5%）	扬州炒饭		回乡八宝饭	
汤羹（占宴席3%）	西湖牛肉羹			
水果（占宴席5%）	时令果盘			

小资料

中式婚宴菜单设计原则

中式婚礼一向有许多讲究与禁忌，中式婚礼中的婚宴是整场婚礼成败的关键所在，婚宴菜单的设计会直接影响到宾客对整场婚礼的印象。想要让一场婚宴拥有一份令人满意的菜单，需要掌握好几条基本原则，避免禁忌，尽量让所有宾客满意而归。

1. 菜品数目为双数

中式婚礼中必须注意的原则为菜品数目一定要为双数，一般为六、八、十、十二，“六”象征六六大顺，“八”象征发财如意，“十”寓意十全十美，“十二”代表着十二个月月月幸福。菜品分为凉菜、热菜、主食、甜点几大类，一般十人台设计菜品为八凉八热、两主食、两甜点为宜。

2. 菜品命名选吉祥语

中式婚礼最讲究吉祥如意。婚宴菜单名称更是不可以马虎，根据菜品的特点与色泽、品貌，可以取很多具有美好寓意的名字，如早生贵子（莲子羹）、龙凤和鸣（卤味拼盘）、百年好合（西芹百合）、吉庆有余（松鼠鳜鱼）、山盟海誓（海鲜类）、鸳鸯戏水（两吃虾），用寓意美好的词语或诗句为每道婚宴菜品命名，有烘托气氛、祝福新人的效果。但要避免类似“二龙戏珠、丹凤朝阳”等此类名称，尽量选择含有婚礼氛围的词语做菜品名称。

随着主题婚礼的盛行，菜品名称也可以根据婚礼主题进行设计，如电影主题婚礼，可以为每道菜配上一部爱情电影的名称，配合主题婚礼的整体风格。

3. 婚宴菜单因人而配

高档婚宴的标准一般根据宾客喜好特别定制菜品，一般的婚宴不可能做到如此精细地步，但也要尽量根据宾客的口味、风俗、习惯等配置菜品。例如，在主桌中就座宾客大多为老人，需要避免高糖、高盐、过于刺激的菜品，尽量选择清淡、易消化的菜品。

由于不同民族有自己独特的风俗习惯和饮食禁忌，婚宴开始前需确认是否要准备单独的桌席供需要的客人享用。

4. 原料注意禁忌

千万不要将菜单数设为单数，按中国传统中式习俗，只有白事才将菜品设单数。菜品设计上要注意色泽，尽量选择红色，避免黑色菜品过多；在婚宴确认前，最好进行试吃，了解口味及菜量大小，保证宾客菜量足够，在婚宴上让宾客吃不饱也是一大禁忌；婚宴水果不要选择梨、橘子，因为梨与“离”同音，橘子也需要分开才能食用，可以选择石榴（多子多福）、水蜜桃（甜蜜幸福）、苹果（平平安安）等水果；如果餐具出现摔碎的情况，可以大声喊出“岁岁平安”。

（二）西式宴会菜单

西式宴会包括正式宴会、冷餐酒会、鸡尾酒会等形式，西式宴会菜单的菜品会根据形式不同而有所不同。

1. 正式宴会

正式宴会通常是政府和团体等有关部门为欢迎应邀来访的宾客或来访的宾客为答谢主人而举行的宴会。这种宴会招待规格较高，菜品一般都由头盘、汤、沙拉、主菜、甜点、咖啡或茶构成，不同的国家和民族由于生活习惯不同，菜品有所区别。头盘常见品种有鱼子酱、鹅肝、熏三文鱼、小虾鸡尾杯。汤主要为洋葱汤、蔬菜汤、海鲜汤、牛尾汤。沙拉一般为金枪鱼沙拉、泰式烤鸡沙拉、什锦田园沙拉、德式土豆沙拉、鲜果海鲜沙拉，配上意大利醋汁。主菜可选择的红肉类菜品有牛排、羊排、鸭肉、鹅肉等。赤霞珠红葡萄酒是牛排的最佳伴侣，羊排则与偏酸的格夫拉产区红葡萄酒匹配，鸭肉和鹅肉适宜与成熟型红葡萄酒搭配在一起。甜品一般为水果挞（奇异果挞/混合果挞）、迷你姆斯杯、特选法式小甜点、巧克力布朗尼蛋糕、杧果夹心慕斯、摩卡黑方、黑森林蛋糕、抹茶蛋糕。咖啡或茶一般为立顿红茶、现磨咖啡。

2. 冷餐酒会

冷餐酒会的特点是不排席位，既可在室内、院里，又可在花园里举行。菜点的品种丰富多彩，以冷食为主，可上热菜。冷食一般为欧陆西冷切盘、金枪鱼塔、烟熏三文鱼配玉兰菜、黑鱼子酱酿蛋花拼盘、意式番茄芝士串、里昂火腿配青瓜、萨拉米迷你派、花样日本寿司。

3. 鸡尾酒会

鸡尾酒会是具有欧美传统的集会交往形式。鸡尾酒会以酒水为主，略备小吃食品，食品主要是三明治、点心、小串烧、炸薯片等，宾客用牙签取食。鸡尾酒会以饮为主，以吃为辅，除饮用各种鸡尾酒外，还备有其他饮料，但一般不提供烈性酒。

四、宴会菜单的规格设计

（一）纸张的选择

在宴会菜单的设计过程中，纸张选择是重要环节。纸张是形成菜单的基础，一份菜单的精美程度可通过纸张来体现。选择纸张时应考虑菜单使用的期限，菜单是准备长期使用还是短时间使用，以选择合适的纸张。另外，也可使用透明或半透明等特殊纸张，可在很大程度上增强菜单的表现效果。

（二）宴会菜单尺寸规格

宴会菜单的尺寸规格是菜单设计的重要内容。按照视觉习惯，单页菜单大多为30cm×40cm，对折菜单大多为25cm×35cm，三折菜单大多为20cm×35cm。当然这也要与餐厅的环境相协调，要符合餐厅的氛围和文化，注意菜单艺术效果的发挥。

（三）宴会菜单的式样

宴会菜单的式样是非常丰富的，其中最简单的是方形。一般使用长方形的纸张，然后将纸张从中间位置对折，或是按照需要折叠几次。但这要考虑纸张的材质，切不可选择容易折断的纸张。除方形之外，还有许多其他形状，如扇形、卷轴形等，需要依据餐厅的经营特色而定，同时还要注意客人的品位要求，做到各方面协调统一。

（四）文字和字体选择

1. 文字

一份好的菜单，不但要有精美的图片，还要有表达恰当的文字。菜单必须借助文字向客人传递信息，上面的文字应该对餐厅和菜肴介绍详尽，但又不失简练；既能让客人得到信息，又能提高客人的消费欲望。菜单上的文字主要有餐厅及食品名称、菜肴介绍、餐厅经营特色说明等。还应该注意文字在菜单上的表现形式，要注意文字和图片所占空间的比例。字数太多使人眼花缭乱，太少则会使客人不能得到充足的信息，影响客人消费。

2. 字体

要设计一份有吸引力的菜单，正确地使用字体是很重要的。对于国宴等正式宴会应使用庄重的字体，针对儿童的菜单则应选择活泼的字体，对于突出传统文化的餐厅，则应选择隶书等有一定历史文化表现力的字体。

关于字号的选择也应当注意，字号既不能太小，这样会增加客人的阅读难度，但也不能太大，这样会影响传递给客人的信息量。同时还应注意字符间隔，需讲求美观。

素养园地

菜单设计之创新

党的二十大报告指出，必须坚持守正创新，守正才能不迷失方向、不犯颠覆性错误，创新才能把握时代、引领时代。

餐饮企业经营过程中，菜单设计是不可或缺的环节，因为菜单是企业向市场提供的有关餐饮产品的主题风格、种类项目、烹调技术、品质特点、服务方式、价格水平等经营行为和状况的总纲。一份雅致动人、色调得体、洁净闪亮、内涵丰富的菜单不仅读来赏心悦目，而且能增进顾客的舒畅心情。有些菜单，要么形式呆板、内容单一；要么超豪华、奢侈。以上无论哪一种设计都是片面的，没有把菜单设计与时代性、实用性、美感性、科技含量等结合在一起，不利于餐饮企业参与竞争。现代餐饮企业迫切需要对菜单设计进行大胆创新，要新颖独特，别具风格。

菜单设计之创新应从以下三方面进行：

一是菜单设计的文化内涵创新。菜单设计只考虑介绍菜品的功能显然是不够的，还要考虑菜单的审美功能。有许多经营者常把两大主要功能分开，只对服务内容进行简单的美化，而忽略了菜单的文化内涵。要加强菜单的文化亲和力，餐厅经营者除自身的文化理念外，还必须深刻理解自己的服务对象，洞察服务对象的文化需求，并且在菜单设计上体现出来，才符合文化内涵创新的要求。

二是菜单设计形式表达创新。菜单设计是平面设计师发挥其设计才能的天地，更是餐厅经营者展示经营方针和经营才能的舞台，菜单设计要体现出平面审美设计与菜品介绍相得益彰，互为一体。设计菜单要从艺术角度去考虑菜单表达形式的创新，对封面样式、色彩、字体、版面等方面进行设计，要风格一致、创意独特、印刷精美。

三是菜单设计的技术创新。现代科学技术在各领域都能发挥其特殊的效应，不但可以给餐饮企业带来科学的管理手段，还可以给企业带来可观的经济效益，在菜单设计上也可见一斑。传统菜单特别强调制作的介质，制作材料的选择能反映出菜单的精美与否，其最大的缺陷是不可轻易更换，因为更换一次，成本开支就要增加一大笔。当前，已发展到电子商务时代，电子菜单就是在设计传统菜单时运用了技术创新的思路，将最先进的技术运用到菜单设计上，不仅有助于经营管理，而且便于更新菜单内容，菜单设计与现代技术的融合不失为餐饮企业菜单革命的一次壮举。

总之，要设计出高质量菜单应不断创新，全方位创新，实实在在创新，同时还要掌握菜单设计的技能，这样才能真正设计出一份成功的菜单。

项目小结

菜单是餐厅提供给顾客使用的餐厅产品的一览表。菜单是餐厅经营管理活动的起点。菜单是餐饮企业和顾客直接沟通的工具，是餐饮销售的控制工具，是餐饮促销的重要载体。菜单决定餐饮营业的档次和风格、决定餐厅提供的膳食营养、决定餐厅的装潢风格、影响食品原料的采购与储存、是餐饮企业选择购置餐饮设施设备的依据和指南。根据菜单的价格形式可分为零点菜单、套餐菜单和混合式菜单；根据菜单的使用时间长短可分为固定性菜单、变动性菜单和循环性菜单；根据菜单的实物形式可分为印页式菜单、台卡式菜单、POP菜单和电子菜单；根据菜单的使用对象可分为儿童菜单、情侣菜单、老年菜单、宴会菜单、自助餐菜单和客房送餐菜单。菜单的内容主要包括：菜单封面，菜品名称、质量和价格，菜品介绍，告示性信息，特殊推销菜品等。

菜品的选择要依据顾客的需求、经营特色、烹调能力、客观因素、创新等因素来确定。设计菜单时，要掌握各种餐别对菜品品种数量和搭配上的不同要求。由于餐厅规模、各地风俗习惯、饮食习惯不同，菜单中的菜品品种数量有很大的差异。西餐基本按冷盘、主菜、甜点“三部曲”来组织菜单，而中餐厅必须保证有足够的品种数量以显示出餐厅的经营规模。菜品名称直接影响就餐者点菜时的选择。菜单上的菜品名会在用餐客人头脑中产生联想。顾客的满意度在很大程度上取决于阅读菜单后对菜品产生的期望值。菜单定价时，一方面要考虑价格构成的四个部分，以确保价格体系能支撑餐厅获得利润，另一方面必须充分考虑到餐厅所处的竞争环境、顾客的需求与接受程度等外部因素。定价方法有参照定价法、成本定价法和综合定价法三种方法。菜单的制作包括样式的确定、内容的编排、制作材料的选择、文字的设计等诸多环节。

宴会菜单是为某种社交活动而设计的多人聚餐、具有一定的规格质量、有一整套菜品组成的菜单。在设计时要考虑客户导向、主题突出、合理搭配的原则。宴会菜单的内容包括菜品名称、菜品的描述介绍、餐厅告示性信息。中式宴会菜单一般由冷菜、热菜、点心、主食、汤等类型的菜品组成。西式宴会菜单包括汤、头盘（沙拉）、冷盘、主菜、主食、甜品、果盘、饮料等。

课堂讨论

1. 为什么说菜单是餐饮企业和顾客直接沟通的工具?
2. 选择菜品的依据有哪些?
3. 中式菜单和西式菜单内容的编排分别应该注意哪些方面?
4. 电子菜单在设计制作时应注意哪些事项?
5. 中式宴会菜单应该如何确定菜品?

技能训练

1. 调查一家你熟悉的餐厅，仔细研究它的菜单，总结出其在菜单设计中的优点和不足，说出解决方案，并与你的同学分享。

2. 分析某餐厅菜单，找出菜单中存在的问题，并重新设计该餐厅的菜单。

3. 一家铁板烧餐厅的名字叫和顺精致料理，经营铁板烧套餐，试营业 3 个月了，生意一直不好，零点有 100 个餐位，有 20 个包间，客人普遍反映吃不饱，品种单一。如果餐厅经理希望你帮忙改进，应如何设计套餐菜单和菜品? 如何对其进行改进?

案例分析

案例一　菜单上标“时价”的菜品

深秋的某天傍晚，在上海某餐厅包房内，十位顾客围着餐台兴高采烈地酣饮，桌面已杯盘狼藉。少顷，服务员推门而入:“各位还需要什么?”众人或摇头或说“不要”。“那么，哪位先生买单?”小姐彬彬有礼地问。其中有一人掏口袋。服务员彬彬有礼地说:“2 500 元。”那个人脱口而出:“这么贵?”拿过菜单开始查看。

菜单上，鲑鱼与毛蟹都标注“时价”，顾客很是不解。

服务员解释道:“今天的鲑鱼是××钱一斤，毛蟹是××钱一斤。”众人愤怒。一位客人说:“真是点菜打闷包，付账吓一跳啊!”

隐形的标价，也就是时价，在餐饮业中很流行。但结账时常令顾客有被宰的感觉，就餐的乐趣顷刻化为不满和气愤。对此，餐饮经营者、消费者和物价部门有着不同的看法。

(1) 某餐厅经理说:“海鲜进价一天一变，总不能准备十几种菜谱吧?”

(2) 一位顾客说:“我们有些餐饮企业热衷于‘时价’，显然是由于这种隐形价格能掩盖他们的暴利行为，使被宰者哑巴吃黄连，有口说不出。”

(3) 上海某高星级餐饮企业的餐饮总监很自信地说:“我们不用‘时价’，尽管这一标价很普遍，实际操作也很方便，但顾客看了会产生不信任感，价格一天一变的时令海鲜毕竟很少，多数商品在一段时间内上下浮动并不大，我们的做法是公布一个比较合理的定价，相对稳定。”

(4) 上海市物价局发言人在接受记者采访时说:“国家有关部门针对所有的商业单位规定要明码标价，凡标以‘时价’的时令海鲜等菜肴，当天必须在店内醒目位置标明实际的价格，让消费者一目了然。”

问题与思考：

如何做好菜单的价格管理，使消费者明明白白消费？

案例二　经营不成功的餐厅

地处江南的一家豪华酒店有一个经营淮扬菜的中餐厅，近来餐厅经营越来越困难，许多客人抱怨餐厅的菜肴总是“老面孔”。针对这种情况，酒店的管理层决定转变经营方向。在经过一番市场分析后，他们发现市场上的许多海鲜餐饮店经营状况良好，于是决定转向经营海鲜产品。为了提高餐厅的获利能力，餐饮部经理和厨师长共同研究设计了一份菜肴品种非常齐全、高档海鲜菜肴很多的菜单。为了保证原材料的新鲜，所有的海产品均由南方的供应商空运提供。餐厅重新开业之初，生意还算比较好，两个月以后，客流量下降明显，不少客人反映菜单上的品种太多，不懂如何点菜，而且点的菜肴经常发生短缺现象；还有的客人反映菜肴的价格太高。一些住店客人则抱怨菜肴缺少当地特色，酒店的管理层对该餐厅的经营很失望，他们想改变目前这种现状。

问题与思考：

1. 这家餐厅经营不成功的主要原因是什么？
2. 我们从中可以吸取哪些教训？

项目六 餐饮物资管理

问题导入

1. 你知道食品原料采购的程序和方法吗?
2. 如何运用数字技术提高采购效率?
3. 食品原料验收的方法和程序是什么?
4. 智慧仓储如何提高餐饮物资管理质量与效率?
5. 食品原料发放的程序有哪些?

学习目标

知识目标:

1. 了解智慧采购的重要性。
2. 掌握控制食品原料的要点。
3. 了解食品原料验收的管理体系。
4. 熟悉食品原料验收的标准。
5. 了解食品原料储存的要求。
6. 掌握库存物资的管理办法。

能力目标:

1. 能够运用数字化手段进行餐饮物资管理。
2. 能够有效地控制食品原料质量。

素养目标:

1. 培养质量意识和标准意识。
2. 提升数字化素养。

任务一　食品原料的采购和验收

案例情境

降低成本，从源头抓起

拥有76家大中型餐馆的北京华天饮食集团公司为使下属各企业在激烈的市场竞争中掌握市场主动权，决定从源头抓起：在保证货源质量的前提下，减少成本，把菜品价格降下来，服务大众，让利于民。基于这种想法，集团公司推出了进货招标的方案，这个方案得到了供应商的积极响应，前来报名竞标的经销商、厂家有100多家。经过筛选，有近50家供货商获准参加竞标。中标的原则是：同等质量下，选择价格最低的；同等价格下，选择质量最好的。最终28家供货商以质优价廉取得了向北京华天饮食集团供货的资格。

这些厂商均已不同程度地和集团建立了合作关系，包括酒、饮、蛋禽、蔬菜等7大类30多种集团日常所用原料的供货商，它们为了与集团保持长期合作关系，都很注意自身的商誉。这次招标成功，不仅使北京华天饮食集团公司的货源质量有了保证，而且供货价格也降了下来。

【案例思考】

北京华天饮食集团公司在采购管理中采用了哪两种策略？

【案例评析】

食品等原料的采购是餐厅为客人提供菜单上各种菜肴的重要保证，只有原料的质量合格，才能保证菜肴口味佳美。食品原料的采购数量、质量和价格不合理，会大大提高餐饮成本。北京华天饮食集团公司在采购管理中采用了竞价采购和招标采购两种策略。竞价采购可以货比三家，招标采购能够使企业选择到同等质量下价格最低的供货商，降低成本。

食品原料的采购是餐饮生产的首要环节，它影响着餐饮产品的生产和销售。对购进的所有原料进行验收是保证食品质量、控制食品成本的关键。

食品原料采购管理

一、食品原料采购管理

食品原料采购，是指餐饮企业根据生产和经营的需要，以合理的价格购买符合餐饮企业质量标准的食品原料。食品原料采购管理是指餐饮企业为达到最佳经营效果和管理食品成本，对本餐饮企业所需的食品原料的质量标准、价格标准和采购数量标准进行的有效管理。原料采购管理的目的是保证为生产部门提供的原料符合生产需要且质量优良、数量适当、价格合理。在互联网时代，通过智慧采购，可以实现从寻源至供应商管理全流程采购业务便捷化及规范化。利用数字化平台，餐饮企业不仅能够轻松寻找优质供应商，实现采购信息的实时共享和透明化，确保采购过程的高效协同，还可以提升供应商管理和品类管理能力，建立规范的供应商评价体系，优化供应商选择，实行品类策略，降低采购风险。

（一）食品原料的采购管理体系

有效的采购节省下来的每一元钱意味着为企业增加一元的利润。因此建立一个完整的采购管理体系，是实施采购科学管理的必要途径。

1. 采购人员的选择

采购工作是做好餐饮成本控制的重要一环。合格的采购员是餐饮企业做好采购工作的重要保障。经过对餐饮企业的调查和分析，一个好的采购员可为企业节约5%的餐饮成本。一个合格的采购员应具备以下素质和能力：

（1）了解餐饮业。

采购人员要了解餐饮企业的经营与生产，熟悉餐厅的菜单，熟悉厨房加工、切配、烹调的各个环节，要懂得各种原料的损耗情况、加工的难易程度及烹调的特点，以保证购买到需要的食品原料。

（2）熟悉原料的采购。

采购人员应该知道什么原料在什么地方买，哪儿的货质量好，哪儿的货便宜。

（3）了解进价与销价的核算关系。

采购人员应了解菜单上每一道菜品的名称、售价和分量，知道餐厅近期的毛利率和理想的毛利率。这样，在采购时就能决定某种食品原料在价格上是否可以接受。

（4）熟悉财务制度。

要了解有关现金、支票、发票等使用的要求和规定，以及对应付款的要求等。

（5）具有良好的职业道德。

在采购活动中要做到公正、诚实、有效履行岗位职责，不允许接受供货方的礼物和拿回扣。

（6）具备英语阅读能力。

负责食品原料的采购员还应具备良好的英语阅读能力，能够看懂奶酪、香料和洋酒等进口食品原料的说明书。

餐饮企业应根据采购人员的岗位要求，加强培训，并根据公平合理、赏罚分明的原则对采购人员进行考核，组建一支精干的采购员队伍。

采购人员的工作职责包括：履行正常的采购物价，完成采购以及应急采购的任务；按厨房订单或食品仓库采购单的要求，进行三家以上的问价、看样，经比质论价后选定价格合理、品质优良、交货及时的供货商；供货商的确定只有征得部门经理的审批，才能进行购货；按期限完成采购任务；每周向供货商收集一次价目表，并负责保存资料；按采购和使用要求负责调查供货商的供货能力、食品质量、卫生标准、保质期、价格、信誉等，并及时上报主管负责人；督促供货商按时、按质交货；协助验收、收藏工作，并及时将各种票据送交财务部。

2. 采购方式的选择

根据餐饮企业经营业务的需要，结合市场的实际情况进行比较，以选择最佳采购方式，通常采用的采购方式有以下几种：

（1）竞争价格采购。

竞争价格采购即货比三家，目前许多酒店绝大多数部门的食品原料采购都属此类，但这种采购方式在产品紧缺时或高质量的食品供应不足的时候就失去了意义。

（2）定点采购。

选定一个或几个供应商购买所需食品，保证一些市场供应不足的品种能得到及时的供给。但这种采购方式要充分掌握市场行情，否则会失去对价格的控制。

（3）招标采购。

招标采购是比较正规的采购方式，被普遍使用。这有利于采购单位选择最低的价格，但不利于在合同期内另行采购价格可能更低廉、质量更合适的原材料。

（4）预先采购。

这是较大规模餐饮企业常采用的方式。在预先确定了经营需求后，超前购买加以储存备用。这有利于餐饮价格在几个月甚至一年中维持稳定，有利于很好地控制成本。但这种方式只适合采购可以存放的食品原料，鲜货不可取。

（5）联合采购。

联合采购指两家或两家以上的餐饮企业组织起来，联合采购某些原料物品，以便享受更多的优惠。

3. 采购运作程序的确定

实施采购任务时要制定一个有效的程序，使从事餐饮采购的有关工作人员和管理人员都能清楚地知道应该怎样去完成采购任务，以形成一个正常的工作流程，这也有利于管理。具体采购运作程序如图 6－1 所示。

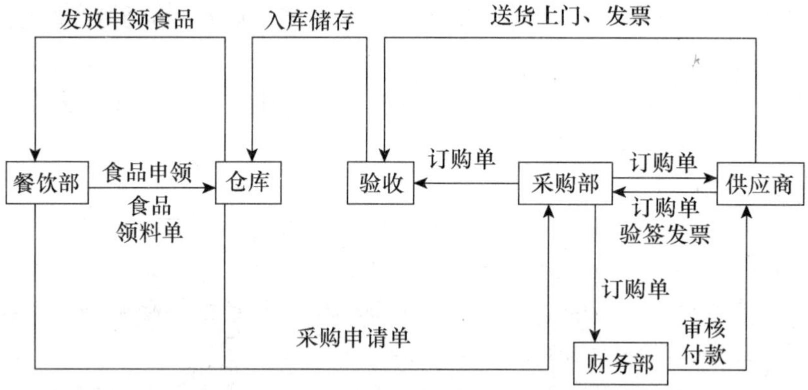

图 6－1　餐饮原料采购运作程序

（1）餐饮部和仓库分别通过采购申请单向采购部门提出订货要求。餐饮部的订货品种是除仓储之外的食品，通常为新鲜食品；而仓库订购的是需储存保管的食品。当库存量低于规定的数量时，就要提出申请，补足必要的库存量。

（2）当采购部门接到订货申请后，通过正式的订购程序向供应商订货，同时给验收部门和财务部门各一份订购单，以备收货时核对和做付款准备。

（3）订货后，供应商或个体经营者应按时送货上门，由验收部门验收合格后及时入库储存。新鲜食品验收后立即通知厨房通过申领手续及时领取。

（4）验收部门对食品验收合格后，供应商可凭验收部门盖章的发票和订购单到采购部门确认，财务部门审核后向供应商支付货款。

（二）食品原料采购的质量控制

要生产出质量稳定的菜品，必须使用质量稳定、规格标准的原料。原料的采购质量控制指原料的新鲜度、成熟度、纯度、质地、颜色等各种指标在满足生产需要的前提下达到质量的最优化。

1. 建立严密的采购管理制度

没有一个严密的采购制度，餐饮企业就无法对采购进行有效的控制。不同企业的采购职能设置不一样，大型酒店有专门的采购部负责其所有用品与原料的采购。有的在餐饮部下设置采购部，有的中小型餐饮企业直接由个人负责采购，或由其他人员兼任采购，因此采购程序不尽相同。但是有一点是餐饮企业应该明确的，即岗位应明晰，权责应明确，需按采购的质量标准、数量标准、价格标准开展采购工作。

2. 制定采购标准

对采购原料进行质量和规格控制、保证采购产品达到理想标准的最常用手段是利用采购规格标准。它是对需要采购的食品原料规定详尽的质量规格等要求的书面标准。

采购规格标准的内容包括以下几个方面：

（1）餐饮原料名称。

注明所需采购的食品的具体名称。原料的名称，一般使用较通俗的、常用的商业名称。例如，原料是鸡，就应写明老母鸡、肉用鸡、仔鸡、公鸡、活鸡等。

（2）规格要求。

规格要求主要是指原料的大小规格、重量规格、容器规格和包装外形等。规格的确定一是要依据需求量的大小，二是要根据市场的价格。例如，淀粉，市场上有 500 克一袋的，也有 20 千克一袋的。如果使用量大，则可购入 20 千克一袋的，因为小袋装的价格要高于大袋装的价格。如果使用量小，仍单纯从价格角度考虑而购买大袋装，往往会造成不必要的浪费。

（3）质量要求。

质量要求主要是指原料的品质、等级、商标、产地等。餐饮原料的品质应注明其新鲜度、成熟度、纯度、清洁程度和质地等特征，注明等级可省去许多叙述，可直接标明一级还是二级。对于有关部门还未正式规定等级的一些原料，可做适当说明，标明质量特征。商标是不可忽视的，有些原料在购买时要认准商标，以防假冒产品。产地表示原料是否正宗。另外，对于原料的上市状态也应做一定的说明。例如，原料是新鲜的还是冰冻的；是淡干品还是咸干品；是加工制品还是非加工制品等。质量要求要详细具体，不可含糊其词。

（4）特殊要求。

对原料的特殊要求说明，可依次列在备注上，例如，原料是国产货还是进口货。另外还包括包装标记、代号、送货要求、其他服务要求等。

制定采购规格标准的作用主要在于：促使有关管理者预先确定每一种原料的质量要求，以防止盲目进货或不恰当进货；便于原料统一规格，满足生产需要，保证菜肴质量，有助于食品成本控制；向各个供应商分发采购规格标准，便于供货商及时了解酒店对原料的质量要求，进行投标供货，使酒店有机会选择最优价格进货；可以提高工作效率，减少工作差错，并可免去每次订货时向供货商或供货单位重复解释原料的质量要求与规格；便于对所采购的原料进行标准验收；可减少采购部与厨房之间的矛盾。采购规格标准是随着企业经营项目、经营要求、市场行情等方面变化而变化的。

总之，采购规格标准应成为采购的依据、购货的指南、供货的准则、验收的标准。而且，采购规格标准应随着菜品的变化而不断地改进和完善。

（三）食品原料采购的数量控制

餐饮食品原料可分为易腐性原料和非易腐性原料。对这两类原料的采购数量应区别对待。

1. 易腐性原料的采购数量

易腐性原料一般为新鲜原料，如鲜海产品类、鲜肉类、鲜禽类、鲜菜类、鲜果类、鲜蛋类和奶制品类等，这类原料必须遵循先消耗再进货的原则。因此，要确定某种原料的当次采购量，必须先掌握该原材料的现有库存量，并根据营业预测，决定下一营业周期所需要的食品原材料的数量，然后计算出应采购的数量。在实际操作中，可以选用以下方法：

（1）现购法。

现购法适用于采购消耗量变化大、有效保存期较短而必须经常采购的鲜活原材料，如鲜肉类、鲜禽类和水产品类等。这种易腐性食品原料的性质决定了对其采购量小、次数多，一般要每天进货，经进货验收后直接供给厨房。每次采购的数量用公式可表示为：

需购量＝需用量－现存量

需用量是指在进货间隔期内对某种原材料的应备量。它要根据客情预测，由厨师长或餐饮部经理决定。

现存量是指某种原材料的库存数量，它通过实地盘存加以确定。为了方便采购，采购员应将每日要采购的鲜活原料编制成采购清单。采购清单上要列出原材料的名称和规格、需用量、现存量、需购量等，同时还要加上供货商的报价、采购量和采购价。

采购清单示例参见表 6－1。

表 6－1　××酒店采购清单

____年____月____日

原材料名称	需用量	现存量	需购量	供货商报价	采购量	采购价
花菜						
芹菜						
番茄						
土豆						
……						

合理使用原料采购清单，可节省厨师长和采购员的工作量，让他们不需要每日填写需要采购原料的品名，同时也有利于控制采购数量和采购价格。原料采购清单和标准采购规格联用，能使采购数量、质量和价格标准化，能在一定程度上限制供货商与采购员相互勾结的舞弊行为。采购清单上要留一些空格，以填写需采购的特殊原料，并留出实际采购数量和实际价格，以便与采购标准做比较，以利于进行控制。

（2）长期订货法。

在新鲜类食品原材料中，如鲜果类、鲜蛋类和奶制品类等，其消耗量大，所需数量也较稳定，没有必要每天填写采购单，适宜采用长期订货法。这种方法是与供货商签订采购书面合同或口头协议，由供货商按约定每隔一定天数供应固定数量的食品原料。

长期订货法还可用于价值低、耗量大、占地大、需天天补充的其他原料和用品，如餐巾纸、啤酒等。这些物品如大量储存会占用很大的仓库面积，不如供货商定期送货更有效率。

2. 非易腐性原料的采购数量

非易腐性原料一般为干货原材料，如粮食、香料、调味品、罐头食品以及各种肉类、水产品原料等可冷冻储存的原料。非易腐性原料不易迅速变质，为减少工作量，可一次性采购较大数量的原材料并储存起来。

非易腐性原料的采购数量一般有两种方法：定期采购法和经济订货批量采购法。

（1）定期采购法。

定期采购法是采购非易腐性食品原料经常采用的一种方法，是采购周期固定不变，即采购间隔时间不变，但每次采购数量任意的一种方法。管理人员可根据库房的储存面积、原料的可得性和流动资金多少确定同类原料（或同一供货商）采购的间隔天数，再根据各项原料的预计日需要量算出各项原料的标准储存量。原料的标准储存量也是原料的最高储存量，它主要根据原料的平均日需要量和计划采购的间隔天数，再加上一定的保险储存量而定。其计算公式为：

标准储存量＝日需要量×定期采购间隔天数＋保险储存量

日需要量指该原料平均每日消耗量，一般根据以往的经验数据得出。

保险储存量的多少视原材料的供应情况而定，一般饭店把保险储存量定为订购期内需用量的50%。

在确定标准储存量时还要考虑能用于库存物品的流动资金的多少、市场原料供应的充足程度、采购运输的方便程度等因素。

每到某种原料的订货日，管理员或采购员应对该原料的库存进行盘点，掌握原材料的存量与标准存量的差额，计算出本次需采购的数量，其计算公式为：

原料需购量＝标准储存量－现存量＋日需要量×发货天数

【案例 6-1】某酒店每月采购一次菠萝罐头。菠萝罐头的消耗量为平均每天 15 听，正常订货周期为 4 天。在当月的订货日，经盘点尚存 100 听。酒店确定菠萝罐头的保险储量为订购期内需用量的 50%，发货天数为 30 天。求菠萝罐头的最低储存量和需订货数量。

【案例解析】

最低储存量＝15×4×50%＝30(听)

标准储存量＝15×4＋15×4×50%＝90(听)

需订货数量＝90－100＋15×30＝440(听)

定期采购法的优点是同类原料或同一供货商供应的原料可定期在同一天采购，这样能减少采购次数和人工；同时每项原料确定标准储存量后，原料不会过量储存，采购数量容易决策；还可减少采购员的工作量，使他们能将更多的精力用于采购易腐性原料。但这种方法也有缺点，有时某些原料的实际用量大大超过库存数，采用定期采购法又不易发现原料短缺。为避免这种缺陷，应配合第二种方法进行采购。

（2）经济订货批量采购法。

采购非易腐性食品原料和服务用品时宜采用经济订货批量采购法（Economic Order Quantity，EOQ）。采购费用随着采购次数的增加而增加，提高采购量虽然因数量折扣可获益，但占用流动资金也多，库存费用会随着库存量的增加而提高。如何寻求到恰当的订货批量使订货或采购费用与库存量最少，一般采用经济订货批量采购法。经济订货批量采购法的计算公式为：

$$最佳订购批量=\sqrt{\frac{2KD}{Pm}}$$

$$全年最低总费用=\sqrt{2PmKD}$$

年采购次数＝预计年销售量÷最佳订购批量

订货间隔＝年天数÷年采购次数

其中：K——平均每次采购费用；

D——预计年采购量；

P——原料订购单价；

m——年库存费用率。

【案例6－2】 某餐厅预计每年销售啤酒36 000箱，并规定餐厅不允许缺货。每箱啤酒的进价为25元，每箱啤酒储存费每月为进价的3%（含损耗），每次采购费用为20元。求：最佳订购批量；全年最低总费用；订货间隔（每年以360天计算）。

【案例解析】

每箱的年储存费＝25×3%×12＝9(元)

每次采购费＝20(元)

啤酒预计销售数＝36 000(箱)

$$最佳订购批量=\sqrt{\frac{2\times20\times36\,000}{25\times3\%\times12}}=400(箱/次)$$

$$全年最低总费用=\sqrt{2\times25\times3\%\times12\times20\times36\,000}=3\,600(元)$$

订货间隔＝360÷(36 000÷400)＝4(天)

使用经济订货批量采购法要求在库房中对每种原料建立库存卡。原料收到后必须在卡片上登记正确的数量、单价和金额，发出的原料也要随时登记名字和数量。库房中还需要有一套检查制度，检查哪些原料已经达到或接近订货点储量，对已经达到订货点储量的原料发出采购通知，确定采购数量。

（四）食品原料采购的价格控制

采购价格的控制是采购工作的重要任务之一，成功的采购就是要获得理想的采购价格。餐饮原料的价格受诸多因素的影响，因而价格的波动较大。影响餐饮原料价格的主要因素有：市场货源的供求情况；采购数量的多少；原料的上市季节；供货渠道；饮食市场的需求程度；供货商之间的竞争，以及气候、交通、节假日等。面对这些影响因素，对采购价格实行控制是有必要的。

食品原料采购者应在确保原料质量符合采购标准规格的前提下，尽量争取最低的价格。获取理想价格的手段和途径有以下几种：

（1）规定采购价格。通过详细的市场调查，餐饮企业对厨房所需的某些原料提出购货限价，规定在一定的幅度内按限价进行市场采购。一般是采购周期短、随进随用的新鲜原料。

（2）规定购货渠道和供应单位。规定采购部门只能向指定单位采购，或只允许购置来自规定渠道的原料，以保证食品原料的质量。企业可与长期供货单位签订购销合同，以协议的形式将价格固定下来，并且长期合作也有利于获得价格上的优惠。

（3）控制大宗和贵重原料的购货权。大宗和贵重食品原料的价格是影响餐饮成本的主体。因此有些餐饮企业对此进行规定：由餐饮部门提供使用情况的报告，采购部门提供各供货商的价格报告，具体向谁购买必须由餐饮企业管理层来决定。

（4）提高购货量和改变购货规格，集中批量订货。采用集中批量订货的方式，可以以较低的批发价获得批发原料。但是，批量订货的原料一般是一些不易变质的物资，否则会因储存成本的上升或原料受损变质等因素导致餐饮企业经营成本上升。

（5）根据市场行情适时采购，选择恰当的采购时机。当有些餐饮原料在市场上供过于求、价格十分低廉且厨房日常用量又较大时，只要质量符合要求，可趁机购买储存。

（6）尽可能减少中间环节。在采购过程中，餐饮企业应尽量减少采购环节，减少中间商，最好是从经销商、制造商处直接采购，通过减少中间环节来降低成本开支。

小资料

餐饮采购绝招

按照一般的规律，餐饮成本约占营业额的三分之一，餐饮原材料的采购是整个餐饮经营的第一步，也是餐饮成本控制的第一个环节。以下做法可供参考。

1. 寻价三人行

寻价是价格谈判中不可缺少的重要一环。应当说，它的具体操作方式因人因地因时而异，效果自然有差别。有的酒店每月两次市场寻价，采购员、库房验收员、厨师长 3 人同行，采购员最熟悉市场价格走势，库房验收员注重货品品相，厨师长明白质量优劣，3 人各自发挥特长，共同把关价格。这就要求厨师长时常逛逛市场，一是可及时了解市场行情，二是可以注意开发新的货源。近几年，餐饮的原材料呈现日新月异的变化，如一些新型水果、特种蔬菜、环保器皿，都是前所未闻的，能够丰富餐饮需求，对于餐饮经营很有帮助。寻价之后，编制出原料（主要是鲜活原料）价格，发给各厨房，由厨师长据此调整相应菜品。

2. 灵活进货，减少存货

鲜活原料每日进货、日进日出、基本上不存货，既能保证原料新鲜度，又可降低库存所占资金。对于急需的原料，有的餐厅实行“紧急采购”，由厨师长填单，经财务总监、餐饮总监共同签字后直接采购，由厨师长验货。这样可减少中间环节，保证厨房的紧急需要。对于鱼翅等特殊原料，实行单独采购，这样能够保证优质优价，不存货、不浪费，还可满足需要。

3. 每天公布“食品成本日报”

各厨房的成本控制可实行厨师长负责制。从原料的订购、领用到菜单“标准菜谱”的填写，都要有厨师长的签字。每天都有一个例会，由财务部门公布昨天的“食品成本日报”，每个厨师长根据规定的成本率比照所公布的实际发生的成本率，孰高孰低，一目了然。公布“食品成本日报”的目的是让各厨房每天都要心中有数，这样在经营上能够做到弹性有度。每天一次“食品成本日报”就汇成了月末的“食品成本平衡表”。在这个表上，一个月的成本与销售额一目了然，通过数字比较，可以发现成绩和问题，并且分析原因，就能为下月的经营打下基础。

4. 加强沟通，责任分清

企业与供应商、企业各部门之间都需要加强沟通，加深相互理解，这样人际关系顺了，货源也就顺畅了。具体可通过每个月的“沟通会”来实施。

二、食品原料验收管理

无论有多么完善的质量标准、多么完整的采购规程，如果做不好验收管理，所有的采购控制都将前功尽弃。由于采购的数量、质量和价格未必与订购单一致，有时送货量多于订购量，有时价格会高出市场报价，有时原料等级或高或低，所有这些情况都决定了验收工作的必要性。验收就是要核实质量标准是否与订购单一致，送货量和价格是否与发货单一致。因此，验收工作不仅需要完善的验收体系，也需要确定严格的验收程序和验收方法。

（一）食品原料的验收体系

1. 验收部门

验收部门的设立以及验收部门与其他部门之间的关系因酒店规模大小而异。大型酒店有专门的验收部，而中型酒店或独立经营的餐厅则不必设验收部，只设一个验收员就可以了。小型的餐厅没有专职的验收员，验收工作由厨师或经理亲自担任。无论如何，企业应根据自身的特点，设计和建立自己的验收体系，尽量发挥验收的作用，控制好成本和原料质量，减少舞弊行为。

2. 验收员

在企业的组织中应设专人负责食品原料的验收。验收员绝不能由采购员兼任。如果人手不够，验收员可由仓库保管员兼任。验收员的主要职责是检查送货的数量是否符合订购的数量，原料的质量是否符合采购规格，价格是否符合商定的标准。验收员还要控制退回的包装箱、饮料瓶中是否混入未用的原料。验收员必须每日填写验收日报表。另外，验收员在工作时不应受厨师长和采购人员的干扰，验收员的工作可以对整个采购进行有效的监督和控制。

验收员的选择不可忽视，作为一名合格的验收员应具备以下素质：验收员必须有很强的责任心，对验收工作感兴趣；验收员必须诚实可靠，热爱集体，对领导忠心；验收员应具备较丰富的食品原料知识。所以，最好从仓库保管人员、餐饮成本控制人员或厨房工作人员中选择验收员。

验收的主要任务有以下几个：

（1）根据采购规格，检验各种餐饮原料的质量、体积和数量。

（2）核对餐饮原料的价格与既定的价格或原定价是否一致。

（3）给易变质原料加上标签，注明验收日期，并在验收日报表上正确记录已收到的各种食物原料。

（4）及时把各种餐饮原料送到库房或厨房，以防变质和损失。

3. 验收设备与工具

为了使验收工作顺利完成，并确保所购进的原料符合订货的要求，对验收场地、设备、工具等提出如下要求：

（1）验收场地的要求。

验收场地的大小、验收的位置好坏直接影响到货物交接验收的工作效率。理想的验收位置应当设在靠近储藏室、货物进出较方便的地方，最好也能靠近厨房的加工场所。这样便于货物的搬运，缩短货物搬运的距离，也可减少工作的失误。验收要有足够的场地，以免货物堆积，影响验收。此外，验收工作涉及许多发票、账单等，还需一些验收设备工具，因此需要设有验收办公室。

（2）验收设备、工具的要求。

验收处应配置合适的设备，供验收时使用。比如磅秤，就是最主要的设备之一，磅秤的大小可根据餐饮企业正常进货的量来定，验收处既要有称大件物品的大磅秤，又要有称小件、贵重物品的台秤和天平秤。各种秤都应定期校准，以保持精确度。此外，验收办公室还应有温度计、暗箱、起钉器、纸板箱切割工具、榔头、尖刀等工具，以及验收单、验收标签、购货发票、收货单、验收工作手册、采购食品原料的质量标准等单据或材料。

4. 验收方法

（1）按供货发票验收。

按供货发票验收是一种较普遍的验收方法。验收人员根据供货发票和订购单核对原料的项目、数量和价格，这种方法较方便快捷。但要注意的是验收人员往往直接拿着发票对照货物，而不去对照订购单，有时还可能图方便，不去逐一过秤原料重量和仔细检查原料的质量。因此，采用这种验收方法，应加强监督职能。

（2）填单验收。

填单验收是企业控制验收的一种方式。企业一般自制验收空白凭单。验收人员在验收时，将物品的名称、重量、数量、价格等逐一填入凭单中，然后再与供货发票相对照。这种方法可减少差错，但较费工夫。

5. 验收程序

（1）根据订购单或订购记录检查进货。

核实进货的原料是否与订购单上的相符，凡未办理订购手续的食品和饮料不予受理，这样可避免不需用的食品和饮料进入库房。

（2）根据供货发票检查货物的价格、质量和数量。

凡可数的物品，必须逐件清点，记录下正确的数量；以重量计数的物品，必须逐件过秤，记录下正确的重量；对照采购规格标准，检查原料的质量是否符合要求；抽样检查箱装、匣装、桶装原料，检查是否足量、质量是否一致；发现原料重量不足或质量不符需要退货时，应填写原料退货单，并取得送货人签字，将退货单随同发票副页退回供货单位。

（3）办理验收手续。

当送货的发票、物品都验收后，验收人员要在供货发票上签字，并填验收单，以表示已收到了这批货物。也有些单位根据经营要求设计验收章，在验收完毕的物品上加盖验收章，在供货发票上也加盖验收章。如果到货无发票，验收员应填写无供货发票收货单。

（4）分流物品，妥善处理。

原料验收完毕，需要入库进行保存的原料，要使用双联标签，注明进货日期、名称、重量、单价等，并及时送仓库保存。一部分鲜活原料直接进入厨房，由厨房开领料单。

（5）填写验收日报表和其他报表。

验收人员填写验收日报表的目的是保证购货发票不至于发生重复付款的差错。其可作为进货的控制依据和计算每日经营成本的依据。

6. 验收管理制度

（1）指定专人负责验收工作，建立验收部门。

（2）验收与采购分离。

（3）一般验收员为专职，如果兼职其他工作，应该以验收工作为主。

（4）在指定的场所进行验收。

（5）即验即收，即收即入库。

（6）验收重地，闲人免进。

（7）餐饮管理人员定期检查监督验收工作。

（二）食品原料验收标准

1. 蔬菜类的验收标准

（1）蔬菜的分类。按照蔬菜的构造、可食部位分为叶菜类、茎菜类、根菜类、果菜类、花菜类等。

（2）蔬菜的检验。蔬菜的品质验收主要是鉴别其新鲜度、品种的优越性，一般可从其含水量、形态、色泽等方面来检验。

（3）具体蔬菜类验收的标准，不同的酒店或餐饮企业，它们的验收标准是不一样的，因为各个企业生产的食物产品所需要的原材料是不一样的。例如，一般的餐饮企业对大白菜和萝卜有共性验收标准，大白菜：新鲜洁白，表面无黑色斑点，里面无烂心、无开花、坏叶不超过 3 片；白萝卜：表皮光洁，无黑心、无空心，小的不低于 250 克，大的不超过 1 500 克。

2. 猪肉类的验收标准

猪肉的验收标准为要求新鲜、肉嫩等。例如，五花肉，必须有检疫章和检验单，印章模糊的属于私人宰肉，猪肉要新鲜、皮薄、肉质好，不能太肥，一般以二指厚为准；扒肉：不能太薄，手感要有黏性，肉红色，重量每条 2～3 千克，不要有淤血。

3. 牛肉类的验收标准

牛肉瘦肉需呈均匀的鲜红色或深红色、有光泽，脂肪呈乳白色或微黄色；具有牛肉正常气味，无异味，瘦肉切面纹理清晰，皮下脂肪适度、均匀、形态丰满；肉质紧密、有弹性、表面湿润、不黏手、无注水。

4. 禽类的验收标准

（1）家禽肉类的品质验收标准。

家禽肉的品质主要是以肉的新鲜度来评价的，常用感官检验方法来鉴定。感官检验主要是以外观、硬度、气味、脂肪的状况确定肉的新鲜程度。

外观：新鲜肉色泽光润，肉的断面呈淡红色，稍湿润，但不粘，肉的液体透明。

硬度：新鲜肉的刀断面，肉质紧密、富有弹性，用手按后能迅速恢复原状。

气味：新鲜肉具有每种家畜肉的特有气味。

脂肪：新鲜肉的脂肪分布均匀，没有酸败味和臭味，保持原有色泽。

（2）家禽内脏的品质验收标准。

例如，验收禽肝的标准：新鲜的肝呈紫红色、有光泽、质地坚实、有弹性；验收禽腰的标准：新鲜腰呈浅红色、有光泽、质地坚实、表面不湿；禽肠的验收标准：新鲜的肠，色泽发白、黏液多等。

家禽的品质验收标准一般还根据家禽外部特征变化，以感官检验方法从家禽的嘴部、眼部、皮肤组织和脂肪状况等方面判别品质。例如，对嘴部的验收标准：新鲜的家禽嘴部有光泽、干燥、有弹性、无异味；对眼部的验收标准：新鲜家禽的眼珠充满整个眼窝，角膜有光泽。

5. 蛋类的验收标准

（1）外观鉴别。

新鲜的蛋外壳有层霜状粉末，壳表面比较粗糙，有光泽。

（2）透视鉴别。

新鲜的蛋用光照，能透光、呈橘红色、气室小而透亮，蛋黄轮廓完整清晰，无斑点。

（3）嗅觉鉴别。

新鲜的蛋用鼻闻，清新、无异味。

（4）摇荡鉴别。

将蛋轻轻摇动，听不到声音或感觉不到振动的为新鲜蛋。

6. 鱼类、海虾类等产品的验收标准

（1）鲜鱼类。

鲜鱼类的质量主要通过感官来鉴别，其主要方法是通过对鱼眼睛、鳃、鳞等来判断它的质量。具体表现在：眼睛，新鲜鱼的眼睛凸起，澄清有光泽，不新鲜鱼的眼睛凹陷，色泽浑浊不清，呈微蓝色；鳃，新鲜鱼的鳃紧闭，鳃片呈鲜红色，无黏液和污物，不新鲜鱼的鳃发暗，呈灰红、灰紫或灰色，有污垢；鳞，新鲜鱼的鳞片整齐，排列紧密，有黏液和光泽，轮层明显，不新鲜鱼的鳞片松弛，没有光泽，轮层不明显，腐败的鱼鳞片不仅松弛，而且有大片脱落现象。

（2）虾类。

活虾的质量一般从其外形、色泽和肉质三方面进行鉴别：外形，新鲜虾的头尾完整，有一定的弯曲度、虾身较挺，不新鲜的虾的头尾容易脱落或易离开，不能保持其原有的弯曲度；色泽，新鲜虾的皮壳发亮，呈青白色，不新鲜虾的皮壳发暗，原色变为红色或灰紫色；肉质，新鲜虾肉质坚实、细嫩，不新鲜的虾肉松弛。

7. 干货类的验收标准

（1）干货类制品的分类，按传统的分类方法可分为山珍类、海味类和一般干料类；按原料的性质可分为动物性干料、植物性干料两大类；根据干货制品的生长环境和性质可分为动物性海味干料、植物性海味干料、动物性陆生干料、植物性陆生干料、菌类和陆生藻类六大类。

（2）检验干货制品的重要标准：一是干爽、不霉烂，这是衡量干货制品的重要标准；二是整齐、均匀、完整；三是无虫蛀，无杂质，保持应有的色泽。如玉兰片的验收标准：玉兰片以色泽黄白、洁净、肉厚、纤维少、节较密、体长不超过 17cm 的为最好，肉蒲节疏、纤维多而粗老的质量较差。

8. 稻米、面粉、淀粉的验收标准

（1）稻米的验收标准。

稻米的品质是由多方面因素决定的，主要从稻米的品种、成熟情况、含水量等来检验，检验稻米的品质，以其粒形、腹白、硬度和新鲜度来确定。

①米的粒形：米粒形均匀、整齐、重量大，没有碎米和爆腰米的品质较好，相反则差（碎米是指米的体积在整粒的 2/3 以下的米；爆腰米为米粒上有裂纹的米，易碎、品味较差）。

②米的腹白：米粒上呈乳白色的部分称为腹白，没有腹白的米，体积小、硬度低、易碎、蛋白质含量低，品质差。

③米的硬度：米能承担机械力的程度称为米的硬度，凡是硬度大的米品质就高；硬度小的米，品质就差，易成碎米。

④米的新鲜度：米的品质检验除上述三项外，对其新鲜度和卫生状况的检查也是重要方面。新鲜的米有清香味和光泽，无米糠和其他杂质，无虫草害，无异味，无霉味，用手摸时滑爽、干燥；而陈米则颜色暗淡无光、染有虫害痕迹，甚至发霉、粘连成块，煮熟食用质感粗糙、口味差。

（2）面粉的验收标准。

面粉的品质好坏有较明显的区别，主要从含水量、颜色、面筋质和新鲜度等几个方面进行检验。

①含水量：国家规定面粉含水量为 12%～13%，含水量正常的面粉用手捏有滑爽的感觉；如果捏而有形无散，则含水量过多，不易存放。

②颜色：面粉的颜色随着面粉的加工精度不同而不同，颜色越白精度越高，但其维生素含量越低，如果保管时间越长或保管条件潮湿，面粉的颜色就会加深，品质降低。

③面筋质：面筋质决定面粉品质，面筋质含量高，品质就好，但也有含量标准。如果筋质过高，那么其他成分就相应减少，品质就不一定好。

④新鲜度：新鲜的面粉有正常气味，颜色较淡，带有腐败味、霉味、颜色发深的面粉则是陈面粉，如因水分过多、产生发霉、结块现象则表明已变质。新鲜程度是鉴定面粉品质的最基本标准。

（3）淀粉的验收标准。

淀粉的品质因不同的加工原料而有所差别。对淀粉的品质检验，除考虑其固有品质外，应从其加工纯度是否含有其他杂质及含水量等方面来检验。纯度越高，杂质越少，含水量越低，其品质越好。

9. 定型包装类食品的验收标准

凡是带有包装的食品，其质量卫生除应符合国家规定的质量卫生标准外，还应包括以下几个方面：包装类食品必须包装整洁、完美；包装食品的包装盒或标签上必须注明食品名称、生产厂家、生产地址；包装食品的内容和重量必须与包装上标明的完全一致。

10. 冻品类食品的验收标准

冻肉的验收标准：冻肉类产品必须包装完整并有生产厂址和生产日期；冻肉类产品中冻 3 号肉和冻肋排必须符合产品卫生检疫标准；冻肉类产品质量必须合乎验收标准（如新鲜度

等）；冻肉类产品中间不能有过多冰块；冻肉类产品重量必须与包装箱上标明的重量一致。

11. 食用油脂的验收标准

食用油脂可分为两大类：一是植物油脂，包括豆油、菜籽油、芝麻油、棉籽油、花生油和玉米油；二是动物油脂，包括猪油、鸡油、鸭油、牛油和羊油。

食用油脂的验收一般用感官检验方法，具体办法如下：

（1）气味。

每种动植物油都具有特有气味，油脂的气味可以说明原料状况、加工方法和油脂质量的好坏，食用油脂不应有酸败、焦煳及其他异味。

（2）滋味。

除芝麻油外，品质正常的食用油脂多无任何滋味。品质较差的油脂可能带有轻重不同的酸败味。

（3）色泽。

本色纯正的油脂为质量好，如猪油为白色、豆油为深黄色、花生油为淡黄色；色泽加深或有异常现象即为劣质油。

（4）透明度。

品质正常的油脂在溶液状态时应当完全透明。磷脂蜡及其他油质和变质油所产生的高熔物质均能引起油脂浑浊，透明度下降。

任务二　食品原料的储存与发放

案例情境

暖和的储藏室

李先生是一家大酒店的新老板，他刚刚购买了这家酒店，当时觉得很划算，购买时也没有在意原来的设施设备。酒店仓库的底层有一个储藏室，他进入储藏室之后，发现这间储藏室很暖和，仔细查看才发现在储藏室的天花板上安装有暖气管。在之后的酒店运营过程中，他发现储藏室的水果、蔬菜和罐头有腐烂、鼓胀的现象，有的甚至还破裂了……

【案例思考】

这个酒店的储藏室有什么问题呢？

【案例评析】

食品储藏室对温度、湿度和光线都有一定的要求。蔬菜、水果类的储藏要求温度为2℃～7℃，湿度为85％～95％。该酒店储藏室无论是温度还是湿度都没有达标，所以导致食品易腐烂变质。

原料的储存与发放是食品原材料控制的重要环节，因为它直接关系到餐饮产品生产质量、生产成本和经营效益。良好的库存管理能有效地控制食品成本。如果控制不当，就会造成原材料变质、腐败、账目混乱、库存积压，甚至还会导致贪污、盗窃等严重事故的发生。在互联网时代，智慧仓储、集成信息技术和物流管理策略，提升了仓储效率和准确性。它通过实施全程赋码管理，餐饮企业可实现对每个产品单元的追踪，优化仓储空间利用；结合赋码规则，借助手持移动设备或电子标签，实现高效准确的分拣流程；在减少人工操作错误的同时确保冷冻食品在整个仓储过程中的温度控制和质量保障。

一、食品原料储存管理

（一）食品原料储存的问题

食品原料储存的问题主要是食品原料从采购到使用会发生一系列质量变化，主要有以下几种。

食品原料储存管理

1. 生理变化和生物化学变化

许多生鲜食品原料会发生呼吸作用、后熟、萌发、僵直作用和软化作用，从而导致食品原料质量下降甚至彻底失去食用价值，造成巨大损失。

2. 由微生物引起的变化

食品原料中富含各种各样的营养成分，为微生物的生存和繁殖创造了良好的条件。在食品储存过程中，由于微生物的污染，食品原料易产生腐败、霉变和发酵等微生物变化。引起微生物变化的外界条件主要是温度、湿度、日光、氧和 pH。

3. 颜色变化

新鲜的肉类、水产品类形成氧合肌红蛋白，呈鲜红色。当新鲜度降低时，就会失去鲜红色，发生动物色素变化。

许多植物都含有植物色素，如叶绿素、胡萝卜素和花青素等。这些植物色素因食品原料储存中质量变化，其天然颜色也会随之改变。

许多植物性食品原料因受机械损伤，容易产生褐变。食品原料产生褐变，既呈现出原食品的颜色，又降低了食品原料的营养价值和滋味。

4. 脂肪氧化酸败

脂肪氧化酸败是指脂肪在外界条件的作用下，在一系列变化后生成低分子脂肪酸、醛、酮等有机物。脂肪氧化酸败后，使食品带有哈喇气味，营养价值降低，甚至危及人体健康。影响脂肪氧化酸败的外界因素有光线、温度、氧气、水分、某些金属等。

5. 物理变化

物理变化是指某些食品原料在外界温度、湿度的影响下，产生水分蒸发、受潮、溶化、干缩结块的变化。

6. 虫蛀

食品原料富含各种营养成分，容易遭受仓虫和蛀虫的侵害。仓虫繁殖力强，繁殖期长，食性广，具有耐热、耐寒、耐饥、抗药性等对环境较强的适应性，对储存中的食品原料危害较大。

（二）食品原料储存的目的

食品原料储存的目的如下：

（1）保证菜单上所有菜品和酒水得到充足的供应。

（2）弥补生产季节和登场消费的时间差。

（3）弥补空间上的距离差。

（4）从食品卫生角度讲，冷藏可防止细菌传播，防止内部细菌的繁殖生长。

（三）食品原料储存的基本要求

餐饮物品储存的基本过程可分为入库验收、储存保管、离库处理三个阶段。储存保管的基本要求有以下几点。

1. 分类储存，确保质量

（1）检查入库的原料是否适于存放。如果不适合，就必须进行加工或重新包装。例如，有些干货原料，为了防止受潮发霉，要用真空机进行真空包装。

（2）将有特殊气味的餐饮原料与其他原料隔开存放，以免串味。

（3）注意各种餐饮原料所需的存放温度和储存期。

（4）一旦发现餐饮原料有霉变、虫蛀、异味时，应立即进行处理，以免影响其他原料。

（5）要遵守《食品安全法》的有关规定，保证餐饮原料的清洁和安全。

小资料

科学合理的存放方法

科学、合理地进行物品存放往往能达到事半功倍的效果。这些方法如下：

1. 分区分类

根据物品的类别，合理规划物品摆放的固定区域。分类划区的粗细程度，应根据企业的具体情况和条件来决定。

2. “四号”定位

“四号”是指库号、架号、层号、位号。“四号”定位是指对四者统一编号，并与账页上的编号统一对应，也就是把各仓库内的物品进一步按种类、性质、体积、重量等不同情况，分别对应地堆放在固定的仓位上，然后用四位编号标出来。这样，只要知道物品名称、规格，翻开账簿或打开电脑，就可迅速、准确地发料。

3. 立牌立卡

它是指对定位、编号的种类物品建立料牌和卡片（料牌即食品存货标签）。料牌上定明物品的名称、编号、到货日期，有可能再加上涂色标志。卡片上填写记录物品的进出数量和结存数量等。

4. 五五摆放

五五摆放就是根据各种物品的性质和形态，以“5”为计量基数堆放物品，长×宽×高均以“5”作为计算单位。这样，既能使物品整齐美观，又便于清点、发放。

需要注意的是，并非所有的餐饮库存原料都可以用这四种存放方法来处理，因为餐饮原料的外形、包装等在许多情况下是无规则的。

2. 控制库存的数量和时间

要控制库存的数量，应注意以下情况：

（1）该原料的耗用量大小。

（2）原料采购所需时间。

（3）原料的物理、化学属性，是否适宜久存和多存。

（4）企业流动资金的多少。

原料的合理存量必须与合理的储存时间相配合。储存时间也应考虑生产的周期、采购周期和原料储存的有效期。加速库存周转和尽量缩短原料的储存时间，是仓库保管员的一大职责。

3. 遵守仓管制度，确保储藏安全

为了正确反映库存物品的进、出、存动态，储藏室要建立严格的管理制度，要做到账（保管日记账）、卡（存货卡）、货（现有库存数量）相符。食品储藏室的账要以每个品种为单位，分批设立账户，设立明细而完整的账单。一物必有一卡，存货卡要与账单相符，与存货相符。只有这样，才能防止差错，防止存货被窃与丢失。储藏室控制的另一种方法是定期或不定期地进行盘点，发现有误差或有失效物品时要追查责任。

（四）储藏室的设计与管理要求

1. 储藏室的设计

（1）对食品储藏区域的要求。

①储藏室的位置。从理论上看，储藏室应尽可能位于验收处与厨房之间，以便将食品原料从验收处运入储藏室或从储藏室送至厨房。储藏室应该为干燥阴凉的地方。

②储藏室的面积。确定储藏室的面积时，应考虑到企业的类型、规模、菜单、销量、原料市场的供应情况等因素。储藏室面积既不能过大也不应过小。根据经验、储存区域的面积应为餐饮企业总面积的10%～12%。

③分类存放。储藏室应该分类对原材料等进行储存，一般分为干藏库、冷藏库和冷冻库；在每一个库别中对不同的原材料再进行分类、分区、分块进行储存；同时对同一类原材料，应按照进库的先后顺序、使用日期、保质日期和批次进行储存。

（2）食品储藏室对温度、湿度和光线的要求。

①干藏库。温度最好控制在10℃左右，一般为10℃～22℃；相对湿度应控制在50%～60%。

②冷藏库。所有冷藏食品都必须保存在4℃以下的冷藏间里，一般为0～4℃；水果和蔬菜冷藏库的湿度应为85%～95%；肉类、乳制品及混合冷藏库的湿度应保持在75%～80%。

③冷冻库。冷冻库的温度一般须保持在－28℃～－18℃；冷冻库应保持高湿度，否则干冷空气会从食品中吸收水分。

所有食品储藏室均应避免阳光的直射，保持空气流通。一般不使用窗户，即使使用也应该安装毛玻璃或其他特制的玻璃；照明使用冷光灯。室内安装室温指示和报警装置。

（3）食品储藏室对清洁卫生的要求。

①食品储藏室应定期进行清扫、消毒，预防和杜绝虫害、鼠害。

②食品储藏室要符合消防部门、公安部门和卫生防疫部门的要求。

2. 食品储藏室管理要求

做好各种防患工作，确保食品原料安全，不出事故；入库前要严格检查原料质量，不符合质量的不能入库；最大限度地使用库存面积，充分利用货架，不超负荷；严格出库原料的管理手续；定期进行库房盘点；严格遵守库房管理纪律。

食品储藏室还要做好安全管理，主要包括以下几点：

（1）“四禁”制度：禁止闲杂人员入库，禁止在库房内吸烟、饮酒，禁止存放私人物品，禁止存放易燃易爆物品。

（2）“四不”制度：采购员不买变质原料，保管员不收变质原料，厨房人员不用变质原料，销售人员不售变质食品。

（3）“四隔离”制度：坚持生熟隔离、成品与半成品隔离、食品与杂物和药物隔离、食品与天然冰隔离。

（4）温控制度：每天检查并做好记录。

（5）“三先一不”制度：先进先出，易腐易变先出，有效期短先出，腐坏变质不出。

（6）“三防”制度：防火，防盗，防毒。

（7）钥匙保管制度：每个库房配一把万能钥匙和两套库房钥匙，一套放库房内，一套交保安部。

（8）监控制度：闭路电视监控系统。

储藏室中的存货占用了一定的资金，是餐饮企业的一笔重大投资。管理者很清楚储藏室的食品和其他供应用品的价值，但一般职工却往往忽略。因为他们认为许多存货有自然的损耗，即使拿一些，也看不出来或问题不大。所以，出入库房的人数应严格控制，整个库存控制系统还需保持精确的记录。

3. 库存物资的查核与控制

（1）仓库盘点：每日盘点（每日下午三时盘点）；周期盘点（7～10 天为一周期）；月底盘点（月终盘点）。

（2）记账：按记账的原则方法和要求建立物资分类账、明细账。

（3）建立档案：建立完善的档案制度。

（4）建立健全各项管理制度。

（五）库存物资的管理方法

1. 干藏

（1）食品应放置在货架上储存，货架离墙壁至少 10cm，离地面 15cm，以便空气流动和清扫，要随时保持货架和地面的干净，防止污染。

（2）食品放置不仅要远离墙壁，同时还应远离自来水管道、热水管道和蒸汽管道，热水管和蒸汽管道应隔热良好。

（3）使用频率高的食品应存放在容易拿到的下层货架上，货架应靠近入口处。

（4）重的食品应放在下层货架上，并且高度适中，轻物放在高架上。

（5）库中的食物应有次序地排列，分类放置，同类食品必须放在一起。

（6）遵循先进先出的原则，始终保持久存的食品移到货架前面，新入库的放在后面。

（7）有些食品由于体积的原因不能放在货架上，则应放在方便的平台或车上。

（8）各种打开的包装食品应储存在贴有标签的容器里，并能达到防尘、防腐蚀的要求。

（9）所有有毒的货物，包括杀虫剂、去污剂、肥皂及清扫用具等，要存放在食品储藏室的特定位置。

2. 冷藏

（1）通常冷藏的食品应经过初加工，并用保鲜纸包裹，以防止污染和干耗，存放时应用合适盛器盛放，盛器必须干净。

（2）热食品应待凉后冷藏，盛放的容器需经消毒，并加盖后再存放，以防止食品干燥和污染，避免熟食品吸收冰箱气味。加盖后要易于识别。

（3）存放期间为使食品表面冷空气自由流动，放置时要距离间隔适当，不可堆积过高，以免冷气透入困难。

（4）包装食品储存时不要碰到水，不可存放在地上。

（5）易腐的果蔬要每天检查，发现腐烂时要及时处理，并清洁存放处。

（6）鱼虾类要与其他食品分开放置，奶品要与有强烈气味的食品分开。

（7）存、取食品时需尽量缩短开启门或盖的时间，要减少开启的次数，以免库温产生波动，影响储存效果。

（8）随时和定期地关注冷藏库的温度。

（9）定期进行冷藏库的清洁工作。

小资料

不同原料的冷藏温度和相对湿度要求

食品原料	冷藏温度（℃）	相对湿度（%）
新鲜肉类、禽类	0～2	75～85
新鲜鱼、水产类	－1～1	75～85
蔬菜、水果类	2～7	85～95
奶制品类	3～8	75～85
厨房一般冷藏	1～4	75～85

3. 冻藏

（1）冰冻食品到货后应及时置于－18℃以下的冷库中储藏，储藏时要连同包装箱一起放入，因为这些包装材料通常是防水汽的。

（2）所有新鲜食品冻藏前应先速冻，然后妥善包裹后再储存，以防止干耗和表面受污染。

（3）存放时要使食品周围的空气自由流动。

（4）冷冻库的开启要有计划，所需要的东西一次拿出，以减少冷气的流失和温度的波动。

（5）需除霜时应将食品移入另一冷冻库内，以利于彻底清洗冷冻库，通常应选择库存最少时除霜。

（6）取用时应实行先进先出的原则，轮流交替存货。

（7）任何时候都要保持货架整齐清洁。

（8）定期检查冷冻库的温度情况。

速冻食品一般都储藏在－23℃～－18℃的冷冻库内，并采用真空包装或保鲜膜包装。

小资料

冻藏原料的库存时间上限

原料名称	库存时间上限（月）	原料名称	库存时间上限（月）
牛肉	9	鱼	3
羊肉	6	虾仁、鲜贝	6
猪肉	4	速冻水果和蔬菜	3
家禽	6		

二、食品原料的发放管理

原料的领用由申报、审批、领料、核查、提货、运送等环节构成；原料的发放是指备货、审核手续及凭证、编配、分发、送发、核定成本、复核等作业环节。库存管理工作的重点主要为后者。

（一）食品原料的发放方式

食品原料的发放指把原料从储藏室中提出供生产使用，并对食品原料进行控制的过程。所以对食品原料的发放进行有效的控制和管理有三个目的：一是保障厨房生产的供应；二是控制厨房用料的数量；三是正确记录厨房用料成本。原材料的发放分为直接发放和储藏室发放两种方式。

1. 直接发放

直接发放是指货物验收后直接进入厨房，而不经过储存这一环节。直接发放的原料大多是新鲜蔬菜、牛奶、面包等易变质的食品或鲜活原料，而且在进货后的当天就基本上被消耗掉。这一部分原料的进货价格可计入当日食品成本。食品成本管理员在计算当日成本时，只需从验收报表中的直接发放栏目中抄录数据。

但这样也并不精确，因为许多情况下，当日的直接进货不能完全消耗掉，第二天或第三天才能用完，但成本却计在第一天里，这样第一天的食品成本就不太真实。所以要核对第一天的食品成本，必须对当日直接发放、储藏室发放以及当日厨房剩余原料进行统计后才算真实。

鲜活原料发放程序如下：

（1）根据订购单提供的信息通知领用部门派专人领货。

（2）根据发票和订购单提供的数量发放，由领料员填单、签字。

（3）所有货物按进价发出，同一商品若有不同进价则按平均价发出，调出企业的原料则加手续费和管理费。

（4）凡直发原料价格按进价直接计入当日的食品成本。

2. 储藏室发放

储藏室发放是指食品原料验收入库后，再由储藏室发放到厨房。一般来说，进货验收后，当天不用的食品原料都应通过储藏室发放。

储藏室发放的控制主要包括以下四个方面：

（1）要有主管人的签字批准，否则货物不可出库。

（2）按照实际需要发货。

（3）定时发放。可加强厨房日常工作的计划性，可给库房保管员足够的时间整理、检查储藏情况。

（4）按领用单发放。控制仓库库存量，核算各厨房的食品成本，控制领料量。

（二）食品原料的发放程序

食品原料的发放程序如下：

1. 填写领料单

由砧板岗厨师或厨师长指定的领料人或其他部门的领料人根据需要填写领料单的“品名”“规格”“单位”“申请数量”栏。领料数量一般按往日消耗量估计，并参考宴会预订单情况加以修改。食品原料领料单见表 6－2。

表 6－2　食品原料领料单

领料部门：＿＿＿＿＿　　仓库类别：＿＿＿＿＿　　日期：＿＿＿＿＿

品名	规格	申请数量	实发数量	单价（元）	金额（元）

领料人：＿＿＿＿＿　　审批人：＿＿＿＿＿　　发料人：＿＿＿＿＿

2. 审批人员签字

领料人填完领料单后签上自己的姓名，持单找审批人员签字。审批者一般是厨师长、管理员或餐厅经理。没有审批者签名，任何食品原料都不可发出。审批人员应在领料单最后一项原料名称后面画条斜线，防止领料者在领导签字后再填写其他原料。

3. 发料并填写实际发料数和金额

仓库保管员看到领料单后，按单上的数量进行组配，由于包装等原因，实际数量和申请数量可能有差异，因此发货数量应填写在"实发数量"栏中，并填写"金额"栏。

4. 仓库保管员签字

仓库保管员将所有货物准备好后，签上自己的姓名，证实领料单上的原料确已发出。领料单应一式三联，一联随原料交回领料部门，一联由仓储转交成本控制员，一联由仓库留存作为盘存和进货的依据。仓库货物要定时发放。仓库保管员每天的工作不仅是收发货物，而且还要盘点货物、整理仓库。为提高工作效率，餐饮企业可规定一个领料时间，如上午 8:00—10:00，不能全天开放，否则原料发放将失去控制。最好的方法是由用料部门在前一天晚上填领料单，而不要现填单现领货。这样可以节省时间，也使仓库保管员有充分的时间准备原料，以免出差错。

素养园地

通过供应链数字化转型塑造餐饮企业核心竞争力

党的二十大报告指出，要加快发展数字经济，促进数字经济和实体经济深度融合。随着数字化浪潮的席卷，餐饮行业迎来供应链数字化转型的关键时刻。这一转型不仅是对传统供应链模式的深刻变革，更是餐饮企业提升效率、降低成本、增强竞争力的重要途径。通过数字化转型，餐饮企业能够实现对供应链各环节的精准把控，优化资源配置，提高市场响应速度，从而为消费者提供更为优质、高效的服务体验。随着数字化技术的不断发展和深入应用，供应链数字化转型已成为餐饮企业提升核心竞争力的关键途径。通过数字化手段优化供应链管理，餐饮企业不仅能够更高效地应对行业中的质量、成本、服务、效率和合规等挑战，还能在激烈的市场竞争中脱颖而出。数字化转型不仅提升了供应链的透明度和可追溯性，确保了食材质量和安全，还通过数据分析和智能决策降低了成本，提高了效率。因此，积极探索和实践供应链数字化转型，对于餐饮企业塑造持久且独特的核心竞争力、有效应对行业挑战具有重要意义。

数字化集成计划，通过需求与供应智能匹配，提升供应能力，保障稳定供应，降低风险；智慧采购，实现从寻源至供应商管理全流程采购业务便捷化及规范化；智能生产，保障设备稳定与作业安全，实现连续生产及品质提升；智慧仓储，集成信息技术和物流管理策略，提升仓储效率和准确性；智慧物流，通过应用车载安全设备和智能化技术，确保物流运输的安全与可靠。

项目小结

食品原料的采购是餐饮生产的首要环节，它影响着餐饮产品的生产和销售。餐饮企业要加速数字化采购转型的步伐。对购进的所有原料进行验收是保证食品质量、控制食品成本的关键。食品原料的采购管理体系包括采购人员的选择、采购方式的确定、采购运作程序的确定三项内容。食品原料采购质量的控制需要建立严密的采购管理制度、制定采购标准、控制采购数量、控制采购价格。食品原料验收体系包括验收部门、验收员、验收设备与工具、验收方法、验收程序和验收管理制度等内容。不同类别的食品原料验收标准不同。

原料的储存与发放是食品原材料控制的重要环节，因为它直接关系到餐饮产品生产质量、生产成本和经营效益。餐饮物品储存的基本过程可分为入库验收、储存保管、离库处理三个阶段。要利用数字化技术提高仓储的质量与效率。储存保管的基本要求是：分类储存，确保质量；控制库存的数量和时间；遵守仓库制度，确保储藏安全，同时做储藏室设计与管理工作。原料的领用由申报、审批、领料、核查、提货、运送等环节构成；原料的发放是指备货、审核手续及凭证、编配、分发、送发、核定成本、复核等作业环节。原材料的发放分为直接发放和储藏室发放。食品原料的发放程序包括填写领料单、审批人员签字、发料并填写实际发料数和金额、仓库保管员签字等环节。

课堂讨论

1. 数字化时代餐饮企业如何做好供应链管理？
2. 确定食品原料采购数量应考虑哪些因素？
3. 餐饮企业如何才能获取理想的采购价格？
4. 食品原料验收的内容有哪几个方面？验收工作包括哪几个步骤？

技能训练

1. 试编制一种常用食品原料的采购标准。

2. 某酒店餐饮部年销售啤酒 10 000 箱，规定餐厅不允许缺货。每箱啤酒进价是 38 元，每箱啤酒的年储存费用是进价的 4%，每次采购费用是 20 元。试计算：最佳订购批量；全年最低总费用。

3. 根据蛋类质量验收标准来检验鸡蛋的质量。

案例分析

案例一　到底是谁的错？

某酒店发生了采购与验收工作的矛盾。具体表现为：酒店餐饮企业采购的物品因没有成交的标准和明确的分工，收货组只看收货数量不管质量，往往到了使用时才发现质量不好要求退货，这样就经常与供应商扯皮，尤其是鲜活商品，常常是公说公有理，婆说婆有理，最后是各打五十大板。因为没有建立一个职责分明的采购管理制度，采购员和保管员双方都有错又都相互不服气，最终造成一定的经济损失且无人担责。

问题与思考：

你认为应采取哪些措施才能解决上述原材料采购与验收工作的矛盾？

案例二　婚宴中毒案

某年9月1日，李某到市卫生健康委员会举报：8月30日中午在某酒店大厅为其儿子举办婚宴，致20名就餐人员出现腹痛、腹泻等急性胃肠炎症状，怀疑是食物中毒，请求调查处理。市卫生健康委员会派监督人员赶赴事发现场调查核实。结论是天气炎热，食物发生变质，进而引发食物中毒。

问题与思考：

什么原因导致了食物变质？除此之外还有哪些原因会引起食物变质？

项目七
餐饮质量管理

问题导入

1. 你知道如何确定餐饮生产任务吗？
2. 餐饮生产流程如何安排比较科学？
3. 如何运用数字化手段控制餐饮服务质量？
4. 处理餐饮投诉的技巧有哪些？

学习目标

知识目标：

1. 了解厨房的工作区域。
2. 掌握餐饮产品生产任务的确定方法。
3. 理解餐饮产品加工过程的管理知识。
4. 掌握餐饮服务质量的含义与内容。
5. 理解餐饮服务质量控制的内容及要点。
6. 掌握引起餐饮投诉的内容和处理程序。

能力目标：

1. 能够运用所学知识控制餐饮产品生产质量。
2. 能够运用数字化手段优化投诉处理。

素养目标：

1. 培养质量管理意识。
2. 提升数字化运营能力。

任务一　餐饮生产管理

案例情境

麦当劳的标准控制法

麦当劳通常对食品加工中的配料、烹制、储藏、保温等主要方面进行严格、苛刻的品质控制，而且其所有规定和标准都是量化的、具体的，可操作性极强，仅以以下食品为例，即可略见一斑。在制作规格工艺上，麦当劳分别规定：

(1) 肉饼：所用牛肉应为100%的纯牛肉，不能有掺杂心、肝、肺之类的任何添加料。牛肉经机器切制成肉饼后，每块肉饼净重45克，即453.6克牛肉必须出10块肉饼，其直径为9.8cm，厚度为0.6cm；肉饼成分则应由83%的肩肉和17%的上等五花肉组成。麦当劳早期规定，汉堡包牛肉饼中的脂肪含量为19%，目前已将这项指标调整为17%～20.5%。

(2) 面包：小圆面包的标准直径为8.9cm，烤制时添加的糖的含量要比精心计算的标准稍高，这样才能使其提早转变为棕色。此外，操作员工不得在面包上按下任何指坑，若有，必须丢弃不用。

(3) 汉堡包类：一种带有莴苣和西红柿的汉堡包，制作前的标准重量为113克，故又称1/4磅汉堡包；所有汉堡包中的洋葱丝含量只能是7克；厨师制作汉堡包时必须按规定动作翻面，而不能随意往上一抛让它翻面；麦香鱼的制作时间必须在3.45分钟左右，误差仅为5秒；巨无霸上的芝麻必须是178粒才符合要求。

另外，凡类似的任何一种牛肉食品，都必须经过40多项质量控制检查，方可出售。在成品存放保管上，麦当劳坚持不卖品质不达标的东西，其相应规定是：主要食品一旦出炉或制成，炸薯条超过7分钟、汉堡包超过10分钟、咖啡超过30分钟、苹果派或菠萝派超过90分钟而未售出，则都必须扔掉，以保证这些食品味道的鲜美和纯正。

至于可口可乐、雪碧、芬达等麦当劳专用饮料，规定温度一定要控制在4℃，热红茶则必须控制在40℃以上时再销售。而麦当劳严格的"温度控制法"也同样适用于软包装鲜牛奶、咖啡等店销饮料。

【案例思考】

1. 麦当劳的标准控制法有哪些特点？

2. 麦当劳的标准控制法在产品生产中发挥了什么作用？

【案例评析】

1. 麦当劳的标准控制法特点为：一是严格规定操作标准，保证质量的一致性；二是严格质量控制检查制度，保证出品质量。

2. 产品质量是企业生存发展的根本，麦当劳从产品制作工艺到成品存放保管各个环节有一系列硬性的操作规范，保证了餐饮产品的质量，正因为如此，才赢得了众多的消费者和回头客，保证了其产品的销售量和利润。

餐饮产品生产是产品原料经过烹饪加工处理最终成为成品的过程。餐饮产品生产管理的过程涉及生产任务的确定、生产流程的安排、餐饮产品加工过程的管理、厨房产品质量的控制和厨房与前厅的协调各个方面。餐饮产品生产管理质量直接决定产品质量和风味特点，影响客源数、成本消耗和经济效益。

一、生产任务的确定

（一）餐饮产品生产管理特点

1. 生产过程自然、复杂，手工操作比重大

（1）自然性。

厨房生产要先后经过原材料的选择、加工、切配、烹制、装盘、出菜等不同的工序。每道工序都有不同的要求，加工方法也不一样。

（2）复杂性。

原材料的选择必须根据菜点风味来确定。原料的品质、用途不同，粗加工的方法和净料率也不同；菜点品种和风味不同，精细加工和烹调方法也不同。厨房每天要生产几十种、上百种产品，每种产品的主料、配料、调料配制比例和要求也不一样。同时，面点、冷荤和热菜制作也有较大区别，必然使厨房生产管理具有复杂性。

（3）手工性。

从生产管理过程来看，各种食品原材料的选择、拣洗、涨发、粗加工、细加工和烹调制作，都以手工操作为主，机械设备大多只起配合作用。

2. 生产制作即时性，产品质量较脆弱

（1）即时性。

餐饮产品生产是根据餐厅顾客当时所点的花色品种和数量或厨师长安排的生产任务即时生产的。生产、销售和消费几乎同时发生。生产的产品必须马上供顾客享用，其色、香、味、形都有很强的时效性，因而即时性很强。从产品质量来看，也有很强的时间性。一盘色、香、味、形俱佳的热菜食品，如果不马上供顾客享用，产品质量会受到影响，引起顾客不满。

（2）脆弱性。

烹制过程中的油、盐、味精等调料使用不准确，火候掌握不当，或受其他因素影响，产品质量会不一致。因而，产品质量具有较强的脆弱性。

3. 品种规格差异性，毛利幅度变化大

餐饮产品花色品种很多，不管经营哪种风味，一般都有几十种、上百种产品。这些产品的品种和规格各不相同，如同是鱼菜，不同的鱼类可以烹制不同的产品，同一种鱼采用不同的加工方法，又可以烹制出不同的风味。厨师往往在同一时间内采用各种不同的方法生产出品种规格不同的多种餐饮产品，各种产品毛利率的高低也不一样。

4. 生产安排随机性，影响因素比较多

餐饮产品生产受季节、天气、节假日、企业地理位置、顾客流量、交通状况、周围环境和地区大型活动等多种因素的影响，一年有淡季、旺季之分，一月有阴晴风雨之别，一周有日常和周末之不同，一日有早、午、晚三餐，一天之中也有忙闲不均之别。厨房每天、每餐需要生产的产品数量、花色品种、产品规格往往随时变化，具有极强的随

机性。

（二）餐饮产品生产标准化管理

餐饮产品生产标准化是指在做好生产任务的确定和安排的基础上，对同种风味、同一品种的菜品要在原料加工、盘菜用量、烹调方法、质量要求等方面采用同一标准组织生产，以保证产品用料、用量准确，口味、质量均比较好的一种生产管理方法。餐饮产品生产标准化管理方法的工作内容主要包括四个方面。

1. 产品配方标准化

餐饮产品不管其风味和花色品种如何，就同一规格的产品而言，其盘菜配方中的主料、配料、调味料的原料品种和使用数量都应该是相同的。为此，厨房生产管理应根据产品的主料、配料、调味料不同，分别制定产品配方，使之形成配方标准化。

2. 原料加工标准化

在产品配方标准化的基础上，原料加工的质量、规格是保证烹调质量的基础。为此，厨房生产管理要推行原料加工标准化。即生产同一品种、同种规格的产品时，其原料加工的方式、方法、规格、出料率的高低应该基本相同，以保证同一产品的原料加工具有质量的一致性，从而为烹调制作标准化创造条件。

3. 烹调制作标准化

烹调制作标准化是指在制定生产配方、做好原料加工的基础上，厨房要根据不同风味、不同花色品种的菜点烹制要求，分别制定烹制方法，将同一品种的菜点的烹调步骤、烹制方法固定下来，以减少手工操作的随意性。

4. 成品质量标准化

成品质量标准化是指在采用标准配方、标准原料加工、标准烹调方法的基础上，所烹制出来的同一花色品种的产品，在色、香、味、形、分量、风味特色等方面都应达到同一标准。

小资料

中国餐饮业实现标准化的难点

（1）传统餐饮制作过程的个性化，难以形成规范的作业程序。

（2）制作技术的模糊化，难以形成质量的标准化体系。

（3）产品最终质量检测的复杂性，难以用语言来准确评价。

（4）烹调技术的私有性，难以形成企业共享的财富。

（5）知识型人才缺乏，经验上升为理论有一定难度。

（6）市场本地化，企业规模小，标准化生产的作用弱化。

（三）餐饮产品生产任务的确定方法

餐饮产品生产任务确定是短期内对产品数量和花色品种所做出的安排，其生产任务确定方法主要有以下四种。

1. 经验估计法

经验估计法是根据厨房主管和餐饮部门管理人员的经验，分析前后几天的客源变化和就餐客人的点菜频率，大致确定未来短时间内厨房餐饮产品的生产任务量。经验估计法主要适用于餐饮管理基础工作比较薄弱、缺乏统计表和有关数据、产品生产管理尚处于经验管理阶段的企业。

2. 统计分析法

统计分析法是以企业客源统计资料为基础，预计短时间内的客源数量，安排厨房餐饮产品的生产任务量。这种方法主要适用于酒店、餐馆的团体用餐、会议用餐和包餐服务。

3. 喜爱程度法

喜爱程度法是以菜单设计为基础，预测就餐人次或全部产品生产任务量，再根据客人对不同花色品种的喜爱程度确定厨房各种产品的具体生产任务量。有两种计算方法：

第一种：根据接待客人人次确定喜爱程度和生产任务量。其公式为：

$$r=\frac{D}{n}\cdot 100\%$$

$$x=Q\cdot r$$

其中：r——喜爱程度；

D——某种菜肴销售份数；

n——接待人次；

x——某种菜肴预计生产份数；

Q——预计接待人次。

【案例 7-1】龙城宾馆有客房 480 间，宾馆花园餐厅以接待散客为主，餐厅有座位 280 个，管理人员已收集了客房住宿资料和餐厅销售资料，结果见表 7-1 和表 7-2。过去 1 周内的餐厅接待总人数为 1 528 人，请根据这些资料确定花园餐厅未来 1 周内部分产品的生产任务量。

表 7-1　未来 1 周餐厅客源预测资料

客源	周一	周二	周三	周四	周五	周六	周日
客房出租率（%）	62.5	62.8	65.3	67.2	66.4	70.2	71.5
客房双开率（%）	38.2	38.6	36.5	39.4	38.2	41.3	42.5
店客光顾率（%）	21.3	22.5	21.8	23.4	23.6	25.8	26.5
外客上座率（%）	25.3	24.5	24.8	22.4	23.6	26.5	28.6

表 7-2　过去 1 周销售统计资料

菜品	份数（份）	菜品	份数（份）	菜品	份数（份）
糖醋鱼	315	蚝油鸡片	328	一品鲍鱼	258
清蒸鳜鱼	320	软炸里脊	286	绣球全鱼	290
松鼠黄鱼	295	冬笋仔鸡	320	油焖大虾	260

【案例解析】

（1）根据客源预测资料，确定餐厅未来 1 周每天的接待人次。其计算公式为：

店客接待人数＝(房间数×客房出租率)×(1＋客房双开率)×店客光顾率

外客接待人数＝座位数×2×外客上座率

例如：

周一的店客接待人数＝(480×62.5％)×(1＋38.2％)×21.3％ ≈ 88(人)
周一的外客接待人数＝280×2×25.3％ ≈ 142(人)
周一累计接待人数＝88＋142＝230(人)
其余计算方法相同。参考数据见表7－3。

表7－3　未来1周每天的接待人数

客源	周一	周二	周三	周四	周五	周六	周日
店客	88	94	93	105	104	123	130
外客	142	137	139	125	132	148	160
合计	230	231	232	230	236	271	290

(2) 根据过去1周内接待人数和菜肴销售统计，计算不同菜肴喜爱程度，并由此确定厨房生产任务量，其计算公式为：

喜爱程度＝(销售份数/接待总人数)×100％
生产任务＝接待人数×喜爱程度

例如：
糖醋鱼的喜爱程度＝(315/1 528)×100％ ≈ 20.62％
生产任务＝230×20.62％ ≈ 47
其余计算方法相同。参考数据见表7－4。

表7－4　未来1周厨房部分产品生产任务量

菜肴	喜爱程度	周一	周二	周三	周四	周五	周六	周日	合计
		接待任务（人）							
		230	**231**	**232**	**230**	**236**	**271**	**290**	**1 720**
		生产任务（份）							
糖醋鱼	20.62％	47	48	48	47	49	56	60	355
清蒸鳜鱼	20.94％	48	48	49	48	49	57	61	360
松鼠黄鱼	19.31％	44	45	45	44	46	52	56	332
蚝油鸡片	21.47％	49	50	50	49	51	58	62	369
软炸里脊	18.72％	43	43	43	43	44	51	54	321
冬笋仔鸡	20.94％	48	48	49	48	49	57	61	360
一品鲍鱼	16.88％	39	39	39	39	40	46	49	291
绣球全鱼	18.98％	44	44	44	44	45	51	55	327
油焖大虾	17.02％	39	39	39	39	40	46	49	291

第二种：根据菜点平均销售份数确定喜爱程度和任务量。其公式为：

$$r=\frac{x_n}{X}\cdot 100\%$$

$$n=Q\cdot r$$

式中：r——喜爱程度；

x_n——菜点平均份数；

X——全部菜点平均份数；

Q——预测平均份数；

n——菜点生产任务量。

【案例7-2】龙城宾馆花园餐厅经营四川风味，以零点销售为主。餐厅菜单上的12种菜过去3周内共售出12 541份，销售记录见表7-5。根据预测，明日大致可销售658份菜。请确定厨房明天各种菜肴的生产任务量。

表7-5　过去3周菜品销售记录

菜品	份数	菜品	份数	菜品	份数	菜品	份数
A	925	D	1 086	G	1 126	J	978
B	987	E	948	H	1 184	K	983
C	1 042	F	952	I	1 052	L	1 278

【案例解析】

(1) 根据菜肴销售记录，计算过去3周内12种菜平均每天每种菜的销售份数$\bar{a}$

$\bar{a}$=12 541÷21÷12≈49.77(份)

(2) 根据预测，计算明日平均每种菜肴的销售份数$\bar{b}$

$\bar{b}$=658÷12≈54.83(份)

(3) 根据过去3周销售记录，分别计算每种菜的日均销售数量，并与总的日均销售数量比较，确定菜肴喜爱程度。计算明日各种餐饮产品的生产任务量，结果见表7-6。

表7-6　喜爱程度法确定餐厅生产任务计算表

菜肴	3周销售数（份）	日均销售数（份）	总平均份数（份）	喜爱程度	明日平均销售数（份）	生产任务（份）
A	925	44.05	49.77	0.885 1	54.83	49
B	987	47.00	49.77	0.944 3	54.83	52
C	1 042	49.62	49.77	0.997 0	54.83	55
D	1 086	51.71	49.77	1.039 0	54.83	57
E	948	45.14	49.77	0.907 0	54.83	50
F	952	45.33	49.77	0.910 8	54.83	50
G	1 126	53.62	49.77	1.077 4	54.83	59
H	1 184	56.38	49.77	1.132 8	54.83	62
I	1 052	50.10	49.77	1.006 6	54.83	55

续表

菜肴	3周销售数（份）	日均销售数（份）	总平均份数（份）	喜爱程度	明日平均销售数（份）	生产任务（份）
J	978	46.57	49.77	0.935 7	54.83	51
K	983	46.81	49.77	0.940 5	54.83	52
L	1 278	60.86	49.77	1.222 8	54.83	67
公式	日均销售数＝3周销售数÷21 喜爱程度＝日均销售数÷总平均份数 生产任务＝喜爱程度×明日平均销售数					

4. 预订统计法

预订统计法是根据客人预订资料，分别统计确定未来短时间内厨房餐饮产品生产任务量。这种方法主要适用于宴会厨房，见表7－7。

表7－7　宴会生产任务表

厨房：中厨房　　　　____年____月____日　　　　星期____

日期	星期	宴会名称	主办单位	人数/人	标准/元	餐次	生产任务
×月×日	一	洽谈宴会	××部	19	185	午	6凉菜、6热菜
×月×日	二	迎风宴	××部	36	160	晚	5凉菜、5热菜
×月×日	三	合资谈判	××厂	18	120	午	4凉菜、6热菜
×月×日	四	生日宴	×客人	38	300	晚	10凉菜、12热菜

二、生产流程的安排

员工的劳动效率一定要依赖厨房的合理设计和布局。通常厨房的生产要具有合理的流程线路，如果在布局和设计中没有选出最佳的厨房构图，而是用固定厨具设备打乱生产的流程，就会使员工疲于奔命，这样在同等的劳动时间内，员工所创造出的价值就不会高。所以要提高员工的劳动效率，必须注意生产流程的合理安排。

生产线路的安排要遵循以下原则。

（一）以工艺流程的走向为依据

要使生产操作方便，必须布局好厨房，形成流水作业，如任何一间厨房的生产都是收货处—加工台—砧板台—配菜台—炉灶台—传菜台的流动过程。不能颠倒流程的次序，否则必将造成工作中的混乱状况。为了保证厨房工作的正确流向，应尽可能地进行分区设计，如清洗区、加工区、备餐区等，如图7－1所示。

一般而言，一家综合型的酒店，根据其产品和工作流程，其生产场所大致划分成三个区域。

1. 原料接收、储藏及加工区域

厨房的加工储藏区是专门负责各厨房所需原料加工和储藏的作业区，加工储藏区的布局最重要的一点就是将验收和储藏加工安排在一条流程上，这样不仅方便原料的储藏、领取和加工，还能缩短原料的搬运距离，提高工作效率。

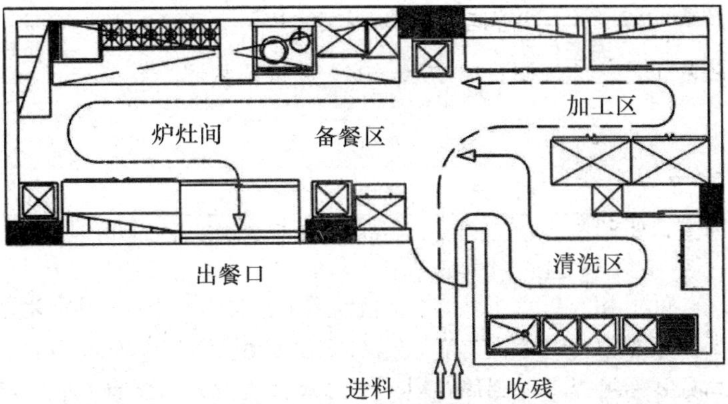

图 7-1　厨房生产流动线路

这一区域的布局，应靠近原料入口。区域中有干藏库、冷藏库、冷冻库等，还有相应的办公室和适当规模的加工间，根据加工的范围和程度，确定其面积的大小。

2. 烹调作业区域

此区域内应包括冷菜间、点心间、配菜间、炉灶间，以及相应的小型冷藏室和周转库。这个区域是产品风味、质量的集中生产区域，因此应设置可透视监控厨房的办公室，冷菜间、点心间、办公室应单独隔开，配菜间与炉灶间可以不做分隔。

3. 备餐清洗区域

布局时应包括备餐区、餐具清洗间和适当的餐具储藏间，小型厨房可以用工作台等作简单分隔。

厨房布局根据工序流程，必须呈一线布局，保证工作流程通畅、连续，避免回流现象，餐饮生产从原料购进开始，经加工和切割配份到烹调出品，是一项接连不断、循序渐进的工作。因此，厨房原料进货和领用路线、菜品烹制装配与出品路线，要避免交叉回流，特别要注意防止烹调出菜与收台、洗碟、入柜的交错，以便提高厨房员工的工作效率，避免出现堵塞或事故。

（二）选择最佳员工工作流向

应该设计最方便、路程最短的工作线路，比如砧板与炉灶最好是直线距离，冷菜间的传菜窗口直接可以到达餐厅等。还应该设计员工、货物等专用的进出通道，避免员工与货物、设备发生碰撞而引发危险，进而造成工作效率的低下。其中货品通道可以考虑避免穿过烹调作业区。

厨房通道最小宽度见表 7-8。

表 7-8　厨房通道最小宽度

通道处所		最小宽度（mm）
工作走道	一人操作	700
	二人背向操作	1 500
通行走道	两人平行通过	1 200
	一人一推车并行通过	600＋车宽

续表

通道处所		最小宽度（mm）
多用走道	一人操作，背后过一人	1 200
	二人操作，中间过一人	1 800
	两人操作，中间过一辆推车	1 200＋车宽

（三）根据固定设备的位置来确定工作流向

由于每间厨房的面积和空间是设计之前就确定的，因此任何一间厨房出菜的线路都要灵活设计，在厨房中设备是固定的，而人是需要走动的，因此确定设备的位置至关重要，人工作的流程线路必须随设备的确定而确定。当然，设备确定的位置不同，会造成人员走动线路的不同，设计不好就会影响员工的工作效率。

厨房设备的布局应根据厨房的建筑结构和面积大小以及设施设备的具体数量和规格进行，通常，厨房的布局有以下几种基本类型。

1. 直线形布局

直线形布局是厨房最常见的布局形式，适合于面积较大、规则的厨房，对生产流程能够直观表现，厨房整体分工明确，整齐有序，便于现场管理。有一般直线形和相背直线形。一般直线形的炉灶、烤箱等设备按直线依次并排，其间留出工作通道，上方安装排风设施。相背直线形的炉灶、烤箱等设备背靠背摆放，节约空间，员工面对面操作。

2. L 形布局

L 形布局是将厨房按英语字母 L 的形状排列，这种排列方法主要用于面积有限、不适于按照直线排列的厨房。它的特点是将烹调炊具和各种蒸锅、煮锅分开，将烤炉、西餐灶、扒炉、炸炉排列在一条直线上，在 L 形的另一边摆放煮锅和蒸锅，方便成品的加工和烹调。

3. U 形布局

U 形布局的基本形式是厨房热菜烹调所需的炒炉、炸炉等设备设在 U 字形的底部，加工区、冷荤区、面点间等设备设在两边，整体上呈 U 字形布局，这种布局对厨房的面积利用率较高，使用较为方便。

三、餐饮产品加工过程的管理

随着数字化时代的到来，餐饮产品加工过程的管理也要进行数字化转型。借助先进的数字化生产技术，餐饮企业可以实时监控设备状态，预测潜在故障，并及时采取维护措施，确保生产线的持续高效运转。并且，可将生产过程数据从无数据到人为采集数据再到自动数据采集与分析反馈，从而能精准控制产品质量，满足消费者日益多样化的需求，实现生产效率和产品品质的双重提升。

（一）食品原料需用量确定

食品原料需要量是以生产任务量为基础的。合理确定食品原材料需要量，要根据产品花色品种的生产数量和食品原材料的消耗情况，分别采用不同的方法。

1. 粗略估计法

粗略估计法主要适用于米面和干制品，以及部分罐头、冻货和鲜活蔬菜等食品原材料需要量的确定。方法是根据每天接待人次，分析厨房生产任务量，参照前后几天这部分食品原材料的消耗情况，大致估计其需要量。

2. 耗损率确定法

耗损率确定法主要适用于肉类、鱼类、海鲜、部分冷冻食品原材料和进口食品原材料需要量的确定。方法是事先确定食品原材料加工过程中的耗损率，然后根据生产任务量来确定其需要量。因为这部分食品原材料价值量较高，加工方式比较复杂，为防止领用过剩或短缺，加大成本消耗，需要相对准确地确定其需要量。

3. 涨发用量等值法

涨发用量等值法主要适用于海参、鱼翅、鲍鱼、香菇、猴头菇等干货原材料需要量的确定。这部分食品原材料大多比较贵重，主要用于生产高档餐饮产品，加工过程中又要经过涨发。为防止领用和加工过程中的丢失、浪费，其需要量更应相对准确。采用涨发用量等值法是以生产任务量为基础，根据单位产品消耗和原材料涨发率来确定其需要量。

（二）食品原料粗加工控制

1. 食品原料粗加工的基本要求

（1）合理使用食品原料。

为降低成本、提高原料利用率，粗加工过程要从食品原料综合利用出发，根据不同品种、不同部位的用途，分别采用择、削、选、剔、卸等不同方法，分档取料，做到综合利用，物尽其效，减少耗损，以降低成本消耗。

（2）保证食品原料清洁卫生。

粗加工控制过程中既要保持场所、用具和人员的卫生，又要认真仔细去掉不宜食用的部分。做好去皮、去籽、去老根、清除杂物、防止污染等工作，确保食品原材料的清洁卫生。

（3）保持食品原料的营养成分。

如果粗加工方法不当，其原料营养成分会受到一定损失。因此，干货类原料的涨发浸泡温度、用料，蔬菜、瓜果等鲜活原材料的拣洗、去皮，动物性原料的拆卸、解冻等都要采用正确的方法，尽可能保持原材料的营养成分不受或少受损失。

（4）保持原料形状完整美观。

食品原料粗加工是为细加工服务的。加工后的原料是否完整、美观，形状是否符合细加工要求，将直接影响下一道工序，最终影响餐厅产品的质量。因此，食品原料粗加工要尽量保持原料形状的完整与美观，部分原料的形状和重量要符合装盘要求，规格要统一。

2. 食品原料粗加工过程控制

食品原料粗加工受产品风味、原料种类、质量及不同部位的用途等多种因素的影响，因此各种食品原料的具体加工方法是不同的。为做好粗加工过程控制的组织工作，应重点抓好以下四个环节：

（1）掌握取料标准。

食品原材料粗加工主要是通过拣洗、择除、拆卸、削剔和涨发等加工方式，取得一定形状的净料，以供进一步加工使用。为保证合理取料、降低损失浪费，要实行标准化管理。正式加工前应针对不同食品原材料质量、不同部位的用途，从综合利用的角度出发，合理确定取料标准。各种原材料的取料标准确定后，还应分档确定原料价格，以便为厨房成本核算提供客观依据。

具体标准主要有四种：第一，蔬菜、瓜果等鲜货类原料主要是经过拣洗、择除，去掉不宜食用的部分后应取得的重量；第二，干货类原料主要是经过拣洗、涨发、去掉杂质及不可食用部分后应取得的净料；第三，需要拆卸的整只肉类原料，主要是进行分档取料时各档原材料应该取得的原料重量，而无须拆卸，要保留整体形状的鸡、鸭、鱼、虾等原料，则主要是确定整只原料应取得的重量；第四，冷冻原料主要是通过解冻、洗涤、恢复原料原质后应取得的重量。

（2）分类加工。

食品原料种类很多，加工方式各不相同，为此要合理加工，保证质量。取料后，对各类、各档次的原料还要做好记录，检查加工质量，并由成本核算员分档确定不同档次的原料价格，从而为细加工做好准备。

具体标准有四种：第一，蔬菜、瓜果等鲜货类原料组织普通员工进行拣洗、择除、去皮、去籽、去茎叶，加工成一定形状，取得净料；第二，需要涨发的干货原料，如海参、鱼翅、鲍鱼等，组织有专业技术的厨师进行初步加工，干货原料的涨发有水发、油发、浸泡等多种，其温度、涨发时间长短和出料后的色泽、质地、软硬程度等都有特殊要求；第三，需要拆卸的肉类原料，组织有经验的厨师，按照各档取料标准，分别采用拆卸、削剔等方法取料，保证出料标准和加工质量；第四，无须拆卸的鱼虾，组织人工去鳞、去内脏等不宜食用的部分，为进一步细加工创造条件。

（3）冷冻食品解冻。

冷冻肉类、鱼类、海鲜等解冻是原材料加工中经常性的工作。冷冻原料的解冻方法有空气解冻、冷水解冻、盐水解冻、加热解冻、电子解冻和真空解冻六种。但大多采用冷水解冻法。冷水解冻又有浸泡、流水和洒水三种具体操作方法。做好冷冻食品解冻，需要根据厨房生产任务量，事先确定各类冷冻原料的需要量，然后组织厨师具体负责。解冻后的原料要洗干净，然后根据需要交加工人员处理，并根据不同原料的具体情况进行粗加工。

（4）保证加工速度。

食品原材料粗加工每天都要进行，各种原料加工方法有所不同，有些原料经粗加工后废料、下脚料较多。为保证加工质量，控制原料消耗，保证加工速度和食品卫生，厨师长每天要做好巡视检查，督促相关人员及时清理各种废料，保证厨房及食品卫生。对于部分粗加工时间较长的原料，应提前做好安排，以便为细加工留出时间，保证炉灶烹调制作需要，以适应厨房餐饮产品生产过程短、随产随销的特殊要求。

（三）食品原料细加工控制

食品原料细加工是指根据不同产品的烹调需要，在粗加工的基础上，运用刀工技法，将其加工成一定的规格和形态。其主要作用是让菜肴外形美观，便于原料烹调入味，便于顾客享用。

1. 食品原料细加工的基本要求

食品原料细加工是一项专业性、技术性很强的工作，其刀工处理质量直接影响烹调制作和产品风味。细加工的基本要求有以下几种：

（1）依据烹调方法。

各种食品原材料烹调方法不同，细加工的刀工处理技法亦有所不同。因此，要根据菜肴的不同花色品种的烹调方法，分别采用不同的加工技法。如急火，刀口要小，块状较薄；慢火，刀口较大，大小适宜。煮、炒、烩、炸、煎、焖、烤、烙，各种烹调方法不同，细加工就必须密切配合，才能确保产品风味，提高产品质量。

（2）加工整齐、均匀。

具体表现为同种风味、同一品种的食品原材料细加工要整齐划一，规格大小和形状一致。刀工处理要做到厚薄、大小和刀路均匀。需要断刀的不能有连刀，不需要断开的要保持切而不断，做到干净利落，便于烹调。

（3）符合菜肴定量标准。

细加工的刀工处理要将食品原料分割成小块，以便于烹调。其块状大小、薄厚要与菜肴规格相适应。其中，部分产品的块状数量往往是固定的，如整条的鱼菜，同一规格的盘菜用量是统一的；猪排、牛排和部分块状食品每盘块数及大小是整齐划一的。因此，食品原材料细加工要尽可能掌握菜肴定量标准，做到下刀准确、大小一致。

（4）合理用料。

经过细加工的食品原材料，由刀工处理成不同的形状，加工前要心中有数，经过权衡，合理下刀，防止出现过多的边脚废料。

2. 食品原料细加工过程

食品原料细加工大多是在正式烹调前的短时间内完成的。其特点是工艺复杂，技术要求高，劳动强度大。做好细加工过程控制的组织工作，重点要抓住以下四个环节：

（1）严格选料，确保原料选择与产品风味相适应。

食品原材料粗加工所形成的块状原料，大多是按照分档取料的原则加工的，不同品种、不同规格、不同部位的原料适于烹制不同风味、不同花色品种的餐饮产品。严格选料，确保原料选择同产品风味相适应，成为食品原料细加工管理的首要环节。

（2）精细加工，保证刀工处理符合烹调要求。

不同风味、不同品种的菜品的刀工处理的要求不同。食品原材料的刀工技术十分复杂，主要有切、片、拍、剁类。其中，切又有直切、推切、拉切、推拉切、锯切、转切、滚切、拨切之分；片有刀片、拉刀片、推拉刀片、反刀片、斜刀片之别；拍又有直拍、拉拍之分；剁有剁断、剁烂、剁形之别。精细加工，就要根据产品风味和花色品种不同，从有利于入味，保证色、香、味、形的要求出发，分别采用不同的刀工技术。对于某些特殊风味的产品，还要采用特殊细加工方式。

（3）分类检查，确保原料加工适应配菜需要。

餐饮产品细加工原料大多由主料、配料和调料构成。其中，绝大多数产品的主料和配料，其刀工处理必须相互配合，才能相得益彰，满足烹调需要，保证产品质量。根据不同产品主料、配料要求，认真做好分类检查工作，保证主料、配料的刀工处理和调料相适应，才能烹制出色、香、味、形俱佳的餐饮产品。

（4）控制出料比率，掌握净料成本。

食品原材料粗加工形成的块状原料，在细加工过程中还会有部分耗损。各种原材料在细加工过程中都有类似情况。因此，做好细加工过程控制的组织工作，厨房要控制不同食品原材料的出料比率，在保证加工质量的前提下，降低原料损耗，掌握净料成本，以便为盘菜成本核算提供基础数据。

四、厨房产品质量的控制

厨房产品质量即厨房生产出品的菜品、点心等各类产品的品质。厨房产品质量的好坏、优劣既反映了厨房生产管理人员的技术素质和管理水平，又反映了就餐环境和服务水平。好的厨房产品质量是指提供给客人食用的产品要无毒无害、营养卫生、芳香可口且易于消化，菜点色、香、味、形、器俱佳，温度适宜。

小资料

厨房产品质量的评价标准

1. 外形美观

菜点的外形是指装盘造型，好的形态给人以舒适的感受，能增进食欲，臃肿杂乱则使人产生不快，甚至影响食欲。

2. 美味可口

味是菜肴的灵魂，中国烹饪以养为目的，以味为核心，味是中国菜点的第一评价标准，好吃、味美是菜点的本质属性。通常人们所说的酸、甜、苦、辣、咸是五种基本味，也称单一味，把不同的单一味加以组合变化，利用烹饪的其他技术手段，使各种呈味物质配合协调，五味调和，百味香，调制出的菜肴口味可谓丰富多彩。

3. 香气浓郁

“闻香下马，知味停车”，道出了人们对美味的喜爱，香味是通过人们的嗅觉器官感知食物的感觉。食物的香气有两种层次：一是食物进入口腔之前，食物中的呈味物质飘逸出来的气味对嗅觉器官的刺激而引起的感觉，这就是食物的香气，所以评定菜点的香气有酱香、肉香、蒜香、酒香等；二是食物进入口腔后，呈香物质在咀嚼吞咽过程中对嗅觉器官的刺激而引起的感觉。

4. 质感明确

菜品的质地是菜品与口腔接触时所产生的一种感觉。质地包括韧性、弹性、胶性、黏附性、纤维性、切片性及脆性等属性。通常，菜品的质地感觉有细嫩、滑嫩、松软、酥松、焦脆、酥烂、肥糯、粗硬、外焦内嫩等多种类型，是由菜品原料与烹制技法、火候所决定的。每道菜品应具备特有的质感要求，如酥、脆、韧、嫩、烂，才能为食客所接受、选择。

5. 盛器搭配

俗话说：“人靠衣装马靠鞍”，美食不如美器，盛器是构成菜点的一项重要组成部分，其作用不仅仅是用来盛装菜品，还有加热保温、映衬菜品、体现规格等多种功能。不同的菜品要由不同盛器与之配合，配合恰当，相映生辉，相得益彰。在选择餐具盛时应考虑：依菜品的档次定餐具，菜品的身价与盛器的贵贱相匹配，可使菜品锦上添花，更显高雅；依菜品的类别定餐具，菜品有的是大菜、炒菜、冷菜，还有的是汤汁等；根据菜品的种类不同，应选择适宜的餐具，使之配合协调；依菜品的色泽定餐具，一份菜品的色彩选用哪一种色彩的盛器是关系到能否将菜品显得更加高雅悦目、衬托得更加鲜明美观的关键。

（一）影响厨房产品质量的因素

影响厨房产品质量的因素有多个方面，有内在的，也有外在的，无论是主观的还是客观的，只要有一个方面疏忽大意，就会出现问题而导致厨房产品质量下降。因此研究和分析影响厨房产品质量的主要因素，进而采取相应的管理和控制措施，对创造并保持产品合格和优良品质是十分必要的。

1. 内在因素

内在因素是厨房生产的人为因素，人是厨房生产的第一要素，厨房产品在很大程度上是靠厨房员工手工制作出来的，而员工在生产过程中自身的因素会对厨房产品质量造成影响，如工作态度、激情、动机、技术、情绪、健康状况，以及与其他员工的协作性，还有与领导的关系都会对产品质量有直接影响。

2. 外在因素

（1）菜点原料方面。

好原料加上好的工艺等于好的产品，原料在菜点制作中极其重要，清代袁枚曾说：物性不良，虽易牙烹之，亦无味也。原料固有品质较好，只要烹饪恰当，产品质量就相对要好。原料先天不足，或是过老过硬，或是过于细小破碎，或是陈旧腐败变质，无论厨师技术多么高明，即便是精心烹制，产品质量也很难合乎标准。

（2）设备设施方面。

工具是烹饪加工的第二要素，“工欲善其事，必先利其器”，设备优良先进，工具称心如意，工作起来才会得心应手。设备优良先进、齐全会促进厨师的工作效率提高，让厨师减少疲劳、心情舒畅，从而制作出佳肴。

（3）宾客自身方面。

虽有“口之于味，有同嗜焉”，但众口难调却是事实。不同国家、不同民族、不同宗教信仰有着不同的饮食习惯和风土人情。“食无定味，适口者珍”，说明口味是有差异性的。即使厨房生产完全合乎规范，产品全部达标，仍有客人会认为偏咸、偏淡、火候不当等。这就是厨房产品质量因就餐客人的不同生理感受、不同心理作用而产生的不同评价，也是影响厨房产品质量的宾客因素。

（4）服务销售方面。

餐厅销售服务至关重要，服务人员的服务技艺、处事应变能力直接或间接地影响着菜品的质量。来餐厅消费的客人不一定都“懂吃”，缺乏食用经验，错过品尝的最佳时机而影响美味的享受，所谓“及锋而试”，方知微妙。因此，前台与后厨要密切配合才能创造和保证厨房产品具有较高品质。

（5）其他因素方面。

一些特殊因素同样影响着厨房产品的质量，如燃料供应不足，突然停电、停水，餐饮销售量忽高忽低，都会导致厨房产品质量下降。

（二）厨房产品质量控制要求

餐饮管理人员欲加强厨房的生产管理，避免一切生产性误差，保证产品始终如一的质量标准和优良性，必须实行厨房产品的质量控制，制定相关的质量标准，并对影响菜点质量的各种因素进行分析和全面系统的综合控制。实际工作中应注意以下几点。

1. 制定菜点生产的操作规程和质量标准

厨房操作人员的技术水平良莠不齐，烹制菜点时随心所欲，任意发挥，出现同一道菜会有不同的制作程序和成菜效果，菜点口味就会千差万别，影响质量稳定性。所以合理的操作程序是创造优质餐饮产品的重要保证，具体的菜品质量标准，是达到优质菜品的依据。在制定菜品质量标准和菜品操作规程时，要根据各饭店、各厨房的实际情况，结合客人的消费需求，制定出菜品从制作到销售的每一个环节的操作程序和质量标准。

2. 提高厨房操作人员的技术水平

厨房操作人员的技术水平和创新能力决定了菜肴的质量优劣。现代餐饮业非常重视从业人员的综合素质，特别强调技能的培训，因为厨房操作人员的业务水平和技术水平提高了，餐饮产品的质量就有保障，要想提高餐饮产品的质量，就必须对操作人员进行多层次、多类型、多途径的技术培训，促进餐饮产品的质量统一稳定，提高餐饮企业的竞争力。

3. 建立餐饮产品质量的检查制度

规范的操作程序和严格质量标准的执行需要专职人员的督促和检查，否则形同虚设，成为一纸空文。为了确保餐饮产品的质量，必须制定餐饮产品质量检查制度，建立质量检查小组，设立专职的人员督导按规定操作程序进行烹调加工，如有质量不符的菜品要退回并追究责任人的责任，把好菜品的生产和出品的质量关。

4. 加强生产设备管理

厨房设备先进、齐全是厨师的理想，也是高品质菜品生产所必需的。为了使设备保持良好的运行，提高效率，减少故障和事故发生，应经常对设备进行维修保养。

（三）厨房产品质量的控制方法

由于种种因素的影响，菜品质量具有随时发生变动和变化的可能性，而厨房管理的任务正是要保证菜品质量的可靠性和稳定性。要实现这一目的，就应采取切实可行的措施和综合采用各种有效的控制方法与控制形式。

1. 阶段控制法

厨房生产运转是从原料的购进到产品售出的完整过程，这个过程可分为菜品原料、菜品生产和菜品消费三大阶段。加强对每一阶段的质量检查控制，是保证餐饮生产全过程质量可靠的根本。

2. 岗位职责控制法

利用厨房岗位的有效分工，强化岗位职能，并施以检查督导，对菜品的质量也有较好的控制效果。

3. 重点控制法

重点控制法是针对餐饮生产与出品某个时期、某些阶段或环节的质量或秩序相对较差，或对重点客情、重要任务，以及对重大餐饮活动而进行的更加详细、全面、专注的督导管理，以及对提高和保证某些方面、活动的生产与出品质量的一种方法。

五、后厨与前厅的协调

前厅和后厨的协调，对餐饮生产质量管理非常重要。协调不好会影响酒店前厅的点餐、上菜、服务质量，同样也会影响厨房原料的积压和菜品质量，最终会给餐厅带来不必要的损失。因此，餐饮企业要保证餐饮产品的质量，就必须做好前厅与后厨的协调工作。

（1）厨房每天有专人负责把各档口当天库清、欠奉、急推的菜品及时统一归纳整理。把整理好的详单在前台开会之前交到负责人的手中，负责人在开会的时候向所有的服务人员宣读并记录。

(2) 前台点菜员的点菜要荤素搭配，所点的各档口的菜要分布均匀，这样就不会出现所有的菜都积压到一个档口，可以有效避免产生催菜的现象。

(3) 对酒店的点菜单应做到各档口各有一份完整的菜单。应在菜单上标明就餐的人数、台号、时间、所消费金额的大概标准。这样可以方便各档口出菜的标准和时间。顾客在菜品上如果有特殊要求，如不吃香菜、不吃辣等，要在菜单显眼的位置标出详细的说明。

(4) 传菜部要将厨房所出的菜品完好地传到各就餐区服务员手中。要配备好每道菜所拥有的器具和调料。传菜员有权退回各档口不合格菜品或装盘有失误的菜品，如菜品出现错误、有异味等。若有漏菜的情况要及时与厨房联系。

(5) 在顾客因为某种原因急催菜时，服务员要掌握好所下到厨房的菜品详单的时间，若是在20分钟之内，可向顾客解释“请稍等！让您久等了！您所点的菜品马上就为您上齐。”这时不需要通知厨房。若是在30分钟之后菜品还没有上齐的话要及时和传菜部联系，告知某桌菜品加急。这时传菜部门要立即查看菜品详单，及时与厨房联系。

(6) 吧台要及时查看厨房所摆的菜品价格，及时更改。避免在顾客买单时发生不必要的错误。

(7) 厨房的主要人员和前台经理在顾客就餐完毕之后，要及时了解顾客所吃菜品的情况。询问顾客的反馈意见，并记录。

任务二 餐饮服务管理

案例情境

这里的服务世界一流

安德森夫妇是来广州旅游的瑞典游客，下榻在广州某酒店。一天，他们到酒店中餐厅用餐。点菜时，客人根据服务员小李的解释、推荐和自己的口味习惯等点了“拔丝香蕉”“煎牛排”“贵妃鸡翅”等菜。上菜时，小李用熟练的英语为他们介绍了“拔丝香蕉”的制作方法和食用方法，引起了两位客人的极大兴趣，并对中国烹饪赞不绝口。菜上完后，经过仔细观察，小李发现两位客人对“煎牛排”不是太感兴趣，小李主动上前，微笑地询问原因，原来是客人对这道菜的制作方法不是很满意。小李在征得客人同意后，及时撤下这道菜，并与西餐厅厨房联系，根据客人的要求，对这道菜进行了重新加工。菜肴加工完毕后，又及时地为客人端上餐桌。客人品尝后，连连竖起大拇指，夸奖道：“这里的服务是世界一流的!”

【案例思考】

1. 要完成一次令顾客满意的服务，应注意服务过程中的哪些具体环节？

2. 为外宾提供餐饮服务时，应注意哪些事项？

【案例评析】

1. 餐饮企业的经营活动虽然环节繁多，但从总体上讲，主要表现在两个方面：一是为顾客提供食品、饮料等有形产品；二是在提供上述有形产品的同时，为就餐顾客提供面对面的餐饮服务。前者是通过餐饮产品的外形、质量、装饰、声誉及其本身的食用价值来赢得顾客；后者则是通过餐饮服务员热情、周到的服务为顾客创造一种精神上的满足感。在如今的餐饮市场上，大多数有形产品同质趋势越来越明显，提高餐饮服务质量，以服务取胜成为餐饮企业管理工作的中心。

2. 十里不同风，百里不同俗，五湖四海的来宾，他们的生活、饮食习惯更是千差万别。因此，在为外宾提供就餐服务时，要把握以下几个原则：

(1) 座次安排，如是一般宴请，不妨向外宾们介绍中餐入座时的礼仪；若是高规格的宴会，则要在宴会的预订阶段多征询主人的意见和要求。西方国家的客人在入座前，习惯由服务员直接带领到属于他本人的座位上。

(2) 中餐的主要菜系在世界各地都受到普遍欢迎，多数菜品客人均能接受。服务员在做介绍时，要详细、富有感染力，并有耐心，然后请客人或其翻译做出选择。在推荐时要注意，多数西方国家的客人不习惯食用动物的内脏、翅尖、脚爪等边角料。

(3) 为西方国家客人上菜时，先女士后男士。

(4) 既要让客人在享用中餐时能体会中式菜肴的美味和服务特点，又要充分尊重客人的饮食习惯和生活、礼仪习惯。

服务质量是餐饮工作的生命线，任何餐饮企业要想在激烈的餐饮市场竞争中占得一席之地，就要不断提高餐饮服务质量，靠质量求生存，靠质量求信誉，靠质量求效益。

一、餐饮服务质量的定义及特点

（一）餐饮服务质量的内涵

要保证服务质量，首先要对服务质量的内涵有清晰的认识。按国际化标准组织（ISO）的定义，服务质量是指服务所具有的、能够满足宾客明确需求或隐含需求能力的特征和特性的总和。这里所讲的“明确需求”是指行业规定的质量要求，或者是宾客提出的明确的要求。例如，宾客在预订宴会时提出的台形设计要求及环境布置要求；餐厅内温度控制要求，冬、春季保持在18℃～22℃，夏、秋季保持在22℃～24℃等，这些都是明确的需求。“隐含的需求”则是指宾客对服务的期望，或者是宾客潜在的、尚未明确意识到的一种需要。例如，一位患感冒的客人到餐厅用餐，服务员为客人端来一碗热姜汤，客人会深表感谢，这便是客人隐含的需求。这种隐含的需求，需要加以识别和发现。

餐饮服务是通过适应需求的有形设施、质价相符的有形产品和服务员热情周到的无形服务相结合来体现其特性和价值的。所以，餐饮服务质量是指餐饮企业以其所拥有的设备设施和实物产品为依托，为客人所提供的服务，适合和满足客人生理和心理需求的程度。适合和满足客人需求的程度越高，服务质量就越好，反之则服务质量就越差。

1. 狭义上的餐饮服务质量

从狭义上来讲，餐饮服务是指餐饮工作人员帮助顾客用餐等一系列的活动。那么餐饮服务质量实际上指的是餐饮劳务服务的质量，是纯粹由餐厅服务员所提供的服务劳动，不包括实物形态部分所提供的价值。

2. 广义上的餐饮服务质量

从广义上来讲，餐饮服务是指餐厅为顾客提供的有关餐饮服务的设施、餐具、菜肴、酒水和帮助顾客用餐的一系列活动。那么餐饮服务质量就包含着组成餐饮服务的三要素的质量，即设施设备、实物产品和劳务服务的质量，是一个完整的服务质量的概念。

（二）提高餐饮服务质量的重要意义

1. 提高服务质量是餐饮业赖以生存和发展的生命线

服务水准包括设备设施水准、服务水准和管理水准。这三个水准的高低与服务质量的优劣相一致。事实上，国内外许多餐饮企业的良好声誉与经营成功，无一不是靠餐饮企业自身的服务质量所创造出来的。服务质量关系餐饮企业的声誉，关系客源，关系企业的经济效益和经营的成功。

2. 提高服务质量是餐饮业竞争的需要

对顾客消费心理的研究表明，餐饮服务质量具有消费导向的作用。因此，不断提高服务质量，不仅是竞争的需要，更是在激烈的竞争中取胜所必备的重要条件。

3. 服务质量是判断餐饮企业管理水平的重要标志

餐饮经营管理是一项复杂细致的工作，餐饮工作最终是人对人的服务。有良好的服务才能招徕并留住顾客，而顾客是餐饮企业生存与发展的基础和条件，能为顾客提供优质服务的餐饮企业是成功的。可以说，从服务质量的优劣表现，可以判断出餐饮企业经营管理水平的高低。

（三）餐饮服务质量的特点

1. 餐饮服务质量构成的综合性

餐饮服务质量既包括有形的设备设施质量、服务环境质量、实物产品质量，又包括无形的劳务服务质量。它的实现有赖于餐饮的计划、业务控制、设备、物资、劳动组合、服务人员的综合素质、财务控制与其他部门的协同配合，以及餐饮环境、餐饮营销策略、餐饮价格策略等多方面的保证与顺利运转。

2. 餐饮服务质量显现的短暂性

由于餐饮服务质量是由一次又一次的、内容不同的具体服务组成的，而每一次具体服务的使用价值均只有短暂的显现时间，即使用价值的一次性，如微笑问好、介绍菜点等。这类具体服务不能储存，一结束，就失去了其使用价值。因此餐饮管理者应督导员工做好每一次服务工作，争取使每一次服务都能让客人感到非常满意，从而提高餐饮整体服务质量。

3. 餐饮服务质量内容的关联性

客人对餐饮服务质量的印象，是通过他进入餐厅直至他离开餐厅的全过程而形成的。每个环节的好坏都关系服务质量的优劣。在餐饮服务质量管理中有一个流行公式：100－1＝0，即一次糟糕的服务就会全盘否定以前的优质服务。这就要求餐饮各部门、各服务过程、各服务环节之间协作配合，并做好充分的服务准备，确保每项服务的优质、高效，确保餐饮服务全过程和全方位的“零缺点”。

4. 餐饮服务质量考评的一致性

这里说的一致性是指餐饮服务与餐饮产品的一致性。质量标准是通过制定服务规程这个形式来表现的，因此服务标准和服务质量是一致的，即产品质量、规格标准、产品价格与服务态度均保持一致。

5. 餐饮服务质量评价的主观性

由于餐饮服务质量的评价是由客人享受服务后的满足程度进行的，不同客人的需求和认识观念不同，因而带有很强的个人主观性。这就要求餐饮管理者在服务过程中，应掌握不同客人的需求，为客人提供个性化的服务。

6. 餐饮服务质量人员的依赖性

服务人员面对面地为顾客提供服务，这种特殊商品的生产和消费是同时完成的，服务质量的现场控制几乎完全依赖服务人员的素质。

二、餐饮服务质量的内容

餐饮服务质量包含三方面的内容，即设备设施、实物产品和劳务服务的质量，也即有形产品质量和无形产品质量。这里着重探讨服务质量的无形内容。

（一）有形产品质量

有形产品质量是指餐饮企业提供的设备设施、服务环境和实物产品的质量，主要用于满足客人在物质上的需求。

1. 餐饮设备设施的质量

餐饮设备设施齐全、先进、方便、舒适，能够满足客人物质享受和精神享受需要。这是提高餐饮服务质量的基础条件，即物质基础和硬件要求。餐饮设备设施包括餐厅容量、餐饮环境布局、音响、家具、餐具、用品等。

2. 菜点花色品种

餐饮企业应做到：合理安排菜点品种，能满足客人多类型、多层次的消费需求；根据餐厅的营业性质、档次高低、接待对象的消费需求，选择与厨房烹调技术、原料供应、生产能力相适应的产品风味和花色品种。

3. 餐饮价格

价格合理包括两方面含义：一是指一定的产品和服务，按照市场价值规律制定相应的价格；二是指客人有一定数量的花费，就该享受与其相称的一定数量和质量的产品或服务。若客人感到“物有所值”，经营的经济效益和社会效益自然都能实现。

（二）无形产品质量

无形产品质量是指餐饮企业所提供的劳务服务的质量，主要体现在礼节礼貌、服务态度、清洁卫生、服务技能技巧、服务效率等方面。

1. 礼节礼貌

礼节礼貌在整个服务工作中是很重要的。礼貌是人与人之间在接触交往中，相互表示敬重和友好的行为规范，它体现了道德品质与时代风貌。礼节是人们在日常生活和交际场合中，相互问候、致意、祝愿、慰问以及给予必要的协助与照料的惯用形式。礼节是礼貌的具体表现。餐饮企业的礼节礼貌，则是通过服务人员的语言、行动和仪式来表达对顾客的尊重、欢迎、感谢，或表示谦逊、和气、崇敬的态度和意愿。一个优秀的餐厅服务员要注重仪容仪表、服装、发型，使用敬语，举止合乎规范。要时时、事事、处处表现出彬彬有礼、和蔼可亲、热情好客，给顾客一种宾至如归的感觉。

2. 服务态度

整个餐饮销售过程中，从迎宾到开餐，直到送走宾客，自始至终伴随着服务员的服务性劳动。服务员不仅要担当出售食品的技术性劳动，还要把服务性劳动作为主要职责。服务员为顾客服务是从接待开始的。通常，顾客对服务员的印象首先来自服务员的外表，其次来自服务员的语言、举止等。服务员要用良好的服务态度去取得顾客的信任与好感，从双方开始接触时就能建立起友善的关系。因此，良好的服务态度是进一步做好服务工作的基础，是贯彻“宾客第一”的服务宗旨和员工具备服务意识的具体体现。

在餐饮管理中要特别注重服务意识，并且不断地灌输给所有员工，使之形成一种思想，一种下意识，融入职业习惯，成为服务工作中的指南。服务人员要了解顾客的心理需求，采取相应的服务措施，从而保证服务质量的不断提高。在餐厅工作中，要体现良好的服务态度应做到以下几点：向客人微笑、问好，最好能重复宾客的名字；主动接近宾客，但要保持适当距离；含蓄、冷静，在任何情况下都不急躁；遇到宾客投诉时，如果事实证明是服务人员错了，应立即向宾客道歉并改正；遇有宾客提出无理要求或宾客错了，只需向宾客解释明白，不应要求宾客认错，要坚持体现“宾客总是对的”；了解各国、各阶层人士的不同心理特征，提供针对性服务；在时间上、服务方式上处处方便宾客，并在细节上下功夫，让宾客感到服务周到。

3. 清洁卫生

餐饮部门的清洁卫生工作要求高，体现着企业经营管理水平，是服务质量的重要内容，必须认真对待。

（1）要制定严格的清洁卫生标准，这些卫生标准包括：在厨房生产布局方面，应有保证所有工艺流程符合法定要求的卫生标准；餐厅及整个就餐环境的卫生标准；各工作岗位的卫生标准；餐饮工作人员个人卫生标准。

（2）要制定明确的清洁卫生规程和检查保证制度。清洁卫生规程要具体地规定设施、用品、服务人员、膳食饮料等在整个生产、服务操作程序中的各个环节上，为达到清洁卫生标准而在方法、时间上的具体要求。另外，要坚持经常和突击相结合的原则，做到清洁卫生工作制度化、标准化、经常化。

4. 服务技能技巧

服务员的服务技能和服务技巧是服务水平的基本保证和重要标志。如果服务人员没有过硬的基本功，服务技能技巧不高，那么，即使服务人员的服务态度再好、微笑再甜美，顾客也会有礼貌地拒绝。因为，顾客不需要这种没有服务水准和实际内容的空洞服务。

5. 服务效率

服务效率是服务工作的时间概念，是提供某种服务的时限。它不但反映了服务水平，而且反映了管理的水平和服务人员的素质。它是服务技能的体现与必然结果。餐饮部门有必要对菜肴烹制时间、翻台作业时间、顾客候餐时间做出明确的要求和规定，并将其纳入服务规程之中。有关消费心理的研究表明，就餐顾客对等待是最头痛的了。等待会抵消服务人员在其他服务方面所做出的努力。过长时间的等待，甚至会使其他服务前功尽弃。为此，在服务中一定要讲究效率，尽量缩短就餐顾客的候餐时间，使顾客乘兴而来、满意而归，餐厅的餐位利用率提高，营业收入也就会增加。

三、餐饮服务质量控制

餐饮服务可分为三个阶段，即准备阶段、执行阶段和结束阶段。餐饮服务质量可相应地分为预先控制、现场控制和反馈控制。

（一）餐饮服务质量的预先控制

预先控制就是为使服务结果达到预订的目标，在开餐前所做的一切管理上的努力。预先控制的目的是防止开餐服务中所使用的各种资源在质和量上产生偏差。预先控制的主要内容有以下四个方面。

1. 人力资源的预先控制

餐厅应根据自身特点，灵活安排人员班次，以保证足够的人力资源。避免“闲时无事干，忙时疲劳战”，或者餐厅中顾客多服务员少、顾客少而服务员多的现象，这些都是人力资源使用不当的不正常现象。开餐前，必须对员工的仪容仪表做一次检查。开餐前数分钟，所有员工必须进入各自指定的岗位，姿势端正地站在最有利于服务的位置上。按照服务人员的礼仪礼节站立在面对餐厅入口处等候顾客到来，给顾客留下良好的第一印象。

2. 物资资源的预先控制

开餐前，必须按规格摆好餐台；准备好餐车、托盘、菜单、点菜单、订单、开瓶工具及工作台小物件等。另外，还必须备足相当数量的“翻台”用品，如桌布、口布、餐纸、刀叉、调料、牙签等。

3. 卫生质量的预先控制

开餐前半小时，要从墙壁、天花板、灯具、通风口、地毯到餐具、转台、台布、台料、餐椅等，对餐厅卫生做最后一遍检查。一旦发现不符合要求的，要安排人员迅速返工。

4. 事故的预先控制

开餐前，餐厅主管必须与厨师长联系，核对前后台所接到的客情预报或宴会通知单是否一致，以避免因信息的传递失误而引起事故。另外，还要了解当天的菜肴供应情况，如个别菜肴缺货，应让全体服务员知道。这样，一旦顾客点到该菜，服务员就可以及时让顾客知道并致以歉意，避免事后引起顾客不满。

（二）餐饮服务质量的现场控制

现场控制是指监督现场正在进行的餐饮服务，使其规范化、程序化，并迅速妥善地处理意外事件。这是餐厅主管的主要职责之一。餐饮部经理也应将现场控制作为管理工作的重要内容。现场控制的主要内容有以下四个方面。

1. 服务程序的控制

开餐期间，餐厅主管应始终站在第一线，通过观察、判断、监督，指挥服务员按标准服务程序服务，发现偏差，及时纠正。

2. 上菜时机的控制

要根据宾客用餐的速度、菜品烹制的时间等掌握上菜时间，做到恰到好处，既不让宾客等待太久，也不应将所有菜肴一下子全端上去。餐厅主管应时常注意，并提醒服务员把握好上菜时间，尤其是大型宴会，上菜的时机应由餐厅主管掌握。

3. 意外事件的控制

餐饮服务是面对面的直接服务，容易引起宾客的投诉。一旦引起投诉，餐厅主管一定要迅速采取弥补措施，以防止事态扩大，影响其他宾客的用餐情绪。如果是由服务员服务态度引起的，主管除向宾客道歉外，还应要求服务员道歉。发现有醉酒或将要醉酒的宾客，应告诫服务员停止添加酒精性饮料，对已经醉酒的宾客要设法使其尽早离开，以保护餐厅正常的就餐气氛。

4. 人力控制

开餐期间，服务员虽然实行分区看台负责制，在固定区域服务（一般可按照每位服务员每小时能接待 20 名散客的工作量来安排服务区域），但是，餐厅主管仍应根据客情变化，进行第二次分工、第三次分工……如果某一个区域的宾客突然来得很多，就应从另外区域抽调员工支援，等情况正常后再调回原服务区域。

用餐高潮过去后，应让一部分员工先去休息一下，留下一部分人工作，到了一定的时间再调换，以提高工作效率。这种方法对于营业时间长的咖啡厅等特别有必要。

（三）餐饮服务质量的反馈控制

反馈控制就是通过质量信息的反馈，找出服务工作在准备阶段和执行阶段的不足，采取措施加强预先控制和现场控制，提高服务质量，使顾客更加满意。信息反馈系统由内部系统和外部系统构成。内部系统是指信息来自服务员和经理等有关人员。因此，每餐结束后，应召开简短的总结会，以不断改进服务质量。信息反馈的外部系统是指信息来自顾客。为了及时得到顾客的意见，餐桌上可放置“顾客意见表”，在顾客用餐后，也可主动征求顾客意见。顾客通过大堂等反馈回来的投诉，属于强反馈，应予以高度重视，保证以后不再发生类似的质量偏差。建立和健全两个信息反馈系统，餐厅服务质量才能不断提高，更好地满足顾客的需求。

小资料

餐饮服务质量分析的主要方法

1. ABC 分析法

ABC 分析法的步骤如下：

（1）确定分析对象，如原始记录中的服务员工作记录、顾客意见记录、质量检查记录、顾客投诉记录等如实反映服务质量问题的数据。

（2）根据质量问题分类画出统计图。

（3）通过各类问题所占比例找出主要问题。

（4）对分析结果总结出的问题分别采取措施加以解决。

2. 因果分析图法

因果分析图法是利用因果分析图对产生服务质量问题的原因进行分析的图解法，其主要步骤如下：

（1）确定要分析的质量问题，即通过 ABC 法找出 A 类问题。

（2）分析 A 类质量问题产生的原因，找出质量问题产生的各种原因是用好此方法的关键。

（3）将找出的原因进行整理，按结果与原因之间的关系画出因果分析图。

3. PDCA 循环法

（1）Plan（计划）阶段：分析现状，找出存在的问题；分析产生问题的原因（人员、设施、环境、商品）；找出主要影响因素；制订解决问题的计划、措施。

（2）Do（执行）阶段：严格执行预订计划。

（3）Check（检查）阶段：检查计划执行情况。

（4）Action（总结）阶段：总结经验教训，实行标准化；提出遗留问题，转入下一个循环。

四、餐饮服务质量监督检查

“管理的一半是检查”，服务质量的监督检查是餐饮管理工作的重要内容之一。其实施主要分部门和班组两个层次进行。部门将制定的具体质量目标分解到班组和个人，并通过现场督导、信息收集、定期检查等方法分析工作中的薄弱环节，提出改进和提高服务质量的方案、措施和建议。

（一）现场巡视与指导

由于餐饮服务所具有的特性，决定了管理人员必须深入现场，实地地观察服务、观察客人的反应，才能真正感受质量。管理人员只在办公室里看材料、听汇报是无法掌握第一手资料的。因此，工作中要求关键时间、关键人物必须出现在关键地点，即在餐饮企业营业期间，管理人员必须在一线进行督导检查。这种“走动式管理”因发现问题及时，并当场落实整改，管理成效显著，被大多数酒店所采用。

（二）质量监督检查的内容

根据餐饮服务质量内容，可将质量检查归纳为仪容仪表、就餐环境、服务规范、服务技巧、工作纪律、安全意识等。可用餐厅服务质量检查表进行量化，见表7－9。

表7－9　餐厅服务质量检查表

岗位：__________　　时间：__________　　检查人：__________

检查项目	检查细则	等级标准				
		5	4	3	2	1
仪容仪表	1. 服务员是否按规定着装并穿戴整齐 2. 制服是否合体、清洁，无破损、无油污 3. 工号牌是否端正地佩戴于左胸前 4. 是否留有怪异发型 5. 男员工是否蓄胡须、留大鬓角 6. 指甲是否修剪整齐，不留长指甲，不涂有色指甲油 7. 除手表、戒指外，是否还戴有其他首饰 8. 女员工是否按要求化淡妆上岗 9. 各种伤口均要予以适当处理、包扎 ……					
就餐环境	1. 地面有无杂物或污迹 2. 门窗是否清洁、无灰尘、无破损 3. 桌椅、工作台是否清洁，去污迹、水迹 4. 绿色植物有无枯萎或带有灰尘 5. 通风口是否清洁，通风是否正常 6. 菜单是否清洁，无油迹、无缺页、无破损 7. 餐具是否清洁，无水迹、无破损 8. 背景音乐是否适合就餐气氛，音量是否适中 9. 灯具照明是否正常，是否完整无损 ……					

续表

检查项目	检查细则	等级标准				
		5	4	3	2	1
服务规范	1. 客人进入餐厅是否主动问候，表示欢迎 2. 是否协助客人入座 3. 服务是否及时 4. 接受点菜时是否仔细聆听并复述所点菜品 5. 斟酒操作是否规范 6. 服务中是否用托盘操作 7. 上菜时是否报菜名 8. 是否及时撤换餐具 9. 结账是否迅速准确 ……					
服务技巧	1. 尽可能称呼客人的姓名 2. 避免与客人过于亲密 3. 能否积极把握各种推销机会 4. 能否准确解释菜单 5. 能否与赶时间的客人密切配合 6. 能否对有病的客人、老人、儿童给予特别关照 7. 能否灵活处理客人的投诉 8. 能否为客人创造愉快的用餐环境 9. 能否及时处理醉酒等突发事件 ……					
工作纪律	1. 工作期间是否聚堆聊天 2. 上班时间是否接听私人电话 3. 有无吸烟、偷吃现象 4. 工作时间是否大声喧哗 5. 有无与客人争吵现象 6. 是否对客人品头论足 7. 值班时有无睡觉现象 8. 能否做到平等待客 9. 有无脱岗现象 ……					
安全意识	1. 熟悉火情、盗窃等紧急情况的处理程序 2. 熟悉紧急疏散的程序 3. 熟悉消防安全通道 4. 注意操作安全 5. 了解基本安全预防措施 6. 具备使用基本防火设备的能力 7. 保持服务区域消防通道通畅 8. 明确急救箱摆放位置及箱内物品 9. 了解紧急照明系统的安置 ……					
总计						

（三）质量监督检查的注意事项

1. 把好心理关、情面关

质量监督检查执行不到位，效果不佳，很多情况下是因为一个“情”字。部分管理人员和质检员想做“老好人”，质量问题大事化小、小事化了，执行力不够。监督检查就是要敢于讲真话，实事求是，秉公办事，这样的检查才有威信。

2. 明确检查依据与内容

质量检查的内容一般应以成文的有关规定为依据，如《员工手册》《处罚细则》等，这些规定应通过培训与考核为员工所熟知。现在国内部分酒店服务质量检查往往偏重于仪容仪表、清洁卫生等方面，忽视了对服务过程中态度、技巧的督导，而这部分内容恰恰是优质服务的核心内容。

3. 检查尺度统一

质量的监督检查必须建立统一的标准，并严格执行，以免造成工作混乱。

4. 监督检查不是单纯找问题

发现问题固然重要，但树立榜样更可激发员工工作的积极性。检查不是让管理者充当“宪兵”的角色，而应该是一个帮助者和辅导员。

任务三　餐饮投诉处理

案例情境

一封来信

以下是某餐厅收到的一封客人来信：

我是一个很好的客人。无论店方的服务如何，我从不投诉。人生苦短，何必为这等不愉快的小事执着。我从不抱怨，从不唠叨，从不指责别人。我想都没有想过要在公共场所大吵大闹，这样做太伤和气：别忘记我是一个很好的客人。

让我告诉您我的另一面：我就是那种受到不良对待后，永不再光顾的客人！

没错，这样做不能让我及时发泄不满的情绪，远不及当面指责他们痛快；但从长计议，这可是致命的报复！其实，像我这样的客人，加上我的众多“同道”，大概足以拖垮一家餐厅！像我这样好的人，在世间多的是。当我们受到不良的待遇时，我们便会光顾第二家餐厅。哪家餐厅和职员够殷勤，懂得重视客人，我们便到哪家去。总体来说，那些不懂得以礼待客的餐厅，每年都会因此损失数百万元的收益！

当我看到这些餐厅不惜重金，企图用宣传攻势使我回心转意时，我觉得他们是多么可笑。想当初，如果他们懂得以亲切的态度和殷勤的服务挽留我这样的客人，就不会到此地步！

【案例思考】

1. 从这封来信中你得到了什么启示？

2. 餐饮企业如何在服务中贯彻“宾客至上”的理念？

【案例评析】

1. 这位客人来信的观点很难说完全正确，但这一观点清楚地告诉每一个餐饮行业的从业人员，当他们不重视其客人时，客人将会如何对待自以为是的他们。因此，餐饮企业全体服务人员必须树立“宾客至上”的观念。

2. 在服务中要妥善处理宾客关系，尽量用善意去理解客人，欢迎客人的投诉，聆听客人的建议，并积极为客人解决问题，用诚意去赢得客人，使之成为餐厅的忠诚客人。

目前，世界各地的现代化餐厅都极为重视客人的投诉工作，把它作为收集客人意见的重要来源，通常在每个餐桌上都摆有顾客意见书，餐厅的管理人员可以通过处理投诉，了解客人的需要和整个服务质量的趋向。

一、正确看待投诉

投诉就是服务对象对服务工作表现出的不满。投诉不仅可以来自酒店的客人，还可以来自社会舆论、工作中的合作者。

服务对象对服务管理工作的期望与他所得到的实际感受之间的差距是投诉产生的主要原因。当期望值大于实际感受值时，他就会产生不满，引发投诉。这种不满越大，投诉的级别也就越高。

客人投诉不仅仅意味着客人的某些需要未能得到满足，实际上，投诉也正是客人对餐厅、对餐厅员工服务工作质量和管理工作质量的一种劣等评价。任何餐厅、任何员工都不希望有客人投诉自己的工作，然而，即使是世界上最负盛名的餐厅也会遇到客人投诉。成功的餐厅善于把投诉的消极面转化成积极面，通过处理投诉来促进自己不断改进工作，防止投诉的再次发生。正确认识客人的投诉行为，就是不仅要看到投诉对餐厅的消极影响，更重要的是把握投诉所隐含的对餐厅的有利因素，变被动为主动，化消极为积极。

（一）有投诉证明餐厅有待改进的地方

从管理的角度来看，客人的投诉恰好说明了管理上有漏洞，如各部门工作不协调、筹划不周全、计划不全面等。处理投诉在表面上是客人胜利，而实际上是餐厅受益。

（二）处理投诉的过程也是宣传、推销、完善餐厅的过程

从广义角度讲，处理客人的投诉也是推销工作的一部分，让每一个客人把良好的“口碑”传送给他们的亲友，使公众对餐厅产生好感，这种影响是长久、深远的。

（三）处理好投诉可以争取回头客

餐厅的宗旨是“顾客至上，服务第一”，客人来自不同阶层，有各自的文化背景和不同的要求，对客人的要求餐厅应尽力去满足，使客人感到餐厅员工良好的工作作风，餐厅要帮助客人解决困难，妥善处理客人的投诉。只有这样，才能真正服务好客人，以争取回头客。

小资料

客人永远是对的

美国斯塔特勒酒店创始人斯塔特勒先生，在年轻时当领班，遇到这样一件事：一位客人怒气冲冲地直奔服务台投诉，让值班经理评说服务员和他吵架孰是孰非。值班经理有点为难，因为他根本不知道发生了什么事，不知道他们为何而吵。怒气未消的客人认定，吵架的原因并不重要，重要的是就吵架这件事来说，谁对谁错。值班经理怀疑客人喝多了酒，于是就回答客人：“因为我认识那位服务员比你认识得早，也了解得多，平时他很少与人争执，今天大吵，肯定你有什么事情惹恼了他。”客人听罢，二话没说，马上结账，打道回府，酒店因此失去了一位顾客。斯塔特勒把此事记了下来，并写了自己的感想，这就是流传至今的酒店服务座右铭——客人永远是对的。另一句名言出自法国里兹大酒店的创始人塞萨·里兹，他提出了“客人永远不会错”的观点。

餐饮顾客投诉的内容

二、餐饮顾客投诉的内容

餐饮顾客投诉的内容主要集中在菜品质量、原料质量、成品数量、上菜准确率、上菜及时程度、宴席菜肴与预订菜肴的相符状况、服务质量、服务态度、服务方式、服务技巧等方面。归纳起来，主要有以下几个方面。

（一）由食品或饮料质量问题引起的投诉

对于某些特殊客人而言，要求食物质量完美无缺，如所有配料必须新鲜，不可以是罐头或冷冻食品，汤必须是汤料所做，以及蔬菜只能炒到嫩绿，食物的搭配营养健康等。而绝大多数客人对产品质量的要求没有这么严格，他们要求菜品的色、香、味、形俱全，且食物原料新鲜。对于绝大多数客人而言，只有当这些基本要求达不到时，才会投诉。此外，菜品的分量过多或过少，也会引发客人投诉。分量太少，违背客人追求实惠的消费心理；分量太多，客人也未必满意，可能会投诉菜品的装盘不美观、另一个菜分量比这个菜少等。

酒和饮料的质感不佳也是引起投诉的一个重要原因。例如，葡萄酒由于储存不当而变质；鸡尾酒因调制比例不当而口味不佳等。处理这类投诉，通常只要更换新的酒水并令客人满意，投诉就解决了。但如果更换后酒水仍有质量问题，客人就会很失望，甚至不再点用此种酒或饮料。

（二）由服务方法引起的投诉

因服务方法欠妥而使客人感到没有受到尊重或感到蒙受损失也是引发顾客投诉的一个非常重要的原因。如热菜没上完就上甜点，堆摞菜盘等。无论是单独就餐还是款待亲朋的客人，都不愿等餐时间过长。根据国际标准，客人点单后 10 分钟内上第一道菜，国内则一般应在 15 分钟内上第一道菜，以后每道菜的服务间隔也不应超过 2～3 分钟。根据顾客消费心理，等待时间超过 10 分钟，性情急躁的客人就会提出投诉，而绝大多数客人如果等待时间达 20 分钟，还没有服务员来关照，就会提出投诉。

同样，客人既不愿长时间等待，也不愿被催促着用餐，特别是在西餐的宴会上，客人喜欢用完一道菜品后，下一道菜品刚好制作完毕奉上，这样既可保持菜品热度，又可保持菜品的新鲜。如果一道菜刚开始享用，下一道菜就已摆在服务台上，客人会非常反感，可能会挑剔菜的热度或质量，并提出投诉。为此，厨房应和服务员一起与客人保持联系与默契。

（三）对服务员服务态度的投诉

虽然不同消费经验、不同个性、不同心境的客人对服务态度的敏感度不同，但对服务态度的评价标准不会有太大差异。受尊重需求强烈的客人往往以服务态度欠佳作为投诉内容，如服务员待客不主动、不热情，表情生硬、呆滞甚至冷淡，言语不亲切；服务员缺乏修养，动作和语言粗俗、无礼，在大庭广众之下态度咄咄逼人，使客人感到难堪；服务员无根据地怀疑客人行为不轨等。

而从餐饮企业服务人员角度看，员工在有意、无意中制造出这种对餐饮业不利的行为可能有以下三方面的原因：

（1）员工没有意识到自己的行为是错误的。

（2）员工可能没有认识到该行为的后果，也没有得到管理人员的正确指导。

（3）对企业不满的员工故意伤害企业。

（四）由服务设施引起的投诉

客人希望餐厅设施尽善尽美，如果设施损坏、不能正常使用或不配套，会使客人感到不便，从而引起心理上的不快。例如，餐厅的桌椅残破，茶杯、酒器、餐具破损或肮脏，餐厅布局不合理、过于拥挤，卫生间堆放杂物、肮脏有异味等。如果这些设施、用具没有定期修理或更换，就可能引起顾客投诉甚至要求赔偿损失。

（五）由其他方面引起的投诉

这些情况都可能引起顾客的投诉：服务员行为不检、违反有关规定（如向客人索要小费）；服务员不熟悉业务，一问三不知；服务员的服务技能差，造成对客人的伤害；客人对价格有争议；客人对周围环境、治安保卫工作不满意；客人对管理人员的投诉处理有异议；客人觉得服务收费不合理；客人在结账时，发现应付款项有出入；菜品在餐厅菜单上有而厨房里已经没有原料，但客人点菜时服务员没有及时告知；客人要的某种饮料餐厅里没有准备等。

三、顾客投诉处理的原则

投诉的处理要坚持“宾客至上”的服务宗旨，对客人投诉持欢迎态度，不与客人争吵，不为自己辩护。同时，处理投诉时要本着客人满意、酒店损失少的原则进行。

（一）不争论原则

即使客人错了，也应抱着宽容的态度，不与客人争辩。因为只要服务员站在客人的角度想一想，就不难发现客人自有他的道理。

（二）隐蔽性原则

处理投诉时不仅要尊重当事人，还要注意尊重其他客人，即处理客人投诉时应尽可能减少对其他客人的影响。

（三）及时性原则

投诉的处理应注重效率。只有这样才能够使客人感到餐厅对他的尊重，对他的投诉的重视，才能使客人看到餐厅勇于改正自己错误的诚意。

（四）补偿性原则

补偿性原则即给予客人适当的情感或物质补偿。特别指出的是，不是所有提出补偿要求的客人都只是希望从物质上得到赔偿。餐厅管理者应该清楚地认识到，对于那些由于服务人员的工作失误而受到利益侵害的客人来说，首先想要得到的是餐厅给予他们精神上的慰藉，是想通过投诉的方式赢得餐厅给予更多的尊重，而绝非只是经济上的补偿。

如何处理餐饮顾客投诉

四、处理顾客投诉的程序

步骤一，微笑地走到客人面前，认真倾听客人叙述。

要做好心理准备，树立“顾客总是对的，顾客就是上帝”的理念。客人叙述时，应集中注意力倾听，不打断或反驳客人，并适时地回应。如果客人情绪激动，请客人移步至不引人注意的一角，奉上茶水或其他不含酒精的饮料。

步骤二，记录要点。

要在客人叙述的过程中将有关要点，如客人投诉的内容、客人的姓名等记录下来，以作为下一步解决问题的资料。同时，这样做也是向客人表示自己代表餐厅来解决问题的郑重态度。

步骤三，对客人表示理解。

在客人叙述的过程中，要适时表示理解，用温和的语言安慰客人，但不要急于把问题往自己身上揽，只能以朋友的身份对客人的遭遇表示同情。

步骤四，做出处理意见，征得客人同意。

根据所发生事情的性质，依照处理投诉的原则，迅速确定一个解决方案，并征询客人意见。

步骤五，向有关部门落实处理意见，监督、检查有关工作的完成情况。

步骤六，再次征求客人意见，对处理结果给予关注。

对处理结果进行跟踪，给予关注，确定客人投诉的问题是否给予解决。解决投诉问题以后，应该与客人再进行联系。周到的服务与关心会使客人感受到餐厅的诚意，对其所投诉的问题十分重视，从而对餐厅留下良好的印象。

步骤七，把事件经过及处理结果整理成文字材料，存档备查。

五、顾客投诉心理分析与处理顾客投诉的技巧

（一）顾客投诉心理分析

1. 求发泄的心理

客人在碰到令他们烦恼、恼怒的事情之后，或者被无礼对待甚至被讽刺挖苦、辱骂之后，心中充满怒气、怒火，要利用投诉的机会发泄出来，以维持他们的心理平衡。

2. 求尊重的心理

客人希望他的投诉是对的，应得到同情、尊重，希望有关人员重视他的意见，向他表示歉意，并立即采取行动。

3. 求补偿的心理

客人在蒙受了一定的损失后向有关部门投诉时，希望能补偿他们的损失，这是一种普遍的心理，如食物不洁希望退换或打折等。许多情况下，客人投诉的目的是综合性的，既有经济上的需求，又有心理上的需要。

（二）处理顾客投诉的技巧

1. 耐心倾听

耐心倾听客人的抱怨，不要轻易打断客人的抱怨和牢骚，更不要批评客人，要鼓励客人倾诉下去。当客人把牢骚发完了，怨气也就减少或消失了。

2. 态度诚恳

客人有抱怨或投诉，意味着客人对餐厅的产品不满意，他觉得餐厅亏待了他，如果在处理过程中态度不友好，会加重他的不满意，造成关系进一步恶化。若服务员态度诚恳，礼貌热情，就会降低客人的抵触情绪。俗话说："怒者不打笑脸人。"

3. 迅速受理

处理投诉和抱怨的动作快，可以有四个方面的好处：一是让客人感觉受到尊重；二是

表明餐厅解决问题的诚意；三是可以防止客人的负面渲染对餐厅造成更大的伤害；四是可以把损失降低到最小。因此，要及时给客人一个初步的答复。

4. 言语得体

客人对餐厅不满，发泄情绪时在言语方面可能会过激，如果与客人针锋相对，势必会恶化彼此的关系。在解释问题的过程中，措辞要十分注意，要合情合理、得体大方。即使客人不对，也不要直接指出，尽量用婉转的语言与客人进行沟通。

5. 合理补偿

客人抱怨或投诉，在很大程度上是因为他们的利益受到了损失。因此，客人希望获得安慰和经济补偿是十分正常的。这种补偿可以是物质上的，如换菜、打折、赠送水果等；也可以是精神上的，如道歉等。让客人心满意足是补偿的原则，但并不是大送特送，重点是让客人感受到餐厅的诚意。

6. 及时跟进

客人提出投诉和抱怨后都希望自己的问题受到重视，处理该问题的人员的层次会影响客人的期待以及解决问题的情绪。如果高层领导能为客人处理或打电话慰问，就更容易化解客人的怨气和不满。

六、利用数字化运营优化客人投诉处理

数字化运营可以让餐饮企业快速、准确地处理客人投诉，提高客人满意度。在数字化运营中，优化客人投诉处理的方法一般有以下几种。

（一）实时监测并回应反馈

客人投诉处理的关键在于及时发现问题并给出有效的回应。数字化运营可以通过监测社交媒体、在线聊天、电子邮件等多个渠道来获取客人反馈，并且使得餐饮企业可以立即采取相应的行动。例如，餐饮企业可以使用社交媒体监测工具来跟踪客人的帖子、状态、评论等。一旦发现客人有不满意的地方，餐饮企业可以根据不同的标签对帖子进行分类，快速回应并排除问题。

（二）建立自助式投诉管理平台

为了满足用户快速、便捷的需求，餐饮企业可以建立线上自助平台。在这个平台上，客人可以非常方便地提交投诉和建议，并且随时查看处理进度。此外，自助式投诉管理平台还可以为客人提供相关问题的解决方案或操作指导，帮助客人自助解决问题，减少客人资源的占用。

（三）打造智能化客户服务

随着人工智能技术的发展，数字化运营也开始智能化客户服务。餐饮企业可以通过语音识别、自然语言处理、图像识别、人脸识别等技术，打造更加智能化的客人服务模式。智能化客人服务模式可以快速响应客人投诉，高效处理需求，减少人工干预的成本，提升客人满意度。

（四）建立数据化分析体系

对于大多数餐饮企业来说，最重要的是了解客人投诉的发生和原因，这样可以更好地定位和解决问题。利用数据分析，餐饮企业可以了解客人投诉的数量、分布、类型、原因等相关信息，提高客人投诉的预见性，聚焦解决问题。

（五）建立投诉处理标准和流程

建立投诉处理标准和流程可以帮助餐饮企业更快速、更准确地处理客人投诉。餐饮企业可以制定投诉处理标准和流程，规范投诉处理的流程、时间和责任人。同时，餐饮企业还可以建立投诉处理指南和常见问题解答库，帮助客人更好地理解和解决问题。

（六）建立培训机制

数字化运营不仅仅是软件或平台，更是对餐饮企业的管理理念和管理能力的优化。员工的技能和知识对于数字化运营的推行至关重要。餐饮企业应该建立相应的培训机制，为员工提供相关的知识和技能培训，并帮助员工提高针对客人投诉的解决能力和开展数字化运营的素养。

除了优化客人投诉处理外，建议餐饮企业加强品牌宣传和推广，这有助于提高品牌知名度和美誉度，以减少不良口碑和投诉。同时，餐饮企业还应该定期进行客人满意度调查和市场研究，了解客人需求和反馈，不断改进产品和服务，提高客人满意度和品牌形象，以进一步降低投诉率。

素养园地

促进餐饮业高质量发展

党的二十大报告指出，要坚持以推动高质量发展为主题，建设质量强国。2024 年 3 月 4 日，商务部等 9 部门发布了《关于促进餐饮业高质量发展的指导意见》（商服贸发〔2024〕46 号）（以下简称《指导意见》）。《指导意见》以习近平新时代中国特色社会主义思想为指导，全面贯彻落实党的二十大精神，立足新发展阶段，完整、准确、全面贯彻新发展理念，坚持稳中求进的工作总基调，以高质量发展为主题，以深化供给侧结构性改革为主线，推动提升餐饮服务品质，传承发展中华优秀餐饮文化，进一步释放餐饮消费潜力，更好满足人民群众美好生活需要。《指导意见》从提升餐饮服务品质、创新餐饮消费场景、增强餐饮业发展动能、弘扬优秀餐饮文化、促进绿色发展、优化餐饮业营商环境、加强组织保障等 7 个方面，提出 22 项具体政策措施，将进一步强化质量安全监管，完善餐饮业标准体系，支持餐饮从业人员培训，创新夜间餐饮、休闲餐饮、文旅主题餐饮等消费场景，支持发展社区餐饮、老年助餐、地方特色餐饮、乡村休闲餐饮，培育一批知名餐饮品牌、美食集聚区、小吃产业集群、餐饮促消费平台，加快餐饮数字化赋能，扩大中餐国际交流合作，推动餐饮业实现高质量发展。

项目小结

餐饮产品生产是产品原料经过烹饪加工处理最终成为成品的过程。餐饮产品生产管理的过程涉及生产任务的确定、生产流程的安排、餐饮产品加工过程的管理、厨房产品质量的控制和厨房与前厅的协调各个方面。生产任务确定方法有经验估计法、统计分析法、喜爱程度法和预计统计法。生产流程的安排要遵循工艺流程走向、员工工作流向、固定设备的位置来确定。随着数字化时代的到来，餐饮产品加工过程管理也要进行数字化转型。餐饮产品加工过程管理包括食品原料需用量的确定、原料粗加工的控制和原料细加工的控制。厨房产品的质量控制必须制定相关的质量标准，并对影响菜点质量的各种因素进行分析和全面系统的综合控制。要保证餐饮产品的质量，还必须做好后厨与前厅的协调工作。

餐饮服务是通过适应需求的有形设施、质价相符的有形产品和服务员热情周到的无形服务相结合来体现其特性和价值的。餐饮服务质量包含三方面的内容，即设备设施、实物产品和劳务服务的质量，也即有形产品质量和无形产品质量。有形产品质量是指餐饮部提供的设备设施、服务环境和实物产品的质量，主要用于满足客人在生理上、物质上的需求；无形产品质量是指餐饮部所提供的劳务服务的质量，主要体现在礼节礼貌、服务态度、清洁卫生、服务技能技巧、服务效率等方面。餐饮服务可分为三个阶段，即准备阶段、执行阶段和结束阶段。餐饮服务质量可相应地分为预先控制、现场控制和反馈控制。

餐饮投诉就是服务对象对餐饮服务工作表现出的不满。投诉不仅可能来自酒店的客人，还可能来自社会舆论、工作中的合作者。餐饮顾客投诉的内容主要集中在菜品质量、原料质量、成品数量、上菜准确率、上菜及时程度、宴席菜肴与预订菜肴的相符状况、服务质量、服务态度、服务方式、服务技巧等方面。投诉的处理要坚持“宾客至上”的服务宗旨，对客人投诉持欢迎态度，不与客人争吵，不为自己辩护。同时，处理投诉要本着客人满意、酒店损失少的原则进行。数字化运营可以让餐饮企业快速、准确地处理客人投诉，提高客人满意度。因此，要掌握数字化运营中优化客人投诉处理的方法。

课堂讨论

1. 控制餐饮生产质量的方法有哪些？
2. 餐饮服务质量控制一般分几个阶段，各自的内容是什么？
3. 餐饮质量监督检查的内容有哪些？
4. 如何运用数字化手段提高客人投诉处理的效率？

技能训练

1. 顾客投诉上菜速度太慢，要求取消菜单时，如何处理？
2. 顾客在进餐过程中，投诉烹饪的食物未熟、过熟或者味道不好的情况下，如何处理？
3. 顾客投诉食物里发现虫子，怎么处理？

案例分析

案例一　请问您今天还是喝红茶吗？

陈先生是某酒店餐厅的忠诚客户，每次来都喜欢约一帮朋友，坐在靠湖边的厅房，赏景聊天。第一次来，陈先生点了一壶红茶，第二次来依然点了红茶，第三次来的时候，有心的服务员小林征询陈先生道：“陈先生，请问您今天还是喝红茶吗？”陈先生开心地对朋友说：“这儿的服务就是不错，服务员很用心哦，我来过两次，就已经知道我爱喝红茶，但是今天我想换换口味，改喝绿茶了。”服务员小林赶紧将茶单拿来，向陈先生介绍餐厅的绿茶。

问题与思考：

1. 你从该案例中得到了什么启示？

2. 怎样将个性化服务做得恰到好处？

案例二　一位餐厅常客的待遇

一位外企职员每天都在某餐厅用午餐，每月由公司统一结算。有时餐厅经理会热情地同他打招呼，并把他安排在他最喜欢的阳光明媚的靠窗座位上；但有时他在门口等了8分钟，经理才发现他来了，他又等了10分钟才等到座位，而且安排他坐在靠近厨房门的地方，更糟的是有时根本没有人理睬他，然后他又得知他点的菜，餐厅没有原料了……

问题与思考：

1. 如果不是公司为他付账的话，他会自己花钱去这家餐厅用餐吗？

2. 餐厅经理应如何通过规范管理提高服务质量？

项目八

餐饮数字化营销

问题导入

1. 如何进行餐饮产品的销售预测？
2. 如何进行餐饮收款控制？
3. 什么是亏损先导销售策略？
4. 如何进行餐饮微信营销？

学习目标

知识目标：

1. 了解餐饮产品销售信息收集的方法。
2. 掌握餐饮产品销售预测的方法。
3. 掌握餐饮销售控制的内容及要点。
4. 了解餐饮销售策略的内容。
5. 掌握餐饮数字化营销的方式并灵活应用。

能力目标：

1. 能够根据所学知识准确进行销售预测。
2. 能够运用数字化手段开展营销活动。

素养目标：

1. 培养职业态度和职业素养。
2. 培养创新意识和创新能力。
3. 培养数字化营销能力。

任务一　餐饮销售计划制订

案例情境

数据分析背后的价值

所谓数据分析，就是依托客户点餐数据、地理位置、评价等综合分析，提炼出针对特定对象的有效数据，并以此辅助相关产品的运营和推广。一个人就餐的数据价值综合了地理数据、人文数据和行为数据等，具有极大的使用价值。目前，国内餐饮企业在O2O业务发展到一定阶段后，都要建立自己的客户数据库，拥有专属网络平台，以便掌握数据的真实性，并有效利用数据。

近年来，餐饮业成本很高，毛利率很低，是不争的事实。互联网时代，有流量的地方就有生意。例如，金百万在大数据研发方面投入很大，取得了显著的效果。据悉，在餐饮行业整体低迷的情况下，金百万实现了逆势扩张，在北京、山东、天津等地加速开店数量，仅在北京的大型直营连锁门店就达到了30家。这都是大数据带来的商业价值。

【案例思考】

1. 分析本案例，说说餐饮大数据对营销会产生哪些影响。

2. 餐饮企业如何根据餐饮大数据制订销售计划？

【案例评析】

1. 企业可以借助互联网平台，利用餐饮大数据，改变传统餐饮行业受时间、空间的限制，以速度、新鲜度提升整个餐饮企业的盈利空间。

2. 餐饮企业要根据餐饮大数据的变化随时调整销售计划，根据大数据所反映出来的消费行为趋势，适时地推出一些新的餐饮产品。

同其他产品一样，餐饮产品的销售需要计划进行指导，因为其采购、制作、销售服务之间的时间间隔极其短暂，需要餐饮管理人员精心筹划，尽可能做好采购、生产和销售的统一协调。餐饮销售计划是餐饮企业销售管理的基础，它不仅要求餐饮企业管理人员对未来餐饮企业经营环境和不确定因素做出全面的思考和分析，选择满意的经营方案，而且餐饮销售计划提供了考评有关人员工作业绩和部门经营实绩的标准。

一、餐饮产品销售信息的收集

餐饮产品销售信息的收集

（一）收集信息的途径

餐饮销售信息的统计是预测产品销售以及制订销售计划的前提和基础。众所周知，有一定规模的餐饮企业普遍采用餐饮管理软件，为餐厅积累了大量的经营数据。直接的数据有就餐人数、日期、时间，所点的热菜、凉菜、主食、酒水的品种和数量，以及台号、服务员号等，间接的数据有原材料领用量、使用量、库存量，以及餐厅与采购、加工等后台作业部门的表格单据。这些数据可反映餐厅的营业现状，利用好这些数据可有效地指导未来的营业，协助餐厅的管理者进行人员的调配，提高经营效率。在大数据时代，餐饮企业需要使用大数据来进行分析，做到有“数”可依、心中有“数”。

在大数据时代，数据的价值正在日益凸显。数据是最真实的反馈，它可以帮助餐饮企业准确挖掘顾客喜好，了解同行产品和运营情况，从而有针对性地进行优化，实现精益运营。所谓数据分析，其实就是通过客户数据，提取有用信息，然后进行分析，形成指导性结论的过程。实际上，对于餐饮企业而言，数据分析可以帮助商家在做存量市场的时候，实现费用的最大化；同时也可以在寻找增量市场的过程中，辅助企业快速发现新的市场机会点。

例如外卖数据可以分为三个维度：产品销售数据、营销费用数据和顾客数据。首先，通过产品销售数据，我们可以对顾客的消费习惯进行分析研究，并以此为依据对店铺菜品进行相应调整。比如在菜品迭代时，确定哪些菜品可以去除，哪些菜品更适合参加特价菜活动。我们可以通过产品销售数据快速找到答案。那些销售占比较低的品类，就是需要淘汰或改进的。同时，我们还可以通过销售数据了解同行的哪些菜品比较受欢迎，以便在确立新菜品时有所参考，知彼知己，才能百战不殆。其次，通过营销活动费用数据，我们可以直观地看到营销费用的具体应用情况和相应的投入产出比。比值越高，说明该营销活动做得越好，营销费用的附加值越高。因此，如果我们在决定降低下个月的营销费用时，就可以从投入产出比值最小的营销活动入手，利润就会提高。最后，我们可以通过对顾客数据进行分析来发现餐厅存在的问题，并加以解决。餐厅评分直接反映了顾客对餐厅的满意程度，是我们最应该注意的，特别是差评中反复提及的问题，我们一定要对其足够重视，及时进行调整，以提升顾客体验。同时我们还需要关注新老顾客占比情况。我们可以选定某个时间段，对店铺的各项数据进行纵向比较，并通过分析新老顾客数据和后台活动偏好数据了解活动偏好的类型，以此不断优化店铺活动。比如某个时间段内，如果新顾客占比明显下降，就需要增加一些活动来吸引新顾客，如“新客立减”活动；相反，如果老顾客数量明显减少，则需要专门面向老顾客发放一些优惠券，以提升餐厅产品复购率。另外，少餐、错餐率直接关乎餐厅的服务，如果少餐、错餐率较高，那么餐厅就应该认真反思一下自身的工作态度和工作流程，并有针对性地进行改进。除此之外，非顾客原因异常订单率、差评率等数据都非常值得我们关注，这些都和顾客的消费体验息息相关，哪一个环节都不容忽视。

（二）收集信息的内容

1. 就餐人数

服务员在每个餐单上都注明每个餐台的就餐人数，通过这个数字我们可以了解以下信息：

（1）当天的就餐总人数和人均消费，这是用数据进行经营分析的最基础数据。

（2）人数分布规律，例如 1 人单独就餐占总人数的比例，2 人就餐占总人数的比例……

根据以上数据，在经营中可采取相应的措施：在人均消费低的日子里多准备价位低的菜，服务员适当推销高价菜，但不要引起消费者的反感；在人均消费高的日子里，不但要备足高档菜，服务员也应大胆地推销利润高的菜，促进营业额的提升。

人数分布规律是餐厅内餐台设计的基本依据，按就餐人数分布比例设置相应的二人台、四人台。

2. 日期

记录顾客就餐的日期，从中可以反映出天气状况、当日发生的大事件、当日是星期几，这些与顾客就餐有何关系。通过统计分析每周营业额变化的趋势，了解一周内每天营业变化的幅度，为购货、提前准备菜品提供依据。

例如可根据天气的变化进行及时的调整，当日天气不好，下雨或下雪，营业额将比正常值下降10～20个百分点，若第二天天气好转，营业额上升15～25个百分点。

3. 时间

通常服务员会记录顾客点完菜的时间，收银机上也会反映结账的时间，从这个数据我们可以了解以下信息：

(1) 顾客用餐时间。

结账时间减去点菜时间即为顾客用餐时间，从中可以计算出餐厅的服务接待能力及通常情况下顾客需要等候的时间。

(2) 用餐概率分布。

不同时间段，结合就餐人数，可测定营业高峰来临时间，这个数据对提高上菜速度、减少等待时间十分有效。

4. 品种

单品菜销售数量占总菜品销售数量的比例，为菜品点击率。这个数据可反映出顾客对具体菜品的喜欢程度，应每周至少每月统计一次。对经常光顾餐厅的顾客，服务员应重点介绍排位在中间的菜品，因为经常光顾餐厅的顾客对点击率高的菜品非常熟悉，希望提供新菜品，如介绍点击率低的菜品，常常会使其产生失望的感觉，介绍中等排位菜品比较可靠。

5. 台号

餐饮企业需每日记录发放和使用的餐单总数，计算每张餐单的平均消费额（当日营业额除以餐单总数)，每个区域的消费额，以比较不同日期的单均消费额，了解不同区域的消费特点。

6. 服务员号

餐饮企业需统计每名服务员的人均劳动效率，客观地评价服务员的劳动态度和服务水平，调整服务员服务的区域，使劳动强度均匀。

(三) 餐饮信息的作用

在互联网时代，用数据作为营销的依据已经成为餐饮企业发展的必然趋势，餐饮大数据在餐厅整体运营中发挥着重要的作用。

1. 精确定位消费者人群

传统的餐饮营销，由于数据的缺失或遗漏，餐饮企业在目标消费者细分以及消费者需求的判断上都缺乏准确性，只能将大部分的资源投放到媒介或平台上，“广撒网”模式造成了资源的浪费，整体营销效果不好。消费者在接触互联网媒介时会留下相应的痕迹，例如就餐时间、就餐地点、就餐口味及食材偏好、就餐场景、分享意愿等，这些数据可以帮助餐饮企业根据自身企业和产品特点，定位最佳消费人群，提高顾客消费频率。因此，利用大数据进行消费者分析和有效定位，充分挖掘消费者需求，可有的放矢、提高效率。

2. 精准推送与深度营销

以往要实现精准营销需耗费大量的消费者调查与沟通成本，并且大多处于“点对线”“点对面”的状态，并没有精准到每一个消费者。大数据精准营销可缓解这一尴尬。在数据时代，每一个消费者都在逐渐具象化，消费者画像愈清晰，“点对点”营销越易实现。碎片化信息时代，消费者的选择变多了。随着海量信息的纷至沓来，精准的推送显得尤为重要，个性化、针对性的推送信息，能够及时有效地调动消费者的欲望，促进餐饮购买行为的实施。企业利用大数据统计分析还能根据消费者的就餐偏好变化，进行营销方案和排期调整，尽力成为可以为消费者随时出点子的“饭友”，在精准营销的基础上进行深度营销。

3. 不断优化消费者的体验

作为典型的服务业，口碑对于餐饮行业来说至关重要。不断优化消费者的就餐体验，提供更加优质的服务，是每个餐厅共同的努力方向。根据消费者的就餐评价，对食材、菜单、口味、套餐、等待时间、服务、管理等方面进行改进，能够有效优化消费体验，从好的评价中得到支持，从坏的评价中挖掘消费者需求。在大数据时代，优化工作可以从源头开始，不用等到消费者完成就餐行为，这样可牢牢把握主动权。企业可分析消费者痛点，逐步合理化餐饮消息推送内容和行为引导，提高点击率的转化程度。消费者就餐过程中的搜索信息和状态更新以及餐后评论数据，隐藏着巨大的商业价值。

4. 形成品牌文化互动

有句话说，“卖产品最次，卖服务一般，卖文化最好”。这句话虽然有失偏颇，却点出了品牌文化的重要性。与消费者增加沟通，加深其品牌忠诚度，能够很好地带动消费者社群，扩大品牌文化传播和影响程度。在这个崇尚互动与共享的时代，餐饮企业要不断地同消费者进行互动，在互动中学会聆听消费者的声音，用消费者的语言与他们沟通，在强化品牌联系的同时让消费者自愿充当品牌信息和文化的二次传播者。

当然，大数据可以应用在餐饮业的方方面面，例如在规范化管理、竞争对手检测、会员管理、报表统计分析等方面都能给予餐饮企业以启示和辅助。

二、餐饮产品销售预测

预测是利用可得的相关数据来预计未来，是对未来的一种有根据的推测。如果能对未来的销售量做较精确的预测，就能做好餐饮生产和采购计划，能够正确地安排各种产品生产数量，降低食品饮料变质的概率，减少浪费。

（一）营业额预测方法

影响营业额的因素有天气、星期、节假日、季节、社区异样、订餐情况以及其他的特殊事件，用函数形式来表达即是：

$$V=f(t, w, h, s, q, r, x)$$

其中：t 为天气；w 为星期；h 为节假日；s 为季节；q 为环境；r 为订餐；x 为特殊事件。

社区异样指周围的社区发生临时性停电、停水、停气等，属于环境范畴。特殊事件指该餐厅的周围新开业一家餐厅，或附近的餐厅进行促销活动，这些都可能暂时地影响营业状况。

通过预测技术预测未来的营业走势，可以将积累的营业数据转化成服务的竞争优势。最常用的预测方法是加权平均预测法和销售百分比预测法。

1. 加权平均预测法

加权平均预测法是给予以往的销售数据以不同的权数，离现在越近的数据给予的权数越大，然后将加权平均值相加除以总权数，求出平均值。其计算公式如下：

$$\overline{N}=\frac{Q_1W_1+Q_2W_2+\cdots+Q_nW_n}{W_1+W_2+\cdots+W_n}$$

式中，$\overline{N}$ 为平均值，Q 为销售数据，W 为权数。

【案例 8-1】某餐厅 6 月份各星期日有关菜肴的销售总数及权数见表 8-1，请计算该餐厅 7 月份每一个周日的销售数。

表 8-1　某餐厅 6 月份各星期日有关菜肴销售数据

星期日	6 月 1 日	6 月 8 日	6 月 15 日	6 月 22 日	6 月 29 日
菜肴销售份数	128	124	123	131	125
各销售数据的权数	1	1	2	2	3

【案例解析】

根据表 8-1 中的数据，理论预测值的计算如下：

$$\frac{128\times1+124\times1+123\times2+131\times2+125\times3}{1+1+2+2+3}\approx126.11(\text{份})$$

加权平均预测法是给予最近的数据较大的权数，这样既能反映销售趋势，也能消除由于偶然事件而引起数据变化的影响。尽管如此，按数学公式计算出来的预测值只是理论预测值，实际工作中还要考虑季节、天气等因素，若是酒店餐厅还要考虑客房出租率，是否有会议和团队用餐、宴会预订等因素。企业用数学方法测得数据后还要均衡上述几种情况，再为保证菜品供应加上一个保险值，以得出菜品销售的预测值。

预测值＝理论预测值±特殊情况增减值＋保险值

在上例中，若根据气象预报下周日会下雨但无其他特殊情况，管理人员根据经验估计下雨天销售量大概会减少 50 份，为保证供应，加上理论预测值 10%的保险值，这一天的预测值应为：

预测值＝126.11－50＋126.11×10%≈89(份)

这种预测方法十分简单，也比较实用，适合需要每日制订计划生产量的餐厅使用。

2. 销售百分比预测法

如果某预测日的菜单与之前可比日的菜单没有大的变化，并且该日没有特殊的情况则可使用销售百分比预测法来预测各菜品的销售份数。

其方法为先预测被预测日的全部菜品的销售总数，然后查出根据一段较长时间统计的各菜品总销售数的百分比来进行预测。显然，只要将该日销售总数预测值乘以各菜品占总数的百分比就可以得出各菜品销售份数的理论预测值。当然管理人员还应根据该日是否有大的宴会和餐饮活动的计划，对理论预测值进行调整。

【案例 8－2】 某餐厅预测 7 月 6 日的销售总数为 89 份，各菜肴所占的百分比值见表 8－2，请采用销售百分比预测法计算 7 月 6 日各菜肴的预测销售数。

表 8－2 各菜肴占总销售数的百分比

海蜇皮蛋	翡翠炒虾球	生炒乳鸽松	椒盐焗肉排
28.82%	30.88%	22.54%	17.76%

【案例解析】

海蜇皮蛋预测销售数＝89×28.82%≈26（份）

翡翠炒虾球预测销售数＝89×30.88%≈27（份）

生炒乳鸽松预测销售数＝89×22.54%≈20（份）

椒盐焗肉排预测销售数＝89×17.76%≈16（份）

这种预测方法以先前的销售统计数据为依据，具有一定的科学性，再加上管理人员对经营情况的判断，因此这种预测方法既简单又具有实用性。但是此方法比较粗略，在很大程度上要依赖于管理人员的经验判断。

销售预测对餐饮生产品种和数量的计划以及人员的安排起指导作用。厨师长根据销售预测数据计划菜单上每道菜品的生产份数，要求采购员采购适量的原料，因此它是生产与销售管理间的一个重要环节。

（二）备货量计算法

这种方法是在营业额测算的基础上，依据百元营业额中各菜品所占比例，考虑出成率或损耗率，测算菜品购货金额，公式如下：

$$C_i = F_t \times X_i / B$$

其中：C_i——菜品购货金额；

F_t——预测营业额；

B——出成率（损耗率）；

X_i——百元营业额菜品比例。

出成率是食品原料的可利用率，是剔除食品原料在切割、加工、烹调过程中损失的重量后形成可食用的部分。不同品种的原料，出成率相差很大；即使是同一品种，由于进货时间、批次不同，出成率也不相同。损耗率是对实行统一配送的店铺配送的半成品的出成率。一般情况下，损耗率变化不大，可控制性强。

三、餐饮产品的生产与销售计划

餐饮产品的生产与销售计划规定了各菜肴计划生产的份数，反映了各菜肴的预测销售数量，为生产制作人员和服务人员规定了生产和服务销售指标。

餐饮产品的生产与销售计划由餐饮部经理或相应的管理人员负责编制，示例如表 8－3 所示。

表 8-3　餐饮产品生产与销售计划表

日期：2024.09.09	星期一	餐别：
菜名	预测数（份）	调整后预测数（份）
海蜇皮蛋	26	27
翡翠炒虾球	27	29
生炒乳鸽松	20	24
椒盐焗肉排	16	19
总数	89	99

任务二　餐饮销售控制

案例情境

一遇高峰出品就拥堵！上菜慢到底该怎么办?

我们总说做餐饮“唯快不破”，为了提高出品速度，管理者都费尽了心思，然而在每次都觉得自己已经做了充足准备的时候，一旦用餐高峰期来临，却又每每出现“拥堵僵局”，引来无数催菜的声音，那么到底是什么影响出品速度呢？又该如何真正地解决这一难题呢？

1. 预估客流，精准备料

我们常讲“有备无患”，餐厅的配料准备工作直接影响菜品出品快慢。在备料妥当之后，配菜员只需要按照菜单抓配即可，这样便可以省去现场备料的时间。

2. 引导点餐，缓解高峰后厨压力

在点菜的时候，服务员尽量向客人推荐一些出餐快的菜品，让快菜和慢菜在时间的搭配上得到平衡，尽量避免出现快菜已经吃空而慢菜还没有上桌的现象；或者提前告知客人哪一道菜会上菜慢，让客人有一个时间上的心理预期。如此一来，在点餐环节就为后厨的出餐做了一道缓冲防护。

3. 设置传菜“中枢”，有序备餐

厨房和前厅能否流畅对接，也是影响出品速度的一个重要因素，这就需要在出餐口设置一位传菜中枢员，其作用是做好前厅和后厨的对接和沟通。考虑到用工成本，这位“中枢员”可以由服务员或传菜员的领班担任。

国外很多西餐厅都会设置一位类似前厅和后厨沟通中枢的人物。首先，他会标注好每一桌菜单的点餐时间，排序之后，按照冷热及出品速度通知后厨准备菜品；其次，他会观察前厅每一桌客人的用餐进程，根据餐桌上的剩余可用菜品，估计不同桌客人的用餐时间，做好调度工作；最后，他会随时检查每桌已出的菜品，避免漏菜现象。

4. 用色卡区分菜品及上菜速度

作为中枢的传菜员，在拿到客人点餐单的第一时间，可以马上用不同颜色的色卡区分菜品的应上菜速度。色卡的颜色要显著。例如，用红色表示需要加急的菜品，用绿色表示素菜，用蓝色表示冷菜，用黄色表示热菜等。

总的来说，出品速度其实是一个系统化的过程，除了前面介绍的一些方法外，还跟餐厅工作的协调沟通以及厨房的工作流程有关。不过要注意的是，出品速度固然重要，但将出品质量放在第一位不可动摇。

【案例思考】

1. 在销售控制中，餐厅服务的点餐引导有什么作用？

2. 出品速度对餐饮销售会产生什么影响？如何控制出品速度？

【案例分析】

1. 虽然现在很多餐厅的菜单上都会注明菜品的烹饪时间，但客人往往还是会点一些做法复杂的菜，因做法烦琐而迟迟不上菜，并不会得到客人的理解，依然会给客人留下出品慢的印象，这时就需要服务员在客人点菜的时候做好引导。

2. 出品速度会影响客人的满意度，进而影响餐厅的销售额和经济效益。因此，在餐饮经营中，要通过预估客流、引导点餐、设置传菜“中枢”、使用色卡等方式做好出品速度的控制。

餐饮销售控制是从控制角度保证餐饮产品最终变化为餐饮商品的过程，目的是保证厨房生产的菜品和餐厅向客人提供的菜品都能产生收入。这一过程的圆满实现，需要餐饮经营管理人员建立一个完整的餐饮销售控制体系，这个体系包括点菜单控制、出菜检查员控制、餐饮销售指标控制以及收款控制。

一、点菜单控制

在餐厅常常出现以下情景：菜单在客人手里面转了一圈又回到服务员手中，许多客人常常翻了半天菜单，最后对服务员说：“你们这儿的招牌菜是什么？”“我们不熟悉，你给介绍一下吧。”这很浪费时间，特别是在就餐高峰期。餐厅经营者非常关心每桌或者每个包间翻了几次台，因为这代表收入有多少。让客人满意，还能够提高餐厅的收入，服务人员就要利用好点菜这个环节。

（一）制作不同的菜单吸引客人点菜

好的菜单具有促销作用。点菜员可通过图文并茂的固定菜单和适应季节变化变动的菜单吸引客人点菜，另外菜单上也可以利用特价菜等来进行促销。

（二）积极向客人推荐能够提高餐厅利润的菜肴

餐饮企业要发展，需要保证一定的营业额和利润。在合适的时机，服务人员可积极向客人推荐能给餐厅带来丰厚利润的菜肴。

（三）利用估清单，并随时掌握菜品销售情况

因为餐饮企业的一些原料不可能每天都供应得非常充足，如果当天客人点某道菜比较多，餐厅无法满足就会导致客人不满，为了避免这种情况，要善于利用估清单。它是前厅与后厨之间的桥梁，如果发现后厨哪些原料短缺，点菜员可建议客人点其他菜，积极向客人推荐原料富余的菜肴。

（四）通过点菜单把客人的信息传递给后厨

厨师都希望客人给予菜品较高的评价。要达到这种目的，除了需要厨师精湛的厨艺之

外，还需要了解客人的需求。在点菜时，服务人员要询问客人的需求并在点菜单上注明，并及时传递给后厨；也可以通过点菜单标注了解客人的需求，进一步开发一些新的菜品。另外，菜肴制作时间较长的菜，应事先告知客人，并在下单时注明接受点菜的时间。

二、出菜检查员控制

具有一定规模的餐厅，需要在厨房中设置一名出菜检查员。在西方国家的饭店，出菜检查工作通常由厨师长兼任。出菜检查员必须熟悉餐厅的菜品品种与价格，了解各种菜的质量标准。他的工作岗位设在厨房通向餐厅的出口处。出菜检查员是食品生产和餐厅服务之间的协调员，是厨房生产的控制员。其责任如下：

(1) 保证每张订菜单上的菜都得到及时生产，并保证传菜员正确取菜并送菜到餐桌。

(2) 保证厨房只根据账单副联所列的菜名生产菜品，每份送出厨房的菜都应在订菜单副联上有记载。这样可防止服务员或厨师私自生产或擅自免费将食品送给客人。

(3) 有的餐厅要求出菜检查员检查账单上填的价格是否正确，防止服务员为某种私利或粗心将价格写错或写低。

(4) 大致检查每份生产好的菜品的份额和质量是否符合标准。

(5) 防止客人账单副联丢失。

三、餐饮销售指标控制

餐饮销售额是指餐饮产品和服务的销售总价值。此价值可以是现金，也可以是保证未来支付的现金值，如支票、信用卡等。销售额一般以货币形式来表示。影响餐饮销售总额高低的指标主要有以下几种。

(一) 平均消费额

管理人员十分重视平均消费额。平均消费额是指平均每位客人每餐支付的费用。这个数据之所以重要，是因为它能反映菜单的销售效果，反映餐饮销售工作的成绩，能帮助管理人员了解菜单的定价是否过高或过低，了解服务员和销售员是否努力推销菜品和饮料。通常，餐厅要求每天都分别计算食品和饮料的平均消费额，其计算公式为：

平均消费额＝餐饮总销售额÷就餐客人总数

管理人员应关注平均消费额的高低，如果连续一段时间平均消费额都过低，就必须检查食品和饮料的生产、服务、推销或定价有何问题。

(二) 每座位销售额

每座位销售额用平均每座位产生的销售金额来表示。每座位销售额是由总销售额除以座位数而得。其公式为：

每座位销售额＝餐饮总销售额÷餐座数

每座位销售额可作为比较相同档次、不同饭店经营好坏的指标。

【案例 8-3】 A 餐厅年销售额为 458 万元，座位 200 个，B 餐厅年销售额为 250 万元，座位 100 个。A 餐厅和 B 餐厅哪个餐厅的效益更好？

【案例解析】

A 餐厅每座位年销售额＝4 580 000/200＝22 900(元)

B餐厅每座位年销售额=2 500 000/100=25 000(元)

因此，B餐厅的每座位年销售额高于A餐厅，说明B餐厅的经济效益更好。

每座位销售额也常用于评估和预测酒吧的销售情况。在酒吧中，一位客人也许喝一杯饮料匆匆而去，也许整个下午在那里商谈公务，要购买十几次饮料。如果用座位周转率和平均消费额来评价酒吧的效益，不是很科学，所以往往用每座位销售额来评价一段时间的销售状况。

（三）座位周转率

座位周转率也常常被称作平均每座位服务的客人数，它以一段时间的就餐人数除以座位数而得。其公式为：

座位周转率=某段时间的就餐人数÷(座位数×每天开餐次数×经营天数)

【案例8-4】A餐厅有餐位200个，一年就餐人数为24万人，B餐厅有餐位100个，一年就餐人数为11万人，两个餐厅都提供午、晚两餐。请比较两个餐厅的座位周转率。

【案例解析】

A餐厅的座位周转率=240 000÷(200×2×365)≈1.64

B餐厅的座位周转率=110 000÷(100×2×365)≈1.5

餐厅早、午、晚餐客源的特点不同，座位周转率往往需要分餐统计。座位周转率的高低直接反映餐厅吸引客源的能力的强弱。本例中，A餐厅吸引客源能力强于B餐厅，但每座位产生的收入却低于B餐厅，说明A餐厅的菜单价格较低或销售低价菜的比例较高。

（四）每位服务员销售量

该销售量可用每位服务员服务的客人数来表示。这个数据反映服务员的工作效率，可为管理人员配备职工、安排工作班次提供基础，也是职工成绩评估的基础。当然，该数据要有一定的时间范围才有意义，因为服务员每天、每餐、每小时服务的客人数是不同的。不同餐别每位服务员的客人数不同，一位服务员在早餐能服务的客人数多于晚餐；不同餐厅的服务员能够服务的客人数也不同，高档餐厅的服务员不如快餐厅服务的人数多。

每位服务员销售量也可以用销售额来表示。每位服务员的客人平均消费额是用服务员在某段时间内产生的总销售额除以他服务的客人数而得。

【案例8-5】某餐厅在月终对甲、乙两位服务员的工作成绩进行比较，得到了表8-4所示的销售数据。请分析该餐厅甲、乙服务员的销售情况。

表8-4 某餐厅甲、乙服务员的销售数据

工作成绩	服务员甲	服务员乙
服务客人数（人）	1 950	2 008
产生销售额（元）	51 675	51 832.2
客人平均消费额（元）	26.5	25.81

【案例解析】

上述数据明显地反映出，服务员乙无论在服务客人数和产生的销售额方面都超过了服务员甲，说明乙在积极主动接待客人方面以及工作量方面都比服务员甲更为出色。但是乙服务的客人平均消费额比服务员甲少0.69元，说明服务员乙在推销高价菜、劝客人追加点菜和点饮料方面不如服务员甲。

管理人员可向服务员乙指明努力方向，指出如果他在上述方面努力，则他在提高餐饮销售额方面还有潜力。服务员乙能增加销售额的潜力为：

0.69×2 008＝1 385.52(元)

服务员的销售数据可用收银员对账单的销售数据进行汇总，也可由餐厅经理对账单存根的销售数据进行汇总而得。

（五）时段销售量

某时段（各月份、各天、每天不同的钟点）的销售量对于确定餐厅人员如何配备、餐饮推销计划和餐厅最佳的开始营业和打烊时间是特别重要的。

时段销售量可以用两种形式表示：一段时间内所服务的客人数和一段时间内产生的销售额。例如，某咖啡厅下午 3:00—6:00 所服务的客人数为 40 人，产生的销售额为 900 元；而在晚上 6:00—9:00 所服务的人数为 250 人，产生的销售额为 7 000 元。很明显，在这两个不同时段应配备不同人数的服务员。某餐厅原定于午夜 12:00 停业，但在晚上 10:00—12:00 期间只产生 60 元的销售额，管理人员经过计算发现这两个小时开业时间成本会超过收入，因此餐厅决定提前停业。

（六）销售额指标

销售额是显示餐厅经营好坏的重要销售指标。一段时间的销售额指标的公式为：

$$\text{一段时间的销售额指标}=\text{餐厅座位数}\times\text{预计平均每餐座位周转率}\times\text{平均每位客人消费额指标}\times\text{每天餐数}\times\text{经营天数}$$

由于各餐每位客人的平均消费额相差较大，故销售额的计划往往要分餐进行。

【案例 8-6】 A 餐厅有 200 个座位，计划明年晚餐每位客人的平均消费额指标为 30 元，晚餐平均座位周转率指标为 1.6。请计算 A 餐厅明年晚餐的销售额指标。

【案例解析】

A 餐厅明年晚餐的销售额指标＝200×1.6×30×365＝3 504 000(元)

四、收款控制

餐饮企业不仅要抓好原料采购、菜品生产、服务过程的成本控制，还要加强收款控制，以保证餐饮企业的经济效益。餐饮企业应健全各项财务管理制度，并严格执行，严防收款员和其他工作人员协同贪污、舞弊行为的发生。餐饮企业的财务部门应每天审核账台的“营业日报表”和各种原始凭证。

餐饮收款控制的主要手段是单据控制。控制的基本程序是“三线两点”。“三线两点”是指把钱、单、物分离成三条相互独立的线进行传递，在三条传递线的终端设置两个核对点，以联络三线进行控制，即物料传递线、账单传递线、货币传递线、点菜单与餐费账单核对点和账单与货款核对点。

（一）三线

1. 物料传递线

物料的传递，从厨房取出开始，送至客人消费为止。其具体步骤如下：

（1）餐厅服务员根据客人的要求开出点菜单，点菜单一式三联。

（2）餐厅服务员把一式三联的点菜单交给收银员盖章，收银员留下一联，用于开出和打印账单，其余两联退还服务员。

（3）服务员自己留存一联，把第三联点菜单送到厨房或酒吧。

（4）厨房或酒吧根据点菜单制作菜点或配置酒水。

（5）传菜员将菜点或酒水送到餐桌上。

（6）每班结束后，厨师或调酒师把取菜单按餐厅名称及编号顺序整理好交送其主管。

（7）厨房及酒吧主管将各厨师或调酒师交来的点菜单进行汇总整理，交送财务部门。

2. 账单传递线

（1）收银员将点菜单的内容输入收银机，打印出账单，并把点菜单附在其后，按餐台号码的顺序安排好，等待客人结账。

（2）客人结账时，计算并打印账单的合计金额。

（3）每班结束时，根据账单编制本班收银员报告，并在收银机上打印出本班的收入情况记录纸带，并将此纸带与收银员报告核对后，连同账单一起交到收入稽核处。

注意：应随同上交账单使用情况表，以便统计该收银员使用账单情况。

3. 货币传递线

（1）收银员根据账单为客人结账。

（2）收银员下班时，按照币种、票面清点现金，收银员应严格按照有关程序办理。

（3）总出纳与监点人一起打开保险箱，点收当日全部收银员送交的现金等，并将现金送存银行。

（4）根据现金送存银行的回单，编制总出纳报告，并将银行回单附在此报告上，送交收入稽核人员审核。

上述三条传递线，最后形成三个终端。在三条传递线的终端设置两个核对点，从而将三条传递线对接起来控制。

（二）两点

1. 点菜单与餐费账单核对点

收入稽核人员要将厨房交来的点菜单与收银员交来的账单进行核对，检查账单上的项目是否与点菜单的项目相符，即账单是否完全根据点菜单的内容开立，有无遗漏。如有不符，应追查原因并写出处理报告或建议。

2. 账单与货款核对点

收入稽核人员将账单编制的餐饮收入日报表中的各币种现金结算数（有的酒店把银行支票收入数也包括在现金中）与总出纳员交来的总出纳员报告及银行存款回单等有关单据的数额进行核对，根据核对的结果编制现金收入控制表，并对现金溢缺写出追查结果的报告。

上述两个核对点是收入程序的关键控制点。核对点菜单与餐单是保证单单相符，揭露走单、走数的重要手段。核对餐单与货币是保证账款相符，揭露现金短缺的重要环节，二者缺一不可。

餐饮收银“三线两点”控制示意图如图 8－1 所示。

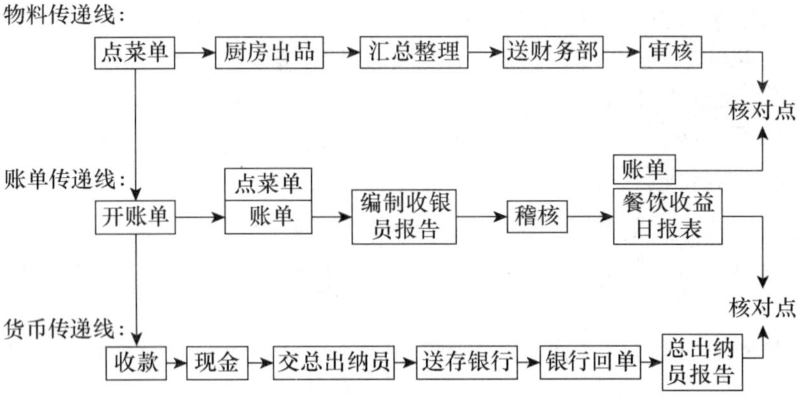

图 8-1　餐饮收银“三线两点”控制示意图

餐饮销售控制除了做好上述几个方面的工作外，还应该加强服务过程的成本控制。餐饮企业应加强服务过程的成本控制，以免成本增加。

一方面，餐饮企业应建立并健全各项管理制度，避免出现员工贪污、盗窃等行为。另一方面，餐饮企业应加强对员工进行职业道德教育并开展经常性的业务培训，使他们树立良好的服务意识，端正服务态度，提高餐饮服务技能。管理人员应多进行现场管理，指导服务员的工作，力求少出或不出差错，尽量降低食品成本。

总之，任何一个餐饮企业只有做好餐饮销售控制，才能尽可能控制好成本、获取更大的利润。同时必须建立一个完整的餐饮销售控制体系，餐饮管理人员必须从点菜单的控制、对出菜检查过程的控制、对收银员的控制、对酒吧销售的控制，以及相应的销售控制指标与销售报表的建立、考核等几个方面着手做好过程管理，对餐厅服务员应有相应的管理制度和服务操作流程的培训。

任务三　餐饮销售策略与数字化营销

案例情境

快餐吉野家玩转微信 O2O

快餐连锁品牌吉野家曾在北京发起一系列 O2O 促销活动：(1) 推出创意微信优惠券 App，结合微信互动和互动游戏优惠券展开线上线下活动，通过线下门店引导；(2) 开展微博、微信、代言人、意见领袖推荐；(3) 普通消费者微博、朋友圈分享口碑传播。

推广项目一（8—9 月）：“凭脸吃我”——凭自拍照享受折扣

8—9 月，吉野家推出新品“吉味米堡”，为配合宣传，吉野家发起“凭脸吃我”自拍折扣消费活动，抓住目标受众群爱“自拍”的特点，将此转化为个性化的微信优惠券。这个活动趣味性强且非常接地气、易于操作，容易引起消费者的兴趣、关注和参与。

推广项目二（9—10 月）：“帅哥换帅锅”——“凭帅哥”换取特定美食

想要在市场上琳琅满目的石锅拌饭中有辨识度，吉野家为自家的石锅拌饭取了个小名叫“大帅锅”，之后推出“帅哥换帅锅”系列活动（包括“疯狂帅锅”“白衬衣帅哥日”等），让消费者记住“大帅锅”＝“吉野家石锅拌饭”。

第一步：App 互动游戏

开发具有互动性的食材游戏，使消费者在玩游戏的过程中对吉野家的某一类菜品有一个深层次认识。

第二步：“帅哥换帅锅”之“吉野家白衬衣帅哥日”

吉野家石锅拌饭上市促销阶段（10 月 13 日至 11 月 8 日）策划了一个“白衬衣帅哥日”活动：每周四北京的一家吉野家门店为前 100 位穿白衬衣的男士免费赠送一份石锅拌饭。

此外，为进一步调动代言人“粉丝”群的力量，吉野家制作了五款代言人的微信聊天表情包，增加代言人“粉丝”与吉野家的黏稠度。

吉野家的营销活动在线上线下都取得良好的反响和互动，包括微博和微信 App 都取得不错的展示和推广，其官方微信在活动期间“粉丝”增加 2 万多人。为企业建立微信用户关系管理体系打下良好基础。

【案例思考】

1. 吉野家开展微信 O2O 活动成功的秘诀是什么？

2. 该案例对餐饮企业在互联网时代的营销有什么启示？

【案例评析】

1.“即兴消费”是快餐行业消费的一大特点，快餐行业的目标受众以年轻白领和学生群为主，消费者对于快餐品牌的选择有一部分是既定习惯，具有比较明确的偏好，但更多的是短决策：一个临时简单的念头就足以决定结果。吉野家结合当代年轻人爱自拍、打游戏的特点，并利用当时“白衬衣帅哥”这一社会热门话题，打造品牌营销。通过创意微信优惠券 App＋明星效应＋线下引导（京津冀所有门店餐桌桌角广告宣传推广）＋口碑传播（“白衬衣帅锅日”——“帅哥换帅锅”）的方式，使用微信进行 O2O 营销。与传统营销手段相比，其有效增强了目标消费群的认知度、好感度和参与度，提高了新品促销优惠券的到达率和使用率。

2. 餐饮企业利用微信开展适合线上线下互动的 O2O 营销，对于新品推广和客户积累都极具价值。移动互联网的快速发展，餐饮企业已经无法置身事外，积极拥抱移动互联网，迎合大众趣味需求，将创造性的趣味活动与商业推广合为一体，已是餐饮 O2O 营销的一个典范。

一、餐饮销售策略

餐厅在做销售和经营决策时，要以企业能获得的目标经济效益为前提。下面介绍制定餐厅营业时间决策、冷清时间价格折扣决策和亏损先导推销决策的方法。

（一）餐厅营业时间决策

1. 确定最佳营业时段所需要的数据

餐厅在早上什么时候开业，晚上什么时候停业，要以餐厅获利最大作为决策准则。确定最佳营业时间必须以经营数据作为决策依据。

在试开业时要统计以下数据：

（1）各时段销售额。

一个进行科学化管理的餐厅需要统计各时段的销售额，并以此作为经营决策的一种依据。各时段的销售额数据主要用于制作营业时间决策、清淡时段推销活动决策和人工安排决策。该数据可由餐厅收银员来收集。

（2）食品饮料成本率。

从月经营情况表中汇总可得出平均成本率。

（3）营业需增加的固定开支。

这部分固定费用不包括餐厅固定资产的折旧等，这些费用即使餐厅不营业也已经存在，这种资本是沉入资本。这里仅计算若在清淡时间开业需要增加的（不随销售数量变化而变化的）固定开支。例如增加的劳动人工费（开业需要职工数和每小时工资率），营业需增加的电灯、空调及其他费用等。

（4）其他变动费用率。

除食品饮料成本外，还有一些费用会随销售量的增加而增加，如桌布的洗涤费、餐巾纸等，可通过统计实际费用来计算变动费用率。

（5）营业税率。

根据上述数据能够计算出餐厅营业要求达到的最低销售额。

2. 确定营业要求的最低销售额

营业要求的最低销售额的公式为：

$$\text{营业要求的最低销售额}=\text{营业需增加的固定费用}\div\left(1-\text{食品饮料成本率}-\text{其他变动费用率}-\text{营业税率}\right)$$

【案例 8－7】 某餐厅在晚上 9:00—10:00 营业需增加人工费 120 元，增加其他固定开支 80 元，食品饮料成本率为 35%，其他变动成本率为 10%，营业税率为 5%。请问餐厅此时段营业最低应达到的销售额为多少？

【案例解析】

营业要求的最低销售额＝(120＋80)÷(1－35%－10%－5%)＝400(元)

如果餐厅在该段时间内达不到 400 元销售额，那么停业比营业更为合适。

3. 了解延长营业时间的一些其他原因

有些餐厅在早、晚清淡时间内虽然客源少，从经济效益考虑营业可能不合理，但考虑到下述因素会延长营业时间：

（1）延长营业时间是餐厅或饭店招徕客源的一种推销手段。这样可使餐厅或饭店树立一种经营时间长、能方便顾客的良好形象，使顾客愿意到酒店住宿或到餐厅就餐。

（2）为正式营业做准备工作。在清早和晚上客源很少时可以做一些营业准备工作，如叠餐巾、摆台、整理账务，晚上晚一点停业可以做一些清扫卫生工作。有些企业既要节约费用，又要为顾客留下关门晚的好印象，可在正式停业前做停业准备和打扫，但是这些工作不能留下让顾客可见的迹象，要在后台准备停业，如在餐厅前台打扫等于催促顾客，易引起顾客反感。如果餐厅晚上 10:00 关门，晚上 9:45 在餐厅里打扫卫生，顾客会很快作出结论：该餐厅晚上 9:45 关门，这样会造成晚上 9:30 就开始无顾客光顾了。

（3）延长营业时间是应付竞争的一种措施。有许多餐馆为战胜竞争者，即使赔钱也要让营业时间比竞争者更长或与他们一样长，以争夺客源。

（4）新餐厅早营业、晚停业可增加它的可见度，提高企业的知名度。

（5）有的咖啡厅或快餐厅在下午 2:00—6:00 生意清淡，可能达不到最低营业的销售额，但关门不方便，在这段清淡时间，搞一些推销活动会增加客源，使餐厅尽可能达到营业最低销售额。但是这种促销活动一定要有时间限制，如果促销时间过早或过晚都会影响盈利。

（二）冷清时间价格折扣决策

根据价格的需求弹性理论，通常降低价格会提高销售数量。有许多企业为了提高座位周转率，在生意清淡时段进行价格折扣。在做价格折扣决策时，必须研究价格折扣对盈利的影响。

1. 短期价格折扣法

有的餐厅在生意清淡的时段中推出“快乐时光”的推销活动，例如推销鸡尾酒时采取“买一送一”的优惠政策，或者以发展就餐俱乐部的形式对会员采取“一份价格买两份”政策。判断这种折扣政策是否有效，需要对折价前后的毛利进行比较，通过比较算出折价后的销售量是折价前的多少倍，以此评价才算合理。其公式为：

$$\begin{matrix}\text{折价后销售量}\\\text{为折价前的倍数}\end{matrix}=\begin{matrix}\text{折价前每份菜品}\\\text{(饮料)的毛利额}\end{matrix}\div\begin{matrix}\text{折价后每份菜品}\\\text{(饮料)的毛利额}\end{matrix}$$

【案例 8-8】某酒店的酒吧计划在生意清淡的时段利用“快乐时光”推出“买一送一”的鸡尾酒推销活动。鸡尾酒每杯原价为 4.5 元，酒品成本率是 25%。请问折价后销售量是降价前的多少倍才不降低利润？

【案例解析】

$$\begin{matrix}\text{折价后销售量}\\\text{为降价前的倍数}\end{matrix}=(4.5-4.5\times25\%)\div(4.5\times50\%-4.5\times25\%)=3$$

如果折价后的销售量超过降价前的 3 倍，这项推销政策是有效的。

2. 长期价格折扣法

在短时间内进行推销，对增加销售量的计算只要考虑毛利额即可。但在较长的经营时间内进行推销，还要考虑偿付固定成本、企业获得的利润以及平均降价率。例如，某餐厅在每周一到周五下午的 3:00—6:00 的“快乐时光”中推行“买一送一”的折价活动，这项推销虽然在该段时间内折价 50%，但对于整个经营时间来说平均折扣率不是 50%而是 20%。这项推销政策是否有效取决于折价后的销售额能否达到考核指标，其公式为：

$$\begin{matrix}\text{折价后需达到的}\\\text{销售额}\end{matrix}=\left(\begin{matrix}\text{企业要求获得的}\\\text{利润额}\end{matrix}+\begin{matrix}\text{固定}\\\text{成本}\end{matrix}\right)\div\left[1-\frac{\text{折价前变动成本率}}{1-\text{拟定的折价率}}\right]$$

【案例 8-9】某餐厅准备在周一到周五的下午 3:00—6:00 开展“买一送一”的推销活动。餐厅每月的固定成本额是 200 000 元，餐厅要求获得月利润为 100 000 元，折价前的变动成本率是 60%，由于每周只有五天折价，每天只有三小时折价，因此平均折扣率只有 20%左右。求：在折价前企业要完成 100 000 元的利润，需要达到的月销售额是多少？若要获得同样的利润，折价后需要达到的月销售额是多少？

【案例解析】

折价前需达到的月销售额=(100 000+200 000)÷(1−60%)=750 000(元)

折价后需达到的月销售额=(100 000+200 000)÷{1−[60%÷(1−20%)]}

=1 200 000(元)

外出就餐享用的往往是一种享受性产品，而不是一般的必需品，故价格下降通常会引起销售量的增加，但并不是每项折价政策都能提高经济效益。管理人员必须详细记录折价前后的就餐人数和销售额等数据，比较实际销售额能否达到要求的水平。如果不能达到，就应立即采取措施改进或取消这项推销活动。

（三）亏损先导推销决策

亏损先导产品是企业经过选择，将价格定得很低，用来作诱饵吸引客人光顾餐厅的产品。

1. 次级推销效应

分析产品折价推销的效果，不能只分析这一种产品折价前后的盈利性，还必须分析它们的次级推销效应。

次级推销效应就是某产品的推销对其他产品的销售带来的影响。顾客由于诱饵产品折价进入餐厅时，通常还会购买其他产品。特别是具有互补性的产品，一种产品的销售往往会刺激另一种产品的销售。例如，西餐主菜菜品的折价会增加葡萄酒、开胃品、甜品的销售量。前面提到“快乐时光”或就餐俱乐部的饮料折价政策，也会使餐厅的顾客增加并使其他产品的销售额增加。

【案例 8－10】假如某餐厅为增加客源，向前来就餐的客人免费提供一杯葡萄酒。这项推销活动会使餐厅的收入提高，预计它对餐厅会产生下述影响：

(1) 由于免费推销葡萄酒，这部分葡萄酒的销售不产生收入。

(2) 预计客人会增加一倍，从原先的 200 位增至 400 位，每位客人的平均消费额为 5.50 元，则销售额将从 1 100 元增加到 2 200 元。

(3) 由于客人增加一倍，所用饮料的成本总额也增加一倍，即从 80 元增至 160 元。食品成本总额也增加一倍，从 407 元增至 814 元。

(4) 服务人数需增加，人工费增加 40 元。

这项推销活动对餐厅的收入和利润产生的总体影响见表 8－5。

表 8－5 葡萄酒推销的次级推销效应

变动项目	食品		饮料		总计	
	推销前	推销后	推销前	推销后	推销前	推销后
销售额	200 位客人，共 1 100 元	400 位客人，共 2 200 元	200 元	0	1 300 元	2 200 元
变动成本	成本率 37%，成本额 407 元	成本率 37%，成本额 814 元	成本率 40%，成本额 80 元	成本额 160 元	487 元	974 元
毛利	693 元	1 386 元	120 元	−160 元	813 元	1 226 元
工资费用	—	—	—	—	250 元	290 元
净收益	—	—	—	—	563 元	936 元

一个产品的推销对其他产品销售所产生的影响（收益）必须减去本产品损失的利益，它的纯利益可用下面的公式来表示：

$$\text{净收益}=\text{其他产品增加的客人数}\times\text{客人平均消费额}\times\left(1-\text{其他产品变动成本率}\right)-\text{增加的人工费及其他费用}-\text{亏损先导损失的收入}-\text{亏损先导增加的成本}$$

以表 8－5 的数据计算，葡萄酒推销所增加的净收益如下：

$$(400-200)\times5.5\times(1-37\%)-(290-250)-200-200\times40\%=373(\text{元})$$

从上例可见，亏损先导推销虽然减少了饮料收入，但使餐饮纯收益增加了 373 元。进行亏损先导推销必须做好销售预测和可行性研究，有可能的话先做试推销。

2. 做“亏损先导推销”活动时需要收集的数据

在试推销过程中要注意收集信息，避免产生不可收拾的错误。在进行亏损先导推销时要收集下列数据：

（1）亏损先导推销给其他产品增加的顾客数和销售额。

（2）亏损先导推销所增加的成本（包括亏损先导增加的成本及其他产品所增加的成本）。

（3）亏损先导推销所损失的收入。

（4）计算亏损先导销售所增加的其他费用，如人工费、燃料费等。

（5）计算亏损先导推销所获得的净收益。

餐饮促销管理

二、餐饮数字化营销

随着数字化技术发展，餐饮企业已不局限于实体门店，而是通过短视频、直播等新媒体营销方式拓展消费新渠道。在互联网时代，很多餐饮企业都开始通过线上营销的方式获取线上流量，以提高自己的营业额。开通线上全渠道营销的意义在于，餐饮企业可以通过外卖和团购等线上营销活动获取更多的用户数据，从而根据性别、年龄、地域、消费偏好等信息做出用户画像，再针对用户画像制订精准营销方案，通过打折、满减等营销方式使餐饮店铺被更多的消费者在线上的互联网平台触达，最后实现提升营业额的目的。

以下为大家介绍大众点评、抖音、口碑网、淘宝网、高德地图等数字化平台的营销手段，了解餐饮企业如何顺利抢占线上流量入口，高效获取线上流量。

（一）大众点评

大众点评是一个独立的第三方点评网站，可以为用户提供商户的信息和餐厅预订等交易服务。它是一个热门的生活信息和交易平台，拥有庞大的流量，用户会通过该平台展示的信息选择餐厅。例如，用户可能因为大众点评上的一条大篇幅的好评而不远万里来到餐厅体验，也可能因为一条差评而直接将某个餐厅打入“冷宫”。所以，餐饮企业重视大众点评上的餐厅运营对于获取线上流量是很有帮助的，做好大众点评上的餐厅营销应掌握以下要点。

1. 流量获取

从本质上来说，大众点评的作用是帮助餐厅赢得 3 千米内的竞争，即可以让我们的店铺在3千米的范围内脱颖而出。所以，餐饮企业想要在大众点评平台上打响自己的品牌，首先需要最大限度地获取流量。在具体的流程中，它主要是从美食列表、首页信息流、搜索、霸王餐和必吃榜5个流量入口为餐厅引流的。

（1）美食列表。

大众点评上的排名对于餐饮企业来说非常重要，因为很少有人会耐心地翻到页面的最下方来寻找餐厅，基本在搜索完前几个餐厅之后，就已经决定到哪家店用餐。

美食列表的排名特点是“千人千面”的，即平台会根据用户在平台上的历史行为（购买、搜索、收藏、点赞、分享和浏览等）记录分析每个用户的消费偏好，再根据这些数据（用户对不同店铺、口味和菜品的偏好）为每个用户展示餐厅排序。

（2）首页信息流。

首页信息流同样也是巨大的流量来源，其形式是将店内食物以图片或视频的形式在用户的首页展现，更能够引起用户进店用餐的欲望。其主要特点与餐厅排名基本一致，同样也是“千人千面”，并且具备特定的广告位。

（3）搜索。

搜索规则即搜索逻辑。当消费者想要享受某个品类的美食时，就可以通过搜索框挑选菜品。如我们在搜索框输入“火锅”，大众点评会从“综合”“内容”“达人”三个方面向用户推送有关火锅的商家信息和活动信息等，在“综合”里，用户还能从智能排序、离我最近、人气最高、评价最好、口味最佳、环境最佳、服务最佳以及人均消费的高低等方面挑选最符合自己心意的火锅门店。

（4）霸王餐。

霸王餐是平台为活跃的会员用户提供的福利，会员用户可以凭平台发放的优惠券到商家免费用餐，用餐结束后，会员用户需要针对本次消费行为，根据商家的环境、产品、服务等维度输出一篇优质的评价内容，作为对霸王餐优惠的反馈。若体验结束后30天内不写评价，会影响该会员用户后续的中奖概率。对于商户而言，霸王餐不仅能够帮助门店获取流量，还能够丰富新店的评价页面。

（5）必吃榜。

必吃榜是基于大众点评大数据和用户验证综合选出的，是一本受本地和外地食客欢迎的特色菜品、美食街和高性价比餐厅的美食指南。必吃榜包含必吃餐厅、必吃街和必吃菜三个部分，可以为用户提供快速、高效、权威、可信的消费参考。

2. 提高进店转化率

在获取了足够的流量之后，商家需要通过对店铺的打造，吸引用户进入平台店铺了解更多信息。要想提升店铺的进店转化率，需要从以下三个维度进行优化。

（1）打造五星店铺。

店铺的星级是影响用户选择餐厅的重要因素，大众点评生成店铺星级的基本逻辑是用户的评价生成评分，再由评分生成店铺星级。所以，五星店铺的打造应该从如何提高用户对店铺的整体评价的角度考虑问题。通常情况下，平台会从5个方面分析用户的评价，即诚信度、时间、用户因素、评价质量和评价数量。大众点评会综合这些因子对商户进行最终评定，星级反映的是商户在同类目下的相对水平。对于商家来说，顾客在用餐后就整个过程的体验在大众点评上进行打分和分享感觉就是评价，所以餐饮企业提高顾客评价的重点在于提高顾客的用餐体验。顾客用餐后的体验源于其在店内所吃的餐品、在店内享受的服务和在店内感受的氛围，简而言之，就是口味、服务和环境三个方面。

（2）店铺“装修”。

在平台的虚拟店铺中，用户并不能直接了解商家的实际情况，所以线上店铺“装修”就更加重要了。大众点评上的店铺从某种程度上来说，可以视作消费者进店消费之前的踩点，虚拟店铺所展示的各个细节都会成为用户心理预期的一部分。如果可以在一开始就能够抢占用户心智，那么消费行为自然也会随之发生。

大众点评平台上的店铺“装修”包含两个维度，首先是店铺信息的展示。店铺信息展示的内容主要包含 6 种信息，即店铺星级、店铺名称、店铺图片、店铺标签、促销活动、评价数量。商家要想获得更多用户的关注，需要对这 6 种信息进行优化。其次，店铺“装修”除了展示店铺信息以外，店内“装修”也必不可少。店内“装修”主要有 4 个要点：第一，做好店铺首页横幅广告的设置。可以把店铺的菜单、招牌菜、环境和品牌故事等拍成照片或者制作成短视频，引起顾客对店铺的兴趣，从而提高他们到店消费的欲望。第二，推荐菜。在店铺的主页上有一个“网友推荐”的单元，排名靠前的是店铺的人气产品。想要获得更多的推荐，商家可以从产品质量和用户评价两方面入手。第三，菜单。店铺可以在一个醒目的位置把自己的菜单拍成清晰的图片，或者直接制作一个清晰的电子菜单更直观地为顾客展示产品。一张简单的图片比一段华丽的文字描述更能引起用户消费的欲望。第四，问答板块。有很多进店的顾客会通过这个功能询问网友有关店铺的信息，从而最终决定是否进店，如“店内是否有 10 人的大包厢”等。

（3）促销活动。

要吸引顾客最终在店内消费，做促销活动也是一个很好的方法，例如，我们可以通过代金券或套餐活动提高店铺的吸引力。店铺在设计和发放代金券时可以设置为从周一到周五，从周六到周日，以应对周末人流高峰期。在设计套餐活动时，可以根据实际场景设计，如两人餐、四人餐、团餐和低价引流套餐等。

除此之外，店铺可以开展优惠买单和拼团活动。优惠买单是商家在顾客最后付钱的时候给予的消费金额优惠，拼团可以让顾客在拼单消费时更加方便。

（二）抖音

如今是“流量为王”的时代，流量让很多新行业火了起来，短视频就是其中之一。鉴于美食本身强烈的视觉冲击属性，非常适合以短视频的方式进行展示，因此“抖音＋餐饮”的经营方式一经推出，便受到了热烈追捧，许多网红食品由此应运而生。借助抖音营销模式，不少餐饮品牌都创下了销售奇迹。餐饮企业利用抖音为店铺引流，有效提升店铺营业额要掌握以下几个要点。

1. 获取流量

要想合理利用抖音，通过抖音获取店铺流量，先要了解抖音平台的规则。每个平台都会根据自己的战略方向设置规则，想要在平台上营销自己，就跟外卖一样，必须了解平台的基本规则。

抖音的第一个规则就是要在上面发布作品的用户必须有自己的一个独立账号，这也是餐饮企业进行抖音营销的第一步——开立账号，设计主页信息。建立自己的账号需要一定的技巧，才能让用户在进入店铺主页时被内容信息吸引，从而成为店铺的粉丝。餐饮企业在设计抖音账号时必须考虑以下4个方面：一是设计一个清晰的店铺名称，最好是"品牌+品类"或者含有地域名的名称，使店铺更容易被搜索到；二是通过设计一个符合店铺特色的背景图展示品牌调性和店铺整体感；三是加上一个代表企业认证的蓝V或一个代表名人认证的黄V，从而告诉顾客该账户的流量权重很大；四是在有限的空间内用一两句话表达自己的品牌调性，提高搜索量和品牌曝光度等。在抖音上成功地设置店铺账号之后，我们还要对抖音的功能进行解读。刷抖音的人群都是以三个主题或者说页面聚合在一起的：一是"同城"，以地理位置聚合；二是"热搜"，以兴趣（话题、音乐）为中心聚合；三是"直播"，以人物为中心聚合。只要餐饮企业参与这三大主题，就能提高店铺在人群中的存在感，为店铺引来人流。餐饮企业还可以利用抖音上类似微信朋友圈的"引导互动"功能让顾客更便捷地与店铺互动，利用"推荐关注"功能提高新用户关注店铺的意愿，利用"推荐算法排序"功能让相关的标签用户更容易看到店铺发布的内容，只要餐饮经营者解读并且学会应用这些功能，就能进一步提高店铺的曝光量，从抖音庞大的流量中为店铺引流。

2. 打造网红内容

内容是短视频运营的核心，对于餐饮企业而言，要想用美食吸引顾客，使顾客感兴趣并进店消费，就必须重视视频内容的打造。而要打造好的内容，核心就是餐饮企业有针对性地对视频进行定位。

餐饮网红可以从6个方面对发布的视频定位，即文化、历史、菜品、品类、环境和服务。只要视频内容定位清晰、经典，有代表性和话题度，就是一个能吸引顾客的好视频。

（1）文化。

餐饮文化博大精深，就像《舌尖上的中国》，其实就是一部餐饮的文化史。餐饮企业在打造视频内容时可以紧扣中华文化的主题，以此激发用户的情感和情怀，最终激发用户对美食的兴趣。

（2）历史。

不管是品牌还是品类、菜品，都有自己从无到有的历史。如果餐厅能把这些历史背景融入视频内容，通过好的故事情节吸引人，如在具体操作过程中，可以结合产品的历史特色，制造一些比较有趣的特色吃法，就能激发顾客的兴趣或者情感共鸣。

（3）菜品。

从菜品来说，口味很重要，但是视觉也很重要，能让人在吃之前有拍照、与他人分享的冲动。餐饮企业可以通过自主创新为店铺增加新的菜品，使用户有进店体验的兴趣。要想在抖音上真正火起来，餐饮企业就一定要有自己的拿手绝活，要有自己的爆款菜品，使自己成功地从同质化产品中脱颖而出。

（4）品类。

如果菜品不容易出特色，就要找到品类上突出的地方，比如火锅调料拼吃、烤串当韩式烤肉吃等，通过给予用户"稀奇感"达到吸引眼球的目的。

（5）环境。

餐厅可以从生活入手，借助时下热门的话题，在视频中巧妙地植入店铺环境，从而吸引人们的眼球，引发情感共鸣。视频内容可以突出环境特色，哪怕是一个桌牌，只要找到合理的故事，从好的角度拍摄也能做出一个有趣、精彩的视频。

（6）服务。

如果餐厅内有网红服务员或者有特色的就餐仪式，拍视频就有了最好的素材。餐饮企业可以挖掘店员的潜力，打造个人 IP（知识产权），这样视频中的网红服务员就能为店铺带来巨大的流量。有些店铺会在某个固定环节让员工为顾客表演抖音上的一些热门舞蹈，并将其拍摄成视频同步发到抖音上，以此对店铺进行宣传，吸引更多顾客进店消费。

因此，只要餐饮企业可以从这 6 个方面对视频进行内容定位和选材，抓住当下年轻消费者的眼球，就能打造网红内容，从而通过视频获取线上流量，收获用户的喜爱。

除此之外，餐饮企业还可以通过其他小技巧打造更具吸引力的网红内容。餐饮企业可以在视频中展示一些美食的做法，无论是家常菜，还是食品搭配或摆盘技巧。这些能够给顾客提供切实帮助的内容往往很容易被人收藏，对提升视频的权重非常有利。

需要注意的是，抖音的用户以 18～30 岁的年轻人为主，该用户群体个性鲜明，自主性强，追求差异化。对于他们而言，好看、好玩和有趣的内容往往更有吸引力。“好看”意味着年轻人更青睐高颜值的产品和环境，他们会因为一个奇特的造型而对某道菜品产生浓厚的兴趣，也可能因为店铺典雅、独特的环境而不远万里来店体验。在视频中，我们可以从产品本身、包装以及环境的颜值上下功夫，以激发视频观看者的兴趣，让其自主传播。“好玩和有趣”意味着年轻人喜欢有参与感、互动性强的视频，所以我们不仅要通过视频进行自我展示，还要将顾客吸引进来，让其参加，由此提升用户体验，增加顾客的归属感和品牌荣誉感。只要你的视频足够好玩有趣，就永远不会缺乏观众和传播者。

3. 运营技巧

要想成功地成为抖音上的名人，拥有自己的忠实粉丝，餐饮企业在视频上线之后，就要根据之前确定的内容机制开始实际执行运营，下面的三个关于运营的小技巧可以让视频得到最大程度的曝光。

第一，时间技巧。首先，餐厅在平台上发布视频的时间一般应该定在 17:00—20:00，这是一个不容错过的时间段，因为大部分人都从一天的忙碌生活中渐渐退出，开启了夜间的娱乐生活，有时间拿起手机刷抖音，关注自己感兴趣的内容。其次，发布的视频长度应该在 15 秒左右，在这 15 秒内将最好的内容展现出来。再次，餐厅发布视频的频率一定要保证每周有 4 条内容，以免粉丝流失，中断流量的获取和转化。最后，餐厅在抖音上的运营周期需要至少持续一个季度，因为将抖音流量转化为最终的店铺消费流量要在一个季度后才能实现，在此期间，餐饮企业必须在抖音上用心运营。

第二，内容生成技巧。（1）内容的优质性，即剧本是核心，我们要紧抓内容的定位；（2）内容的热度，即抖音话题榜是核心，我们在运营视频时一定要紧贴当下的热门话题；（3）音乐的热度，即排行榜是核心，要求我们对热门音乐有大致的了解；（4）内容有互动，即文字是核心，能够让顾客参与进来；（5）热门工具，即抖音官方主题是核心。在做抖音内容时将这些核心因素考虑在内可以有效地提高视频的热度。

第三，投放工具 Dou＋。Dou＋是抖音平台推出的促进更高效传播的内容加热工具，可以将视频推荐给更多的兴趣用户，以期提升视频的播放量和互动量，帮助企业更好地进行内容运营和品牌建设。

（三）口碑网

对于餐饮店铺而言，入驻口碑网的好处是显而易见的。首先，在口碑网上线后，我们可以利用平台的开放功能对店铺进行宣传推广，并可以通过精准营销、会员运营等工具对用户数据进行分析。其次，在口碑网平台上，我们可以随时发布自身产品，参加平台所推出的或者自己自主设定的相关优惠活动，以此吸引更多的顾客来店消费。最重要的是，在支付宝口碑上线的店铺，可以不花一分钱便与支付宝共享 10 亿用户，每一个支付宝用户都有可能转化为店铺的粉丝。

成功在口碑网入驻之后，我们要注意对收款/核销、对账、服务市场、商铺管理等相关功能进行依次设置，由此正式开始店铺在口碑网上的经营之路。利用口碑店铺提高浏览量要掌握以下方法：

1. 付费推广

提高店铺流量的方法有很多，最为直接的就是付费推广，需要向平台支付一定费用，以便获得更多的曝光机会。

2. 参加或开展营销活动

适当开展优惠活动可以为店铺带来更多的关注，特别是参加平台推出的一些不定时营销活动，可以极大地提升店铺曝光率，为店铺带来相对较多的免费流量。口碑网会在诸如“双 11”“517 饿货节”等互联网节日时期，推出一些商家活动，多平台给予活动展示和曝光机会。对于商家来说，积极参与此类活动，是获取流量的一个重要方式。

3. 提高自然搜索流量

这就需要我们对平台排名规则进行详细研究，对热门搜索出现的关键词加以关注，然后有针对性地提高店铺权重。通常情况下，只要我们能够提高店铺产品的销量和好评率，做好相关数据优化，就可以获得搜索引擎优先抓取推荐的机会。需要注意的是，提高店铺好评率的核心是提升客户的满意度，因此我们要善于收集的分析顾客的评价，从中查找我们在日常经营中存在的问题，然后有针对性地加以调整，这样自然能够提升顾客满意度。

4. 优化推广素材

在口碑网正式上线之前，我们最好先要明确店铺的定位，找到让顾客消费的理由。这样，我们在设置店铺信息时就可以有针对性地进行宣传，进而提炼吸引顾客的元素，将其设计成图片和方案，进行推广，以更好地吸引顾客的眼球。

5. 注意顾客关注点

在日常经营过程中，要注意收集顾客的反馈，了解店里哪些部分更受顾客青睐，并对此进行总结，由此提炼更多的吸引顾客的元素。增加一些与榜单排名和主营业务相关的标签，能让顾客一眼就看到商家的亮点。当然，我们不仅要想办法提高曝光率，吸引更多的流量，还要注意流量的精准性，因此在对店铺进行宣传设置时，应学会明确店铺的目标顾客群体，并重点针对这部分顾客设计相应的推广活动。

6. 使用支付宝入口支付

口碑网会根据同商圈内支付宝的支付频次和占比对商家进行排名。支付占比大的门店会优先展示，顾客会看到门店的“实时人气”，这对门店引流有很大帮助。口碑平台上的餐饮企业，在用户进行支付的时候，可以提醒优先选择支付宝入口，实时增加门店曝光量。也可以通过支付宝支付减免或者增量等活动方式，促使消费者使用支付宝进行结算。

7. 做好顾客口碑

口碑平台和点评一样，顾客也可以进行点评，对店铺排名和展示都有一定影响。不过在口碑平台进行点评的用户多数为消费后点评，所以更要维护好顾客体验。影响口碑评价星级的因素有很多，其中，评价的数量与质量是比较重要的两个因素。餐饮企业要鼓励用户点评，尤其是图文并茂的优质点评。在这个过程中，除了提升产品与服务的质量，促使顾客主动点评以外，一些意料之外的惊喜更容易让顾客产生拍照分享的冲动，比如优美的环境和特殊的礼品等。

（四）淘宝网

通过淘宝网首页点击“外卖”入口，我们便可以进入“饿了么”平台点餐。因此，加入“饿了么”外卖平台，可以帮助我们有效借助淘宝的巨大流量，为自身引流。

除了对淘宝网上的外卖入口加以合理利用，我们还可以借助淘宝平台实现餐饮的零售化。像船歌·鱼水饺、西贝莜面村、星巴克、眉州东坡、真功夫等众多知名餐饮品牌都在天猫上开设了旗舰店，将其部分可以实现商品化的产品放到电商平台上进行销售。这种操作方式可以帮助餐饮店铺打破时间和空间限制，获取更多的流量和销量，成功为线下引流。

当然，要做好零售工作，有效利用淘宝平台实现引流，也绝非易事。提升淘宝排名、做好餐饮零售工作要掌握以下技巧。

1. 差异化定位

在网络购物已经成为人们常规购物习惯的今天，淘宝红利期已经成为过去，先入局者往往拥有较大的优势，后进入者很难将其超越。通过仔细观察，我们不难发现，当前整个食品零售业，无论是火锅底料还是水饺市场，竞争都非常激烈。经营者都想后来居上，在众多同质化店铺中脱颖而出，成功抢夺淘宝流量，此时必须另辟蹊径，寻找差异化定位。

2. 组建专业团队

零售的经营方式和传统门店销售有非常明显的区别，餐饮零售化绝不仅仅是在网上开设一家门店这么简单，其复杂程度远超很多餐饮经营者的想象，从库存到账期，到供应链，再到陈列，餐饮企业面临一系列烦琐而又非常重要的工作，哪一点都不容忽视。没有专业的团队，零售工作很难顺利进行。

一个完整的零售团队应该包括专业的产品制作人员、网店经营人员以及客服人员三种角色。产品制作人员负责产品的开发与制作，网络店铺内销售的产品与普通的产品有一定差异，首先要适应长途运输，其次要有更长的保质期。这就是产品制作人员的职责，研发并生产适合在电商渠道销售的产品。网店运营人员的主要工作是店铺的“搭建”与“装修”，其实网店运营和外卖运营有一定的相似之处，店名、门头、店铺环境都会影响曝光率、进店率与转化率，所以网店运营人员一定要精通网页设计与搜索引擎优化技术，这样才能打造优质的网络店铺。客服人员的工作就是负责与顾客和物流即时沟通，回复顾客的疑问，解决顾客的问题，以及协调物流。

3. 优化产品标题

产品标题的选择并不是单纯以热度作为参考，并不是什么词热度大就添加什么，必须明确的是，我们需要引进能够带来销量的精准流量。因此标题的设置一定要和产品相关，在此基础上，再尽可能地选择一些搜索量较高的词语，如“川味香锅”可利用当下热门的地域美食特色提高产品的搜索量。

4. 优化图片质量

在淘宝上进行产品搜索，直接呈现在人们眼前的就是产品主图，因此，要想有效取得点击量，成功利用淘宝为店铺引流，就要注意对产品推广图的打造。图片首先要醒目，有亮点，让人眼前一亮，还要尽可能突出卖点，甚至可以适当加入促销文案。

5. 优化关键词

关键词对于产品在淘宝上的自然排名起着非常重要的作用。在对关键词进行筛选时，要尽可能挑选高精准的词，产品上架前期可以对关键词进行不断尝试、调整，通过数据统计，替换点击量低于行业平均点击量的词语。

从堂食到外卖再到零售，伴随着时代的发展，餐饮行业也在不断演化升级。借助淘宝等电商平台实现餐饮零售化，对于许多餐饮店铺而言，无疑是一个有效提升门店曝光量，进行业务拓展的好方法。但是，我们也要依据自身情况量力而行，切不可盲目跟风，要综合考虑自身产品定位、人员配置以及店铺经营情况，毕竟，并不是所有餐饮产品都可以进行零售。

（五）高德地图

如今，地图导航已经成为人们出行必不可少的一个重要工具。人们可以通过地图查找各个住宅、办公楼、景点甚至餐厅的位置。有就餐需求时，人们可以通过地图查到某一餐厅的具体位置，或者查到自己所处地点附近有哪些餐厅。因此，如果能够将地图导航加以合理利用，可以为餐饮企业带来不小的流量。

自 2019 年 5 月 17 日起，高德地图发布公开信表示将正式启动“小店发光”计划，全面号召全国各个小店入驻高德平台。各个小店只要按照提示在平台上上传相关材料，并通过审核后，就可以成功入驻高德平台，成为高德认证商家。这样，高德地图的用户就可以通过搜索查询到该店的信息，以此增加店铺的曝光量。

入驻高德地图平台，让自己的店铺信息被高德地图标记并不是一件非常复杂的事情，根据平台提示准备相应的材料，然后等待平台审核即可。通常情况下，入驻高德地图前需要提前准备好门店照片和营业执照，具体要求如下。

1. 门店照片

真实、清晰的门店照片可以帮助顾客更好地对店铺进行定位。为了更好更快地通过审核，高德地图要求商家现场对门店进行拍照，且不能在夜间拍照。同时，照片应该满足以下三个要求。

（1）室外入口和招牌。

如果店铺临街，拍照时要尽可能对入口进行正面拍摄，正门入口应清晰全面，要包括招牌信息。

（2）室内入口和招牌。

如果店铺处于商场等室内场所，在对门店进行拍照时，也要完整清晰地拍摄店铺入口和招牌。

（3）周边信息。

在拍摄门店时，如果能够包括店铺周边的店铺或建筑等信息，也可以提升通过审核的概率。

2. 营业执照

在上传营业执照时，要注意确保拍摄方向的正确性，不能斜拍、翻拍，要保证执照上的文字和国徽清晰地显示出来。

需要强调的是，由于系统更新延迟等原因，新申请的营业执照有可能无法查询，自然也没有办法通过平台审核，因此最好在营业执照到手三天以后再提交申请。

所有材料成功提交后，平台会进行审核，审核周期通常为一个工作日，审核完成后平台会以手机短信的方式通知商家。一旦店铺认领添加成功，就可以一直拥有该店铺。

经过高德地图认证的店铺可以借助这个拥有巨大流量的平台，使自己的店铺得到更多的曝光机会，被顾客快速地找到，从而有效增加店铺知名度，提升营业额。同时，还可以根据自身需求，发布相应的促销信息，以吸引更多的顾客进店。

地理位置是影响餐饮消费者进行选择的重要因素，因为通常餐饮消费总是与其他社交行为挂钩的，比如，同学聚会、朋友约会等。在这种情况下，人们在选择餐饮消费地点的时候，通常会选择靠近社交行为发生地点的地方。为了满足这种餐饮消费的位置需求，消费者通常会使用地图软件查看目标位置的餐饮店铺。通常在地图软件上显示的店铺，基本都是通过平台认证的商家。

小资料

数字化时代下的线下营销推广

对于餐饮企业来说，线上是高效获取收益的优质渠道，但线下始终是商家最直接触及顾客的唯一途径。如果说线上顾客提供的是即时的收益，那么线下顾客提供的是持续的口碑和品牌影响力。从长远发展的角度来看，二者缺一不可。

虽然从当前的餐饮市场来看，外卖已经逐渐成为中小型餐饮企业的主要销售和创收渠道，也有很多单独经营外卖的店铺开始崭露头角，但这并不意味着，在未来的发展过程中，餐饮企业可以舍弃线下资源，原因有二。其一，外卖与堂食提供的消费场景不同。平时的生活餐和工作餐可以通过外卖解决，但多人的聚餐或有特定目的的宴会还是会选择堂食。首先，家庭环境很难提供多人就餐的条件，而餐厅可以提供专业的餐饮服务。其次，去专业的饮食场所能够体现主人对客人和这次活动的重视。其二，全零售是餐饮企业发展的终极形态，堂食、外卖、外带、食品化缺一不可。从现在来看，外卖激活和引入了原本餐饮企业应用程度较低的线上资源，为餐饮企业的发展注入了新的活力因素。因此，在当前的红利期内，餐饮企业加强对线上资源的利用无可厚非。但线上资源与线下资源终究处于两个不同的维度，随着发展阶段的提升，餐饮企业需要用堂食展示调性，树立品牌形象，这些作用是外卖或者其他渠道的销售方式无法代替，而企业在未来发展中又必须具备的。同时，随着餐饮企业数量的增多，整个行业会逐渐达到饱和甚至满溢的状态。在这种情况下，想要生存和发展，自然需要最大程度地利用自己的消费者资源，无论是线上，还是线下。

素养园地

美团 ROS 助力餐饮商家营收增长，百余商户获“餐饮数字化之星”大奖

党的二十大报告指出，要加快发展数字经济，促进数字经济和实体经济深度融合。餐饮业作为数字经济与实体经济融合发展的重要领域，数字供应链、扫码点餐移动支付、在

线外卖、在线点评、中央厨房等数字应用场景已经融入餐饮业发展的各个方面。餐饮业数字化是产业数字化在餐饮业应用的具体表现，是餐饮业相关主体将数字技术应用到餐饮生产、采购、运营、营销、交易、管理等餐饮业各流程和环节以数据要素化为主要驱动力量，以效率和质量提升为主要特征，以满足消费者多样化多场景需求为目的，推动餐饮行业高质量发展的过程。

2021 年 4 月，美团首届“餐饮数字化之星”大奖在广州举行颁奖典礼。该奖项主要基于美团 2020 年推出的餐饮商户线上经营体系（Restaurant Operation System，ROS）进行评选，商户的线上化经营水平和经营成果是奖项评估的重要指标。来自全国各地的百余名餐饮商户获得大奖。2021 美团餐饮数字化营销训练营也顺利“开营”，在餐饮业数字化转型加速进程的背景下，数百名餐饮商家齐聚，探讨餐饮业发展趋势、数字化经营与增加营收的心得体会等。美团到店餐饮事业部总经理王毅明表示：“数字化门店正在成为一项基础设施，越来越多餐饮商家开始选择用数字化工具将菜品、服务、品牌等信息传递给消费者。”在他看来，未来，随着消费者将越来越多的时间投入在手机上、越来越习惯通过线上信息完成消费决策，全行业数字化的趋势还将继续加速。

项目小结

餐饮销售计划是餐饮销售管理的基础。首先要做好餐饮产品销售统计工作，它是餐饮产品销售预测的基础；其次要做好餐饮产品的销售预测，它能降低食品、饮料变质和丢失的概率，减少浪费；最后根据以上预测做好生产与销售计划。

餐饮销售控制是从控制角度保证餐饮产品最终转变为餐饮商品的过程，目的是保证厨房生产的菜品和餐厅向客人提供的菜品都能产生收入。其主要内容包括点菜单控制、出菜检查员控制、餐饮销售指标控制、收款控制。

餐饮销售策略包括餐厅营业时间决策、冷清时间价格折扣决策、亏损先导推销决策。餐饮数字化营销的方式主要有大众点评、抖音、口碑网、淘宝网、高德地图等。

课堂讨论

1. 节假日对餐饮销售有什么影响？请以国庆节、元旦为例，分别为某餐饮企业提供一份促销方案。

2. 结合所学内容，谈谈餐饮销售控制该从哪几个方面进行控制。

3. 餐厅为什么要延长营业时间？

4. 餐饮企业如何利用抖音进行营销？

技能训练

1. 某餐厅在月终对服务员工作成绩进行考核时，应用下列销售数据：

服务员甲：服务客人数为 1 718 人、产生销售额 37 452.40 元、客人平均消费额 21.80 元。

服务员乙：服务客人数为 1 645 人、产生销售额 36 683.50 元、客人平均消费额 22.30 元。

用上述数据分析两名服务员工作上的成绩和存在的问题。

2. 制作一份水煮牛肉，主料成本是 4.20 元，配料成本是 1.00 元，调料成本是 1.50 元，若销售毛利率为 45%，该菜售价是多少？

3. 葱爆肉丝每份售价 13 元，销售毛利率为 45%，求每份葱爆肉丝的成本。

案例分析

案例一　吃面的老先生

一天中午，餐厅里来了一位老先生，他自己找了一个不显眼的角落坐下，对面带笑容前来上茶、点菜的服务员小秦说："不用点菜了，给我一份面条就可以，就三鲜面吧。"服务员小秦仍然微笑着对老先生说："我们饭店的面条口味不错，请您稍等，喝点茶，面条很快就好。"说完，小秦又为客人添了点茶才离开。

十分钟后，热气腾腾的面条端上了老先生的餐桌，老先生吃完后，付了款，就离开了餐厅。

晚上六点多，餐厅里已经很热闹了，小秦发现中午吃面条的那位老先生又来了，还是走到老位置坐下，小秦连忙走上前去，笑语盈盈地向老先生打招呼："先生，您来了，我中午没来得及向您征询意见呢？面条合您的口味吗？"老先生看着面带甜美笑容的小秦说："挺好的，晚上我再换个口味，吃炒面，就肉丝炒面吧。"小秦给客人填好单子，顺手拿过茶壶，给客人添好茶，说："请您稍候。"老先生看着微笑着离开的小秦，忍不住点了点头。

用餐完毕，小秦亲切地笑着询问老先生："先生，炒面合您口味吗？"老先生说："好，好，挺好的。我要给我侄子订 18 桌标准高一些的婚宴，所以到几家餐厅看看，我看你们这儿服务真好，决定就在这儿了。"小秦一听只吃一碗面的客人要订 18 桌婚宴，愣了一下，马上恢复了笑容，对老先生说："没问题，我这就领您到宴会预订处去办理预订手续。"

问题与思考：

请结合所学知识和本案例，分析服务对销售的重要性。

案例二　餐厅促销

某酒店餐饮部吴经理发现餐厅白天营业一直很红火，但每天晚上 8:00 以后，就餐的客人却很少，餐饮部为此专门开展了一次讨论。吴经理要求大家畅所欲言，为提高餐饮部的经济效益献计献策。餐厅服务员小李建议道："我们能否推出晚间特别活动来吸引客人消费？"吴经理听了以后对小李说："说具体点。"小李继续道："我们酒店的广东客人较多，我们不妨举办一个粤菜美食节活动，并在晚上 8:00 后推出一些特价菜。"经与厨房研究，数天后，该酒店在前厅设置了举办粤菜美食节的广告牌，其中写道：晚上 8:00 以后本餐厅推出特价菜，游水活虾每斤 6 元，烤乳鸽每只 1 元……欢迎惠顾。同时，也对餐厅进行了相应的调整与装饰布置，并专门设计制作了美食节的菜单。一周后，吴经理从财务报表中发现，餐饮人均消费与以前基本持平，但总的餐饮收入比以前提高了 30%。

问题与思考：

1. 该餐厅推出的美食节活动，主要是根据什么确定的？
2. 管理人员在采取促销活动时应注意哪些事项？

项目九 餐饮安全与卫生管理

问题导入

1. 如何应对餐厅意外事故的发生？
2. 如何防范食品安全事故的发生？
3. 你了解厨房作业的卫生规范吗？
4. 如何管理餐饮从业人员的个人卫生？

学习目标

知识目标：

1. 掌握厨房安全事故的预防和管理规范。
2. 了解餐厅运营安全事故及防范措施。
3. 熟悉食品安全管理要点。
4. 掌握厨房卫生管理内容及操作规范。
5. 了解餐厅卫生管理和个人卫生管理的要求。

能力目标：

1. 能够制定餐饮安全与卫生管理方案。
2. 能够根据所学知识进行安全与卫生管理。

素养目标：

1. 培养安全意识。
2. 培养操作规范意识和职业精神。

任务一 餐饮安全管理

案例情境

屏风被拉倒

某日，某酒店餐厅的大厅内安排了婚宴12席。对于能容纳16席客人的大厅来说，还能安排部分餐位，提供给零点客人。因此，餐饮部决定用两块屏风将婚宴与零点的用餐区域隔开。用餐时间临近，参加婚宴的客人陆续进入餐厅。有些客人带着孩子一同赴宴。在婚宴过半时，几个孩子围着屏风转来转去玩耍着。忽然，一块屏风被拉倒，砸在附近用餐客人的椅背上。服务人员赶紧将屏风扶起，并且发现搭在椅子上的两件皮衣出现了5cm与3cm长的口子。皮衣主人几乎同时发现皮衣的损坏，非常生气，要求酒店给予赔偿。

【案例思考】

1. 出现该事件的原因是什么？

2. 餐厅服务员应如何应对？

【案例评析】

1. 餐厅服务员经验不足，不知因孩子玩耍会引起的身体及物品损伤，酒店要承担相应的责任。

2. 服务员首先应及时引导孩子到指定地点玩耍，否则出事后酒店将处于被动，带来不必要的损失；其次在屏风被拉倒情况发生后，应及时报工程部，将两块屏风连接并固定一下，避免同类事件发生。

餐饮安全管理是餐饮业经营最关键的环节。为加强餐饮服务食品安全管理，规范餐饮服务经营行为，保障消费者饮食安全，国家出台了一系列法律法规，主要包括《中华人民共和国食品安全法》《中华人民共和国食品安全法实施条例》《餐饮服务食品安全操作规范》等。餐饮安全管理主要包括厨房安全管理和餐厅运营安全管理。

一、厨房安全管理

厨房安全是保证厨房产品质量的基础，是餐饮企业经营的生命。重视和加强厨房安全管理，是厨房管理人员和工作人员不可忽视的管理环节。

（一）厨房安全管理的目的

厨房安全是餐饮企业正常经营的基本保证，是餐饮企业效益的根本保证，同时也是餐饮企业关心顾客和员工的具体体现。厨房大多数的事故是由于人们的疏忽造成的，这就意味着大多数的事故是可以避免的，所以厨房安全管理的目的，就是要消除不安全因素，消除事故的隐患，保障顾客、员工的人身安全和企业财产不受损失。厨房不安全因素主要来自主观、客观两个方面：主观上是员工思想上的麻痹，疏忽大意，违反安全操作规程及管理混乱，客观上是厨房本身工作环境较差，设备、器具繁杂集中，从而导致厨房事故的发生。因此加强厨房安全管理可以从以下几个方面进行：

（1）加强对员工的安全知识培训，克服主观麻痹思想，强化安全意识。未经安全培训的员工不得上岗操作。

（2）建立健全各项安全制度，使各项安全措施制度化、程序化，做到有章可循、责任到人。

（3）加强厨房工作程序的规范化、科学化管理。

（4）保持工作区域的环境卫生，保障厨房设备正常运行的管理。

（二）厨房食品安全管理

食品从生产加工到销售的整个过程，有很多情况和因素可以使食品具有“毒性”，而使食品产生“毒性”的有害物质是多种多样的，食品被污染的方式和程度也是非常复杂的。虽然，这些“有毒”的食品对人体健康所造成的危害程度和性质各不相同，但对人们的身体健康和人身安全却构成了很大的威胁，因而，必须引起人们的足够重视，并能加强其预防措施。

1. 食物中毒的概念

人们在日常生活中由于吃了含有细菌、细菌毒素、化学物质、毒性物质的食物，而引起的一种急性疾病，就是食物中毒。因此，摄取不可食状态的食品（如未熟水果）、摄取非正常数量食品（如暴饮暴食而引起的急性胃肠炎）、非经口摄取而由其他方式引入体内、食用者是特异体质对某种食品（如海鲜、牛奶等）发生变态反应性疾病、经食物而感染的肠道传染病（如伤寒、痢疾等）和寄生虫病（如旋毛虫病、囊虫病等），这些都不属于食物中毒的范围，也不能把这些引起发病的食品认为是有毒食品。

正确理解有毒食品和食物中毒的概念，对于病人是否按食物中毒患者急救治疗，对于引起发病的食物是否按有毒的食物进行处理，以及是否按《中华人民共和国食品安全法》追究责任，在实际工作中有重要意义。

2. 食物中毒的特点

（1）有共同的致病食物。

所有的患者都在相近的时间内吃过某种共同的致病食物，与食物关系比较明显，没有进食这种食物的人，即使同桌进餐或同屋居住也不发病。发病范围局限在食用该种有毒食物的人群中，停止食用这种有毒食物后，发病就很快停止。

（2）潜伏期短。

发病呈急性暴发过程，集体暴发食物中毒时，很多人在短时间内同时或先后相继发病，在短时间内达到高峰。一般潜伏期在24～48小时以内。

（3）患者的临床表现和治疗方法大致相同。

大部分患者的症状相似，多为急性胃肠炎症状。

餐饮企业食物中毒管理

（4）没有传染性。

停止食用有毒食物或污染源被清除后，就不再出现新的患者，人与人之间没有直接传染。

3. 食物中毒产生的因素

（1）食物原料被细菌污染。

（2）食物原料被有毒的化学物质污染。

（3）食物原料本身含有有毒成分。

（4）食物原料本身没有毒，由于存放或管理不当，使食物原料产生了有毒物质。

（5）误食外形相似的有毒食物。

（6）掺杂、掺假、伪劣使食品产生毒素。

凡是吃了以上这些“有毒食物”，均可能引起食物中毒。

4. 食物中毒的预防措施

减少或完全杜绝餐饮业在经营中引发的食物中毒，关键是在菜肴食品的加工、保存、销售过程中做好预防工作，尤其是厨房工作人员，更应把食物中毒的预防工作放在首要地位。

预防食物中毒主要有以下三个方面：

（1）清洁。

厨房加工人员在开始烹饪前，一定要把手部彻底洗干净。餐具、砧板、抹布等厨房用品应该以水或消毒药水洗涤，砧板在洗干后晒太阳也很有效。抹布必须经常用清洁剂、餐洗净充分洗净后保持干燥，否则用脏的抹布来擦拭消毒过的餐具，便会功亏一篑。厨房加工人员手指如果有伤口或脓疮，应该套上手套或指套后再从事烹饪工作，否则伤口或脓疮里面的细菌会污染到食物而引起食物中毒，严重的应停止工作。食品应该注意保存，以免受到老鼠、蟑螂、苍蝇等病媒的接触而被污染。

（2）迅速。

食品原料买回来以后，不要放得太久，应该尽快烹饪供食，尤其是生食的食品原料越快处理越好，烹饪好的食品也要赶快销售。由于细菌需要一段时间才能够繁殖到引起食品中毒的程度，因此时间越短越可以避免食物中毒。烹饪后的食物很容易繁殖细菌，所以最好不要做得太多，以每次能够吃完的量为限。

（3）加热与冷藏。

细菌通常不耐热，加热到70℃以上，大部分的细菌都会死掉，因此把食品加热以后再食用比较安全。细菌比较耐冷，虽然冷却以后不会死掉，但是不容易繁殖，且温度非常低（－18℃以下）时根本不能繁殖。能够防止细菌繁殖的温度是在5℃以下。

5. 餐饮企业的预防管理措施

为了有效地预防和控制突发公共卫生事件，防止食物中毒事故和食源疾患的发生，维护消费者的利益，餐饮企业应该加强食品卫生安全管理。以数字技术优化监管流程、整合治理资源，能够推动食品安全监管结构重塑，减少信息传输层次，加速信息流动，从而提升食品安全监管效能。

（1）餐饮企业的负责人应该为食品安全责任第一责任人，同时要配备食品安全专职管理人员、食品采购人员、食品原料验收和食品添加剂管理人员、废弃油脂管理人员，共同负责餐饮企业的食品安全管理工作，并且根据各自职责，实行食品安全追究制度。

（2）对食品安全问题要做到快速反应，分工协作，及时有效地对疑似食物中毒事故和食源性疾患进行处理，实行专人负责，专人报告制度，发现问题及时报告餐饮企业负责人，同时上报上级有关部门，并制作突发公共卫生事件报告记录，积极配合上级有关部门对事件的调查处理工作。

（3）定期组织餐饮企业从业人员学习《中华人民共和国食品安全法》《中华人民共和国食品安全法实施条例》《中华人民共和国突发事件应对法》《突发公共卫生事件应急条

例》等相关法律法规，定期或不定期现场检查餐厅内的各项食品安全情况，发现问题及时整改，将食品安全事件控制到最低限度。

（4）发现本餐厅内发生疑似食物中毒或食源性疾患，立即控制现场，及时上报有关部门，同时做好消费者的解释和相关食品安全的宣传工作，使消费者解除心理负担，配合事故的调查处置工作。

（5）推动餐饮企业数字化转型。餐饮企业在守护食品安全中肩负着重要责任。数字技术的发展为餐饮行业从生产、加工到流通、销售环节的转型升级提供了契机，也为餐饮企业更好履行守护食品安全责任提供了重要手段。当前，一些餐饮企业搭建产品追溯系统，实现供应链数字化。清晰透明的追溯信息有助于消除消费者的安全顾虑，增强消费者信心；供应链数字化能加强企业对产品质量的控制能力，降低食品安全风险。要推动餐饮企业顺应数字经济发展潮流，加快数字化转型，提升制造能力、质量管理能力和信息追溯能力，保障食品质量安全；推动关键生产设备数字化、智能化升级，减少人工操作带来的不确定性，稳定产品品质；建立产品信息化管理机制，从业务流程、产品生产、质量管控等多方面进行数据采集，以系统、全面的数据链服务政府监管和自身追溯体系建设；主动对接政府数字化监管平台，完善食品供应链中原料、加工、流通、仓储等信息的追溯。

（三）厨房常见安全事故的预防和管理规范

厨房常见的安全事故一般为跌伤、扭伤与撞伤、割伤、烧烫伤、电击伤、盗窃和火灾等。其预防和管理规范如下：

1. 跌伤、扭伤与撞伤

由于厨房地面湿滑、油腻，行走通道往往比较狭窄甚至不通，因此跌伤与撞伤是厨房内最容易发生的事故。在厨房中跌伤与撞伤多发生在厨房通道或门口处。所以，厨房内应随时保持地面清洁干爽，保证通道的畅通，在餐饮服务区和生产区应有足够的照明设备，并张贴安全告示。

2. 割伤

在厨房安全事故中，割伤的发生率是仅次于跌伤和撞伤的，厨房加工、切配和冷菜间员工经常受到此类伤害。造成伤害的主要原因是员工的工作精神不集中；工作姿势或程序不对；刀具钝或刀柄滑；作业区照明条件不足；刀具摆放位置不正确。预防措施为：管理人员要加强对员工的培训，刀具应设专人管理或做到专人专用专管；绝不允许用刀具打闹；切割前使刀具锋利并检查刀柄是否松动；切割时应该集中精神，灵活掌握切割手法及力度。

3. 烧烫伤

烧烫伤是由于员工工作时粗心而不小心引起的。烧烫伤在厨房事故中比例较大，预防措施为：加强对员工安全意识的培训；严格按照设施用具的正确操作程序进行操作；禁止在炉灶或热源区域打闹，并张贴警示标志，增强员工预防意识。

4. 电击伤

电击伤害在厨房中虽然不多见，但是其危害不容小视，所以要特别注意。电击伤发生的主要原因是厨房设备老化、电线出现破损或接线点处理不当、湿手接触电源设备等。预防措施：厨房中所有用电设备都应安装地线；在容易发生触电事故的地方张贴警告标志，提醒员工注意。

5. 盗窃

厨房被盗的一般为仓库物品和高级餐具用品。厨房防盗的关键是加强安全保卫措施，防止外人偷窃和内部人员偷窃。预防措施为：加强内部员工的培训教育及责任意识；建立健全的管理制度，加大处罚力度；培养员工相互监督的意识和责任心；加强下班后的监控和检查力度。

6. 火灾

厨房防火极其重要，厨房是火灾非常容易发生的地方。厨房发生火灾不仅会造成财产损失，还有可能殃及人的生命安全。所以厨房防火的关键就是要将火灾隐患消灭在萌芽中，一方面应加强对员工的培训，让全体员工都有消防意识，建立健全消防管理队伍，划片区管理，责任落实到具体的人；另一方面要建立消防管理的各项规章制度。

通常，造成厨房火灾的主要原因有电器失火、烹调起火、抽烟失火、管道起火、加热设备起火以及其他人为因素造成的火灾等。为了避免火灾的发生，需采取以下预防措施：

（1）厨房各种电气设备的使用和操作必须制定安全操作规程，并严格执行。

（2）厨房的各种电气设备的安装和使用必须符合防火安全要求，严禁野蛮操作。

（3）厨房内的燃气管道及各种灶具附近不能堆放可燃、易燃、易爆物品。燃气管道与燃烧器及其他火源的距离不得少于1.5m。

（4）各种灶具及燃气管道的维修与保养应指定专人负责。

（5）炉灶要保持清洁，排油烟罩要定期擦洗、保养，保障设备正常运转工作。

（6）厨房在油炸、烘烤各种食物时，油锅和烤箱温度应控制得当，油锅内的油量不得超过最大限度的容量。

（7）正在使用火源的工作人员，不得随意离开自己的岗位，不得粗心大意，以防发生意外。

（8）厨房工作人员在下班前，各岗位要有专人负责关闭能源阀门及开关，负责检查火种是否已全部熄灭。

（9）消防器材必须配备齐全并固定位置存放。

二、餐厅运营安全管理

安全管理是指在事故还未发生前，餐厅应用一些制度与管理方法预防意外事故的发生，以确保餐厅的财产安全及顾客与员工的人身安全。

一般来讲，餐厅安全管理包括防火、防盗、防抢和意外事故的处理。

（一）防火

在餐厅经营中，火灾是一个不可忽视的方面，火灾所带来的后果是严重的，轻则损失财产，使自己经营多年的血汗付诸东流；重则危害员工及顾客的生命，给家庭带来无穷的伤痛。所以说，防火于未燃是非常重要的。只要管理者和员工自觉遵守安全操作规程，提高防火安全意识，火灾是可以预防和避免的。

餐厅经营者应高度重视防火措施，避免火灾的发生，应当依照本餐厅的布局和范围制订出一套方案，让每位员工都知道火灾发生时该采取怎样的措施。当餐厅内发生火灾或发出火灾警报时，餐厅内所有员工应依照平时规定的程序做出相应的反应，切勿惊慌失措、乱了方寸。

餐厅一旦发生火灾，要尽快把餐厅内的员工和重要财产及文件资料撤离到安全的地方，同时，拨打“119”向消防队报警，如有人员受伤及时拨打“120”抢救伤员。这是一项很重要的工作，组织不当会造成更大的人员伤亡和财产损失。餐厅在火灾时的疏散工作需要在平时依照本餐厅的建筑格局特点，制订一个较为具体的方案，并且要常常组织培训，这样才能做到临阵不慌。

得知餐厅内发生火情时，保安管理职员应马上携带必需物品赶赴现场指挥。首先要做的就是清除餐厅四周的场地，方便消防车的进驻。另外，要严禁闲杂人员进入，特别要防范那些趁火打劫者。在火灾发生时，保安职员要保护好餐厅内的现金及其他贵重物品；要保护好公共场所的贵重物品；护送会计及出纳员将现金转移到安全的地方。

（二）防盗

餐厅是具有大量财产和物品的地方，这些财产和物品为餐厅的正常运行及客人享受服务提供了良好的物质基础。对这些财产和物品的任何偷窃及滥用都意味着餐厅的损失。另外，餐厅在营业过程中保存有数目可观的现金及数目很多的各类物品，若不严加控制，一样会使餐厅遭受损失。因此，餐厅安全管理中应采取周到的方法和措施，对餐厅的财产和物品加以控制，以保证餐厅财产和物品免遭损失。

1. 营运安全意识

作为餐厅员工，最早到达的人应先查看店面四周，并检查门、窗是不是开着。如发现被盗应立即报警，然后查看餐厅内所丢失的物品，并保护好现场。如没有异常情况，便可进行营业前的准备工作。

在打烊关门前，应确定所有顾客都已离开餐厅，然后将门窗关好。打烊后，员工要结伴离店。

2. 避免内部员工偷窃

餐厅员工在平常工作及服务过程中直接接触餐厅的各种财产与物品，为避免员工借工作之便偷窃餐厅财物，首先要严格把好录用员工关，并进行日常性的教育和制定严格的赏罚措施。一旦发生员工偷窃行为，应根据情节轻重进行处理，绝不留情。

另外，还应通过各种措施，严堵管理漏洞，不给员工留下偷盗的机会。

（1）明令贵重物品严禁携至餐厅，如有必要，则交由前台保管。

（2）发薪日应将现金或薪资支票锁于保险柜中，下班的员工方可领取，领钱后最好立即离店，勿在店中无事逗留（适用于使用现金发薪）。

3. 避免外人偷窃

餐厅经营特点决定了餐厅天天都有大量的现金流进流出和存有大量原材料，这就成为很多不法人员进行偷窃的目标。为避免偷窃行为的发生，应采取以下措施进行防范：

（1）灯光照明，充足的灯光可以减少店内和店外犯法行为的发生。

（2）常常检查门窗有没有玻璃破损及任何螺丝脱落的情况，如有要及时找人修理。

（3）控制餐厅钥匙的数目，持有人只限于经理、副经理或开店及打烊的职员。建立钥匙记录簿，加强钥匙的管理。当钥匙数目多到没法控制时，应立即换锁。

（4）储藏间必须上锁，大型铁质垃圾桶应保持完好并紧闭。

（5）加强进出口、楼层走道及其他公众场所的控制，避免外来不法人员作案。

（6）餐厅不要在没有安全措施的情况下，将有价值的物品置放于公共场所。

（7）外来办事人员、送货人、修理人员等只能使用员工进口处，并要得到值班职员同意后方可进出。这些人员在任务完成后，也必须经员工出口处离开餐厅，保安职员应留意他们携带的物品。

（8）餐厅的装备、用具、物品等需在外面修理的，必须经过所属部门经理的签名，并经值班职员登记后才能放行。

（三）防抢

抢劫事件大多发生在打烊后或夜深人静时，面对抢劫，当事人应想办法让歹徒尽快离开。抢劫者在餐厅内待的时间越久，对员工和顾客所造成伤害的可能性也就越大。因此抢劫发生时，最重要的事情就是避免发生暴力。

1. 遇抢的应变措施

当餐厅发生抢劫时，管理职员应采取一些应变措施，使餐厅的财产损失降到最低程度，并要保证员工和顾客的人身安全，具体的应变措施包括以下方面：

（1）保护收银、出纳职员，并趁机记下抢匪的面貌、口音、身高、身材、服装特点和所持器械等。

（2）若问及保险柜位置及号码，一概推说不清楚。

（3）以保障人身安全为主、保护财物为辅。

（4）留意匪徒逃离方向及使用的交通工具，并记下车牌号码、车型、颜色等。

（5）尽快报警，并及时向经理或负责人通报具体情况。

2. 留意防抢信号

一般情况下，只要防范方法得当，歹徒就会无机可乘，抢劫事件则不会发生。因此，在日常营业时，餐厅里的每位员工都应留意防抢信号。防抢信号包括以下几个方面：

（1）餐厅外有人闲逛或逗留。作为餐厅员工，应仔细观察这人是不是可疑，并记下身材特点。最好的办法就是说服对方让其离开，若对方不听劝告，则可视具体情况采取相应的措施。

（2）在进餐高峰期，有人进出餐厅好几次。餐厅员工可礼貌地问候并询问有什么需要帮助的地方，或通知其他工作职员留意观察。

（3）当收银员在接收钱物时总是有人出现在其眼前。可以与这位顾客寒暄，使他知道你在留意他，可想法打听其姓名、工作地点等。最好的办法就是避免钱财外露，勿在顾客眼前数钞票。

（4）餐厅门口或停车场所停的车内有人在等候。应当将该车车号、车型、颜色及停留时间逐一记录下来，并试着确认车上的人是不是正在等候餐厅内用餐的顾客。

（5）单独用餐的顾客用餐后久久不肯离开。餐厅员工可以礼貌地上前询问有什么可以帮忙的地方，或与顾客聊聊家常，说不定能打消其犯案动机。

（6）打烊后，有人敲门。不论他的目的是什么，最好的办法就是勿让任何人进来。

3. 员工注意事项

每个人在碰到抢劫时都会惊慌失措，这是很正常的事情。餐厅的员工必须注意以下几点：

（1）勿与歹徒争执，以避免带来杀身之祸。对歹徒提出的问题，只需做简短的回答。最好的办法是找借口推辞。

（2）保持冷静，不要乱跑，以避免歹徒受到惊吓，引发其暴力倾向，应尽量地安抚歹徒。要机警，仔细观察并记下歹徒的特点。

（3）假如歹徒绑架了人质，不要惶恐，要沉着冷静，并尽可能满足歹徒的要求。

4. 发生抢劫事件后的处理原则

餐厅一旦被抢，在警方到来之前员工不要触碰现场的任何东西。作为餐厅领导者，在案发后应采取以下措施：

（1）立即通知警方抢劫案发的地点和时间，并提供有关抢劫发生的进程和任何有关歹徒的线索。

（2）让财务职员确定损失的金额。

（3）把门锁上，尽可能保持案发现场的原状，直到警方抵达。

（4）要求员工冷静，不要讨论所发生的事件。

（四）意外事故的处理

在顾客所发生的意外事故中，儿童所占比例最高。所以，儿童的安全应引起餐厅工作人员的留意。假如发现儿童乱跑、乱跳，应立即规劝，并告知其父母看管好自己的孩子。提示家长餐厅内桌椅、玻璃很多，加上人来人往，儿童很容易发生意外事故。

餐厅内应有警示性标语，以减少顾客发生伤害的可能，如“谨防烫伤”“小心地滑”“请您及小朋友下楼时谨慎”等。容易发生危险的建材和设计方案，在发包工程时就要留意避免，如楼梯须加骨边条、桌角须磨圆等。

餐厅内发生的意外事故有滑倒及摔倒、扭伤、烫伤、割伤、触电等。

1. 滑倒及摔倒

不慎踩到地上的汤汁或食品、碰到地上的障碍物及有缺陷的桌椅等，都有可能使人滑倒、摔倒。此类事故只要留意以下几点是可以预防的：

（1）液体溢出，迅速擦干净。

（2）掉了东西，马上捡起来。

（3）保持地板清洁和干燥。

（4）在瓷砖地面上应谨慎行走。

（5）要走动，不要跑动。

（6）通道有障碍物，要及时撤走。

（7）装备滴漏要立即报告并维修。

2. 扭伤

走路不慎或搬重物时不能使用正确的搬运技能，都有可能造成扭伤。只要走路时略加留意，掌握正确的搬运货物技能，扭伤也是可以避免的。

3. 烫伤

接触加热的物品很容易烫伤，发生烫伤后应及时冷疗，避免创伤面继续加深，并可减轻疼痛、水肿。冷疗方法是将烫伤部位浸进冷水中，最少半个小时。假如烫伤面积很大，则不宜冷疗，应及时到医院救治。

4. 割伤

正确使用刀叉、尖锐的器皿或厨房用具，才可以避免割伤。以下是安全使用刀具的方法：

（1）使用刀具时，思想集中。

（2）刀口不要对着身体。

（3）必须使用切板。

（4）刀具使用后应妥善放好，切勿留在水槽里。

（5）根据需要选用不同的刀，如切骨刀、切肉刀、水果刀等。

（6）刀是切东西的，不能用来开瓶或代替锄头。

大多数的割伤均伴随创口出血，创口原则上都应及时进行消毒、包扎。如果创口不大，只用创可贴贴上就可以了。一般的割伤，用绷带包扎后就可止血；如果找不到绷带或急救包，可用身边最清洁的布类包扎。如大面积出血时，可用止血带，并及时到医院救治。

5. 触电

接触破损的插座、插头、电线，或不正确使用电气设备等，都可能导致触电。所以，要掌握正确使用各种电气设备的方法，定期检查插座、插头、电线、电路开关等，发现破损，应立即请专业人员修理，可以预防并减少触电事故的发生。

小资料

餐饮业数字化是保障食品安全的智慧保险

食品安全是社会经济发展底线，也是人民群众美好生活的重要保障。通过开展“数字食安”，借助物联网等技术，利用餐饮数据，建立食品安全的全生命周期监测，实现从田间到餐桌、从生产到销售可追溯的全链条食品安全治理体系，为食品安全装上一道更为规范的智慧“保险”。

在餐饮原材料方面，开展订单式生产，以餐饮端的消费需求为导向，进行个性化定制，大幅提升食材的供给效率，提高产品附加值，并建立可溯源的食品供应数据库。

在食品运输方面，利用物联网连接物流基础设施，建立物流追溯平台和信息管理系统，实现图像识别、环境感知、事件识别等功能，及时获取食品存储、运输等环节数据，以便对潜在风险做出预警，确保食品流通安全。

在食品加工方面，建立食品安全数字化管理系统，用于监管食品安全操作，监测成分跟踪、标签核对、菜品审核等情况，实现对食品安全执行情况的在线追踪，对餐厅的食品安全异常数据进行预警，确保食品生产安全。如宁夏实施农安智慧监管，率先推动食品安全的电子化管理，已开具电子合格证 471 万张，带证上市农产品 30 多万吨。浙江上线“浙食链”，实现食品产业链全流程追溯，已对 1 371.7 万批次食品进行追溯管理。

任务二　餐饮卫生管理

案例情境

某火锅店的卫生事件

冬天渐近，广州火锅店的生意开始红火起来。就在食客们“吃着火锅唱着歌”的时候，火锅店的食品卫生状况也开始受到关注。某报记者卧底调查某全国知名火锅店。作为一家上市公司，某火锅店在火锅行业具有代表性，记者试图通过对这家分店厨房的观察，客观地记录一家规范化火锅店的食品卫生状况，让食客们能更加明白地消费。

问题一：餐具洗后仍有油污和食物残渣。

洗碗机里出来的餐具竟然还有油污、食物残渣等黏附在上面，非常显眼。餐具经过洗碗机，其实就是高温开水冲刷，并没有专门的紫外线消毒等过程。

问题二：汤锅洗后不消毒，直接送到兑锅间。

盛汤用的锅单独清洗，先用有清洁剂的水将锅洗一遍，然后再用自来水清洗两遍，接着直接送到兑锅间使用，并没有经过消毒处理。

问题三：刨肉等工作不戴手套。

在厨房试工的三天里，卧底记者从洗菜、切菜，到配菜、刨肉，以及杀生鲜，配锅底料，这些活儿都做过，全程都没有戴手套，也没有看到一位员工戴手套。

问题四：玩手机后直接配菜。

有员工在刨肉卷前一刻刚手拿抹布擦桌子，后一刻就马上开始刨肉卷、做丸子。一些年轻员工在空闲的时间喜欢拿出手机玩一下，有活儿干时，他们就把手机放进裤袋后直接配菜。

问题五：熬汤的牛骨头直接在地上敲。

在熬制牛骨头汤时，由于骨头太大，厨房员工竟将牛骨头放到地面上用铁锤敲碎，然后直接把骨头倒进熬汤的桶里。这块地面时不时有人走来走去，加之厨房潮湿，污渍斑斑。

【案例思考】

1. 这家火锅店在哪些方面存在卫生不规范的问题？

2. 造成卫生失范的原因是什么？

【案例评析】

1. 这个案例中的卫生问题主要是厨房操作卫生不规范，包括厨房生产人员卫生、厨房作业卫生、厨房原料卫生、设备及餐厅卫生等。

2. 造成卫生失范的原因主要是员工责任心不够、监管缺失、厨房卫生管理不到位。

饮食卫生和身体健康有着密切的关系，饮食卫生是把住“病从口入”关、保证身体健康的最重要的环节之一。随着经济的发展，人们的生活与餐饮业的关系日益密切，餐饮业的卫生对人们的身体健康有着一定的影响。因此，加强对餐饮业的卫生管理，对提高食品质量，防止食品被污染，预防食物中毒及传染病的传染，增进人们的身体健康，促进社会健康稳定地向前发展有着重要作用与积极意义。2021 年 3 月 18 日，国家卫生健康委员会、国家市场监管总局联合发布 GB 31654—2021《食品安全国家标准 餐饮服务通用卫生规范》，并于 2022 年 2 月 22 日正式实施。该标准是我国首部餐饮服务行业规范类食品安全国家标准，对于提升我国餐饮业安全水平、保障消费者饮食安全、适应人民群众日益增长的餐饮消费需求具有重要意义。

餐饮卫生包括厨房卫生、餐厅卫生、食具卫生和个人卫生。厨房卫生管理是保证菜单质量、防止污染、预防疾病的重要手段。餐厅卫生、食具卫生和个人卫生管理是保障消费者身心健康的基本要求。餐饮企业应该从加工经营场所的卫生条件、加工操作卫生要求、卫生管理、作业人员卫生要求等方面进行严格管理。

一、厨房卫生管理

厨房卫生是对消费者负责，是保护消费者安全的根本保证。餐厅服务的对象是消费者，在经营中厨房卫生尤为重要。厨房卫生管理不仅直接影响着员工的工作环境，而且与提高产品质量、树立餐饮企业信誉有直接关系，同时更重要的还是对保障消费者健康具有决定性作用。消费者到餐厅用餐，餐厅理应信守承诺，为消费者提供营养丰富、可口满意、物有所值的食品，而这些食品的起码条件就是洁净、卫生，食品不能给消费者带来身体健康方面的伤害。厨房卫生既包括烹饪原料、产品生产和销售经营环境的卫生，还包括就餐客人食用过程及食用后身心的健康。如果餐饮生产及销售的产品卫生不达标，甚至有重大卫生隐患，轻则消费者身心健康受到伤害，重则消费者的生命安全受到威胁。

卫生是餐饮企业参与市场竞争的基本前提，有了这方面的基本保障，才能使餐饮企业形成良好的口碑，才有更高层次发展的可能。厨房的卫生管理一般要注意以下几个方面。

（一）厨房环境的卫生管理规范

（1）厨房在选址时，要考虑下述两个因素：一是要注意防止周围企业对厨房环境的污染，尽量避开排放“三废”（废水、废渣、废气）的企业；二是厨房最好不要设在地下室，因为地下室不利于通风、采光、排放烟尘和防潮，食品也极易霉烂变质。

（2）厨房要有消除苍蝇、老鼠、蟑螂和其他有害昆虫及其滋生条件的措施。

（3）厨房对垃圾的处理必须符合卫生的规程。室外的垃圾要易清理，要防止虫、鼠的进入，防止污水的渗漏，并按时处理，以保护周围环境不受气味、虫和细菌的污染。厨房内的垃圾桶（箱）必须加盖，并要有足够的容量来盛装垃圾，必须按照卫生要求进行袋装化管理并及时清理和清洗，桶、箱内外要用热水、洗洁剂清洗。这项工作要安排在适当的时间内进行。

（二）厨房生产人员卫生规范

厨房生产人员接触食品是日常工作的需要，因此生产人员的健康和卫生情况十分重要。良好的个人卫生可以保证身体健康和高效率的工作，可以防止疾病的传播，避免食品原料被污染，防止食物中毒事件的发生。

（1）厨房生产人员应具有良好的健康意识，讲究个人清洁卫生。进入工作岗位前，工作服要穿戴干净、整齐，穿戴的工作服脏后应及时更换。

（2）进入工作岗位后不得抽烟、咳嗽、吐痰、打喷嚏，万一打喷嚏要背对食物并用手或纸巾罩住口鼻，并随时洗手，养成良好的个人卫生习惯。

(3) 厨房工作人员手部清洁最重要，应注意保护洁净的双手，在操作过程中尽量使用工具，减少手与食品的直接接触。手指不得留长指甲、涂指甲油和佩戴饰品。

(4) 厨房工作人员上岗前必须通过健康体检，在岗人员也要定期进行健康体检，持有“健康证”才能从事厨房工作。

(5) 厨房工作人员不得带病上班，尤其是传染病。在生病时应留在家中休养治疗。

(6) 厨房的清洁打扫工作每日应该数次，清洁完毕后，清洁用具要集中保存。杀菌剂、洗涤剂和杀虫剂等要分类存放，不得放在一起，有毒物质要有明显的标识，并有专人负责管理。

(三) 厨房作业卫生管理规范

厨房加工作业阶段是厨房卫生管理工作的重点和难点，建立完善的厨房作业卫生操作程序是落实厨房卫生工作的主要管理手段。

(1) 各种器皿及食材应在工作台上进行操作，均不得与地面或污物接触。生、熟食物要分开处理，刀、菜板及抹布等必须随时保持干净。

(2) 在配制食品过程中，盛具要清洁干净，不得用餐具作为生料配菜盘，配制后的食品应保持新鲜、清洁、卫生，应分门别类地用保鲜膜或保鲜袋包紧，或装在保鲜盒内，分别存放在食品架、冰箱或冷冻室内。

(3) 食材在烹调加热时，要充分杀灭细菌，烹饪加工人员在加工过程中不能用手直接抓取食物，每次品尝要使用洁净勺或筷子，而不能用手直接抓取或用手指尝味。食材烹调成熟后需要装盘时，所使用的盛具要洁净，切忌使用工作抹布擦抹。

(4) 冷菜生产过程中，首先，在布局、设备、用具方面要生熟分开；其次，工作人员在制作和切配食品过程中要佩戴口罩及一次性消毒手套；最后，切配食品应使用专用刀具、菜墩和抹布，切忌生熟交叉使用。并且这些设备用具要定期消毒，产品装盘也不宜过早，如果装盘后不能立即上桌，需用保鲜膜遮盖，并进行冷藏保存。

(5) 厨房工作人员禁止在工作场所吃喝或抽烟，工作中着装应干净整齐，并佩戴口罩，以避免食品原料受污染。

(6) 餐具要严格清洗和消毒，工作人员在取用餐具的过程中，都要使用卫生的方法取用，尽量不要用手接触餐具上那些顾客入口的位置。

(7) 各种调味品要使用适当的容器盛装，并摆放整齐，使用后要随即加盖。

(8) 生产的剩余原料应及时储藏，原则上应在 6 小时之内，将剩余原料密封冷却到 7℃。同时剩余原料绝对不要和新鲜食材原料混合存放，即使是冷冻也要分开。

(四) 厨房原料卫生规范

(1) 原料在生产加工前要认真加以鉴定，如各种原料的腐败或灌装、盒装的原料胀气及过期变质等，都不应使用。

(2) 对盛装变质原料的器皿应立即清洗消毒。

(3) 易腐败的食材原料应装于保鲜盒内冷藏或冷冻。

(4) 原料在存放过程中要分类存放，熟的与生的应分开，且要防止食材之间串味或吸收冰箱内的气味，所以各种食材在保存过程中要密封保存。

（五）厨房设备用具及餐具的卫生规范

厨房内设备用具及餐具的卫生程度决定了产品的卫生质量，各种设备用具都有可能接触食品，如果卫生不达标，极有可能污染食品。因此管理者在购买设备用具及餐具时必须选择制作材料符合食品安全要求的设备及餐具，购买时要考虑是否易清洗、不易积垢。设备用具及餐具的卫生情况应实行卫生包干责任制，应有专人负责清洁、清洗工作，并按日常计划实行卫生清扫工作。另外，还应制定卫生清洁标准、餐具清洗消毒标准，以保证清洁工作质量。管理者还应加强工作人员的卫生教育，养成卫生工作习惯，不管在何时、何地，都应随时保持厨房设备用具及餐具清洁卫生，在岗工作时，随时要有一个良好的卫生操作习惯。厨房管理者既要做出表率，更要有计划地实施检查，确保达到卫生目标。

（六）厨房卫生管理的职责

（1）认真落实卫生责任制，层层把好卫生关。管理者要经常进行检查和监督，及时处理违反卫生条例的行为。

（2）正确处理卫生工作与生产经营获利之间的关系。

（3）加强卫生监测手段，充分发挥食品化验室的作用。

（4）定期开展卫生培训，学习国家卫生法规，开展职业道德教育，增强卫生意识，对新员工要进行上岗前的卫生培训，经考核成绩合格者才能正式上岗工作。

小资料

厨房卫生管理制度

1. 后厨卫生管理制度

（1）后厨卫生实行厨师长负责制，卫生区责任到人。

（2）后厨地面干爽，无水渍、杂物、油渍。

（3）操作台台面要整洁，无杂物、污物。

（4）灶台要整洁无杂物、无积水、无污物，炒锅、手勺要洁净、摆放整齐。

（5）冰柜要生熟标识清楚，内外清洁，每周至少除霜一次。

（6）主食库、调料库、蔬菜库货架及各种容器洁净卫生，摆放整齐。

（7）面点间设施、设备外观洁净，蒸箱内及时换水，操作台每班清洗一次。

（8）凉菜间设施设备要清洁，操作台内外干净，物品摆放有序。

（9）垃圾桶、墩布等清洁工具的使用、存放符合要求。

（10）无“六害”（老鼠、蟑螂、臭虫、苍蝇、蚂蚁、蚊子），角落无蜘蛛网。

（11）后厨墙壁每月至少清洗一次，油烟机每周至少清洗一次，保持通风畅通。

2. 食品卫生管理制度

（1）烹制菜品的原料符合卫生使用要求，外观新鲜、无腐烂、无农药味。

（2）按洗涤切配程序处理后的原料方可烹制。

（3）加工前检查肉类是否新鲜，有无异味、变色现象。

（4）当天未加工完的原料要及时存入冰柜内，加工的成品要加盖防尘、防蝇罩。

（5）炖煮肉类食品应烧熟煮透，中心温度高于70℃。

(6) 调料缸内禁止混放调料，并保持外观整洁。

(7) 严格按照原料、半成品和成品加工顺序操作，避免交叉污染。

(8) 洗涤分设洗菜池、洗肉池、洗水产品池，做到专池专用，避免交叉污染。

(9) 切配墩生熟分开，专墩专用，操作结束后，将墩、刀清洗干净，按要求存放。

(10) 特殊食具按要求专柜存放，操作时产生的废弃物及时放入垃圾桶内，并加盖。

(11) 工作结束后将垃圾及时清倒，并将垃圾桶清洗干净。

(12) 操作间原料不准落地存放，应摆放到货架上。

餐厅卫生管理

二、餐厅卫生管理

人们的食欲往往受进餐环境和食品色、香、味、形等感官的影响，如果就餐环境清洁卫生，食品的色、香、味、形佳，则会增强用餐者的食欲和就餐的情绪，满足人们饮食及相关的心理需求。餐厅是客人就餐的场所，清洁卫生的餐厅，除了能保证食物的卫生外，同时还能提高用餐者的食欲。与此相反，不卫生的餐厅则容易污染食物，不但会降低用餐者的食欲，还会使用餐者染上疾病，危害用餐者的健康和生命。因此，加强餐厅卫生管理是十分重要的。

(一) 餐厅的环境卫生要求

餐厅的卫生情况直接给用餐者以直观感受，直接影响用餐者的饮食情绪。餐厅的环境包括外环境和内环境两个方面。

1. 外环境

餐厅外环境是指餐厅的地理环境与餐厅周边环境。例如，一些餐厅坐落在湖边，一些餐厅坐落在闹市区等。这些外围环境会给用餐者带来不同的用餐情绪。外环境的具体要求如下：

(1) 周围绿化要求。

要有四季常青的花草树木；要有吸尘的树木。

(2) 餐厅周围空气卫生要求。

无大中型厂矿企业；没有无人管理的公厕；无垃圾站、垃圾堆和废品回收站等；无污水沟、污水池塘；室外地面经常打扫干净。

(3) 周边噪声。

禁止汽车在餐厅周围鸣笛；无机械加工厂、冷作坊等。

2. 内环境

内环境指餐厅内的环境，包括餐厅结构，以及餐厅内的温度、湿度、噪声等，其具体要求如下：

(1) 餐厅结构。

自然采光要好；空间宽敞，不给客人造成压抑感；台桌摆放合理，过道宽敞。

(2) 餐厅的温度、湿度、噪声要求。

①温度。一、二、三级餐厅夏季温度保持在 24℃～26℃，冬季温度保持在 20℃～24℃；四级餐厅夏季温度保持在 25℃～28℃，冬季温度保持在 20℃～24℃。

②相对湿度。一级餐厅夏季湿度保持在 55%～65%，冬季在 40%～50%；二、三级餐厅夏季湿度保持在 65%，冬季湿度保持在 30%。

(3) 餐厅的噪声。一级餐厅为35dB以下；二、三级餐厅为35～40dB；四级餐厅为40～50dB。

(4) 餐厅换气次数。餐厅换气次数为每小时10～12次；咖啡厅为每小时10～12次；酒吧为每小时12～15次。

(5) 餐厅美化。餐厅内布置要优雅美观，色调和谐，给用餐者创造一个舒适、清洁、愉快的环境。

(二) 餐厅基本卫生要求

1. 日常清洁卫生

(1) 地面清洁无油污，定期打蜡磨光。

(2) 餐桌台布和餐巾要求干净、平整、洁白，一餐一换，不能重复。

(3) 餐具洗涤要求做到“一刷、二洗、三清、四消毒”，保持餐具洁净，无口纹、水纹、指纹。

(4) 桌椅保持清洁整齐，玻璃光亮，设备规格整洁。

(5) 随时清除餐厅垃圾、污水。

2. 经常性卫生要求

(1) 定期擦洗门窗，保持清洁。

(2) 定期灭蚊、蝇、鼠、虫及各种害虫。

(3) 定期清洗餐厅餐具、消毒柜，擦洗餐厅设施等。

(三) 餐厅日常卫生管理

餐厅日常卫生工作应做到经常化、制度化、规格化、责任化。餐厅卫生应实行“四定制”（即定人、定物、定时、定质量）。这样可促使服务人员按时、按量、按要求进行分工，做好餐厅的卫生工作。

1. 地面卫生

不同档次、不同星级的酒店餐厅地面不同，一般高星级酒店餐厅都铺有地毯，低星级或无星级的大多是水磨石或瓷砖地面，因而不同地面有不同的卫生要求。

(1) 地毯地面。

①每天营业前先将地毯上的残渣清除，用吸尘器吸干净。

②有油污的地毯，要及时换下进行清洗。

(2) 水磨石、瓷砖地面。

①营业前清扫，除去残渣。

②用拖把蘸碱水拖洗干净。

③适量打上地板蜡，使地面清洁光亮。

2. 餐桌椅的卫生

(1) 营业前的卫生工作。

①用碱水彻底擦拭桌椅，除去桌边、桌腿、椅脚上的食物残渣。

②沙发椅加布套，并经常换洗。

③有转盘的桌面，先取掉转盘，打扫洁净后再放上，检查转盘是否转动自如。

(2) 营业过程中的卫生工作。

①及时擦掉桌上或椅上的汤水、油点。

②客人走后，及时清理桌上残渣，擦净油污。

3. 台布和餐巾的卫生

（1）台布和餐巾必须一次一换。

（2）每次换下的台布和餐巾要及时洗涤消毒，烫平待用。

4. 香巾卫生

香巾是清洁的小方巾，供顾客抹脸擦手之用，起到提神、醒酒与清洁卫生的作用。

（1）冬天送热香巾（蒸热），夏天送湿冷香巾。

（2）一般一次筵席送2～3次，对出汗多的顾客或桌上有用手拿着吃的食物时可多送几次。

（3）用后的香巾要用洗涤剂洗干净，用开水浸泡消毒。

5. 工作台的卫生

工作台是服务人员工作和存放饮料、酒水及其他常用物品的地方。

（1）要经常打扫和擦洗，使其内外和存放的物品及用具保持整洁卫生。

（2）做好防蟑螂工作，防止蟑螂滋生，防止蟑螂污染食品及用具。

三、食具卫生管理

食具是用来盛装食物的器皿，直接与就餐者接触，并且是反复使用的，在存放、使用过程中难免受到污染，如带菌者污染、霉虫污染、灰尘的黏附等。为了防止疾病的传播，必须加强食具的卫生工作。食具的卫生主要包括包装材料、餐具和容器的卫生。

（一）食具的卫生要求

1. 基本卫生要求

（1）塑料容器具与包装材料的卫生。

塑料制品具有不透水、耐腐蚀、质软、有弹性、结实耐用、易加工成形等优点，在食品加工业和餐饮业中用得比较广泛。用塑料制品包装食品，可起到防潮、防污染的作用，延长食品的保质期。作为食品容器包装材料的塑料，有聚乙烯塑料、聚丙烯塑料、聚氯乙烯塑料等。

①聚乙烯塑料不耐高温，不能盛装高温食品，不能与食品在高温下加热。

②由于塑料易溶于油脂，使油脂带上气味，因此塑料容器与包装用具不能盛装油脂或重油脂的食物。

③聚氯乙烯塑料中的氯乙烯单体对人体有害，一般不盛装直接食用的食品。

④不使用回收塑料制的容器或包装袋盛装食品。

（2）金属容器具及包装材料的卫生。

餐饮业常用不锈钢、铝、铁、铜等做容器材料，它们的卫生要求如下：

①不能长期盛装酸、碱、盐等有腐蚀性的食品。

②有害重金属应在规定的卫生范围内。

③金属作包装材料时，一定要镀膜。

④金属容器在用后应洗净擦干。

（3）涂料容器具的卫生。

在食品加工与餐饮业中，常用一些涂料容器，如在装罐头、储酒的槽罐的内壁涂上一层惰性涂料。这些涂料必须对人体无害。环氧树脂和不饱和聚酯树脂是应用比较广泛的涂料。沥青涂料和加催干剂的干性油渣涂膜则不宜做接触食品的涂料。

（4）橡胶材料容器具的卫生。

橡胶有天然橡胶和合成橡胶两大类。天然橡胶是由橡胶树上流出的乳胶加工而成的，合成橡胶则是用石油或煤焦油合成的。餐饮业中常用的橡胶制品有奶嘴、水袋、瓶塞、高压锅圈等。橡胶制品中加入的抗老化剂、着色剂、填充剂及橡胶中的单体对人体有害，这些物质大多具有脂溶性，因而应尽量减少与酒精饮料和含油脂食品接触。

（5）陶瓷、玻璃容器具的卫生。

①陶瓷食具不宜盛装酸性食品。

②陶瓷食具不宜长期保存食品。

③防止玻璃食具破碎后碎渣混入食品。

④无色玻璃食具不宜储藏食用油脂。

⑤使用玻璃食具加热时，应进行缓慢加热，防止破裂。

⑥陶瓷、玻璃容器洗涤后必须无指纹、口纹、水渍、污垢等。

（6）包装纸的卫生。

①不能用荧光增白剂处理过的纸做包装用纸。

②不能以废纸、油印纸或回收纸张包装食品。

③包装蜡纸所用的蜡必须无毒。

2. 食具卫生指标

（1）在食具上不得检出致病菌。

（2）在每平方厘米食具上检出的总菌数不得超过 100 个。

（3）在每平方厘米食具上检出的大肠菌群不得超过 30 个。

（二）食具洗涤

对食具进行洗涤主要是指对初次使用或重复使用的食具进行清洗，除去食具上的污物、残渣与油渍等。常用的洗涤方法有手工洗涤和机械洗涤两种。这两种方法都必须使用洗涤剂，因而洗涤剂必须具有去污能力强、无毒、无污染等特点。常用于食具（食品）洗涤的洗涤剂成分有烷基苯磺酸盐、高级醇磺酸脂、乙醇、食用碱等。

1. 手工洗涤

（1）对放置时间过久、食物残渣附着较牢固的食具，应先用水浸泡一段时间。

（2）洗涤时用温水（40℃～50℃），有利于提高洗涤剂的去污能力。

（3）清洗食具时，要用抹布将食具正反两面的污物、残渣、油渍擦洗干净。

（4）用洗涤剂清洗后，应反复用水冲洗干净。

2. 机械洗涤

机械洗涤主要是用洗涤机等设备对食具进行洗涤。先用洗涤剂将食具浸泡，再利用洗涤机产生的机械力将食具洗涤干净。用机械洗涤必须注意以下问题：

（1）洗涤液的温度与配比应符合使用说明书要求。

（2）洗涤液应常换。

（三）食具消毒的方法

食具经过洗涤后只能除去表面能见的脏物和少量细菌，并不能起到杀死细菌、病菌的效果。检验抽查表明，洗涤后的食具还有30%以上的大肠杆菌未被洗掉。因而食具消毒是做好食具卫生工作的最后一个环节，也是最主要、最关键的环节。消毒的方法有物理消毒法和化学消毒法两大类。

1. 物理消毒法

物理消毒法主要是通过热的作用使菌体蛋白凝固而使细菌死亡，其主要方法如下：

（1）煮沸消毒法。

将冲洗干净后的食具放在100℃沸水中煮沸半小时，可杀死绝大部分微生物。

（2）蒸汽消毒法。

将洗净的食具放在密封的木箱里，用100℃以上的蒸汽蒸15～30分钟。

（3）电子消毒法。

最常见的是用消毒柜消毒，其主要原理是电流通过电子管产生的微波、红外线、紫外线穿透菌体，并产生大量的热，从而起到杀菌的作用。这种方法在各大酒店中最为常用。

2. 化学消毒法

化学消毒法是利用化学药剂来杀死微生物，并防止微生物生长繁殖的一种方法。常用的化学药剂有高锰酸钾、漂白粉、过氧乙酸、过氧水与消毒净等，这些化学药剂或其水解产物都具有强氧化性，能氧化微生物体内的有机成分，使蛋白失去活性，从而起到消毒的作用。

小资料

餐具消毒管理制度

1. 清洗餐具按照一洗、二消、三冲、四保的程序操作。
2. 洗涤后的餐具、用具必须无水迹、无油渍、无食物残渣。
3. 按要求配比消毒液，对餐具消毒。
4. 消毒后的餐具及时放入保洁柜内，按规定摆放，防止二次污染。
5. 每次消毒完毕，将消毒设施冲洗干净。
6. 经常检查餐具、饮具的破损情况，对破损的要及时进行更换。

四、个人卫生管理

餐饮业工作人员的工作就是从事食品的生产、运输与销售，每天都与食品打交道，工作人员的卫生情况直接关系消费者的健康。为了维护广大消费者的健康，餐饮工作人员必须严格搞好个人卫生。

（一）个人卫生要求

（1）自觉遵守卫生制度和卫生公约。

（2）餐饮从业人员应身体健康，无传染病并定期进行体检。如果发现工作人员患有结核、肝炎、伤寒、痢疾、霍乱或传染性皮肤病等传染病，应及时调离岗位，病愈后方能上岗。

（3）要求做到勤剪指甲、勤理发、勤洗澡、勤换衣服。

（4）工作时不随地吐痰、擤鼻涕，上厕所后要洗手。

（二）操作卫生要求

（1）餐饮业人员上岗时必须穿戴好清洁的工作服、帽，洗净双手。工作服、帽要保持整洁，只能在工作时穿戴，上厕所或不工作时应脱下，不要用工作服擦手、擦汗、擦碗盘等。工作结束后应洗净、晒干，用紫外线消毒备用。

（2）严禁在操作时吸烟。

（3）切配和烹调实行双盘制。配菜用的盘碗，在原料下锅烹调时撤掉，换用消毒后的盘碗来盛装做熟的菜肴。

（4）在烹调操作时，试味应用小碗或汤匙，尝味后的余汁一定不能倒入锅中。如果用手勺，必须用干净抹布擦拭干净后再用。

（5）工作人员在工作时不准戴耳环、戒指，不准染指甲、光脚。

（6）洗原料的水盆要定时换水；案板、菜橱每日刷洗一次，菜墩用后应立放；炉台上盛调味品的盆、碗、罐等要经常清洗，每日下班时要端离炉台并加盖放置；淀粉盆要经常换水；油盆要新油、老油分装，每日滤一次油脚；酱油、醋要每日过箩筛一次，夏秋季每日两次；汤锅每日洗刷一次。

（7）不准面对食品咳嗽、打喷嚏，更不准用口含水喷洒任何食物。

（8）冷餐原料切配、操作时应戴口罩，不能用手直接抓熟食。

（9）抹布要经常搓洗，要专布专用，不能一布多用，以免交叉污染。消毒后的餐具不要再用抹布揩抹。

（10）操作人员要特别注意防止胃肠道和皮肤传染病，定期检查身体，接受预防注射。

小资料

个人卫生管理制度

1. 餐厅个人卫生管理制度

（1）服务人员必须有健康证明，持证上岗。

（2）按规定着装，工作服必须干净、无污渍。

（3）工作时不许戴首饰和各种饰品。

（4）工作前按要求洗手，始终保持手部清洁。

（5）不准在食品区或客人面前打喷嚏、抠鼻子等。

（6）上班前不准吃异味食品，不准喝含酒精饮料。

2. 后厨个人卫生制度

（1）后厨从业人员必须持健康证明上岗。

（2）后厨工作人员必须更衣、洗手消毒后，进入自己的工作区域。

（3）后厨工作人员不留长发，不留长指甲，不染指甲，不佩戴首饰，衣帽整洁，不留胡须。

（4）后厨工作人员要勤洗澡、勤晒衣被、勤理发。

（5）后厨工作人员上班前不使用气味浓烈的化妆品，保持面部清洁。

（6）后厨工作人员不准随意品尝食物，不对着食物打喷嚏，不随地吐痰、咳嗽、抓耳挠腮，不抽烟、不剔牙、不打哈欠、不抠鼻子、不嚼口香糖。

素养园地

以数字化赋能食品安全治理

民以食为天，食以安为先。食品安全关系人民群众身体健康，关系社会健康稳定发展。2014 年 1 月，习近平总书记在内蒙古考察大型乳制品企业时强调：食品企业要生产出高质量的放心食品，确保人民群众“舌尖上的安全”。党的二十大报告提出：强化食品药品安全监管。在数字技术深度融入经济社会发展、深刻影响社会治理方式的今天，以数字化赋能食品安全治理，是落实食品安全战略、提高公共安全治理水平的重要途径。我们要充分发挥数字技术的支撑和保障作用，创新食品安全治理，织密织牢食品安全全链条全覆盖的防护网络，确保人民群众“舌尖上的安全”。

作为头部餐饮企业，海底捞将借助数字化高效防治食品安全管理问题作为长期努力的课题和方向。多年来海底捞都在坚持食品安全严要求、高标准的发展路线。海底捞质量安全管理中心总监表示，海底捞致力建立一个风险可控、过程可监控、合规的连锁餐饮食品安全体系。

后厨是食品安全的重点区域。在海底捞后厨，每份食材都有一个 RFID 标签，可以清晰地显示菜品日期、重量以及供应商等溯源信息。这也就意味着，如果菜品出现问题，海底捞可以在短时间内找到问题所在，及时处理相关问题。同时，海底捞在飞书平台搭建了一套“菜品缺陷提报系统”，最快 2 小时便可闭环处理单个菜品问题。

2023 年 10 月中旬，海底捞成功启用了全新的“主体责任制”管理信息系统。这一系统的上线标志着大中华区运营的所有海底捞门店，现已实现日常、周度以及月度自检信息的全面数字化管理。据了解，海底捞“主体责任制”管理信息系统可根据企业食品安全检测的不同维度和优先级，进行日管控、周排查、月调度的数字化线上管理。每日、每周、每月由系统定时向门店食品安全员手机端推送日、周、月管控任务。

海底捞食品安全员接收任务，并在指定时间内完成排查任务、提交排查结果，由店经理对整改问题进行复核后，提交至公司“主体责任制”管理信息系统。这套数字化系统对食品安全信息做识别、分类和归集，并以“数字食安驾驶舱”模式，呈现海底捞门店食品安全数据的趋势与突出问题预警。

借助数字化，海底捞还逐步完善了数字化食品安全管理考核体系，加强对供应商准入制度、战略供应商制度、产品准入和质量控制、央厨产品生产标准、全流程监督的运输体系、门店操作标准规范六大食品安全链条环节的安全把控，用数字化赋能食品安全管理。

海底捞质量安全管理中心总监强调了企业对食品安全的承诺：“海底捞坚持食品安全的高标准发展路线，致力于食品安全数据化的创新与进步。我们的目标是建立一个风险可控、过程可监控、合规的连锁餐饮食品安全体系。实时数据的线上化，将为海底捞的食品安全提供更强的赋能和保障。”

项目小结

餐饮安全管理是餐饮业经营最关键的环节。厨房安全是保证厨房产品质量的基础，是餐饮企业经营的生命。厨房安全管理包括食物中毒和其他安全事故（如跌伤、扭伤与撞伤、割伤、烧烫伤、电击伤、盗窃和火灾等）。餐厅运营安全管理包括防火、防盗、防抢和意外事故的处理。

餐饮卫生包括厨房卫生、餐厅卫生、食具卫生和个人卫生。厨房卫生管理是保证菜单质量、防止污染、预防疾病的重要手段。餐厅卫生、食具卫生和个人卫生管理是保障消费者身心健康的基本要求。

课堂讨论

1. 造成餐饮从业人员割伤、烫伤的原因是什么？如何防范？
2. 餐厅运营过程中，如何防盗、防抢？
3. 如何运用数字技术加强餐饮企业食品安全管理？
4. 餐厅有哪些卫生要求？
5. 餐饮从业人员如何做好个人卫生？

技能训练

1. 情景模拟处理客人在餐厅滑倒的事故。
2. 情景模拟处理客人食物中毒事件。
3. 进行食具清洗与消毒训练。

案例分析

案例一　一起食物中毒事件

某年，青海某餐厅承接宴席，共70余人用餐，部分用餐者在餐后两小时左右陆续出现吐血、腹泻、呕吐等不适反应，随后于22时至凌晨2时陆续被送医院治疗。据统计，青海省人民医院接诊患者21人，青海省儿童医院接诊患者3人。经医院初步诊断，疑似食物中毒、化学性中毒和细菌性感染，具体的原因需要进一步查明。事件发生后，市场监督管理局、疾控中心、公安等相关部门快速调查事故原因，依法依规对该事件进行处理。

问题与思考：

1. 根据该案例说明为什么食品安全管理很重要。
2. 餐饮企业如何做好食品安全管理？

案例二　有毒的豆沙包

李明在某餐厅买了几个豆沙包，当天中午加热食用后不久出现了呕吐、腹痛等症状，而在该餐厅购买豆沙包食用后出现呕吐、腹泻等症状的中毒者达20人。经有关部门调查，确定该事件为豆沙包中金黄色葡萄球菌引起的食物中毒。

问题与思考：

1. 按照我国《食品安全法》的有关规定，该餐厅应当受到什么处罚？
2. 李明等中毒者可以获得赔偿吗？

参考文献

[1] 李勇平. 酒店餐饮运行管理实务 [M]. 北京：中国旅游出版社，2013.
[2] 刘红专，贾治华. 餐饮服务与管理 [M]. 桂林：广西师范大学出版社，2015.
[3] 何丽萍. 餐饮服务与管理 [M]. 2 版. 北京：北京理工大学出版社，2017.
[4] 姜玲. 星级餐饮服务人员指导教程 [M]. 广州：广东经济出版社，2006.
[5] 田均平. 餐饮店员服务流程规范 [M]. 北京：中国时代经济出版社，2007.
[6] 戴桂宝. 现代餐饮管理 [M]. 2 版. 北京：北京大学出版社，2012.
[7] 周静波. 餐饮服务与实务 [M]. 上海：上海交通大学出版社，2011.
[8] 李贤政. 餐饮服务与管理 [M]. 3 版. 北京：高等教育出版社，2014.
[9] 中国就业培训技术指导中心. 餐厅服务员：中级 [M]. 2 版. 北京：中国劳动社会保障出版社，2010.
[10] 宋宣. 从 0 开始做餐饮（经营篇）[M]. 北京：中信出版集团，2020.
[11] 海天电商金融研究中心. 一本书读懂餐饮 O2O [M]. 北京：清华大学出版社，2016.
[12] 陈秋萍. 餐饮服务与管理 [M]. 北京：清华大学出版社，2024.